国家出版基金项目

抗日战争专题研究

张宪文 主编
朱庆葆

第三辑
敌后根据地

华北根据地少年儿童生活变迁研究

王星慧 著

江苏人民出版社

图书在版编目(CIP)数据

华北根据地少年儿童生活变迁研究 / 王星慧著. ——
南京:江苏人民出版社,2022.4
(抗日战争专题研究 / 张宪文,朱庆葆主编)
ISBN 978-7-214-26007-9

Ⅰ.①华… Ⅱ.①王… Ⅲ.①儿童－生活状况－研究
－华北地区－近代 Ⅳ.①D432.7

中国版本图书馆 CIP 数据核字(2021)第 047332 号

书　　　名	华北根据地少年儿童生活变迁研究
著　　　者	王星慧
责 任 编 辑	赵　嵯　曹富林
装 帧 设 计	刘葶葶
责 任 监 制	王　娟
出 版 发 行	江苏人民出版社
地　　　址	南京市湖南路1号A楼,邮编:210009
照　　　排	江苏凤凰制版有限公司
印　　　刷	苏州市越洋印刷有限公司
开　　　本	652 毫米×960 毫米　1/16
印　　　张	26.75　插页 4
字　　　数	316 千字
版　　　次	2022 年 4 月第 1 版
印　　　次	2022 年 4 月第 1 次印刷
标 准 书 号	ISBN 978-7-214-26007-9
定　　　价	98.00 元

(江苏人民出版社图书凡印装错误可向承印厂调换)

教育部哲学社会科学研究重大委托项目
2021年度国家出版基金资助项目
南京大学"双一流"建设卓越计划项目
"十四五"国家重点出版物出版专项规划项目

合作单位

南京大学　北京大学　南开大学　武汉大学
复旦大学　浙江大学　山东大学
台湾中国近代史学会

学术顾问

金冲及　章开沅　魏宏运　张玉法　张海鹏
姜义华　杨冬权　胡德坤　吕芳上　王建朗

编纂委员会

主　　　编　张宪文　朱庆葆

副　主　编　吴景平　陈红民　臧运祜　江　沛　宋志勇　王月清
　　　　　　　张　生　马振犊　彭敦文　赵兴胜　陈立文　林桶法

常 务 编 委　洪小夏　张燕萍　刘　颖　吕　晶　张晓薇

审稿委员会

　　　　主　任　马　敏　陈谦平

　　　　副主任　叶美兰　张连红　戚如高　王保顶　王卫星　姜良芹

　　　　委　员　关　捷　郑会欣　何友良　田　玄　刘金田　朱汉国　程兆奇
　　　　　　　黄正林　李继锋　马俊亚　李　玉　曹大臣　徐　畅　齐春风

总　序

张宪文　朱庆葆

日本侵华与中国抗日战争是近代中国最重大的历史事件。中国人民经过14年艰苦卓绝的英勇奋战,付出惨重的生命和财产的代价,终于取得伟大的胜利。

自1945年抗日战争结束至2015年,度过了漫长的70年。对这一影响中国和世界历史进程的重大事件,国内外历史学界已经做过大量的学术研究,出版了许多论著。2015年7月30日,在抗日战争胜利70周年前夕,中共中央政治局就中国人民抗日战争的回顾和思考进行集体学习,习近平总书记发表重要讲话,指示学术界应该广为搜集整理历史资料,大力加强对抗日战争历史的研究。半个月后,中共中央宣传部迅速制定抗日战争研究的专项规划。8月下旬,时任中共中央宣传部部长刘奇葆召开中央各有关部委、国家科研机构和部分高校代表出席的专题会议,动员全面贯彻习总书记的讲话精神,武汉大学和南京大学的代表出席该会。

在这一形势下,教育部部领导和社会科学司决定推动全国高校积极投入抗战历史研究,积极支持南京大学联合有关高校建立抗战研究协同创新中心,并于南京中央饭店召开了由数十所高校的百余位教授、学者参加的抗战历史研讨会。台湾中国近代史学会也派出十多位学者,在吕芳上、陈立文教授率领下出席会议,共同协商在新时代深入开展抗战历史研究的具体方案。台湾著名资深教授蒋永敬在会议上发表了热情洋溢的讲话。经过几个月的酝酿和准备,南京大学决定牵头联合我国在抗战历史研究方面有深厚学术基础的北京大学、南开大学、武汉大学、复旦大学、浙江大学、山东大学及台湾中国近代史学会,组织两岸历史学者共同组建编纂委员会,深入开展抗日战争专题研究。中央档案馆和中国第二历史档案馆也积极支持。在南京中央饭店学术会议基础上,编纂委员会初步筛选出130个备选课题。

南京大学多次举行党政联席会议和校学术委员会会议,专门研究支持这一重大学术工程。学校两届领导班子均提出具体措施支持本项工作,还派出时任校党委副书记朱庆葆教授直接领导,校社科处也做了大量工作。南京大学将本项目纳入学校"双一流"建设卓越计划,并陆续提供大量经费支持。

江苏省委、省政府以及江苏省委宣传部,均曾批示支持抗战历史研究项目。国家教育部社科司将本项研究列为哲学社会科学研究重大委托项目,并要求项目完成和出版后,努力成为高等学校代表性、标志性的优秀成果。

本项目编纂委员会考察了抗战历史研究的学术史和已有的成果状况,坚持把学术创新放在第一位,坚持填补以往学术研究的空白,不做重复性、整体性的发展史研究,以此推动抗战历史研究在已有基础上不断向前发展。

本项目坚持学术创新,扩大研究方向和范围。从以往十分关注的九一八事变向前延伸至日本国内,研究日本为什么发动侵华战争,日本在早期做了哪些战争准备,其中包括思想、政治、物质、军事、人力等方面的准备。而在战争进入中国南方之后,日本开始实施一号作战,将战争引出中国国境,即引向亚太地区,对东南亚各国及东南亚地区的西方盟国势力发动残酷战争。特别是日军偷袭美军重要海军基地珍珠港,不仅给美军造成严重的军事损失,也引发了日本法西斯逐步走向灭亡的太平洋战争。由此,美国转变为支援中国抗战的主要盟国。拓展研究范围,研究日本战争准备和研究亚太地区的抗日战争,有利于进一步揭露日本妄图占领中国、侵占亚洲、独霸世界的阴谋。

本项目以民族战争、全民抗战、敌后和正面战场相互支持相互依靠的抗战整体,来分析和认识中国抗日战争全局。课题以国共两党合作为基础,运用大量史实,明确两党在抗日战争中的地位和作用,正确认识各民族、各阶级对抗日战争的贡献。本项目内容涉及中日双方战争准备、战时军事斗争、战时政治外交、战时经济文化、战时社会变迁、中共抗战、敌后根据地建设以及日本在华统治和暴行等方面,从不同视角和不同层面,深入阐明抗日战争的曲折艰难历程,以深刻说明中国抗日战争的重大意义,进一步促进中华民族的伟大复兴。

对于学界已经研究得甚为完善的课题,本项目进一步开拓新的研究角度和深化研究内容。如对山西抗战的研究更加侧重于国共合作抗战;对武汉会战的研究将进一步厘清抗战中期中国政治、经济、社会的变迁及国共之间新的友好关系。抗战前期国民党军队丢失大片国土,而中国共产党在十分艰难的状况下,在敌后逐步收复失地,建立抗日根据地。本项目要求各根据地相关研究课题,应在以往学界成果基础上,着力考察根据地在社会改造、经济、政治、人才培养等方面,如何探索和积累经验,为1949年后的新中国建设提供有益的借鉴。抗战时期文学艺术界以其特有的文化功能,在揭露日军罪行、动员广大民众投入抗战方面,发挥了重要作用。我们尝试与艺术界合作,动员南京艺术学院的教授撰写了与抗日战争相关的电影、美术、音乐等方面的著作。

本项目编纂委员会坚持鼓励各位作者努力挖掘、搜集第一手历史资料,为建立创新性的学术观点打下坚实基础。编纂委员会要求全体作者坚决贯彻严谨的治学作风,坚持严肃的学术道德,恪守学术规范,不得出现任何抄袭行为。对此,编纂委员会对全部书稿进行了两次"查重",以争取各个研究课题达到较高的学术水平,减少学术差错。同时,还聘请了数十位资深专家,对每部书稿从不同角度进行了五轮审稿。

本项目自2015年酝酿、启动,至2021年开始编辑出版,是一项巨大的学术工程,它是教育部重点研究基地南京大学中华民国史研究中心一直坚持的重大学术方向。百余位学者、教授,六年时间里付出了艰辛的劳动,对抗战历史研究做出了重要贡献!编纂委员会向全体作者,向教育部、江苏省委省政府以及各学术合作院校,向江苏凤凰出版传媒集团暨江苏人民出版社,向全体编辑人员,表示最崇高的敬意和诚挚的感谢!

目 录

导论 *001*
    一、研究缘起 *001*
    二、研究现状 *009*
    三、概念 *024*
    四、研究方法、主要观点及创新 *028*

第一章　生活环境：华北农村社会 *033*
    第一节　自然环境与抗战前的华北农村 *034*
        一、自然环境 *034*
        二、抗战前后华北农村经济与民众生活 *036*
        三、华北根据地社会动员 *041*
    第二节　儿童人口数量 *044*
        一、中国儿童人口数量争议与确定 *044*
        二、农村儿童人口特点 *046*

第二章　学校生活：华北根据地的儿童教育 *057*
    第一节　抗战前儿童教育 *057*
        一、抗战前儿童教育取得的成就——以山西省为例 *058*
        二、抗战前儿童教育的不足 *061*

第二节　根据地贫童教育与儿童变迁 063
　　一、抗日根据地贫童群体及形成原因 063
　　二、根据地贫童教育：农村的国民教育 066
　　三、根据地贫童教育的成就与不足 082

第三节　革命的文学与近代儿童 096
　　一、根据地的民间文学 097
　　二、根据地的作家文学 099
　　三、根据地的课本文学 102
　　四、文学教育与儿童变迁 106

第四节　活教材与根据地儿童 109
　　一、小学活教材出现的原因 110
　　二、小学活教材之形式与内容 115
　　三、活教材与儿童变迁 132

第三章　家庭生活：华北根据地的儿童健康问题 141

第一节　抗战前华北地区"富国强种"观念与儿童健康保障 141
　　一、新旧文化碰撞与融合下儿童卫生健康 144
　　二、创建儿童健康保障体系 147
　　三、公共卫生建设的局限 152

第二节　华北根据地的儿童健康研究 156
　　一、根据地公共卫生环境与儿童健康问题 156
　　二、根据地儿童健康观念与儿童健康政策发展 171
　　三、儿童保育院 181
　　四、儿童健康问题产生的原因 190

第三节　溺女之风 201
　　一、溺女现象 201
　　二、溺女危害 203
　　三、政府对策 206

第四节　童婚 ……… 209
　　一、童婚现象演变 ……… 210
　　二、农村童婚特点及危害 ……… 217

第四章　社会生活：华北根据地儿童团、童子军与儿童游戏 ……… 232
第一节　华北根据地的儿童团与儿童变迁 ……… 232
　　一、儿童团的发展与建制 ……… 232
　　二、华北根据地的抗日儿童团 ……… 240
　　三、抗日儿童团功能实践：从未有之儿童变迁 ……… 249
第二节　华北根据地的童子军 ……… 256
　　一、北岳区童子军建立的目的、建制 ……… 257
　　二、北岳区童子军军事训练 ……… 258
　　三、北岳区童子军成绩与问题 ……… 259
第三节　儿童游戏与儿童变迁 ……… 263
　　一、传统儿童游戏 ……… 264
　　二、中国传统儿童游戏的功能 ……… 266
　　三、儿童抗战游戏 ……… 269
　　四、儿童游戏的功能：满足儿童革命愿望 ……… 274

第五章　华北根据地少年儿童心态研究 ……… 281
第一节　影响儿童心态的因素 ……… 283
　　一、历史因素 ……… 283
　　二、社会生活环境 ……… 286
第二节　华北地区根据地儿童典型心态 ……… 290
　　一、恐惧疾病、贫穷的心态 ……… 291
　　二、恐惧战争的心态 ……… 294
　　三、对日军仇恨与民族主义的心态 ……… 298
　　四、趋同求先的心态 ……… 302

第六章　华北根据地儿童近代化意识研究 305

第一节　少年儿童思想意识近代化萌芽 305
一、少年儿童民族意识、国家意识萌芽 305
二、民主意识、政治参与意识 310

第二节　少年儿童思想意识变迁之因素 318
一、根据地儿童思想意识近代化变迁的重要因素 318
二、战争与华北根据地儿童近代化意识 330

第七章　儿童英雄与儿童对华北根据地建设的贡献 337

第一节　儿童英雄 337
一、战斗英雄 338
二、王二小与儿童英雄 347
三、劳动英雄 352

第二节　少年儿童之于华北根据地的作用 359
一、安保工作 360
二、根据地建设工作 364
三、战时的救护、慰劳工作 372

参考文献 377

索引 390

附录 395

后记 413

导　论

一、研究缘起

儿童是国家未来的主人,全面抗战之前松冈洋右曾说过值得引起我们深思的话:"中国最可怕的是那无数充满抗日思想的儿童。"① 可是国人对孩子无论在抗战时期还是在今天,一直都没有给予足够的重视。因为"历史学同其他许多学科一样,过去并没有自然而然地把注意力放在那些卑微、尚无显赫势力、没有留下什么痕迹的人或事,年幼的孩子不过也属于'空白'现象的一小部分"②。

鸦片战争以后,中国的国门被西方列强的坚船利炮打开,从此中国社会开始了近代化的进程。中国社会的近代化包括两方面内容,一方面是物质层面的近代化,主要包括机器工业的大生产方式,近代化交通工具的运用,股份制公司的发展等等;另一方面是人的思想意识精神层面的近代化,主要包括民主进步思想的确立、

---

① 郭揽青:《五年来生活在山西敌后的儿童》,《难童教养》第 11—12 合卷,1942 年,第 23 页。
② 熊秉真:《童年忆往》,台北:麦田出版社,2000 年,第 14 页。

法治社会的建立、科学精神的崇尚等等。一般而言，有了物质层面的近代化才能为人的精神层面的近代化打下牢固的基础，反过来有了人的精神层面的近代化才能为物质的近代化扫除近代化过程中发展的障碍，进而推动物质近代化的发展。因此说，人的精神层面的近代化是中国社会近代化的一个重要内容，关于中国人精神层面的近代化，前人已经有了大量的研究论述。然而总体而言我们对于近代化中人的因素研究更多的是偏重于思想，而忽略了心理；偏重成人思想意识的变化发展，忽略了儿童心理的变化和人格的造就。中国在物质层面的学习如军事技术、造船、机械等方面学习相对而言可圈可点，但是精神层面的学习如民主思想、法制观念、科学精神等等方面则是怎么都显得与理想的样子格格不入，始终在"中学为体，西学为用"的圈子里面打转。事实证明，中国人是有着自己独特的心理运行机制的，这套经过了几千年文化积淀而成的心理运行机制有着自身鲜明的特征。西方资本主义可以用坚船利炮打开中国国门，但是他们想要自己的文明立刻殖民化中国的企图却举步维艰。即使用尽各种手段和办法，想中国彻底殖民化是无论如何也做不到的，换句话说模仿西方可以，全盘西化则难。然而历史毕竟是向前发展的，西方资本主义相比较中国两千多年的封建帝制还是先进的，西方资本主义所创造的生产力水平要比中国封建社会所创造的生产力水平高出太多，这是近代中国人在与西方资本主义数次较量中败下阵来从而不得不最终低头承认的现实，所以学习西方实现中国社会的近代化逐步成为中国各阶层的共识。客观上，站在世界历史角度，资本主义世界体系已呼之欲出，站在中国历史的角度是顺应时代要求，学习西方实现中国的近代化。而要认识中国社会近代化过程中的特点与规律，就不得不从中国人的思维意识和人格去理解。每一个中国人都是从儿童成长为成人的，所以要了解中国人的思维意识和人格,就也要理解同时代中国儿童的思维意识和人格。儿童作为一个时代、一个族群、一种文化的传承者,他们是起到承上启下作用的,因此儿童是研究中国近代化过程的一个很好的切入点。

心理学研究认为,一个人的心理发展和人格塑造与这个人在儿童时期的各种经历有着密切的关系。一个人的童年有什么样的经历,往往长大后就会有什么样的情感与意志。因为当儿童受了外物的刺激后,这种刺激必然在他的思想意识和内心世界留下痕迹,这痕迹会变成他大脑中的潜意识,在他成人之后最终会成为其思想和做法的一部分。① 更重要的是,这种受潜意识决定的做法和思想,无论后天如何影响都很难使之改变。因此,当儿童经历一个特定时期,拥有特有的历史经历的时候,必然会在其内心深处留下深深的印象。按照这一研究成果给出的启示,我们在研究中国社会的近代化过程中特别是在研究中国人思想意识的近代化过程的时候,必须把注意力放到儿童的身上。因为从儿童身上可以看到成人的身影和中国社会近代化未来变迁的方向,也可探寻中国社会近代化变迁的特点和规律。可见在研究中国近现代历史进程中,把着眼点放在儿童身上是十分重要和必要的。清政府为了"师夷长技以自强",先后几次派遣儿童出国学习造船技术、驾驶技术、电讯技术等西方先进技术,然而他们未曾想到的是这些原本被清政府寄予厚望的少年才俊后来大都走向了清廷的反面,在西方民主思想的影响下,留洋归国的青年才俊大谈民主与立宪的人很多,一些人甚至能把欧洲各国的民族理论、宪法发展、政党组织、立法程序说得清清楚楚、如数家珍。但他们一旦从政,举止行动无意间

---

① 武世龙主编:《生命安全课教师指南》,北京:中国轻工业出版社,2016年,第46页。

又返回到中国传统旧式政治的轨迹上去了。即使他们不从政，在一般日常的生活与行为上，往往也不能充分发挥他们从西方"学来"的民主意识或守法精神，许多陋习在他们身上很多还是扔不掉的。其中一个重要原因就是因为他们的心，他们的潜意识、他们人格的最深处、他们的情感与意志并没有随着他们学习西方而产生近代化的变革。

中国近代化的过程是一个充满艰辛、万分痛苦的过程。在这一过程中，中国人不仅要经受社会转型带来的各种阵痛，更要面对被侵略、被奴役的屈辱和文化冲击的撕裂。为了挽救国家危机和民族危亡，中国的上层知识分子阶层，从学习西方先进技术到学习政治制度及至文化思想，引领社会变革。可是让维新分子没有想到的是，挽救国家危机和民族危亡的努力不仅被守旧官僚视为大逆不道、祸乱国家，而且也被其他人彻彻底底地视为"康梁乱党"。立志创立共和的革命派思想家感到困惑和惊讶的是他们千辛万苦集合组织的优秀人才精心准备发动的广州起义本希望毕其功于一役，却被清廷残酷镇压。而另一边仓促发动的武昌起义却席卷全国取得巨大成功，"振臂一呼而天下应"的革命态势出乎大家意料。民国成立后按照西方资本主义民主政治运行法则建立了共和体制，满以为人无分老幼、地无分南北全体国民都会赞成，共和已经深入人心，但无奈的是广大民众就眼睁睁地看着袁世凯运用多种权谋手段窃取革命胜利果实甚至残杀革命志士，这让许多人尤其那些拥有西方知识结构和认知的知识分子痛苦万分。所以，学习西方具体事务可以，照搬西方制度不行。① 只有对普通大众进行思

---

① 张鸣：《乡土心路八十年——中国近代化过程中农民意识的变迁》，西安：陕西人民出版社，2008年，第4页。

想意识改造,才能真正实现近代化。中国近代化取得成功的根子在普通大众思想意识的改造,即中国人能否在思想认识上真正实现近代化。因为经过千百年的积淀,中国特有的价值文化意识已深植于每个中国人思想深处,成为某种集体意识。要想将大部分中国人思想成功过渡到适应近代化要求的水平,必须掌握相关的社会规律。因此探究这个规律就只能从中国人的思想意识与近代化的关系上来研究。①

纵观整个中国近现代历史,抗日战争对中华民族来说可以说是自近代以来所遇到的最危险、最黑暗的时刻了,正如《义勇军进行曲》所唱的:"起来!不愿做奴隶的人们!把我们的血肉筑成我们新的长城。中华民族到了最危险的时候!"但是抗日战争的爆发对中国的近代化来讲却是一次难得的历史发展机遇。一方面,为争取抗日战争能够坚持到底,国民政府把地处东南沿海地区的近代化工业生产体系和企业大批内迁,为中国内陆地区带来了前所未有的资本主义近代化工业大生产,使中国内陆改变原先没有近代工业或者只有少许近代工业的现状,开始具有真正意义上的近代化生产方式,使中国内陆的生产生活方式都有了很大的改变。另一方面,抗日战争的爆发使得大量沿海地区具有近代知识与近代意识的知识分子、产业工人等涌入中国内陆地区。从主观上讲,他们的到来是为反抗日本帝国主义侵略、挽救中国危亡,但从客观上讲,这些具有近代知识与近代意识的知识分子、产业工人等的到来,不仅为抗日战争提供了知识层面的支持,更重要的是为中国广大内陆地区带来了先进的思想意识。这些人对中国积贫积弱的现

---

① 张鸣:《乡土心路八十年——中国近代化过程中农民意识的变迁》,西安:陕西人民出版社,2008年,第4页。

状有更深刻的理解，更懂得教育的重要性。他们为内陆的儿童带来了与以往截然不同的教育形式和教育方式，使内陆儿童在思维意识上的发展有了与以往不同之处，这为中国内地民众的思想意识的改变带来了新的活力。

华北地区是中国典型的一个内陆地区。除北京、天津等少数地区外，华北地区的其他地方诸如山西、河北等省绝大部分都处于中国内陆地区。河北省平原地区是华北平原的重要组成部分，从战争的角度来看，在武器装备、人员训练素质都明显处于劣势的中国而言，平原地区无险可守，不利于中国军队进行长期正规作战。因此，此地是国民党正规部队最先和日军正面遭遇的地区，也是最早退出的地区。山西地处中国内陆地区，是典型的内陆省份。自鸦片战争以来，山西与其他省份一样遭受了西方资本主义势力的侵略，但是山西独有的特殊地形和独特历史发展轨迹为山西的近代化进程打下基础。由于山西北有恒山，东有太行山，西有吕梁山，在这样一个天然的屏障下，山西与外界联系遇到了很大的障碍，客观上使得山西在中国近代时期与外界的各方面交流、融合始终处于一个较低的水平。一方面，于日军而言，要实现三个月灭亡中国的狂妄计划，就必须迅速占领山西、河北、河南进而占领武汉，将中国战区切分为两半；而对中国共产党而言，最紧要的任务是发展壮大武装力量、团结各界宣传抗日思想，巩固根据地，打击日本侵略者。日军侵略华北，使得华北地区最早出现国民党撤退后地方政权空心化，广大华北民众自发的抗日民族情绪持续高涨，急需一种政治力量来组织与引导，这为共产党创建抗日根据地提供了机遇和基础，也从客观上决定了抗日根据地首选华北地区。

本书之所以以华北抗日根据地的儿童作为研究对象，从儿童的角度来研究中国人近代化变迁，是因为华北抗日根据地在抗日战争过程中的近代化进程可以说是典型代表了中国内陆地区的近代化变迁的过程。我们以山西为例,一方面,山西由于其特殊的地理位置和地理环境,从总体上而言,山西本地乡民与外界的联系特别是与东南沿海地区联系并不十分紧密,受到西方资本主义文化的影响也相对较少,所以特殊的地理位置以及社会环境因素为山西保留了大量的传统因素,这些传统因素对中国社会的影响以及这些因素在中国近代化过程中所起到的作用是研究中国社会近代化进程的一个重要方面。另一方面,与中国其他地方一样,西方资本主义侵略势力入侵山西也是通过洋枪洋炮、不平等条约等手段,以商品经济的形式来实现自己的目的。当以上两项条件同时具备的时候,山西作为一个样本来研究就理所当然了。同样的道理,华北抗日根据地兼具传统文化的影响和近代化的碰撞,在抗日战争时期折射出中国近代化进程的特点。本书之所以以山西、河北为代表的华北抗日根据地儿童作为研究对象,其原因在于这些地区的儿童生活除了受到近代列强侵略的影响以外,与其他地区相比,有着自己独特的特点。与东南沿海地区相比,以山西、河北为代表的华北抗日根据地的社会都处在商品经济相对发展的环境,所不同的是东南地区的商品经济发展更多包含了近代化的成分,而山西的经济发展更多地包含传统的成分。由于这种差别,再加上历史的因素,决定了华北抗日根据地儿童的思想、生活与东南沿海地区儿童存在巨大差异。由于东南沿海地区是西方资本主义侵略势力最先渗透的地区,所以东南沿海地区的人们最先接触近代化的知识,客观上西方资本主义文化知识也最先进入东南沿海地区,使得东南沿海地区的儿童更注重文化知识性教育,各地方私塾、学堂林林总总,培养了大批文化型人才,并且在清末、民国时期涌现了许多文化界和学术界的著名文人志士。而以山西、河北为代表的华北抗日根据地由于自身的地理位置和文化条件的限制,西方资本主义侵略势力的渗透不像东南沿海地区那样深,西方资本主义近代文化知识也渗入得较少,再加上由于商品经济发展的因素,以山西、河北为代表的华北抗日根据地的儿童教育更注重实际的生存技能和生活技能教育,更注重实用性。这虽然导致在清末、民国时期山西的文化界、思想界的名人不及东南沿海地区多,但是这确实为我们保留了研究中国近代社会变迁的样本。

抗战爆发后,以山西、河北为代表的华北抗日根据地成为敌后抗日战场的重要力量,大量沿海地区的爱国知识青年来到华北抗日根据地,成为抗日根据地政治、经济、文化、社会等等活动的参与者甚至领导者。这些东南沿海地区先进思想意识与华北抗日根据地的传统思想意识终于碰撞到一起,从而为本地区人们在思想意识层面加速近代化进程提供了难得机遇,为华北抗日根据地的近代化进程增添新的活力。同时,华北抗日根据地的儿童在这种社会条件下,有了与以往截然不同的历史机遇,也起到了以往儿童在战争中所起不到的作用。既然中国最可怕的是那无数的充满了抗日思想的儿童,儿童在抗战中的表现、变迁便是一个值得深思的历史现象。所以,以山西、河北为代表的华北抗日根据地儿童做研究来探析华北地区乃至中国社会近代化的进程是合适的,也是必要的。由于近代中国社会化大生产的基础相当薄弱,近代经济成分在整个国民经济中的比重还很低,中国仍然是一个以小农生产为主的农业国,当抗日战争的大背景过去后,这个基础诚然不会抹去,这种集体记忆和集体意识又尚在,可是是否会向前进一步迈进?这个步伐究竟会有多快?是否会真正实现近代化?华北抗日根据地是中国共产党在抗战时的主要根据地,在华北抗日根据地八年,中国共产党成功地培育了自己的力量。而华北抗日根据地的儿童也正是中国共产党十年之后的重要兵源和干部来源。毛泽东在中共八届二中全会上讲:"我们党有成千上万有经验的干部,他们都是我们国家的宝贵财产。东欧一些国家不很稳,一个重要原因就是他们没有这样一套干部。我们有在不同革命时期经过考验的这样一套干部,就可以'任凭风浪起,稳坐钓鱼台'"①。我们试想:要是没有华北抗日根据地拥有特殊经验的儿童,历史将会怎样?

二、研究现状

(一) 国内研究现状

1. 1949 年以前

抗战期间难以进行准确的人口统计,儿童人口相关情况主要从国民政府内政部统计处、内政部人口局《户政导报》和《联合国人口统计年鉴》几处获得。国民政府社会部《儿童教养机关之管理》对战时儿童保育会的难童救济与教养计划、方案等也有所论及。宋介《儿童救济问题》主要论述西方国家对贫穷儿童、私生子、不健全儿童的救济方式,目的在于唤醒社会对儿童问题的关注。② 抗战时期,针对日益突出的难童问题,当时学者的相关研究不断深入。1938 年战时儿童教育社出版《战时儿童常识问答》《战时儿童国语选》等战时儿童书籍,黎明等著《战时儿童教育》论述了战时儿童教育的任务、大纲等概论,战时儿童教育的内容、战时儿童教育的方法、战时儿童的训练等内容。③ 宋美龄《难民儿童的救济与教养》是

---

① 毛泽东:《在中国共产党第八届中央委员会第二次全体会议上的讲话》,1956 年 11 月 15 日。
② 宋介:《儿童救济问题》,《东方杂志》,1925 年,第 22 卷第 17 号。
③ 黎明:《战时儿童教育》,上海:生活书店,1938 年。

有关难童救济与教养的言论集,其中收集了一些知名人士如宋美龄、陈立夫等对难童救济的言论,此言论集为战时难童教养事业提供了宝贵的意见,也使大家从中了解到当时人们对有关难童教养问题的见解。①

民国社会学家在农村进行多方面社会调查,为我们进行民国时期农村社会生活研究提供了反映实际生活的原始资料。民国社会学家言心哲《中国乡村人口问题之分析》一书中的第一章"中国乡村人口的数量",第二章"中国乡村家庭人口结构",第三章"中国乡村人口年龄分配"等对笔者了解抗战前中国农村儿童在农村数量、家庭状态分配有一定的帮助;另外言心哲的《农村社会学》是民国时期重要的具体论述农村教育的著作,系统地研究了民国农村的各种社会问题,并对贫民人口进行分析,特别是对农村生活程度和农村社会病态研究颇深,其中论述涉及了农村教育的目的,农村教育的重要,农村教育的困难,农村教育的实施,农村教育应注意的几点,书中第三章"农村人口",第四章"农村人口续",第十三章"农村家庭"中第三节"农村家庭与儿童",第五节"中国农村家庭的现状及问题"皆涉及华北农村儿童问题,是1949年前研究农村少年儿童的重要著作。② 李景汉《五百一十五农村家庭之研究》、许仕廉《中国北部人口的结构研究举例》、房福安《成府人口调查》调查成府1—5岁、6—10岁、11—15岁的男女儿童数量及其总数,皆对我们研究上世纪二三十年代农村儿童人口有所帮助。乔启明《山西清源县一百四十三农家人口调查之研究》、刘荣亭《山西霍县安乐村五十一个农家之调查》《山西襄县史家岗村一百三十三个农家

---

① 蒋宋美龄等:《难民儿童的救济与教养》,重庆:独立出版社,1938年。
② 言心哲:《农村社会学》,上海:上海书店,1939年。

之调查》《山西阳曲县西村二百四十个农家之调查研究》等,都是社会学家通过对华北农村实地考察研究民国时期华北农村人口发展特点,并且对华北儿童人口发展,特别是儿童数量、儿童婚姻等方面有诸多涉及,这为我们研究抗战儿童人口提供了有利条件。① 相较当代学者通过采访老人等田野调查的方法得来的数据,民国学者这种实地实时的调查是更具有准确性的。

2. 1949年后

(1)儿童教育。抗战前华北地区儿童教育研究学界多有论述,赵俊明《抗战期间晋西南教育的发展及其特点》对阎锡山抗战时期于晋西南教育政策、教育实绩进行考述,材料征引广泛,数字可信。书后还附录口述材料,涉及保育院情况,但没有具体区分第一、二保育院,口述材料不涉及保育院教学、组织等详细情况。② 申国昌《义务教育的开端》③论述20世纪二三十年代阎锡山在山西兴办教育的内在动因、办学实况及成功经验,《民国时期山西省初等教育实施效果与对外影响》论述民国时期山西初等教育的实施规划、所运用措施和最后的效果,指出山西省国民教育以其显著成果而闻名于全国教育界,国民学校的数量、入学儿童数量、学龄儿童入学率均在全国名列前茅。④ 刘正伟《近代山西村政建设与义务教育的崛起》认为在阎锡山村政建设的推动下,山西近代义务教育在民国

---

① 李景汉、许仕廉、房福安、乔启明、刘荣亭等学者研究论著皆参考李文海主编:《民国时期社会调查丛编》人口卷,福州:福建教育出版社,2014年。
② 孙丽萍、雒春普等:《1937—1945山西民众的生存状态》,太原:山西人民出版社,2008年。
③ 申国昌:《义务教育的开端》,太原:山西人民出版社,2020年。
④ 申国昌:《民国时期山西省初等教育实施效果与对外影响》,《教育理论与实践》,2008年第12期。

可谓异军突起,山西村政的建设,尤其是村制的改革带来的福利,使山西近代义务教育形成了一个依靠"村"这个乡村基层行政组织来大力发动和推进的模式。① 这两篇文章是研究抗战前村政建设与义务教育成绩的典型,其论证详细,论据丰富。

  新中国成立后学者根据地研究多集中于经济建设和党政建设,而根据地儿童研究一直较为边缘化,与儿童相关的研究也大多集中于小学教育。目前相关华北根据地的主要文献资料有《太岳革命根据地教育文献选编》《太岳革命根据地教育资料选编》《晋察冀抗日根据地》《晋察冀抗日根据地史料选编》《晋察冀边区教育资料选编》《晋绥根据地资料选编》《晋绥革命根据地教育史料选编》《山西文艺史料》《太行革命根据地史料丛书》《太岳革命根据地教育文献选编》《太岳革命根据地教育大事记述》《太岳革命根据地教育资料选编》《太岳革命根据地教育简史》《太行革命根据地教育简史》等,这些文献资料都对华北地区根据地儿童教育、儿童生活、儿童思想等内容有重要的记载和总结。

  华北根据地教育研究多是以某一根据地为研究中心展开论述的,牛崇辉《晋绥革命根据地研究》中"抗战期间晋绥边区国民教育综述"一部分介绍晋绥边区小学儿童入学率、共产党对儿童的教育方针、教学内容和教学方法等。② 李庆刚《论开明士绅与华北抗日根据地的教育发展》以晋察冀根据地为主要研究对象,论述根据地团结中农、富农对教育起到的推动作用。③ 申国昌《抗战时期晋察

---

① 刘正伟:《近代山西村政建设与义务教育的崛起》,《教育理论与实践》,2003 年第 3 期。
② 牛崇辉:《晋绥革命根据地研究》,北京:中国广播电视出版社,1994 年。
③ 李庆刚:《论开明士绅与华北抗日根据地的教育发展》,《高校社科信息》,2005 年第 3 期。

冀边区小学教育研究》一文从小学教育的方针任务、经费与设备、课程与教材、教学方法与组织形式、生活指导与课外活动、小学教育的办学成就与特点分析等，晋察冀根据地将小学教育作为政治任务，成为其他根据地的榜样。① 李常宝《抗战时期太行根据地的小学教育研究》以1940年为界限，分别论述其前后太行根据地小学教育的状况，并在此基础上总结太行根据地小学办学之艰难与办学之成效、小学教员之塑造等方面内容。② 张仰亮《侵蚀与反侵蚀：1938—1941年中条山抗日根据地的教育危机及应对》认为抗战期间中条山地区在日伪蓄意破坏下使当地教育事业遭受极大破坏，国民党主导的中条山根据地恢复各级基础教育、扩充师资、创新办学模式、抵制奴化教育，缓和了中条山教育危机，延续了民族精神。③ 石玉《中国革命根据地教科书研究》认为《共产儿童读本》等教科书是沟通共产主义理想和农民现实主义的桥梁，起到传播现代基础文明及灌输无产阶级话语体系的作用。④ 郭夏云《教育的革命与革命的教育——冬学视野中的根据地社会变迁》介绍根据地学校教育的方法、内容和组织形式等方面内容，分析儿童的入学率、失学率、贫童的数量等内容。⑤ 张志伟等《抗战时期中共根据地教育政策述论》论述抗战时期中国共产党面对根据地多方面问题，确立了以救国抗日为目标的教育方针并制定出干部教育、国民教

---

① 申国昌：《抗战时期晋察冀边区小学教育研究》，《抗日战争研究》，2012年第3期。
② 李常宝：《抗战时期太行根据地的小学教育研究》，《安徽史学》，2018年第5期。
③ 张仰亮：《侵蚀与反侵蚀：1938—1941年中条山抗日根据地的教育危机及应对》，《日本侵华史研究》，2017年第2卷第2期。
④ 石玉：《中国革命根据地教科书研究》，北京：知识产权出版社，2015年。
⑤ 郭夏云：《教育的革命与革命的教育》，太原：山西人民出版社，2009年。

育和社会教育等一系列具有本土性和创造性的政策。① 张晓玲《寓教于战：晋绥边区战时的儿童教育》认为经过抗战，边区儿童不仅自身文化素质得到提高，对抗战边区建设和自身的家庭做出积极贡献。②

（2）贫难童救济。新中国成立后，抗战时儿童教育研究多集中在贫童、难童的教育上，且大量的成果出现在改革开放以后。代表性的论文有：孙艳魁《战时儿童保育会的难童救济工作初探》③、冯敏《抗战时期难童救济教养工作概述》④、丁戎《国内抗战时期难童救助研究综述》⑤、许雪莲《抗战时期国民政府难童救济教养工作述论》⑥等，这些文章涉及儿童保育会、难童的救济等问题，基本上说清楚了国民政府难童保育的机构、设施、政策方面的内容，不足的是研究限于官方资料，对政策落实、工作实绩缺乏考察；董根明先生《抗战时期国民政府儿童福利政策述评》都是着力于国民政府福利救助政策，论述国民政府"善种、善生、善养、善保、善教"的儿童福利政策显现了现代儿童福利观念的特征，⑦王春英《抗战时期难民收容所的设立及其特点》认为由国家机关和社会慈善机构共同合办的难民收容所的产生和进程与抗战是相统一的，因此简便灵活、数量多的特点救助了很多难民。⑧ 苏华《抗战时期难童的异常

---

① 张志伟、栾雪飞：《抗战时期中共根据地教育政策述论》，《史学集刊》，2012年第6期。
② 张晓玲：《寓教于战：晋绥边区战时的儿童教育》，《日本侵华南京大屠杀研究》，2020年第3期。
③ 孙艳魁：《战时儿童保育会的难童救济工作初探》，《江汉论坛》，1997年第5期。
④ 冯敏：《抗战时期难童救济教养工作概述》，《民国档案》，1995年第3期。
⑤ 丁戎：《国内抗战时期难童救助研究综述》，《抗日战争研究》，2011年第2期。
⑥ 许雪莲：《抗战时期国民政府难童救济教养工作述论》，《中州学刊》，2009年第3期。
⑦ 董根明：《抗战时期国民政府儿童福利政策述评》，《抗日战争研究》，2006年第4期。
⑧ 王春英：《抗战时期难民收容所的设立及其特点》，《抗日战争研究》，2004年第3期。

心理问题》,简述沦陷区地难童心理及其当时心理学家们的测量工作,分析难童各种心理状态,丰富了难童救济研究。①

张纯《战时儿童保育会研究》、阚玉香《抗战时期重庆难民救济研究》等博士论文探究儿童保育会成立、变迁、结束的原因,以及国民政府、难童救助团体等在抗战时期的活动。论述详细、条理清晰。随之出现了对难童救济的区域性研究,广东广西的难童救济研究、重庆大后方的难童救济研究,上海难童救济、延安难童保育等,这些论文就某一区域难童救济研究,丰富了区域社会史。学术界对华北抗日根据地研究多集中在政治、经济,在论及教育时大多以"干部教育""社会教育""学校教育"分类论述,而缺乏对受教育之学生状况的分析研究,也缺乏对儿童受教育情况的具体论述,没有专门针对贫难童的研究。目前学界尚无针对贫童、难童研究的专著出现,但有些专著的相关章节对此涉及:孙艳魁先生《苦难的人流——抗战时期的难民》第八章第三节涉及难童救济,其成就在于较早关注难民难童的流动,并且对难童占难民人口的比例首次做了分析研究②;朱汉国《中国社会通史》论述"社会救济与社会保险"对抗战时国民政府对难童的救济有所涉及,③蔡勤禹《国家、社会与弱势群体:民国时期社会救济 1927—1949》对抗战时难童救济教养问题做了概述,其突出之处在于指出儿童救济中在儿童心理方面、健康方面、技术方面都存在不足,儿童死亡率高,得到救济率低等众多问题。④ 学术界对抗战时儿童教育之研究良多,特别是难童救济

---

① 苏华:《抗战时期难童的异常心理问题》,《民国档案》,1995 年第 3 期。
② 孙艳魁:《苦难的人流——抗战时期的难民》,桂林:广西师范大学出版社,1994 年。
③ 朱汉国:《中国社会通史·民国卷》,太原:山西教育出版社,1996 年,第 529—545 页。
④ 蔡勤禹:《国家、社会与弱势群体:民国时期社会救济 1927—1949》,天津:天津人民出版社,2003 年。

方面取得丰硕的成果,然尚待加强的是研究难童教育,这点应包括对难童心理教育、思想教育、卫生健康教育、智育等方面的研究。

（3）儿童史研究。就儿童史而言,世界儿童史学界一般把法国菲力浦·阿里埃斯的《儿童的世纪——旧制度下的儿童和家庭生活》(以下简称《儿童的世纪》)作为儿童史研究开山之作。从20世纪70年代开始,许多学者更为关注成人对待儿童的行为,国际上出现的具有代表性的研究儿童史三部曲有：德莫斯编著的《童年史》、肖特的《现代家庭的形成》、劳伦斯·斯通《1500—1800年英国的家庭、性和婚姻》。中国儿童史研究方兴未艾,学界较早关注儿童史是1932年王稚庵编辑的《中国儿童史》,分别从智、仁、勇的角度以故事的形式讲述了中华历史上以曹植、孔融为代表的优秀少年儿童的事迹,但此书并不是学术类著作而是类似于故事书。① 学界目前有学者开始关注中国古代儿童史研究,王子今《插图秦汉儿童史》阐述秦汉时期少年儿童丰富多样的生活,内容涉及少年儿童生存状态、权益、教育和游戏、劳作等几个方面。高鸿鹏《魏晋时期儿童家庭教育论略》论述魏晋时期儿童家庭教育注重言传身教,塑造人格,玄儒兼涉,文化开放。他们重视家学传承、书训教学,以努力培养长于思考,雅善言谈,遇事可沉着冷静的少年群体。② 周海燕博士论文《魏晋南北朝儿童研究》,从求子活动、养胎、亲子关系、儿童教育等方面多角度论述魏晋南北朝时期儿童的生活,③对从历史研究角度研究抗战时期儿童群体具有一定的借鉴意义。熊秉真《童年忆往》分析近代儿童成长环境对性格等影响,分析近代儿童

---

① 王稚庵：《中国儿童史》,上海：儿童书局,1932年。
② 高鸿鹏：《魏晋时期儿童家庭教育论略》,《黑河学院学报》,2013年第1期。
③ 周海燕：《魏晋南北朝儿童研究》,博士学位论文,郑州大学,2018年。

成长的外在环境,学者们对儿童及童年曾有论辩及其争议,学者对儿童自身生活经验的挖掘与重现,外界环境的描述,论述或以家庭人事的组合或者从人生的生死角度立说,或者从教育儿童思想、塑造儿童性格的角度论述。①

对近代中国儿童关注较为全面详细的是《百年中国儿童》,它从近百年儿童人口、儿童生活等方面入手,用翔实的数字、丰富的实例为我们展示了儿童的变化。② 它对研究近代中国儿童具有重要意义。学术史上有关民国城市儿童研究特别是童工的研究如童工待遇低、工作环境差、对童工身体造成伤害等已经较为丰富,而占儿童绝大多数的农村儿童的生活劳动、健康状况研究却寥寥无几。而具体关涉抗战时期儿童史研究的论文有田霞的《20世纪上半期农村家庭亲子关系》强调亲子关系重于夫妻关系在家庭中处于核心地位,其实质是不平等的人际关系。③ 刘是今《论民国时期农村家庭制度的变迁》分析20世纪三四十年代婴儿死亡率等人口变化因素。④ 另外余华林的《近代家庭研究的兴起》、专门论述抗战时期儿童生活的文章有崔锐《20世纪20—40年代中国农村女性的婚姻问题》论述当时农村存在的童养媳、买卖婚姻等状况及其产生的原因。⑤ 广东人民出版社出版的《中国家庭史》体例、视角独特,作者通过确立了对家庭史的论述的内涵和边界,建构起一种颇富

---

① 熊秉真:《童年忆往》,台北:麦田出版社,2000年,第7—8页。
② 中国青少年研究中心主编:《百年中国儿童》,广州:新世纪出版社,2000年。
③ 田霞:《20世纪上半期农村家庭亲子关系》,《西南民族大学学报(人文社科版)》,2002年第9期。
④ 刘是今:《论民国时期农村家庭制度的变迁》,《青海社会科学》,2003年第4期。
⑤ 崔锐:《20世纪20—40年代中国农村女性的婚姻问题》,《陕西教育学院学报》,2007年第4期。

创意的家庭史体例。其中家庭规模、亲子关系、立嗣继承等方面均论及儿童的家庭生活,此著近代家庭的变迁和家庭的地区性差异的论述将社会史、社会生活史和法制史、经济史和多重维度结合,建构了中国家庭史研究的新体系。①

另外,童婚现象也是近代儿童生活研究的一个弱点,白豆、郝平《婚书所见民国灾荒背景下的山西婚姻(1912—1937)》,认为灾荒期间卖妻鬻女的应灾习惯为山西地区提供了大量的廉价女性,导致童婚等非正常婚娶比例。②《抗日根据地婚姻建设述论》认为以前早婚、童养媳等造成了农村性关系混乱,根据地婚姻条例的颁布在一定程度上促进了婚姻关系的变化。③ 王星慧《民国时期华北农村童婚问题探究——以山西省为例》认为,在根据地教育的影响下民国时期儿童由无力反对、不敢反对、不知反对转变为拒绝童婚渴望婚姻自由,童婚的是实质是买卖婚姻,童婚中劳动关系大于婚姻关系。出生与死亡亦是当下少年儿童史研究的重要内容,米红、蒋正华《民国人口统计调查和资料的研究与评价》通过民国人口调查制度与民国历次人口调查经过的研究,对现有民国人口资料进行汇总,并涉及抗战期间儿童死亡率及女婴统计不准之原因。④ 王亚莉、岳谦厚《陕甘宁边区的妇女生育与妇婴保健问题》,陕甘宁边区制定政策并通过多种宣传方式宣传卫生及新法接生,解决婴儿

---

① 张国刚、郑全红:《中国家庭史》,广州:广东人民出版社,2007年。
② 白豆、郝平:《婚书所见民国灾荒背景下的山西婚姻(1912—1937)》,《福建论坛(人文社会科学版)》,2020年第7期。
③ 黄东:《抗日根据地婚姻建设述论》,《首都师范大学学报》,2004年第6期。
④ 米红、蒋正华:《民国人口统计调查和资料的研究与评价》,《人口研究杂志》,1996年第3期。

死亡问题取得了显著的成就。① 李洪河长期研究华北根据地卫生防疫事业,其论述多处涉及儿童在华北根据地传染病感染以及死亡状况,论述华北根据地卫生防疫措施与儿童生存状况。②

(4) 儿童团与儿童抗战。罗存康《少年儿童与抗日战争》是近期研究少年儿童抗战的力作,此书从敌后根据地少年儿童抗战、国统区少年儿童抗战、儿童参军、儿童伤亡等几部分展开论述,少年儿童抗战敌后根据地抗战是论述的重点,涉及组织动员少年儿童抗战、根据地少年儿童组织建立概况、根据地儿童救亡、根据地主要的少年儿童团体。此书论述各部分以儿童团为中心,较为详细地介绍了抗战时期儿童团组织的发展和作用。③ 孙丽萍、雒春普编著的《1937—1945 山西民众的生存状态》中采访幸存的老人,回忆抗战时期百姓之心态,多有抗战期间少年儿童的心态描述。④ 赵健主编山西省史志研究院出版的《太行山抗日儿童团故事》从"耳目与向导""鸡毛信""拥军、优抗、参军、参战""社会工作""太行区青年工作者谈太行山青年与儿童工作"等方面介绍抗战时期太行区儿童团中儿童劳动、生活、战斗的各个方面。⑤ 王艳、陈争艳《儿童抗战》从抗日儿童团、中国童子军、抗战小英雄、战时儿童保育会等几个方面介绍抗日战争中的儿童,⑥叶伟才等编撰《抗日小勇士的

---

① 王亚莉、岳谦厚:《陕甘宁边区的妇女生育与妇婴保健问题》,《福建论坛(人文社会科学版)》,2016 年第 1 期。
② 李洪河:《往者可鉴:中国共产党领导的卫生防疫事业的历史经验研究》,北京:人民出版社,2016 年。
③ 罗存康:《少年儿童与抗日战争》,北京:团结出版社,2015 年。
④ 孔丽萍、雒春普等:《1937—1945 山西民众的生存状态》,太原:山西人民出版社,2008 年,第 2—9 页。
⑤ 山西省史志研究院编:《太行山抗日儿童团故事》,太原:山西人民出版社,1999 年。
⑥ 王艳、陈争艳:《儿童抗战》,北京:中国民主法制出版社,2015 年。

足迹——抗日战争中著名抗日儿童团体的故事》分"老一辈革命家对抗战儿童的关怀""抗战血泊出奇葩""潇湘儿童赤子情""西南儿童热气高""抗战之火永不灭"等几个部分讲述抗日儿童团故事。①丹琳《寻访儿童团战友》深入晋察冀边区实地采访抗战时期儿童团员,听他们讲儿童团的战斗故事,关于儿童团英雄故事的叙述详细而可信,②这几本书偏重叙述历史事实,可以铭记历史,警示后人。

(二)国外研究现状

弗洛伊德在其名著《精神与本能》中提出"三部人格结构说"的理论,即人格由本我、自我、超我三部分构成,本我是最原始的自己,带有一定的兽性,有本能的冲动,处于人格的最底层;自我是意识结构,是理性和智慧的代表,是协调本我和超我之间的矛盾的现实性人格。弗洛伊德认为在本我和超我的关系中,"自我就像一个骑在马背上的人,他得有控制马的较大能量;所不同的是,骑马是寻求用自己的力量做到这一点的,而自我则使用借力。这种类比还可以进一步加以说明。如果一个骑手不想和他的马分手,他常常引导它到他想到的地方;同样如此,自我经常把本我的希望付诸实施,好像是他自己的希望那样。"③西方儿童史研究已经较为成熟,阿利埃斯的名著《儿童的世纪》是儿童史和家庭史研究的发端,他的研究提供了儿童史研究的框架,从儿童的观念、学校生活、家庭三个部分,通过儿童的肖像画、儿童的玩具、游戏等过去人很少注意到的史料,探究当时社会儿童的生活状态、存在的儿童观念等情况。他认为中世纪不存在所谓的儿童的观,儿童是缩小的成人,

---

① 叶伟才:《抗日小勇士的足迹——抗日战争中著名抗日儿童团体的故事》,北京:中国少年儿童出版社,2002年。
② 丹琳:《寻访儿童团战友》,北京:中国文联出版公司,2008年。
③ 车文博:《西方心理学史》,杭州:浙江教育出版社,1998年,第465页。

儿童从7岁起就步入了成人的生活。耶鲁大学资深史学教授彼得·盖伊曾评价说："无论从任何意义上而言,这部伟大的著作都是当之无愧的先驱。我们应感谢《儿童的世纪》,不仅仅是因为它提供了一部精彩的儿童史,更由于它引领着我们发现当下最有趣、最有价值的历史。"①

从20世纪70年代西方学者开始关注成人与儿童的关系、成人对儿童的影响,关注成人对待儿童的行为,出现了具有代表性的儿童和童年历史的三部曲:德·莫斯编著的《童年史》、肖特的《现代家庭的形成》、劳伦斯·斯通《英国的家庭、性和婚姻1500—1800年》。在美国学者德莫斯的笔下,儿童的历史简直就是一部苦难史。"儿童的历史是一场噩梦,我们只是刚刚从噩梦中醒来。越是追溯历史,就发现儿童受到的关爱越少。而且儿童越有可能遭到虐杀、毒打、恐吓,还受到性虐待。"②他的长篇文章《儿童期的演进》运用了"历史的心理冲突理论"(psychogenic theory of history),论述了父母与子女相互关系的发展史,提出了前后相继的六个模式(即儿童历史的六个时期):弑婴模式(从古代到公元4世纪)、弃婴模式(从公元4世纪到13世纪)、矛盾时期(从14世纪到17世纪)、控制时期(18世纪)社会化模式(从19世纪到20世纪中叶),对孩子的培养主要是训练孩子的过程,而不是征服其意志的过程,对孩子进行教育、引导,使其社会化;帮助模式(20世纪中期开始),父母投入大量的时间和精力帮助孩子成长。③ 肖特关注18世纪后中产

---

① [法]菲力浦·阿利埃斯著,沈坚、朱晓罕译:《儿童的世纪——旧制度下的儿童和家庭生活》,北京:北京大学出版社,2013年,封底。
② 转引自俞金尧:《西欧婚姻、家庭与人口史研究》,北京:现代出版社,2014年,第306页。
③ 姜芃主编:《西方史学的理论和流派》,北京:中国社会科学出版社,2007年,第304页。

阶级母亲养育儿童的变化,劳伦斯·斯通认为 1660 年后,儿童受到英国父母前所未有的关注。此后,迈克尔·安德森、琳达·波洛克等认为前人研究缺乏充分论证,否定了前人观点。①

泰勒·何德兰、坎贝尔·布朗士《孩提时代:两个传教士眼中的中国儿童生活》从不同的角度记载了 19 世纪末 20 世纪初期中国儿童生活的各个方面,其中涉及儿歌、游戏、玩具等儿童的家庭生活、学校生活。② 美国华璋《悬壶济乱世——医疗改革者如何于战乱与疫情中建立起中国现代医疗卫生体系(1928—1945)》论述战乱中中国近代医疗卫生体系的建立,多有论及妇婴卫生及中国共产党领导的医疗卫生体系。③ 日本学者内田知行《山西抗日民族统一战线和民族动员》是《中国八路军新四军史》一书中"牺牲救国同盟会和山西新军"一节的中译。此书考察了 1937 年 7 月至 1940 年 1 月期间山西省抗日运动,主要考察牺牲救国同盟会。书中共分三章:一、统一战线和抗战动员(1937 年 7 月—1938 年 3 月);二、政治改革和社会改革(1938 年 4 月—1939 年 2 月);三、新军事件(1939 年 3 月—1940 年 1 月)。主要研究山西牺盟会在抗战中的作用,他也是主要以山西为研究对象的日本学者,其研究领域集中在抗战时民众动员、慰安妇、经济侵略等方面。其著作《黄土の大地:山西省占领地の社会经济史 1937—1945》,更是将研究目标指向日本对山西的经济侵略。他的研究为笔者进行抗战教育研究提供了社会背景

---

① 施义慧:《童年的转型——19 世纪英国下层儿童生活史》,南京:南京大学出版社,2012 年,第 4 页。
② [美]何德兰、[英]布朗士,魏长保等译:《孩提时代:两个传教士眼中的中国儿童生活》,北京:金城出版社,2011 年。
③ [美]华璋著,叶南译:《悬壶济乱世——医疗改革者如何于战乱与疫情中建立起中国现代医疗卫生体系(1928—1945)》,上海:复旦大学出版社,2013 年。

资料,有助于笔者全方位地了解抗战社会状态。① 石岛纪之著,郑玉纯、纪宏译《中国抗日战争史》中写道:"在山西贫穷的东南太行地区,据说富农几乎吃不起小麦。但是,当时的中国,在战争状态下,没有出现大量的饿死人,民众可以糊口,这也是有史以来的奇迹。中国共产党和解放区依靠这种积极的斗争,度过了决定解放区命运的危机。"此书史料丰富,对晋察冀抗日根据地成立、百团大战等多有论述,将政治、经济、文化结合,为本文研究根据地教育提供了很大的帮助。② 美国杜赞奇《文化、权力与国家:1900—1942年的华北农村》论述宗族与乡村权力,国家权力的运行渠道,对本书第四章论述以宗族乡绅主导的传统教育有较多的指导和借鉴。③ 费正清《剑桥中华民国史》下卷,第八章"学术界的成长,1912—1949年"第三节"战时和战后的变化,1937—1949"论及战时中国的教育,只是其研究集中于高等教育,较少关注儿童教育。④ 澳大利亚悉尼科技大学国际研究学院教授大卫·古德曼从20世纪80年代后期开始研究革命中的中国社会变迁,并选择太行抗日根据地作为研究对象。1999年,他编辑的《中国革命中的太行抗日根据地社会变迁》一书,研究了抗战期间太行根据地中心的三个邻近县——辽县、武乡和黎城的革命变迁过程,认为根据地的社会变迁是革命奋斗的结果。⑤

---

① [日]内田知行著,田西如译:《山西抗日民族统一战线和民族动员》,北京:中共党史出版社,1992年。
② [日]石岛纪之著,郑玉纯、纪宏译:《中国抗日战争史》,长春:吉林教育出版社,1990年,第120页。
③ [美]杜赞奇著,王福明译:《文化、权利与国家:1900—1942年的华北农村》,南京:江苏人民出版社,1996年。
④ [美]费正清著,杨品泉等译:《剑桥中华民国史》,北京:中国社会科学出版社,1993年。
⑤ [澳]古德曼著,田西如等译:《中国革命中的太行抗日根据地社会变迁》,北京:中央文献出版社,2003年。

三、概　念

（一）儿童史与儿童观

儿童史。学术研究上所说的儿童史，一般指的是西方儿童史。法国菲力浦·阿利埃斯的《儿童的世纪》一般被认为是儿童史研究的起点，其后所有关于儿童生活的研究都是围绕《儿童的世纪》展开论说的。从20世纪70年代开始，更多的学者开始关注历史上的儿童的生活，儿童与成人、父母、家庭的关系。国际上出现了具有代表性的研究儿童史的三部曲：德莫斯编著的《童年史》，肖特的《现代家庭的形成》，劳伦斯·斯通《英国的家庭、性和婚姻1500—1800年》。关注历史中的儿童，探寻儿童的处境如何随时代的变化而变化。儿童史研究不仅要按时代论述儿童的真实生活，也包括现实生活中各种相关之处，以便串联起各个相关历史朝代。如儿童文化、儿童与战争、儿童的物质环境、儿童与家长之关系、儿童的哺育、儿童的教育、社会对儿童的救助等等。公共政策是儿童研究极为关注的重要方面，可以探索成人保护、惩罚、教育儿童之方式的历史变革，其中，收养、儿童虐待和忽略、儿童权利、特殊儿童、儿童犯罪、儿童教育及福利政策等，都是公共政策范围内最核心的议题。[①]

儿童观。儿童观展现的是成人如何看待和对待儿童。儿童观涉及儿童不同于成人的特点、家庭地位、儿童期的生长和教育等。西方儿童观发展历程是古典时期的小大人说、中世纪的原罪说、卢梭时代的儿童观、杜威的儿童观、儿童宗教观、现代儿童观，其主要

---

① Steven Mintz. Teaching the History of Childhood. *Newsletter of Society for the History of Children and Youth*, 2008(11).

发展过程如下①：

1. 小大人说把儿童看作是缩小的成人，儿童是成人的雏形，是比较小的、弱的成人。教育的根本任务就是促进儿童理智健全和人格完善，使儿童成为事理通达的人，从而培养符合理想社会要求的理性人。

2. 中世纪原罪说认为儿童是生而有罪的，儿童的成长过程中需要加以鞭笞和惩戒，因为都是带着原罪而来到人间的，所以人的一生历经生活的磨难，就是在不断赎罪。这种儿童观将儿童出生和上帝相对，世上只有上帝是善的，其他一切包括年幼的还未涉足社会的儿童都是恶的。《旧约全书》认为婴儿原是被剥夺权利的人，是邪恶的，他们生来就有原罪。只有对这些天生的"罪人"严加管制才能帮助他们免得变得更为邪恶。

3. 卢梭时代发现了儿童期的存在，认为儿童是具有独立意义的，具有存在价值的。18世纪后期开始，人们开始认识到尊重儿童、发展儿童的重要性，重视利用儿童心理特点和规律去教育儿童。卢梭提出儿童不是成人的宠物和玩物，是有着自己的情感意识的人，成人应该尊重儿童，对儿童教育按照"自然法则"，按照他们本性、考虑年龄特征。他们呼吁保护儿童纯真的天性，让儿童的个性充分地发展。

4. 杜威提出"儿童中心论"的儿童观，是对教师中心论的一种反对，把儿童从教育的"后台"边缘位置推到"前台"，让儿童成为教育活动的主角。

5. 蒙台梭利、皮亚杰、马修斯、雅斯贝斯等人推动应向"儿童学习"，"以儿童为师"，把崇拜儿童推向了极致，几乎成为一种宗教。蒙

---

① 柳阳辉主编：《学前教育学教程》，上海：复旦大学出版社，2015年，第37—40页。

台梭利认为教育是儿童心理发展的辅助,儿童特定能力在儿童期内已处于发展的准备状态,通过环境的培养可以使之兴盛。一个整齐有序而受欢迎的环境是"儿童之家"的首要原则。

6. 当下学者认为儿童首先是人,其次儿童就是儿童。学者没有必要过分地夸大儿童的先天智慧等,把儿童地位放到过高的地方,同时也不能随意地忽视儿童作为自然人的基本特性,即儿童是一个正在发展的人,人们对待儿童时不能把儿童等同于成人。

抗战前,中国流行一种新型的儿童观,先进的学者们引进了杜威的儿童观,这种儿童观认为儿童是教育活动的中心,在教育活动中应以"儿童中心"取代"教师中心"和"教材中心",认为教师应该是儿童活动的启发者,应改变压制儿童自由发展的传统教育。儿童在出生、成长的过程中能成为自主的行动者,能表达自己的主张和意见,充分行使自己的权利。这种进步的儿童观只在北京、上海等中国教育理念先进的大都市中,在思想先进的教育家、学者中流行。虽然杜威也曾到华北考察并在山西大学讲学,但山西等华北内陆思想僵化,这样的儿童观并不流行。那么抗战时期,在华北抗日根据地,儿童是处于一种什么样的生活状态呢? 华北根据地如何培养和教育儿童,根据地儿童又有什么特点呢? 抗战时期,根据地儿童的教育和生活从某种程度上体现了生活即教育的儿童观,把儿童推到台前,强调儿童是有能力的主体,应有主动发展自己潜能的机会。根据地儿童在成长的过程中与以前相较,成了具有一定自主能力的行动者,有能表达自己的主张和意见的权利。

(二)儿童与贫童

儿童,国际《儿童权利公约》将儿童界定为年龄在 18 岁以下的人。本文根据中国传统习惯,将研究范围界定在 15 岁以下的儿童,且以 6—15 岁的学龄儿童为主要研究对象。

贫童，"贫"涉及经济能力，贫童是指家庭经济贫困的儿童。本文所指的贫童是抗战时期，按照所占土地划分，属于贫雇农家庭的孩子。日本学者石岛纪之通过调查统计认为，占中国人口10%以下的地主富农所占耕地数为全国一半以上，而占全国将近70%的贫雇农，仅占耕地的22%。[①] 贫困人口因没有具体的统计数字，笔者则以石岛纪之的贫雇农的统计数字推断农村贫困儿童数字，山西0—15岁的240万农村儿童中，贫困儿童应有160万左右。而在这些儿童中，学龄儿童年龄应在7—15岁左右，由1946—1947年山西人口年龄统计数字来计算，4 690 448个0—15岁儿童中，未满周岁及1—4岁的人口约占1/3，5—10岁及11—15岁人口约占2/3，[②]所以，笔者推测本文所研究之受教育的山西贫童大约在100万左右。推而广之，华北乃至全国贫童数目之巨可以想象。

（三）活教材

本书论述的活教材是指华北抗日根据地因交通不便、经济贫困而造成的在学校课本短缺的情况下，根据地学校采用适合学生的报纸期刊刊登的小短文、小通讯等文学作品，通过现实生活用品、现实劳动过程来识字，认识当代社会背景、社会发展等；通过演剧、讲演来锻炼个人能力，提高社会认识水平。华北根据地常见的活教材，报纸方面晋察冀有《晋察冀日报》《晋察冀群众报》，晋绥有《抗战日报》《晋西大众报》，太岳《太岳日报》，期刊方面陕甘宁出版的有《边区儿童》《西北儿童》，晋察冀有《青年与儿童》、山东有《新儿童》《儿童之友》，华中有《江淮儿童》《儿童文娱》，冀中有《新世纪的孩子

---

① ［日］石岛纪之著，郑玉纯、纪宏译：《中国抗日战争史》，长春：吉林教育出版社，1990年，第4页。
② 岳谦厚：《战时日军对山西社会生态之破坏》，北京：社会科学文献出版社，2008年，第207页。此处所列数字由笔者根据此页《1946—1947山西人口年龄统计》表格得来。

们》都在华北革命根据地流传使用过。生活活教材是指华北抗日根据地小学强调儿童要参与劳动,要注重实践。比如儿童在平时劳动中扫硝,卖给武委合作社,教员以此为活教材,给学生讲硝的写法,熬硝、熬盐的方法,造地雷的方法,以及抗击日军的有关常识。

四、研究方法、主要观点及创新

本书以抗战时期的华北儿童为研究对象,采用查阅资料和田野调查的方法搜集相关资料内容,利用历史学、社会学、经济学、心理学等相关学科知识,探究抗战时期华北儿童在烽烟战火中的生活状况,从而阐述烽火硝烟中,华北儿童的物质生活、抗战教育、抗战心态、抗战劳动、儿童团等在抗战中的表现、作用以及儿童表现出的强烈的抗战精神,这种抗战精神使儿童初识民主,理解家国,反抗侵略,并在未来的解放战争和新中国的建设中继续发挥其作用。本研究着重探究:1. 抗战时期中国共产党有关儿童的政策、措施,以及这些政策、措施对儿童成长的作用;2. 探究抗战时期华北革命根据地烽火硝烟与中国共产党新政等多重变化之下,儿童学校教育生活、家庭生活以及社会组织活动等方面变迁,从而探究战争与儿童近代意识萌芽的关系;3. 分析抗战时期华北儿童为抗战做出的贡献、表现出的抗战精神,以及这种抗战精神对现代儿童、对中华民族伟大复兴的意义。陈贞臻道:"而留下来的史料,也未必直接反映儿童的生活。儿童只在其他人的史料中被提及,这些史料成为儿童生活的成人报告,无可避免地再现成人的观点。""这些资料大部分为成人观点,儿童的声音多多少少缺席,此外,史学家在编纂的过程中,也试图删去小孩的观点。研究者在研究过程中,也会遭遇某些有关资料本质的问题,什么是记忆?可信度有多少? 这当然不是新问题,心理学家在最近一个世纪以来,对此一问题已有很多研究,可否利用成人的回忆录,去呈现儿童的内心呢? 如何做到呢?"①在本书研究过程中,这种问题相当明显。主要表现在:1. 统计分析抗战前后华北儿童人口以及贫困儿童人口的数量、儿童童婚数量、儿童出生率、死亡率等;2. 分析抗战时期华北根据地儿童不同于成人的心理;3. 通过田野调查,分析探究抗战时期少年儿童的民族、民主意识之萌芽。

(一)本书的主要观点

1. 中国共产党在华北农村实施国民教育,特别重视贫童教育,一系列的方法措施的实施,使得千百年来少有机会读书的偏远山区贫童有了受教育的机会。贫苦儿童从接受义学、族学等传统教育,到被作为重要对象纳入根据地国民教育;从粗识文字、修身养性到渐识民主,学习生产;从渴求入学、限制入学到创造条件要求全部入学,贫童教育有了重大飞跃。注重对贫困儿童的教育是根据地普及儿童教育的重要举措,是教育史上不可磨灭之笔。中国共产党在根据地对广大贫童的教育,唤醒了贫童,唤醒了贫童家庭,唤醒了中国最底层的贫苦民众,激发起了广大民众的民族意识,从此,中国的抗战再也不是一个朝廷、一个党的抗战,而是全民抗战。有了民族意识的中国民众,老少齐心,妇孺参战,保卫家国。民众意识到家国是自己的家国,而不是谁家的天下。2. 抗战时期,中国华北农村儿童心态受特殊的社会环境、学校教育和家庭生活的影响。华北农村儿童心态主要体现在惧怕贫穷、疾病的心态,对日本侵略的恐惧及英雄主义报仇卫国心态,学习文化和家庭生产兼顾的现实主义心态。在这样的心态影响下,抗战时期的儿童积极宣传卫生、抵抗疾病;参加儿童团,站岗放哨抵抗日本;努力进行

---

① 陈贞臻:《西方儿童史研究的回顾与展望——阿利斯及其批评者》,陈恒、耿相新:《新史学》第4辑,郑州:大象出版社,2005年,第123—124,135页。

家庭生产。抗战时期华北农村儿童心态波澜起伏,他们打破千百年来农村儿童被儒家经典以及家族宗法压抑到极点的心理。这个时期的儿童虽有明显的"小大人"的特点,但儿童心态已不是如同被模板铸刻一般,华北农村从未有之变化深深地影响了这一代儿童的心态和行为。儿童心态发生变化,思想意识也随之改变。

3. 中国传统小学教材内容单一,民国后教材逐渐变化,文体美各方面皆有兼顾。华北地区抗日根据地,经济困难,交通难行,教材匮乏,为解决这一问题,根据地小学教材呈现出从形式到内容的全面变革。它从形式上不限于课本纸质教材,报纸期刊、戏剧游戏、生活劳动等活教材广泛存在;从内容上不限于已编印之课本,报纸期刊刊登的故事、劳动实际所需知识都是教学素材。抗战时期根据地小学之活教材为培养少年儿童参与民族独立战争和新中国建设做出了重要的贡献。文学是时代的反映,儿童接触、阅读好的文学可知时事、启童心。抗战时期根据地儿童接触到的文学作品按其载体不同,大体可分为民间文学、作家文学和课本文学三种,这些文学作品内容集中在抗战救国和生产建设两个方面。根据地文学改变了中国农村儿童学习的传统文化,儿童在接触学习各式文学作品的同时也进行了思想、生活各方面的教育。中国各抗日根据地儿童经过残酷的抗战,在各种文学作品或潜移默化或直截了当的影响教育下,已不再是只知放牛做工的贫困顽劣小童,而是有一定文化、信仰的抗日有生力量,为抗日做出应有贡献。4. 抗战时期华北地区根据地儿童接受中国共产党领导的学校教育,并通过小先生、夜校、半日班等多种教育形式让绝大多数儿童都有机会学习,一定程度上实现了小学教育普及,学生所学教材和现实联系紧密,教师所教授知识也和家庭生产相关;在中国共产党的领导下参加儿童团、站岗、放哨、送信、宣传、卫生、劳动甚至直接走向战场,各个方面都有儿童的身影,他们是抗战的一部分力量,为抗战做出了积极的贡献。抗战时期的儿童不再是一味地只知顺从,他们有儿童团组织,有自己的纲领政策,有自己的活动目的,甚至可以批评指正家长的错误,监督他们改过。这在中国历史上是从未有过的。虽然华北农村抗日根据地没有主动引进杜威"以儿童为中心""教育即生活"等儿童观,但对儿童教育却在某种程度上与他的儿童观十分契合。二者虽产生的条件、背景完全不同,但表现形式却惊人的相似。

(二)创新

1. 本书以"儿童、抗战生活、思想意识"为主线,关注以往被学术研究忽略了的儿童生活。本书在抗战的历史背景下,研究华北地区根据地儿童生活,力图还原抗战时期华北根据地儿童生活的真实。本书认为华北根据地儿童的近代化意识是在抗战时期由中国共产党集中教育而建立起来的。近代中国经历多种变革,无论发生怎样的变革、进步,中国近代化的突出表现只明显存在于城市当中,表现于一些知识分子和政治家身上,而绝大多数的中国农村、农民却是死水微澜。"五四"时期,先进知识分子的儿童观发生改变,他们认识到儿童独立的身份地位,发出"救救孩子"的呐喊,但这种呐喊并没有传到中国农村,农村儿童特别是内陆农村儿童对于民族、民主、科学、自由闻所未闻。中国小学教育普及率较低,大多数儿童没有条件接受教育,还有很多儿童仍然是在私塾中学习。抗战时期,中国共产党在农村建立根据地,普及小学教育,建立儿童团从而发展儿童、教育儿童,儿童被最大限度地动员起来。他们站岗放哨、查路条、宣讲思想、甚至走向前线,经过中国共产党教育和改变的儿童真正参与了抗战,认识到民族、民主的内涵,具有了近代化的思想意识,在这种近代化思想意识指导下,进入新中国建设时期,他们带着民族自豪感去参加工作,拥有健康、积极向上的心态,表现出极大的建设热情。2. 本书以华北抗日根据地儿童生活为主要研究内容进行探索,通过科学统计、计算推论,确定抗战时期华北农村儿童的数量、分析农村儿童人口年龄特点,探究农村根据地儿童生活状态,如物质生活、心态、教育、儿童婚姻、儿童团、儿童游戏等方面内容,这在中国儿童史研究上是一个新的尝试。3. 于教育史方面,本书研究抗战时期华北地区根据地的儿童教育,丰富了儿童教育史,特别是华北根据地儿童教育史;本书就将华北根据地贫童教育作为重点研究内容,全面概括华北根据地贫童教育涉及之贫童数量、方针政策、主要手段、取得的成就与不足。本书认为,中国共产党在华北地区抗日根据地注重贫童教育,是其能真正实现教育普及的关键政策。华北地区正因为注重贫童教育,真正做到了普及小学教育,才最大限度地发动了儿童,儿童团、剧演、宣讲、生产抗战促使儿童朝近代化转变。4. 对近现代儿童早婚现象有许多学者进行过论述,但少有人关注20世纪三四十年代童婚变化过程,也少有人专门研究男女儿童的婚姻生活状态,本书对华北根据地童婚的研究,对现代农村中颇有抬头现象的早婚亦有一定的现实意义,此为本书创新点之一。5. "抗战游戏"是笔者对抗战期间儿童进行的反日本侵略、反汉奸投降、积极参加抗日、学习生产等类型游戏的统称。本书认为抗战游戏具有强烈的现实意义、教化功能,儿童喜欢玩抗战游戏,因为他们能从游戏中实现现实中不能达成的愿望,比如打死日军、汉奸等,表现了其强烈的民族意识、反侵略思想。6. 抗战时儿童心态研究,是本书的另一创新之处。在抗战的大前提下,日本残暴、中国共产党的教育、自然环境等影响儿童心态的因素,儿童心态的特点,儿童心态与儿童生活的关系都是本书力求探究的。而以往的研究中,大家较少关注儿童心态,更少有人关注抗战时期儿童面临巨大的冲击时心态的变化。

第一章　生活环境：华北农村社会

就地理位置而言，民国初年华北地区包括山西、察哈尔、绥远、直隶、热河5省，然至抗战时期，"华北"一词的政治概念更胜于"地理"概念。日本将河北、山西、山东、察哈尔、绥远五省视为"满洲国"缓冲区，称华北五省。抗战时期，"华北"与"东北"的政治性之重要更胜于地理地域划分，在政治上，"东北"一词是为要收复失地而显著的，"华北"一词是日本鼓吹"华北自治"为要侵略我们而显著的。① 因此在抗战时期，有识之士对"华北"一词的政治敏感提高到了前所未有的高度，对"华北"政治与地理上的冲突，时人就强调我们应该淡化地理性而重视政治性，"我们要注意的是要认清领土主权的重要性和怎样保卫国土收复失地"，因为如果我们只是计较华北所包括的不过两省或三省，"那就好像是在向日本求饶，要求他少侵略一些领土去，或者认为华北不只五省，那又好像是对日本说，你要侵占的地方并不算多，我们还愿退一点礼"②。因此，鉴于抗战时期特殊的环境以及敌人侵略的目标，本文所研究之华北地

---

① 席征庸：《华北》，中华平民教育促进会，1938年，第2页。
② 席征庸：《华北》，中华平民教育促进会，1938年，第3页。

区以抗战时期的山西、河北、山东、察哈尔、绥远五省之范围为主，其中尤以山西、河北地区为研究重点。

第一节 自然环境与抗战前的华北农村

一、自然环境

据国民政府内政部对华北五省土地面积的调查，1938 年河北省 430 002 方里，山东省 440 028 方里，山西省 471 642 方里，察哈尔省（南部 16 县）285 007 方里，绥远省 1 682 650 方里，总共有 3 309 329 方里。①华北地区地处内陆中纬度，是温带大陆性季风气候。春季易有风沙，夏季温润，秋季温和短暂，冬季寒冷干燥。气温由南向北逐渐降低，盆地、河谷较为温暖，高原、山地较为寒冷。山西地形复杂，有高原、山地、盆地、丘陵等多种地貌类型。山西因位于太行山之西，故名山西，古时也称河东。山西东有太行，西有吕梁，北有恒山和五台山，南有中条山，中有太岳，重山环绕，是华北的天然屏障，有"华北屋脊"之称。境内有汾河、海河两大水系，黄河从偏关一泻千里而下，向东折于风陵渡，南至垣曲县出境。河北地貌复杂，高原、平原、山地、丘陵等类型齐全，其地势雄胜，北负阴山山脉，长城绵亘，西拥太行山脉，高峰磅礴，东环渤海，与外相沟通，以南则是一片平原。黄河流经南部，滦河穿越北境，滹沱河、大清河、永定河等河流贯穿其间。山西南部及晋东南地区年平均气温是 12 ℃以上，雁北和忻州等北部地区年平均气温则在 7 ℃以下，中部地带年

---

① 席征庸：《华北》，中华平民教育促进会，1938 年，第 4 页。

平均气温在 7 ℃～12 ℃之间①。山西降水受地势影响，东部山区多雨，年降水量在 600 毫米以上，如中条山东段、太行、太岳等地，而背风坡的几个中部盆地，年降水量降到 550 毫米以下，大同、繁峙、偏关等地，年降水量则在 400 毫米以下②，但总体看来，山西常年缺水，气候干旱，在五大盆地尤为突出，特别是晋南盆地，"十年九旱"，影响农业。河北气温则以长城为分界，长城以北年平均气温低于 10 ℃而长城以南地区则高于 10 ℃。河北全省多半土地肥沃，除东部靠近海洋的地区外，全省大部地区为大陆性气候，夏季气温适宜，冬季寒冷，雨量在 500 到 700 毫米之间，很适合种植小麦、高粱等农作物。③

在华北五省中，河北全省以及山东省的北部地区属于平原地区，地势相对平坦且因受黄河、沽河、滦河等河水灌溉，逐渐被滋养成为土地肥美的农业区。山西则属黄土高原地区，境内太原和汾河两大盆地灌溉农业发达。察、绥两省大部分地方属于从前的内蒙古区域，清末民初山西、山东等地移民前往耕种，农产品产量大增，品种也较以前丰富很多。1935 年华北的农产品中食料方面以小麦、小米、高粱、玉米等为主，衣料方面以棉花为主。华北五省中山西、山东、河北三省棉花种植面积 8 464 000 多亩，产量 33 702 000 多石，占全国产量的 2/3 以上；羊毛产量 50 万石以上，占全国羊毛产量的九成多。④ 华北五省小麦产量约占全国总产量的 26%，河北山东山西三省的棉花占全国总量的 42%，大麦杂粮占

---

① 山西国土资源编写组：《山西国土资源》上，太原：山西人民出版社，1985 年，第 65 页。
② 山西国土资源编写组：《山西国土资源》上，太原：山西人民出版社，第 65 页、第 71 页。
③ 孙醒东：《河北农业之现状》，河北省立农学院出版委员会：《河北通俗农刊》，1934 年 1 卷 1 期。
④ 席征庸：《华北》，中华平民教育促进会，1938 年，第 10 页。

全国的 14%,豆类占全国的 20%,麻产量占全国的 44%,花生产量占全国的 43%。①

华北不仅农产丰富,其矿产尤其是煤、铁、盐三种在中国也占有较大比例。据有关资料,1935 年探明中国煤炭 243 669 兆吨,华北五省煤炭储量占全国的 54% 以上,仅山西一省的煤炭储量就占全国的一半多②,铁之储量占全国总量的 52%。③ 据河北省政府 1935 年统计,河北省物产之丰富居华北之首。④ 山西境内矿产资源丰富,有"煤铁之乡"称号。除去煤矿,山西的铝土矿、铁矿、铜矿、耐火黏土、芒硝、石膏、灰岩等矿石资源也很丰富,其中,铝土矿是仅次于煤矿的第二大优势资源。煤、铁、铜、锡等矿产分布广、储量大。据 1916 年地质调查所勘察,中国煤炭储量共 2 390 亿吨,其中华北地区有 1 679 亿吨,而山西已探明的储量达 1 270 亿吨,占全国煤炭储量 1/2 强。⑤

二、抗战前后华北农村经济与民众生活

抗战前华北农村土地兼并盛巨,经济危机日益严重,农民贫困者越来越多。晋察冀边区巩固区 35 个村庄地主在总户数中占 2.42%,占总人口的 3.61%,占全部土地的 16.43%;富农占总户数的 5.91%,占总人口的 8.45%,占土地的 21.93%;中农占总户数

---

① 河北省档案馆编:《晋察冀抗日根据地史料选编》,石家庄:河北人民出版社,1983 年,第 393 页。
② 席征庸:《华北》,中华平民教育促进会,1938 年,第 10 页。
③ 河北省档案馆编:《晋察冀抗日根据地史料选编》,石家庄:河北人民出版社,1983 年,第 393 页。
④ 叶凤梧编:《河北乡土史》,河北省立邢台师范学校,1936 年,第 7 页。
⑤ 樊吉厚、李茂盛、岳谦厚:《华北抗日战争史》上,太原:山西人民出版社,2005 年,第 17 页。

的35.42%,占总人口的40.57%,占全部土地的41.61%;贫农占总户数40.47%,占总人口的35.71%,占全部土地的17.92%;小手工业连同小商人合计在内,占总户数的0.72%,占总人口的0.17%,占全部土地的0.26%。① 占人口将近一半的贫农土地占有量却只有17.92%,地主、富农人口量不足总人口的10%却占有土地总数的38.36%。土地兼并严重,农民难以维持生计,生活本已艰难,然华北农村洋货倾销,更是入不敷出。鸦片战争后,西方强行打开中国大门,他们最直接的目的就是攫取经济利益,各种洋货倾销全国,华北也受到冲击。1905—1911年的七年时间中,倾销到山西的洋货以海关价计算,银两达35 051 728两,七年中被洋行攫取的白银最低也在5 000万两到6 000万两之间。如此多的货品进入山西,以致"十室九邑,八口之家,无一人之身无洋货者,民安得不贫"②。洋货倾销逐渐由城市转入农村,华北地区农作物滞销,价格低落。1932年山西农产品价格比1929年每市斤平均下降了49.46%,这是导致山西农村经济破产的重要因素之一。至1933年,山西农村借债户占61%,借粮户占到40%③,农民借贷度日,十分艰辛。

---

① 晋察冀边区财政经济史编写组编:《抗日战争时期晋察冀边区财政经济史资料选编》2,天津:南开大学出版社,1984年,第2—3页。
② 李文治:《中国近代农业史资料》,第3辑,北京:生活·读书·新知三联书店,1957年,第492页。
③ 李文治:《中国近代史农业资料》,第3辑,北京:生活·读书·新知三联书店,1957年,第46页。

表 1-1　1929—1932 年山西农畜产品价格比较表

单位：元/市斤

品名	1929 年	1930 年	1931 年	1932 年	1932 年较 1929 年下跌
小麦	0.087	0.033	0.034	0.028	67.82%
小米	0.078	0.028	0.032	0.024	69.23%
黄豆	0.030	0.026	0.013	0.013	56.66%
棉花	0.400	0.290	0.350	0.350	12.50%
花生	0.210	0.130	0.080	0.130	38.09%
羊毛	0.400	0.300	0.230	0.190	52.50%
平均下降					49.46%

资料来源：渠绍淼、庞义才：《山西外贸志》，山西地方志编撰委员会，1984 年，第 206 页。

山西、河北是典型的农业省份，95%的人口都是农民，农产品收入是农民收入的主要来源，本地农产品价格大幅下降，自然直接地影响农民收入以及农民生活。不仅如此，农民辛苦一年种粮食其实是赔本的，小麦每亩赔 1.75 元，高粱每亩赔 0.964 元，玉蜀黍每亩赔 1.564 元，谷子每亩赔 1.12 元，豆类 1.86 元，芝麻 1.025 元，棉花 1.775 元。[1] 如此农民维持正常的生活是极其艰难的。他们只有用以下几种办法勉强度日了：1. 典当负债；2. 典房卖地；3. 卖金饰，鬻妻子；4. 充苦力兼他业；5. 吞糠咽菜，节衣缩食；6. 铤而走险，为非作歹。[2]

---

[1] 张稼夫：《山西中部一般的农家生活》，千家驹编：《中国农村经济论文集》，上海：上海书店出版社，1990 年，第 374—375 页。

[2] 张稼夫：《山西中部一般的农家生活》，千家驹编：《中国农村经济论文集》，上海：上海书店出版社，1990 年，第 379 页。

华北农村苛捐杂税,负担繁重。河北乡间以务农者为最多,专门务农的占57%,务农而又兼其他职业者,占31%,农民兼业,以兼织布最多,占务农者总数 1/3 强,这里讨论的兼业,仅指重要的固定职业而言,其他随时随地做短工、卖苦力、打柴拾粪、赶车赶驴的,应不在少数,这些均未包括在内。农民因土地收入不足,乡村手工业被新式机械工业压倒,乡村生活愈感贫困。[1] 以山西省为例,阎锡山搞村政改革,认为村政之本在于村,强调拯救农村,要养成县、区、村自治基础[2],然而阎锡山推行的村政改革并没有给山西乡村带来繁荣,反而更加重民众负担。"村款糜滥"是村政改革中长时间不能解决的问题。长年战乱,山西军费开支庞大,苛捐杂税,相当繁苛。农民一年的收入大部分都被剥削了去,负担繁重。

30 年代华北地区民众主要靠吃便宜的高粱、玉米生活,然而这些食物一天只能给下地干活的男人吃一顿。在屯留、长子、长治、襄垣一带,男女饭食的吃法是家庭主要劳力或长辈吃干饭,妇女儿童吃稀软汤水。小米干饭要先让长辈和丈夫吃完后,她们自己再喝米汤,如果可以有一些剩余的时候,她们才能吃一些干饭。但在平顺、黎城、壶关一带,妇女和孩子们不能和男子一样吃干饭。普通男人们吃的是小米稠粥,女人则要在小米粥煮熟时,把锅中的粥饭推到锅之一旁,然后用粥内渗出来的米汤掺上粗糠来煮,这样煮成一种糠粥。于是男人们吃米粥,女人们则吃这种糠粥,常年如是,绝少变更。即使是有的女人在家族被允许和男人们吃同样的米粥,她们自己也不敢,因为别的妇女会嘲笑她作孽[3]。即使是家

---

[1] 董时进:《河北省二万五千家乡村住户之调查》,1932 年,第 16 页。
[2]《用民政治大纲》,邢振基:《山西村政纲要》,山西村政处村政旬刊社,1929 年,第 87 页。
[3] 已夫:《山西潞安的农村妇女生活》,《妇女共鸣》,1933 年第 2 卷。

境不错的中等人家,一年里也有半年的时间吃不上小米,每天只能靠喝高粱末儿稀饭度日。除了在过春节时买过 4 两煤油外,全年夜里从未点过灯,更不敢奢望添置衣服。①

"战时财政是争取抗战胜利最重要的一环"②,战时晋察冀抗日根据地民众还需要负担根据地财政,甚至因敌伪扫荡抗日根据地范围时有变化,处于拉锯区的民众除了要负担抗日根据地政府的供给,还会被日伪盘剥,人民负担是较重的。为减轻民众负担,华北各抗日根据地通过实行统收统支制度,废除苛捐杂税,村合理负担、募集公粮公债、改革财务和制度等方法,力图保障战时财政并兼顾农民负担。为实现平衡负担,户与户、村与村、地区与地区、阶级与阶级量入为出,政府缩减开支并发展生产开源节流。③ 1945 年冀热边区百姓负担最低 15 斤米最高 24 斤米,同 1942 年大生产后民众生活比较,负担已经过重,便不再向百姓征收边区政府开支数额。④ 华北各根据地民众消费以吃穿用为主,其中尤以吃的消费为主,太行赞皇 10 个县 11 个村,吃占全部生活消耗的 79.8%,服装占全部生活消耗的 13.6%,难以对农业进行再生产投资。⑤ 因此为帮助百姓生产生活,帮助农户购粮、添置牲口,培训农民科学种植等都是各边区积极推进的方法。华北各抗日根据地还实行了减

---

① 张稼夫:《山西中部一般的农家生活》,千家驹编:《中国农村经济论文集》,上海:上海书店出版社,1990 年,第 378—380 页。
② 宋劭文:《论合理负担、县地方款、预决算制度》,晋绥边区财政经济史编写组:《抗日战争时期晋察冀边区财政经济史资料选编》4,天津:南开大学出版社,1984 年,第 4 页。
③ 朱其文:《在冀热财政会议上的总结》,晋绥边区财政经济史编写组:《抗日战争时期晋察冀边区财政经济史资料选编》4,天津:南开大学出版社,1984 年,第 80 页。
④ 冀中区行署:《冀中区财政状况》,晋绥边区财政经济史编写组:《抗日战争时期晋察冀边区财政经济史资料选编》4,天津:南开大学出版社,第 95 页。
⑤ 江沛:《华北抗日根据地区域社会变迁论纲》,《理论与现代化》,1995 年第 7 期。

租减息的政策,保障农民正常生活,为克服根据地面临的困难,改善根据地物资条件,动员根据地民众持续抗战,提高根据地民众对日斗争的热情,华北抗日根据地普遍地开展了大生产运动,号召大家一齐春耕,吃饱饭打鬼子。

三、华北根据地社会动员

依据历史经验,毛泽东作出过一个带规律性的重要论断:"政治路线确定之后,干部就是决定的因素。"①中共领导下的抗日根据地,干部是进行群众动员的主要力量。干部组织群众、发动群众,青救会干部、儿童团干部、小学教员等都是华北抗日根据地领导儿童参与抗战的干部。

根据地小学教师是直接接触少年儿童最多的共产党干部,他们除了在学校教授儿童识字、学习生产技术,还要紧随时事宣传党的思想;在校外组织儿童团参加生产卫生劳动,参加宣传活动,黑板报、戏剧表演都是他们最常用的宣传方式。因此,小学教师队伍好坏直接关系到少年儿童动员教育的成果高低,培养教育小学教师是根据地干部队伍建设的重要内容。1942年以后中国共产党认为"知识分子接受工农思想改造的规范理论正式确立""知识分子成为大众的思想改造对象,工农大众成为教育知识分子的主体",②在晋察冀根据地小学教师绝大多数是小资产阶级知识分子出身,他们在半殖民地半封建社会、在地主阶级资产阶级的教养下长大,有的曾为反动阶级服务,很少或者说几乎没有受过革命教育锻炼,

---

① 毛泽东:《干部政策》,《毛泽东选集》第2卷,北京:人民出版社,1991年,第526页。
② 许志英等主编:《中国现代文学主潮》下,福州:福建教育出版社,2001年版,第62页。

这是革命队伍中思想混乱缺乏群众观点的历史根源。① 因此改造小学教师，有助于培养干部队伍。改造前的小学教师的问题主要表现在：他们知识结构参差不齐，有的人接受的是传统的私塾教育，有的则是现代新式学校，有的人具有高中甚至大学文化，有的仅是初小毕业；他们思想意识差距也较大，有的城市知识分子满怀一腔报国热情，来到根据地后因不适应农村生活而打退堂鼓，有的看不起农村群众，不愿和农民交流学习，所教知识不符合农村实际需要，有的人做小学教师只为谋生糊口，工作散漫不尽心。因此，只有改造好教育少年儿童的小学教师，才可能培育出抗日战争、解放战争以及新中国建设的合格人才。对教师展开轮训以提高小学教师的觉悟、培训小学教师掌握适应农村的教学方法是根据地国民教育实施方案的基本要求。华北根据地对在教学中有新的改进和创造、在艰苦困难情形下坚持工作、坚持游击区工作卓有成绩的小学教师给予奖状，对发扬民族气节坚定不屈的、打击敌伪奴化教育的及一些特殊功劳的小学教师给予通令表扬。② 可见中国共产党对根据地小学教师着重从思想气节和教学方法两方面进行培养及表彰。至新中国成立前甚至在新中国成立初期，改造后的小学教师一直是中国共产党的政策的宣传者和解读者，是实现减少儿童失学推行国民教育的最有力的推动者，是中国共产党为农村培养的有力干部。

妇女儿童动员是中国根据地动员成功的重要表现。儿童同农会干部、妇女干部一样都是根据地政权建设的主要动力，山东栖霞

---

① 皑风：《扫除"革新群众教育"思想上的障碍》，教育阵地社编：《新教育论文选集》，教育阵地社，1945年，第7页。
② 宋劭文：《晋察冀边区小学教师考核奖惩条例》，王谦主编：《晋察冀边区教育资料选编》初等教育分册（上），石家庄：河北教育出版社，1990年，第64页。

县第七期党训班识字班训练群团干部475名,其中工会40名、农会168名、青会48名、妇女干部98名、儿童121名①,少年儿童参加培训数量人数众多,可见根据地对少年儿童干部培养的重视。中国共产党在县区村各级都建立了政权,同时成立多种形式的群众抗日组织,儿童团是根据地最普遍的群众抗日组织之一。青救会领导下的儿童团的任务就是要让儿童在抗日战争中发挥作用,自我约束并能为人民服务。② 贯彻落实中共的妇女解放政策,华北根据地各级政府禁止打骂虐待妇女及童养媳,禁止买卖妇女,倡导妇女解放,并积极动员妇女。华北各根据地的妇女通过接受社会教育和动员,逐步参政议政,要求婚姻自主,家庭和社会地位得以提高。华北根据地还颁布婚姻条例,从法律角度对传统婚姻伦理道德观念进行改革,在制度上确立了男女平等、一夫一妻制、婚姻自主、妇女财产继承权和婚姻自由的基本原则,改变了传统婚姻制度对妇女的束缚和压迫,对根据地传统的社会与家庭、男女关系与地位等都产生了巨大的冲击。

华北抗日根据地进行的基层政权组织建设、民主改革各项政策的成功实施,为其他根据地基层政权组织建设、民主改革各项工作提供了有力的借鉴。虽然根据地的民众思想基础并不十分牢固,甚至有些行为也很难说完全是村民的自发自觉行为,但是受几千年来传统思想主导的农民能在组织和引导下逐渐走出封闭、保守、被动的心态,开始积极参与政治活动,思想意识上开始发生近代意义上的转变,这些本身就一件具有重大社会进步意义的事情。

---

① 《栖霞县第七期党训班识字班干部训练统计》,山东省栖霞市档案馆藏,档案号:3-1-9。

② 皇甫束玉等编:《中国革命根据地教育记事(1927.8—1949.9)》,北京:教育科学出版社,1989年,第342页。

第二节 儿童人口数量

一、中国儿童人口数量争议与确定

抗战时期,中国儿童人口数量到底有多少?一直以来,社会各界对抗战时人口缺乏准确的统计数字。关于抗战时期儿童人口的数量,出现过这样几种说法:(1) 6 000 万。1938 年新安旅行团在《儿童节告小朋友书》一文中认为全国 4.5 亿同胞中,儿童占 1/8 强,有 6 000 万。① (2) 7 000 万。湖南《大公报》1938 年发表的《拥护国联反侵略武汉各儿童团体告同胞书》涉及当时中国儿童数目,即中国有 7 000 万儿童。"中国七千万儿童,在十几个月内,估计遭敌人杀害死亡的,至少在十万以上,被掳掠的儿童,至少在十五万以上。因敌人的侵略战争而流离失所的,至少四十万以上。因遭意外刺激,而精神失常的和残废的还不在内。"② (3) 7 500 万。1940 年《抗战儿童》指出中国有 7 500 万儿童,号召把 7 500 万儿童动员起来③。(4) 1.3 亿到 1.6 亿。据《百年中国儿童》第一部分"儿童人口"估算,清朝末年全国儿童人口数量 1 亿到 1.3 亿之间,

---

① 《儿童节告小朋友书》,刘友开编:《汪达之教育文集》,北京:中国文联出版社,2003 年,第 201 页。
② 《拥护国联反侵略武汉各儿童团体告同胞书》,《大公报》(湖南),1938 年 9 月 14 日,第 1 版。
③ 军委会政治部:《为纪念儿童节写给全国小朋友的一封信》,《抗战儿童》(重庆),1940 年,抗战儿童出版社,创刊号,第 8 页。

1912—1949年之间中国的儿童人口数量在1.3亿到1.6亿之间。①

民国时期,政府曾多次对中国人口进行调查统计,但因长期的战乱,军阀各自为政,导致这种人口调查统计准确性低。根据联合国经济社会理事会1953年对中国人口回顾性的计算,"1900年中国人口4.43亿,1920年为4.76亿,1930年为4.93亿,1940年为5.12亿,"②因此,中国人口绝不是一般人口中常说的四万万了。我们以1940年中国人口5.12亿为基准来计算抗战时期中国儿童人口。对农村儿童人口占总人口的比重问题,根据1935年和1936年的《中国经济年鉴》整理乡村人口年龄分配,可看出河北定县14岁以下人口占总人口的33.09%,河北等11省22处14岁以下人口占总人口的35.3%,安徽等7省16处14岁以下农村人口占人口的34.79%,总体来说,华北0—14岁乡村人口占总人口的34.1%,华南0—14岁乡村人口占总人口的35.6%。③由此,我们可以推断,抗战前后,中国0—14岁乡村人口占总人口的比重,大约应在35%左右。若按这个比例来看,1940年,中国人口以5.12亿计算,农村人口占总人口的80%,那么1940年,中国农村人口数4.096亿,约为4.1亿,0—14岁儿童占人口的35%,那么1940年,中国儿童人口应为1.79亿,中国乡村儿童应为1.44亿。

---

① 李若建:《儿童人口》,中国青少年研究中心:《百年中国儿童》,广州:新世纪出版社,2000年,第2页。
② 米红、蒋正华:《民国人口统计调查和资料的研究与评价》,《人口研究》,1996年第3期,第48页。
③ 华世出版社编辑部:《中国土地人口租佃制度之统计分析》,台北:华世出版社,1978年,第35页。

据统计,1944年,解放区人口91 500 000人,1945年,解放区人口95 500 000①,若按农村14岁以下人口占总人口35%推算,解放区少年儿童约为3 000多万人。

笔者认为经过科学计算的数字是较为可信的。抗战时期,各期刊报纸关于儿童数量的表述大多是概数、未经查实的估算。甚至存在同一时期不同场合便有不同数字的现象。1938年新安旅行团在《儿童节告小朋友书》中指出中国有6 000万儿童,但1939年新安旅行团赶赴西北以前,对东南小朋友提出希望时说:"中国有四万万五千万人民,中国小朋友就占了八千万。"②时隔一年,新安旅行团口中中国儿童的数量便多了2 000万,可见他们对儿童数量只是粗略估算,没有确定具体数目。

二、农村儿童人口特点

(一)农村儿童人口数量

据统计,民国时期,山西人口基本维持在1 100万到1 300万之间,最少的时候是1912年,10 081 896人,抗战前后,1936年山西人口为11 470 556人,1937年总人口为11 601 026,③到1938年,人口为11 697 152,1939年11 794 075,1940年11 891 801,1941年11 990 336,1942年12 089 689,1943年12 189 684,1944年

---

① 强重华编:《抗日战争时期重要资料统计集》,北京:北京出版社,1997年,第182页。
② 中国革命博物馆编:《民族小号手——新安旅行团史料选》,北京:春秋出版社,1989年,第253页。
③ 毕士林:《中国人口·山西分册》,北京:中国财政经济出版社1989年,第55页。路遇《中国人口通史》(山东人民出版社,2000年,第1107页)认为山西在民国二十五年的人口可达1 323万人。

12 290 870,1945年人口为12 199 918人。① 抗战初期,河北人口28 466 500人,山东37 196 700多人,山西11 561 900多人,察哈尔1 877 700多人,绥远1 899 800多人,总数是81 000 000万人以上,占全国总人口的1/5以上。② 河北民国初始人口27 934 463,民国末年人口34 176 386,热河省民国初年人口4 629 790,民国末年人口5 493 198,从人口总量看,经过抗战,华北地区总体人口总的来说没有下降,反而处于增长状态,这应该和华北地区人口早婚习俗及高生产率相关。

从人口年龄结构看,以山西省为例,抗战前1912年山西0—15岁人口2 245 500人,占总人口的22.27％,1926年,0—15岁人口2 112 680人,占总人口的17.63％。③ 山西0—15岁人口约占总人口的20％左右,最高时不超过27％。④ 1946年至1947年山西儿童人口,0—15岁人口有4 690 448人,其中未满周岁的362 694人,1—4岁的1 259 011人,5—10岁的1 566 055人,11—15岁的1 502 688人,儿童人口占山西总人口的31％。⑤ 另外据民国《汾阳县志》记载:"民国三十六年(1947年),全县0—14岁少年儿童占总人口比重为34％",⑥ 结合上文中国乡村儿童人口占总人口的比例,1945年8月华北根据地包括晋察冀、山东、晋冀豫、冀鲁豫、晋

---

① 山西省史志研究院编:《山西通志·人口志》,北京:中华书局,1999年,第33页。
② 席征庸:《华北》,中华平民教育促进会,1938年,第5页。
③ 李玉文:《山西近现代人口统计与研究》,北京:中国经济出版社,1992年,第312页。
④ 李玉文:《山西近现代人口统计与研究》,北京:中国经济出版社,1992年,第312页。
⑤ 《民国湖北、山西、福建省人口年龄统计(1946—1947)》,路遇等编:《中国人口通史》,济南:山东人民出版社,2000年,第1 106页。
⑥ 刘锡仁、王希良主编:《汾阳县志》,北京:海潮出版社,1998年,第90页。

绥、河南,人口共有 63 834 000 人,①此时是抗战时期华北根据地面积、人口最多时期,因此按中国乡村儿童人口占总人口比例分析,华北抗日根据地儿童人口应在两千多万人左右。

(二)农村儿童出生率与死亡率

1. 出生率

出生率和死亡率是决定儿童人口多寡的关键。民国年间,中国农村儿童人口基本呈现高出生率和高死亡率的态势,婴儿出生率高,一方面和中国传统多子多福的观念有关,另一方面,也和民众经济能力有限、缺乏节育基本措施或说根本缺乏节育观念有关。20 世纪 20 年代乔启明先生对中国农村人口展开调查,认为中国农村人口普通生育率为 35.7‰,华北为 37.0‰,华南为 34.7‰。② 民国初期中国农村人口出生率和几乎同时代的欧洲几个主要国家人口出生率相比明显偏高。由下表统计可以发现,欧洲各主要国家出生率集中在 20‰ 左右。③

表 1-2　20 世纪 20 年代欧洲主要国家出生率统计表

国名	意大利	美国	英格兰威尔士	苏格兰	法兰西	德意志	比利时
西历年	1925	1922	1925	1925	1925	1925	1925
生产率	27.5	22.7	18.3	21.3	19.1	20.6	19.7

资料来源:房福安:《成府人口调查》,李文海等编:《民国时期社会调查丛编》人口卷,福州:福建教育出版社,2004 年,第 16 页。

---

① 刘庭华:《中国抗日战争与第二次世界大战统计》,北京:解放军出版社,2012 年,第 232 页。
② 乔启明:《中国农村人口之结构及其消长》,《乔启明文选》,北京:社会科学文献出版社,2012 年,第 103 页。
③ 房福安:《成府人口调查》,李文海等编:《民国时期社会调查丛编》人口卷,福州:福建教育出版社,2004 年,第 16 页。

到了20世纪30年代初期,中国农村人口出生率为已增长至38.9‰,具体到各省情况是这样的:河北、山西、陕西、山东、河南、安徽一带37个农村出生率为38.9‰,绥远、山西、陕西一带7个农村出生率为31.2‰,福建、广东一带6个农村人口出生率为37.8‰,浙江、江西4个农村儿童人口出生率为38.5‰,云南、贵州一带3个农村的人口出生率为53.4‰,四川15个村人口出生率44.1‰,江苏、安徽、浙江、湖北一带27个村人口出生率为37.2‰,四川、云南一带2个村的人口出生率为38.8‰[1]。分析比较可知,中国30年代人口出生率高低和所处地域及地域经济有密切关系。晋绥一带农村经济落后,人口出生率最低;江苏、安徽、浙江、湖北以及福建、广东为30年代中国经济较为发达地区,这些地区农村人口出生率也较低;浙江、江西及河北、山西、陕西、山东、河南、安徽等靠近中国中部地区,农村人口出生率也最为接近全国人口平均出生率;云南、贵州、四川等较为偏僻地区,经济落后少受外敌侵害,农村人口出生率相对较高。

就现有统计来看,山西人口出生率一直低于全国平均水平,民国最初20年间,1912—1926年,山西人口出生率为30‰[2];全面抗战时期,山西汾阳地区三四十年代人口出生率控制在23‰—25‰左右。[3]《汾阳人口志》记载三四十年代汾阳人口出生状况,"1933年出生2 386人,出生率为22.04‰,1934年1 582人,出生率10.61‰;1935年出生3 738人,出生率为24.69‰;1936年出生3 710人,出生率为25.23‰;1937年出生的人为3 633人,出生率为

---

[1] 华世出版社编:《中国土地、人口、租佃制度之统计分析》,台北:华世出版社,1978年,第64页。
[2] 山西省政府统计处编:《山西省第九次人口统计》,1935年4月。
[3] 高舰、李彦京编:《汾阳人口志》,2004年,第103页。

25.00‰;1938年出生人为3 642人,出生率为39.47‰;1939出生人口3 578人,出生率为25.00‰;1940出生人口2 661人,出生率为18.17‰;1941出生人口3 715人,出生率为25.00‰;1942出生人口3 944人,出生率25.26‰;1943出生人口3 906人,出生率25.00‰;1944出生人口3 947人,出生率25.00‰;1945出生人口3 984人,出生率25.00‰;1947年出生人口,出生率为39.64‰;1948年出生人口3 599人,出生率23.01‰;1949年出生人口2 964人,出生率19.21‰;1950年出生人口3 523人,出生率22.30‰"。① 从这些数字统计可以看出,1938年和1947年人口出生率突然增高至39‰,这可能和当时国家战乱、政府统计不准确有关,抗战时期,山西农村人口出生率基本维持了和战前相当的水平,山西农村人口出生并未受到战争的影响。所以就出生率来看,山西省婴儿出生率水平低于全国平均水平,和同期的意大利近似,抗战时期,山西人口出生率基本保持战前水平,并未发生明显波动。

2. 死亡率

一个国家的婴儿死亡率可以反映这个国家卫生水平的高低,一般认为旧中国的婴儿死亡率在200‰左右。② 据乔启明统计,30年代初全国婴儿死亡率为157‰,华北为186‰,华南为132‰……中国12 456家农户中,婴儿死亡率为157‰,男144‰,女170‰,婴儿死亡率所占总死亡率为22.4‰;华北婴儿死亡率186‰,男158‰,女218‰,婴儿死亡率占总死亡率为29.1‰;华南婴儿死亡

---

① 高舰、李彦京编:《汾阳人口志》,2004年,第103页。
② 李若健:《儿童生活》,中国青少年研究中心:《百年中国儿童》第1卷,广州:新世纪出版社,2000年,第5页。

率为 132‰,男 131‰,女 132‰,婴儿死亡率占总死亡率为 17.5‰。① 从他的统计,我们可以看出华北婴儿死亡率高于华南地区。

具体到中国各省来看,20 世纪 30 年代初期农村婴儿死亡率全国平均水平在 156.2‰,河北、山西、陕西、山东、河南、安徽 157.1‰,福建、广东 136.1‰,浙江、江西 154.1‰,云南、贵州 171.4‰,四川 191.2‰,江苏、安徽、浙江、湖北 135.4‰,四川、云南 200.5‰。② 可以看出山西一带的婴儿死亡率相当于全国平均水平,婴儿死亡率并不高。而到 40 年代,中国全面抗战,农村生存环境进一步恶化,婴儿死亡率较 30 年代更高,河北武安县松江岩一村统计婴儿死亡率达 70%。③

根据 1939 年民政部卫生统计材料来看,1938 年,山西省婴儿死亡率为 159.1‰,和全国其他地方比起来,比绥远等西北地区(429.9‰),河北等北方平原地区(175.3‰),以及西南区、东南区等地都要低,甚至比长江中下游的湖北(185‰)还低,基本相当于首善之区江苏的婴儿死亡率。④ 所以,大家普遍认为的中国婴儿高出生率和高死亡率的状况其实在山西是并不太明显的,山西婴儿出生率无论是抗战之前还是抗战时期,均低于全国平均水平,婴儿死亡率抗战前和全国平均水平相当。

---

① 乔启明:《中国农村人口之结构及其消长》,《乔启明文选》,北京:社会科学文献出版社,2012 年,第 105 页。
② 李若健:《儿童生活》,中国青少年研究中心:《百年中国儿童》第 1 卷,广州:新世纪出版社,2000 年,第 3 页。
③ 太行革命根据地史总编委员会:《太行革命根据地史料丛书·政权建设》,太原:山西人民出版社,1988 年,第 324 页。
④ 华世出版社编:《中国土地、人口、租佃制度之统计分析》,台北:华世出版社,1978 年,第 87 页。

(三) 各年龄段儿童人口分布

1. 华北儿童各年龄段人口分配与国际线相同。另外，笔者考查民国时期相关儿童人口数据，将0—15岁人口按5岁为一个年龄段进行分配，分为3组，认为民国时期各年龄阶段的儿童分布也有一定的特点，我们从以下几组典型的数据中进行分析：

数据一：乔启明先生20世纪20年代对中国12 456农家人口调查，按5岁为一个年龄段分配，从全国范围来看，"0—4岁人口占13.5%，5—9岁人口占11.9%，10—14岁人口占9.9%"①。因此，0—14岁儿童人口占总人口的35.3%，0—4岁人口占儿童人口的38.2%，5—9岁人口占儿童人口的33.7%，10—14岁人口占儿童人口的28%。

数据二：李景汉先生1926年对河北定县515户农村家庭调查显示，"5岁以下，男249，女294，男子对100女子之比率84.7；5—14岁，男数391，女数330，男子对100女子之比率118.5。0—14岁儿童人口占总人口的35%左右。"②由此调查显示，定县0—14岁的儿童共1 264人，5岁以下儿童543人，占儿童人口的43%；5—14岁儿童721人，占儿童人口的57%。

数据三：据统计，1946—1947年，山西省总人口15 025 259，11—15岁人口有1 502 688人，占总人口的10%；5—10岁人口1 566 055人，占总人口的10.42%；1—4岁人口1 259 011，占总人口的8.38%；1岁以下人口362 694，占总人口2.41%。③由此可见，

---

① 乔启明：《中国农村人口之结构及其消长》，《乔启明文选》，北京：社会科学文献出版社，2012年，第92页。
② 李景汉：《五百一十五农村家庭之研究》，李文海主编：《民国时期社会调查丛编》人口卷，福州：福建教育出版社，2004年，第24页。
③ 路遇等编：《中国人口通史》，济南：山东人民出版社，2000年，第1067页。

15岁以下儿童有4 690 448人,0—4岁儿童人口占儿童总数的34.6%,5—10岁儿童占儿童人口的33.4%,11—15岁儿童占儿童人口总数的32%。

数据四:20世纪20年代,乔启明先生统计山西猗氏0—4岁组人口占总人口的10.9%,5—10岁组人口占总人口的9.0%,11—15岁人口占总人口的9.2%①,即0—4岁组占儿童总数的37.5%,5—10岁组占30.9%,11—15岁组占31.6%。

数据五:20世纪初欧洲11国0—4岁儿童占儿童人口的36.02%,5—9岁儿童占儿童人口的33.99%,10—14岁儿童占儿童人口的31.77%。② 再看同时代英国及威尔士(百万标准)每5岁人口中所占百分比,从国际水平来看,以5年为年龄段分配儿童,0—4岁、5—9岁、10—14岁人口百分比分别为11.4%、10.7%、10.3%。③ 0—14岁儿童人口占总人口的32.4%,0—4岁人口占儿童人口的35.1%,5—9岁人口占儿童总人口的33%,10—14岁儿童占儿童人口的31.79%。通过数据分析,可以发现20年代欧洲国家各阶段年龄儿童人口基本呈现出一种递减状态,而中国从总体来看0—4岁儿童占总儿童人口的比例比5—10岁组和11—15岁组高,总体来看,也是下行趋势。

由以上民国几个时期华北农村儿童人口年龄分布和欧洲儿童分布比较来看,民国时期15岁以下儿童年龄分布中,0—4岁年龄

---

① 乔启明:《中国乡村人口问题之研究》,《乔启明文选》,北京:社会科学文献出版社,2012年,第51页。
② 乔启明:《中国农村人口之结构及其消长》,《乔启明文选》,北京:社会科学文献出版社,2012年,第92页。
③ 乔启明:《中国农村人口之结构及其消长》,《乔启明文选》,北京:社会科学文献出版社,2012年,第51页。

组,就地方而言,李景汉先生调查的河北定县为43%,高于国际水平很多;乔启明先生对全国12 456农家人口调查0—4岁儿童占儿童人口的38.2%;而山西省以猗氏为例,战前0—4岁组儿童人口占儿童总数的37%,相对接近于国际线,战后山西0—4岁人口占34.5%,低于国际线,也低于国内平均线。从这个角度也很好地说明了中国儿童人口出生率高,同时从数据统计来看,众人热评的中国存在严重的溺婴现象并没有拉低0—4岁儿童占总人口的比例。

但在5—10岁年龄组中,数据五显示国际线在31%,全国平均线在33.7%,而山西战前是30.9%,战后是33.3%。总体来说,低于全国平均线,但接近于国际水平。而11—15岁组儿童人口全国线28%,山西战前31.6%,战后32%,国际线在32%左右。

总之,通过以上分析,笔者认为华北地区儿童若以5岁为年龄段进行分配,分成3段,则华北儿童各年龄阶段所占比例皆与国际线水平相近,而国内平均水平则与国际线相去甚远。

2. 华北农村儿童人口呈现在各阶段呈现减势,11—15岁人口占儿童人口比例最低,笔者认为,之所以呈现这样的特点,一方面,中国儿童早婚现象严重,11—15岁儿童,特别是女童较早出嫁,她们离开本地嫁入他乡,也是造成此段儿童人口数量少的重要原因。另一方面,中国儿童大多较早参加劳动,11—15岁的儿童已是完全可以负担家庭的重要劳力,许多农村儿童离开本地迁入城市,进入工厂,充当学徒,他们的离开,是造成这一年龄段的儿童最少的另一个原因。

0—14岁儿童中,0—4岁儿童死亡率明显偏高,且呈年龄越小死亡率越高的态势。婴儿死亡率除了和年龄相关外,还和所生活的家庭经济有关。儿童依附于家庭生活,儿童死亡和其所依附的家庭有密切的关系。对江苏江阴农民的一项调查显示,按产权划分婴儿死亡率,1931—1932年,自耕农婴儿死亡率为145.2‰,半自耕农婴儿死亡率217.6‰,佃农婴儿死亡率216.1‰;1932—1933年,自耕农家庭婴儿死亡率320.0‰,半自耕农婴儿死亡率220.9‰,佃农婴儿死亡率278.9‰;1933—1934年,自耕农家庭婴儿死亡率215.7‰,半自耕农家庭婴儿死亡率439.1‰,佃农婴儿死亡率364.0‰。① 无论是高出生率还是高死亡率,都和当时农村人口生活贫困有必然的联系。土地是农民生存的根本,而南京国民政府时期土地高度集中,以陕豫苏浙粤桂六省为例,3.5%的地主占45.8%的耕地,6.4%的富农占18%的耕地,19.6%的中农占17.8%的耕地,70.5%的贫农仅占18.4%的耕地。② 土地是农民最主要的生产生活资料,而中国70%的贫农仅耕种不到20%的土地。1941年中共晋西区党委调查当地18县显示,占人口3.07%的1 061户地主拥有14.6%的土地。③ 大多数人要承担繁重的税负,小农经营,生产力落后,土地产出低,中国广大农村百姓生活贫困是必然的了。

华北地区是中国北方的重要区域,抗战之前的华北地区是以小农经济为主要经济形态、以典型传统文化为价值评判标准的区域。这一时期华北的小农经济开始凋敝,华北社会逐步开始近代化进程。华北地区儿童的出生率与死亡率与当时华北的经济、政治、文化状况大体是吻合的。从华北地区的内部来分析,地域越贫瘠,家庭经济越贫困,儿童死亡率越高。反之,儿童死亡率越低。

---

① 李若健:《儿童生活》,中国青少年研究中心:《百年中国儿童》第1卷,广州:新世纪出版社,2000年,第6页。
② 薛暮桥:《中国农村经济常识》,上海:新知书店,1937年,第26页。
③ 中共晋西区党委:《统一战线政策材料汇Ⅰ——农林牲畜》,1941年12月。

总体而言,抗战前的华北,较之南方地区战乱较少,政治也比南方稳定,所以出生率与死亡率比南方好。抗战爆发后,华北地区成为抗击日军侵略的最前线。在国民党正面战场和中国共产党领导下的敌后战场的配合下,在华北地区相继建立了晋察冀、晋冀鲁豫、晋绥、冀中等抗日根据地。这些根据地中,中国共产党是主要的组织者,为了确保根据地的生存和发展,中国共产党采取多种措施来巩固政权、壮大力量以有效抗日。根据地的儿童生活在这样的社会历史大背景下,必将打上抗战历史的烙印。

第二章　学校生活：华北根据地的儿童教育

第一节　抗战前儿童教育

虽说中国近代已经建起包括初、中、高等教育的新式教育体系，但近代农村教育主要由分散于各乡村的初级教育组成，近代农村教育从根本上说是一个初级教育体系。可见，研究近代儿童教育的重点应在农村初级教育。推动初级教育发展的关键在于推行义务教育，近代中国推行义务教育的意义是使学龄儿童取得其国民资格。① 民主人士李建勋认为普及教育包含两重意义，一为强迫教育，即已达学龄之儿童强迫其入学，在相当之年限内完成其必需之智能也。一为补习教育，即对于超过强迫年龄之儿童及成人，或已受过强迫教育之儿童设相当教育机关，以补充或增进其智能也。②

---

① 邰爽秋等编：《中国普及教育问题》，北京：商务印书馆，1938年，第2页。
② 邰爽秋等编：《中国普及教育问题》，北京：商务印书馆，1938年，第3页。

一、抗战前儿童教育取得的成就——以山西省为例

1915年北洋政府将初等小学改为国民小学,并以国民小学四年为义务教育阶段,抗战前,华北地区乃至中国少年儿童教育最成功的地区莫过于山西省了。山西省被国民政府誉为"模范省",山西义务教育取得长足发展,可以说山西小学教育代表了抗战前中国小学教育的最高成就。抗战前的山西政府是一个积贫积弱的政府,20世纪初,山西农村中几乎家家有借债或借粮。在大多数农民贫困的情况下,山西省政府大力推行义务教育所取得的成绩,首先表现在儿童小学入学率大大提高。山西儿童小学入学率居全国首位,1924年,学龄儿童入学率达72.2%。1928年山西省统计处统计,全省有69.8%学龄儿童入学,其中阳曲县的入学率高达99.37%,全省有8个县入学率达90%,24个县入学率在80%到90%之间,26个县在70%到79%之间。① 到1930年,山西接受小学教育的学龄儿童占学龄儿童数的69.8%,是江苏省的4.7倍,湖北省的10.6倍②。再到1934年,我们以民国学者刘容亭先生对山西阳曲县西村240户农家的调查为例,微观地研究抗战前山西农村儿童教育情况。

表2-1 1934年山西阳曲县西村入学男童数及肄业学校之种类

年龄	4岁至14岁男子人口数	现在入学儿童数		
		肄业学校		
		初级小学	私塾	共计
4	13	2		2
5	18	10		10

---

① 山西省教育厅:《山西省教育公报》,1931年第328期,第24页。
②《民国十九年全国初等教育概况》,中国第二历史档案馆编:《中华民国史档案资料汇编》第5辑,第1编,南京:江苏古籍出版社,1994年,第555—565页。

续表

年龄	4岁至14岁男子人口数	现在入学儿童数		
		肄业学校		
		初级小学	私塾	共计
6	12	6	4	10
7	16	13	1	14
8	13	10	2	12
9	13	6	7	13
10	9	8	1	9
11	19	13	4	17
12	5	4		4
13	5	1	1	2
14	13	2		2
合计	136	63	20	83

资料来源:刘容亭:《山西阳曲县西村二百四十个农家调查之研究》,《民国时期社会调查丛编》人口卷,175页。

由上表可以发现,阳曲县西村6—14岁学龄儿童中,入学最少的是14岁儿童,13个人只有2个入学;9岁、10岁儿童全部入学,13岁差3个全部入学,6岁、7岁、11岁都是差2人全部入学,8岁、12岁都是差1个全部入学。由此看来,阳曲西村学龄人口入学率是很高的。按6—14岁之儿童总数计,西村入学儿童约占70%多,入私塾的有20人,占入学儿童的20%多。入私塾读书的人多为年龄较高者,因其父兄恐其在学校里贻误课业,特送入私塾以补充读写知识,①可见该村人民仍重视私塾轻学校。阳曲西村不仅男童入

---

① 刘容亭:《山西阳曲县西村二百四十个农家调查之研究》,《民国时期社会调查丛编》人口卷,福州:福建教育出版社,2004年,175页。

学率高,女童也有很多接受过教育。将西村 240 个农家女子之曾经读书与 1935 年仍读书人数相比较,5—15 岁的女子人口共 100 人,5 岁的 8 人,1935 年仍读书的 3 人;6 岁 9 人,仍读书的 7 人,7 岁 5 人,仍读书的 4 人,8 岁 12 人,仍读书的 11 人,10 岁 13 人,仍读书的 8 人,曾经读书的 2 人,共 10 人,11 岁 11 人,仍读书的 3 人,曾经读书的 1 人,共 4 人,12 岁 6 人,仍读书的 1 人,曾经读书的 1 人,共 2 人,13 岁 14 人,曾经读书的 7 人,14 岁 7 人,曾经读书的 2 人,15 岁 7 人,曾经读书的 1 人。共计 51 人读书。① 山西阳曲西村读过书的女童占将近 50%,这个比例比当时一般农村全体学龄儿童入学的比例都高。另外,山西霍县安乐村全村男子 178 人,读书人数 85 人,占 47.75%;定襄县史家岗村全村男子 402 人,读书人数 267 人,占 66.42%;阳曲县西村 685 人,读书人数 359 人,占 52.4%。②

20 世纪初山西推行义务教育取得如此好的成绩,的确是做了很多努力。就教育政策来看,1918 年颁布并实施了《省实行义务教育章程》,首先在法律上保护了贫童接受教育的权利;《改定全省实行义务教育程序》,程序规定义务教育的年限为 2—3 年,实施范围大到省城,小到贫穷的山村。③《富裕子弟义务教育条例》,规定富绅子弟必须接受中学或相当程度的义务教育。④ 对于确实贫困无法入学的儿童,除了劝导他们入学外,还可减免学费。在采取各种

---

① 刘容亭:《山西阳曲县西村二百四十个农家调查之研究》,《民国时期社会调查丛编》人口卷,福州:福建教育出版社,2004 年,第 175—176 页。
② 刘容亭:《山西阳曲县西村二百四十个农家调查之研究》,《民国时期社会调查丛编》人口卷,福州:福建教育出版社,2004 年,第 185 页。
③《十年来之山西义务教育》,山西省教育厅,1929 年编印,第 2 页。
④ 地方法令委员会:《山西单行法规汇编》,1919 年,第 47 页。

补助措施后,还无法入学则不勉强。但可以在课余时间让教师利用国民学校的设施对失学儿童进行识字教育。造就师资、调查学龄儿童、筹款设学、劝导就学、强迫入学等方式,是二三十年代山西贫童得以接受教育的前提和保障,也促使20年代山西省小学教育取得瞩目的成就,这是抗战前全国小学教育水平的最高体现。

二、抗战前儿童教育的不足

首先是教育经费问题。据山西省政府统计部编制的《三十年物价调查表》统计山西263个典型农户的收入与支出情况显示,入不敷出的农户占60%—70%。① 据1935年中央农业试验研究所统计,山西农家将近有一半以上在负债度日,而且比全国的平均状况还要糟糕。② 1935年国民政府的报告中也承认:"年来山西农村经济整个破产,自耕农沦为半自耕农,以致十村九困,十家九穷,土地集中之势,渐次形成。"③

抗战前山西义务教育开展得如火如荼,与当时主政山西的阎锡山推行的村政建设是分不开的。通过村政建设,一些乡村经济实力有所提升,然而许多的经济落后地区,特别是偏远乡村,百姓生活贫困,义务教育受到影响。因为"义务教育经费在最初,少数之县市小学由公款支拨外,其余各小学之经费大抵不外村民摊款与各村庄之公产、私产两途"④。地远乡偏的广大农村,人民衣食无着,无力筹款办学。学校只得缓办、不办或停办。如此,广大贫童

---

① 《农情报告》,1936年第4卷第7期。
② 《农情报告》,1937年第5卷第7期,第229页。
③ 《申报年鉴》,申报社,1936年,第898页。
④ 教育部中国教育年鉴编审委员会编:《中国第一次教育年鉴》,上海:开明书店,1934年,第500页。

接受教育之机会大打折扣了。山西永和关清泉庙在众人筹款的基础上将初级小学升级为两级小学,学校经费一方面由县公款筹集,一方面从各县其他项目筹集,但因灾害,筹款艰难,1936年又恢复只留初级小学建制。① 山西被国民政府称为"三民主义模范省",山西尚且如此,华北地区其他省份应该情况更糟。

再是教育时效问题。由于华北地区的教育是地方政府主导的,所以华北教育状况随着华北政治局势变化而变化。华北地区政治稳定,华北地区教育就发展,教育时效相对较稳定;反之,华北地区政治混乱,华北地区教育就停滞,教育时效相对较差。到20世纪20年代末30年代初,山西阎锡山为了发动中原大战,将施政中心移向了军事,省内经济恶化。如此经济形势,倚重于村级政权筹措经费的义务教育自然不似从前红火。

而阎锡山最初以极大的热情办教育,名立遂丧志,当他声名大振之时,便对教育开始降温。他无暇更多地顾及发展教育,"随着革命运动不断高涨,山西进步知识青年纷纷走上革命道路,这对竭力维护在山西统治的阎锡山构成了极大的威胁"②。正因为如此,山西竭力支持义务教育,使贫童也有入学的之机会的时期集中在20世纪20年代左右,其后,因为农村教育经费短缺,农村学校出现挂羊头卖狗肉的现象,学校门口挂的牌子是"国民初级小学校",儿童读的书却仍然是旧式私塾里用的《三字经》《百家姓》《论语》《孟

---

① 山西省永和县史志办公室翻印:《永和县志》卷3下,太原:山西人民出版社,1994年,第191页。
② 申国昌、贺鹏丽:《阎锡山兴办山西教育的性质》,《山西大同大学学报》,2010年第2期。

子》。教书先生只管教孩子们认字、写大楷、背书,却是从来也不讲课①,战前山西小学教育从此便也凉淡下来了。

第二节　根据地贫童教育与儿童变迁

抗战时期,贫童难童数量大大增加。战前,贫童特别是农村贫童难以接受基本的教育;战时,华北抗日根据地对贫童采取积极的教育措施,使华北抗日根据地贫童入学率大大提高,为抗战胜利和新中国建设培养了有生力量,所以在饱受战争迫害的农村根据地,广大贫苦儿童享受了从未有过的知识教育。

抗日战争爆发后,随着日军的进攻和战争的进一步破坏,华北地区社会生产进一步遭到破坏,广大华北抗日根据地民生凋敝,困苦不堪,文盲遍布。战事纷乱,农业生产落后,使得贫困的农民子女和他的父母一样不能脱离生产。贫童过早地参与生产劳动,失去读书求知的机会。儿童是中华民族未来的希望,而不识字、没文化、心中无国无家的广大农村贫困儿童既不能很好地参与民族自卫战争,更不能担当未来国家民族复兴的责任。华北地区抗日根据地偏僻贫困,占人口绝大多数的是贫雇农,这些贫农子弟能否入学、有多少能入学是衡量根据地教育的最基本的指标。所以华北地区根据地实行国民教育,特别是重视对贫困儿童的教育,通过国民教育点燃了国家复兴的星星之火。

一、抗日根据地贫童群体及形成原因

依上文研究,山西 0—15 岁儿童人口占总人口数的 30％,学龄

---

① 马烽:《忆童年》,中国人民政治协商会议山西省委员会文史资料研究委员会编:《山西文史资料》总第 117—118 辑,《山西文史资料》编辑部,1998 年,第 44 页。

儿童约占儿童总数的2/3左右,若大体按这个比例推算,1945年左右,华北根据地之学龄儿童约有1 300多万。儿童没有独立的生活能力,他们依附于家庭,依附于父母,中国农村贫弱,农村儿童大多过早地参加生产劳动补贴家庭,当贫弱的家庭遭遇变故时他们就沦为生活更为苦难的贫童,而这一沦落却十分容易。

(一)自然灾害、疾病

1940年至1943年,我国华北发生自然灾害,年年苦旱,农民深受旱灾、蝗灾之害。1943年的旱灾,受灾面积广,太行、冀南、太岳都未幸免,即便是太行三专区左权、武乡灾情较轻的一带,景象也是触目惊心的。"据解放区救济总会晋冀鲁豫分会的统计,抗日战争时期,边区历年因灾害损毁的田禾,计达54 900 000亩,共减产13 176 000 000斤。"①灾情严重,人民苦不堪言。更为可怕的是大灾之后还会有大疫,疫情蔓延,无情地吞噬着根据地百姓的性命。生活条件的恶化,必然引起疾病的流行,这就构成了另一种灾害,即各种流行疾病。据太行区左权县拐儿镇一地的调查:1939年到1941年各种疾病(伤寒、疟疾、疥疮)的患者,1939年占全部人口的21%,1940年21%,1941年22.3%,也就是说差不多每四个人中就有一人生病②。这种情形,在山区是相当普遍的。1945年阳城南次营附近,三五十里的村普遍发现生疟疾、伤寒、淋症等传染病,③百姓深受其害,年幼的儿童更是难以抵御疾病的威胁,不断花钱治病把早已贫困的农民拖向死亡的边缘。自然灾害严重,粮食减产,

---

① 齐武:《一个革命根据地的成长——抗日战争和解放战争时期的晋冀鲁豫边区概况》,北京:人民出版社,1957年,第157页。
② 齐武:《一个革命根据地的成长——抗日战争和解放战争时期的晋冀鲁豫边区概况》,北京:人民出版社,1957年,第158页。
③《阳城次营一带疟疾伤寒流行》,《新华日报》,1945年5月14日,第2版。

人口逃亡，疾病蔓延，百姓生活贫苦，自然无法祜佑年幼的儿童，大量贫童产生。贫童失学、过早地参加劳动、随亲人逃亡等成了他们必然的命运。

(二) 战争

日军侵略，抓掠壮丁，残酷迫害百姓，百姓或被迫害致死，或逃亡，或积极抗战，农村多剩下老弱病残。在"晋冀鲁豫太行边区，林县芦柴村共有农户703户，3 368人，逃亡户就有82户，310人"①。总之直接参加家庭生产劳动的壮劳力减少，更多的家庭贫困，更多的儿童沦为贫童。

另外，随着战争的深入，各根据地贫困的农民生活负担较重，据1941年统计的晋西区党委关于1936—1939年人民生活负担调查显示，贫农负担1936年168.7元、1937年276.9元、1938年408.7元、1939年447.48元；雇农1936年8.2元、1937年5元、1938年9元、1939年16.5元。② 可见，随着抗战的深入，贫雇农的负担不断加重。如此贫农再生产能力低，抵御意外事件如疾病、婚丧的能力更低，甚至经常难以维持生计，食不果腹、面黄肌瘦、目光呆滞的贫童更是大量出现。

华北抗日根据地因战争造成生活条件的贫困，几乎已经达到了人类忍耐力的极限。百姓贫困至极，覆巢之下无完卵，自然会产生许多因父母受迫害而导致的贫童、难童。根据地人民肩负着的缴纳公粮支持抗战的重任，也在一定程度上加重了他们的生活负担。贫民负担加重，抵御风险能力降低，贫童的基本生活受到威胁。

---

① 太行革命根据地史总编委会编：《太行革命根据地史料丛书：财政经济建设》，太原：山西人民出版社，1987年，第1 501页。
② 《晋西区党委统一战线政策材料汇集——人民生活负担》(1941年12月)，山西省档案馆，A22-4-2。

二、根据地贫童教育:农村的国民教育

华北根据地建立初期,学龄儿童入学率低,特别是广大贫困儿童失学现象严重,从1940年对太行根据地武乡县蟠龙等36个村的失学儿童家庭调查情况来看,佃农子弟失学185人,占21.8%,贫农子弟失学457人,占53.9%①。贫童失学现象惊人,所以亟待提高贫困儿童入学比例。1940年之后,华北根据地响应毛泽东《新民主主义论》提出的"民主的、科学的、大众的"教育方针,开始建立规范化的小学教育。教育正规化,即是要在根据地小学推行义务教育,恢复民国初年实行的四二制小学,学校统一组织课程和教材,统一教学方法,检定考核教员并对教员分区轮训,保障和提高教员待遇。②同时针对贫童的有利于义务教育的一系列政策也随着根据地环境和根据地建设的需要而不断变化和调整。

(一)教育政策:强迫、突击入学与免费、公费优待

1. 强迫入学,突击入学。实现国民教育,首先要做到的就是保证小学教育的入学率。为提高儿童入学率,华北抗日根据地推行强迫入学的教育政策。晋绥边区在成立之初即为普及国民教育而规定:凡在7至12岁的儿童,定为义务教育年龄,在这个年龄之内的儿童,不论贫富男女,必须一律就学,原则上用说服动员的方法,但必要时得强制之。③ 1941年1月晋察冀边区颁布《边委会关于普及国民教育动员儿童入学电》,要求以广泛的政治动员深入宣传

---

① 冀太联办:《全区教育工作的总结及今后教育建设的新方向》(1940年),山西省档案馆藏,G3-26。
② 杜润生:《教育扩大会议总结》,档案号:A67-4-1-2,山西省档案馆藏。
③ 山西省教育史晋绥边区编写组内蒙古自治区教育史志办公室编:《晋绥革命根据地教育史料选编》,内部资料,1987年,第12页。

解释为主,必要时得配合政府法令强迫入学。① 1942年,晋冀鲁豫边区小学暂行规程的第3条规定,凡6周岁至12周岁的学龄儿童,除了因为特殊原因不能入学而经当地主管教育机关的特许外,一律都须强迫入学。同时规定,13岁至15岁的失学儿童也应强迫入学。儿童家长如经过说服教育又无特殊情形,仍不令其子女入学时,就会给以相应的处罚。② 太岳区学校教育1942年的工作计划,特别指出要严格执行强迫入学的办法,以充实现在乡村初小之学额,并且颁布中小学公费生条例,颁发"执行强迫儿童入学办法"的指示;晋冀鲁豫边区政府太岳行署8月1日颁布执行强迫儿童入学办法指示,强调边区教育厅颁布"强迫儿童入学"的办法是边区推行国民义务教育的一个重要措施,但决不许"未说服骤加强迫",到处罚款,形成命令主义,要以强迫处罚为辅助方式。③

另外,从强迫入学实施效果来分析,在最初实施过程中,强迫入学、突击入学虽在短时期取得一定的成绩,华北根据地许多教员以极高的热情投入工作,遗憾的是由于缺乏群众观点,许多教师经常从善意的主观愿望出发,却采取生硬的办法。他们主要通过动员、评议、强迫、处罚等来处理教育问题,造成事与愿违的结果,动员效果不大。一些贫困家庭的孩子被强行动员去了学校,农民家庭因劳动力短缺而造成的儿童辍学。又因为根据地小学及小学教师之初的官僚主义

---

① 宋胡刘冬教行印:《边委会关于普及国民教育动员儿童入学电》,王谦主编:《晋察冀边区教育资料选编》初等教育分册,石家庄:河北教育出版社,1990年,第38页。宋胡刘指的是边区政府的宋劭文、胡仁奎、刘奠基。
② 《晋冀鲁豫边区强迫儿童入学暂行办法》,山西大学晋冀鲁豫边区史料研究组:《晋冀鲁豫边区史料选编》第一辑,山西大学晋冀鲁豫边区史研究组,1980年,第477页。
③ 冯毅主编:《太岳革命根据地教育文献选编》,山西省教育志编审委员会,内部编印,1986年,第163—169页。

作祟,学校教育内容、教育方法都不适合群众需要,使群众感到送子女入学得不偿失,即使儿童被动员入了学,出勤仍然巩固不住,坚持不下去,过几天学生又少了且失学的绝大部分是贫苦儿童。①

为解决这一问题,一方面,各边区都从提高教师素质入手,做了许多教员培训工作。为了避免一味强迫,造成农民反感而更不愿子女入学,所以根据地多次对教员进行培训,杜绝体罚,增强责任心,并扩充教师队伍,力争巩固入学之贫困儿童数量。晋冀鲁豫革命根据地在动员儿童入学时,认真分析了儿童不愿入学的原因,其中,教员文化程度太低,部分教员教学不负责任,学校办得不成样子,以致群众看不起学校②。然而,不断地动员强迫儿童入学,学校是否有足够的师资呢?由太行区教员数量调查表来看,各县教员数量并不算少,每人平均教着25.7个学生③,有足够的教员教授学龄儿童,这为动员儿童入学提供了前提。另一方面,在强迫入学实施过程中,边区政府及教员注意到动员儿童入学要符合民众利益,不影响其正常生活。1940年4月,山西省政府第二游击区《法令辑要》规定,为了保证入学突击运动的胜利和成功,各级的教育工作者在动员儿童入学时应做到"务须与民众的切身利益结合起来,并充分注意民众的困难(如春耕期间的影响及靠较大儿童生产者),善为解释,必要时尽可能给予保证,使其不影响生活,但以使

---

① 晋察冀边区教育阵地社:《教育阵地》第4卷第5期,山西省档案馆藏,G3-005。
② 冀太联办:《全区教育工作的总结及今后教育建设的新方向》,山西省档案馆藏,G3-26。
③ 冀太联办:《全区教育工作的总结及今后教育建设的新方向》,山西省档案馆藏,G3-26。

其不放弃入学为目的"。① 华北各抗日根据地改变教学内容,使教学内容从实用出发切合群众的需要后,用实际成绩启发了群众的觉悟,自愿入学。这样全村八十几个儿童的学习问题,都解决了。②

突击入学、强迫入学的方式,在短时期是提高儿童入学率的有效手段。太岳革命根据地实施突击入学一年来,学校教育有了新转变,以太岳区安泽县和川为例突击动员儿童入学成绩突出,总体来看经常到校的儿童突击后达到突击前的3倍之多③。

表2-2 安泽和川动员儿童入学对照表

项目 地区	学龄儿童	入学儿童	经常到校的儿童	
			突击前	突击后
和川	151	102	34	85
西洪驿	54	30	0	25
东洪驿	34	26	8	22
岭南	43	27	5	26
荆村	37	24	5	16
石泉	81	40	13	35
合计	400	249	65	209

资料来源:《太岳区1942年学校教育工作总结》,冯毅主编:《太岳革命根据地教育文献选编》,1986年,第169页。

应该说,强迫、动员、突击等手段在根据地创建前期取得了一定的成绩,经过动员后,太岳区1940年各地入学儿童已达到学龄儿童的60%④。

---

① 山西省教育史晋绥边区编写组内蒙古自治区教育史志办公室编:《晋绥革命根据地教育史料选编》,内部资料,1987年,第23页。
② 晋察冀边教育阵地社:《教育阵地》第4卷第5期,山西省档案馆藏,G3-005。
③ 冯毅主编:《太岳革命根据地教育文献选编》,山西省教育志审委员会,内部编印,1986年第169页。
④ 冀太联办:《全区教育工作的总结及今后教育建设的新方向》,山西省档案馆藏,G3-26。

表 2-3　太岳区入学儿童与学龄儿童统计表

专区	县单位	学龄儿童数	入学儿童数	百分比
晋东	10	56 837	38 945	68.5%
冀西	8	29 116	18 977	65.2%
漳北	4	37 523	14 117	37.6%
太岳	8	72 220	46 581	64.5%
太南	1	9 000	4 542	50.5%
总计	31	204 696	123 262	60.2%

说明：晋东十县：黎城、辽县、榆社、武乡、昔东、寿阳、和东、和西、祁县、平西
冀西八县：赞皇、临城、内邱、邢台、沙河、井陉、元氏、高邑
漳北四县：涉县、武南、偏城、磁县
太岳八县：沁县、沁源、平遥、介休、灵石、赵城、洪洞、临汾
太南一县：平顺
资料来源：冀太联办：《全区教育工作的总结及今后教育建设的新方向》1940.8.25，山西档案馆藏，G3-26。

但强迫、突击的教育政策本身存在一定的弊端。儿童因家境贫寒过早参加生产不能不失了上学的机会，但教师在动员时不讲求方式，有时只强调动员的意义，不知制度是强迫的，动员方式仍是说服的。一味强迫，会引起民众的误会。所以经济上优待才能从根本上解决问题，因为阻碍儿童入学的根本原因是经济原因。1940年冀太联办全区教育工作总结中就明确指出，由于频繁战争，群众生活困难，贫寒生没有优待，分散不易集中，是重要的原因。①

2. 经济支援：免费、公费优待救济贫寒儿童

经济困难是造成贫童辍学或不能经常到校的首要原因，华北抗日地区根据地政府根据农村实际情况，专门针对贫童就学问题，进行多方面优待。根据地对贫童入学的优待方式有免费和公费两

---

① 冀太联办：《全区教育工作的总结及今后教育建设的新方向》，山西省档案馆藏，G3-26。

种,对初级小学实行免费的义务教育,并且对初级小学和高级小学学生都有物质上的优待。晋察冀边区1938年2月发出通令要求凡是不直接遭受敌人炮火威胁的小学校,一律开学上课,男女学生并收,一律免除学费,这给贫童入学敞开了大门。8月晋察冀边区制定了优待贫困儿童入学的办法,这个办法保证了贫寒抗属及穷苦人家子女有受教育的平等机会,在普及国民教育方面有较大意义。这个条例包括符合优待的条件,给予优待的内容,如提供石板、业金、食粮等,供给书籍,给予优待的时间,及其优待资金的来源和办理优待的时间和手续,较为详细地展示了晋察冀边区政府对贫童入学优待的政策和原则,9月即制定了一个"优待抗属子女入学办法",这办法保证了贫寒抗属及穷苦人家子女有受教育的平等机会,在普及国民教育一点有较大意义。

晋察冀边区贫困儿童入学优待办法

优待办法的标准:凡抗属或赤贫户因贫寒免除合理负担者其子女入学得享受本条例的优待。本人参加抗战工作在两年以上有正式机关证明确有功绩,家境贫寒学习努力,得优待之。

第一,凡合以上标准之一者初小学生得津贴课本并及石板一块。高小学生供给书籍业金食粮等。中学生除供给以上东西外,其情形特殊者得量给服装。

第二,实行优待时以学生在校为限。其××或假期离校者即停止食粮及业金之供给。假期在校被优待之学生得由政府或学校分配适当工作。

第三,高小以下的优待费用由各县政府整理教育基金、学田地、公社等,不够时,得由在该县公营事业营利提成弥补。

优待手续:凡贫穷抗属及赤贫户子女就学者,须于邻年一月七日初向学校登记,审定优待人数。

资料来源:《贫寒人家子女从此有书读 专署公布优待入学办法》,《新华日报》太岳版1940年8月11日,第1版。

这个条例包括符合优待的条件,给予优待的内容,给予优待的时间及其优待资金的来源,办理优待的时间和手续,明确地说明了晋察冀边区政府成立初期对贫童入学的优待政策、原则。免费教育是华北根据地小学规范化的重要政策,1941年4月晋绥边区教育处晋西青联《关于开展教育工作的互助协定》要求各级青联按照晋绥边区教育处命令向政府保送贫苦青年及儿童受免费教育,协助执行政府法令。① 1941年5月晋绥行署《地方教育单行法规》中多条法规涉及免费教育,其中第48条规定公立小学一律不收学费,第49条要求小学不可向学生征收杂费,第50条要求小学不可向儿童随意募捐,第51条规定私立学校一律不向儿童随意征收任何费用。② 同时《山西省第二游击区免费公费生条例》也特别强调免费生之初级小学学生之书籍一律由公家免费供给。抗属及家境贫寒无力送子女入学者,按照相关款项享受公费或免费教育。③

就公费教育教育而言,晋绥革命根据地1940年10月在规定教育经费时特别设立公费生并指出,"为优待抗属儿童及贫寒优秀子

---

① 山西省教育史晋绥边区编写组内蒙古自治区教育史志办公室编:《晋绥革命根据地教育史料选编》(一),内部资料,1987年,第47页。
② 山西省教育史晋绥边区编写组内蒙古自治区教育史志办公室编:《晋绥革命根据地教育史料选编》(一),内部资料,1987年,第23页。
③ 山西省教育史晋绥边区编写组内蒙古自治区教育史志办公室编:《晋绥革命根据地教育史料选编》(一),内部资料,1987年,第59页。

弟,一月由公家给米三十斤,书籍文具等均由公家发给"①。并在 4 月时就已通过优待抗属子弟及救济贫苦儿童入学案,提出案由"为使贫苦儿童均有受教育的机会,为发展教育事业计,亟应对贫苦失学儿童予以救济。"②提案要求凡是赤贫无力送子弟入学者,须向当地开取证明,只要经当地民众团体或地方政府证明属实者,无论男女儿童入学,一律免除其书籍费。为了保证贫童有时间入学,做到生产学习两不误,各小学设置义教班,并做到因地制宜、因时就宜,视地方及季节等具体情形分设半日教育和间日教育。初小毕业贫童,以救济贫苦儿童办法办理。高级小学及两级小学之高级部,每学期每班设编制额 1/20 至 2/20 的公费生数额,使初小毕业贫苦成绩优异有志升学者继续求学,公费生应供给伙食及书籍费。可以说,这个提案已是第二游击区行署初建期尽最大努力做出的优待,针对贫童实际困难,满足贫童实际需求,可以做到行之有效。

一系列方针政策的制定执行,华北地区根据地贫童得到受教育的机会,贫童入学率大大提高。免费教育、公费教育使贫童接受教育而不加重贫困农民的负担,拉近了农民和根据地的距离,受到百姓爱戴。

(二)形式灵活:多渠道办学教学

1. 灵活多样的办学——民办公助

中国自古就有对贫童的教育救助。义学,始于北宋,兴盛于明清,是专为贫苦子弟设立的可免费就读的蒙学。其教育资金多靠州县公款、公地地租或富贵人家捐助,因资金不丰且极不稳定,虽

---

① 山西省教育史晋绥边区编写组内蒙古自治区教育史志办公室编:《晋绥革命根据地教育史料选编》(一),内部资料,1987 年,1987 年,第 39 页

② 山西省教育史晋绥边区编写组内蒙古自治区教育史志办公室编:《晋绥革命根据地教育史料选编》(一),内部资料,1987 年,内部资料,第 18 页

然教学设施简陋,所授内容为《百家姓》《千字文》等蒙学书籍,但帮助了寒门学子粗识文字、接受了人性伦理之教化。这种专为寒门子弟开办的义学,资金来源决定了它是一种官办的公益事业或是私人的慈善事业,所以,大多数地方义学兴衰全在地方官员和富贵人家。另外,由宗族族产出资而建的族学,也可供本族贫寒子弟就读,只是外族外乡之贫童不能进入读书,局限性较强。民国时期,兴办新式学堂,传统的义学、族学逐渐退出历史舞台。而在中共领导下的抗日根据地,为了适应战争的需要,为了让更多的孩子有机会接受教育,除公立学校外又出现民办公助学校、一揽子学校、流动学校等灵活多样的办学形式对贫童进行教育,而这其中以民办公助学校影响较大。

民办公助,"民办"指学校一切完全根据群众的自愿与需要出发,是其自愿自动地办,提意见、定计划、选校长、聘教员、筹经费、建校舍等都是群众意愿的体现。当然,要真正实现"民办",还应"公助",公家只需站在推动启发的地位,给以帮助(物质的、非物质的),发动群众,团结群众,指导群众。

民办公助是应华北根据地社会形势的发展而提出的。经过1943年和1944年减租减息和大生产运动,华北根据地民众发展文化教育的要求大大提高,民办公助的教育方针因时而出,它的一个重要作用即是"解决了失学儿童特别是贫苦儿童的教育问题"[1]。从前普及了二十余年的国民教育,还普及得中国90％以上人民仍是文盲,这个民办公助的新创造,为普及国民教育,广建民办小学,不仅惠及广大贫童,也让民办小学迅猛发展。太岳区1945年文教卫生工作总结中学

---

[1] 晋冀鲁豫边区政府:《太行区一九四五年教育工作概述》,太行行署编印,山西省档案馆藏,G3-41。

校教育部分指出,"自从 1944 年提出民办公助方针以来,民办小学在根据地有大发展,据 1944 年沁县、沁源、安泽三县不完全统计,民办小学有 100 所,学生 1 699 人,一般民办小学都能做到大家办,大家学,有的和生产互助密切结合,发展为学校,全村男女老少都参加学习……"①因为华北根据地号召大力发展民办公助学校以帮助更多的贫童入学,所以民办公助学校这时大量出现,太行根据地临县从 1944 年 11 月没有民办学校发展到 1945 年 5 月有 12 所;临南 1944 年 11 月有 12 所民办学校,1945 年即发展到了 78 所之多。

表 2-4 1944—1945 年间临县、临南、离石、方山的学校数量发展变化统计表

时间	学校性质	县属				合计
		临县	临南	离石	方山	
1944 年 11 月	完小	1	1	1		3
	国民小学	73	97	62		232
	民办小学	0	12	16		28
1945 年 3 月	完小	2	2	1		5
	国民小学	59	96	65		220
	民办小学	3	35	23		61
1945 年 5 月	完小	2	2	1	1	6
	国民小学	68	69	67	1	205
	民办小学	18	78	23	8	127

资料来源:《历史档案:三分区一年来的小学教育》,档案号:A100-1-65-1 山西省档案馆藏

当然,不同的抗日根据地或同一抗日根据地中组织建设、群众基础、经济基础、教育基础千差万别,在实施民办公助教育时各地、各区

---

① 冯毅主编:《太岳革命根据地教育资料选编》,山西省教育志编审委员会,内部编印,1986 年,第 189 页。

自然结果也就不一样,民办公助学校在根据地发展也是不平衡的。

表 2-5 太行区公立民办公助小学统计表

数目\专区别	公立小学	民办公助小学	合计	说　明
一专区	106	106	212	共五个县,即赞皇、内丘、临城、和东、昔东
二专区	17	2	19	只太谷一个县数字
三专区	310	405	715	共五个县,即武乡、榆北、左权、武西、黎北
四专区	232	88	320	共三个县,即丰顺、潞城、黎城
五专区	143	42	185	共两个县,即磁武、涉县
六专区	74	190	264	共四个县,即邢西、沙河、武安、武北
七专区	38	1	39	只辉县一个县数字
总计	920	834	1 754	共二十一个县
附注	\multicolumn{4}{l}{民办公助小学,各县发展很不平衡。如武乡 311 所学校,民办公助的即有 227 个,武北 109 个小学,民办公助就有 99 个,但涉县 121 所小学才有 32 个民办,黎城 104 个小学只有 20 个民办。 以上数字连游击区武北 5 个公立 3 个民办小学,武西近 10 个公立、39 个民办小学也统计在内。}			

资料来源:晋冀鲁豫边区政府 太行行署编印:《太行区一九四五教育工作概述》,G3—41,山西省档案馆藏

要保证贫童入学,首要的必然要解决办学经费问题,即是否要学生负担学费。解决经费的办法有两种情形,一种是按负担分数摊派(如栋柏子和水泉坪),一种是谁上学谁出钱(如庄子沟)。后一种办法,群众感到困难,因为这样变成私塾了,贫困子弟不能入学。[①] 真

[①] 冯毅主编:《太岳革命根据地教育资料选编》,山西省教育志编审委员会,内部编印,1986 年,第 26 页。

正做到民办公助的地区,即能真正发动群众的地方,真正发动群众的地方,一般可以民办公助,解决贫童的入学困难。民办公助学校的一个重要作用即是解决了失学儿童特别是贫苦儿童的教育问题,而它解决贫困儿童入学困难的一个重要办法是变工互助。群众从本村选出人员专职担任教师,村民组成变工队帮他种地,教师获得相当的粮食作为酬劳,变工队还通过开种学田等方式,支持民办学校发展。民办公助学校通过变工解决学校日常开支。教员酬劳等教育经费,使民办学校得以维持,使无力负担学费的贫童得以入学。而民办学校解决教育经费的方式又不同于传统的靠官、富来捐款的义学及靠家族族产的族学,这种新的学校教育形式打破了过去私塾学校谁有钱谁上学的现象,把私塾改造成了广大民众所共享的具有现代意义的新型学校。

2. 小先生等灵活教学

除了有灵活的办学模式之外,根据地各类型的学校在教学上都以战时、农村特殊环境为依据,积极转变教学形式,推行半日制及小先生制,使因战无力上学、家居小山庄无法上学的广大贫童可习得文化。

贫童家庭经济困难,农忙时播种收割的成果关系到整个家庭的生计,学校会合理地分配儿童的学习时间和生产时间,保证贫童不耽误家庭劳动。学校经常采取轮回教学、半日制、夜校、早午校、个别教学等方式教学,使大家都有学习机会,同时也解决了家庭的困难。机动地调配生产学习时间,给贫童入学以时间保障,是降低贫童失学的重要举措。为了普及失学儿童教育,根据地会把不能完全脱离生产与家庭的小孩组织起来轮回去教一次,让学校大的孩子去当小先生,去小庄子上教学,通过小先生找朋友的办法,团结了不能经常到校的贫苦儿童,把学到的东西再教给他。昔阳大南庄就把没有衣服的失学儿童分为4组每组设组长一人,通过小先生用传习方法进行教学。①

国民政府普及了二十余年的国民教育,中国仍以文盲占据绝大多数,而根据地关注农村贫苦儿童的学习,通过小先生从学校走到家里、走到山上,可以说这是一个新创造。② 小先生走进山庄,教授不能到校的贫困儿童,使得农村根据地失学率不断下降,小先生制对贫童教育来说可谓功不可没。至1945年,华北地区革命根据地失学儿童比例明显下降,因失学儿童大多是贫童,因此可知,贫童在这时接受教育的比例大幅提高了,这和此时不断发展的民办公助学校有莫大关系。

(三)学以致用:与生产结合的活知识

根据地对学龄儿童进行了普遍的动员,废除了打骂制度,实行了优待贫寒及抗属儿童就学条例,但还是有很多学生难以入学,这是什么原因呢?根据考察的结果,一个重要的原因是"大部工农家境贫寒,优待条例不足以解决问题,需要儿童过早地参加生产"。③

抗战时期,很多村庄只能有半数学龄儿童入学,大多数中贫农子女大半因家庭劳动不能入学,可是一般学校只把教育能入学的儿童作为自己的任务,对于广大贫苦失学儿童就不管了,这样做的后果是把广大劳动人民的子女关到校门之外。针对这种情况,为吸收贫童入学,根据地学校积极地进行了转变,教学以根据地实际需要为出发点,不教脱离实际的空知识,让学生学和日常生产相结

---

① 太行行署编印:《太行区一九四五年教育工作概述》,山西省档案馆藏,G3-41。
② 晋冀鲁豫边区政府:《太行区一九四五年教育工作概述》,太行行署编印,山西省档案馆藏,G3-41。
③ 冀太联办:《全区教育工作的总结及今后教育建设的新方向》,山西省档案馆藏,G3-26。

合的活知识。这种转变现在看来还颇符合唯物辩证法,实事求是,从实际出发,教学从群众中来,到群众中去。

根据地创建之后,许多教师经常从善意的主观愿望出发,采取生硬的办法劝说儿童入学,但在教育内容、教育方法都有很多不适合民众需要的地方。民众感到送子女入学是得不偿失的,认为子女入学后就不能而且也不会做地里的各种活计,念书念成了老爷。即使动员入了学,仍然巩固不住,坚持不下去,过几天学生又少了。

因此学校再要求贫童入学时,群众提出:"要教庄户人家常用的字,教打算盘,记账写路条,还要教打掐棉花,穷人家的娃娃半天认字半天动弹。"①晋绥边区许多学校"组织了儿童变工组打掐棉花、摘棉花,给家庭节省了大批人工,结果学生从三十多个增加到八十多个。教学上增加了珠算、应用文,如记账、算账、写通知、开路条等实用知识……"②从此,群众对学校认识转变了,贫童得到了受教育的机会。除公立学校之外,民办学校根据农民实际需要安排教学,教学内容更符合农民生产生活。民办学校的办学方针是从老百姓实际需要来办学校教育学生。只有如此,才能彻底变革过去的国民小学脱离社会实际生活、脱离广大群众的恶劣传统。③在这样的方针指导下,民办学校教学内容更接近贫困农民生活,在算术课中加入珠算,在国语课中学习写路条、写契约,这些知识都是现实生活所需,因此吸引了大量贫童入学。贫童家庭经济困难,

---

① 中共吕梁地委党史资料征集办公室编:《晋绥根据地资料选编》第 5 集,中共吕梁地委党史资料征集办公室,1984 年,第 282 页。
② 中共吕梁地委党史资料征集办公室编:《晋绥根据地资料选编》第 5 集,中共吕梁地委党史资料征集办公室,1984 年,第 282 页。
③ 冯毅主编:《太岳革命根据地教育资料选编》,山西省教育志编审委员会,内部编印,1986 年,第 28 页。

农忙时播种收割的成果关系到整个家庭的生计,在农忙的特别时候,学校还会机动调整学习生产时间,保证贫童不耽误家庭劳动。农忙时节,沁县一区南泉小学为了使儿童有时间参加家庭劳动又能念书,特于1944年6月14日召开了十几个学生家长座谈会,商定每五天集中上课一下午的办法。课程共有三种,识字;珠算;生产。① 灵寿县在提出"民办公助"的方针后,教育工作即显现新气象,群众都表示欢迎。以前某村学校没有学生,后来虽然村边添了敌人的炮楼,上学学生仍然从二十几个人增添到八十几个人。阜平三区自提出"民办"方针之后,各村不但用午校形式使765个失学儿童得到学习机会,而且更进一步把握了教学与实际相结合的原则了,教材多半是从自己的名字、村名和日常接触的事实、用具学起,有的还把有关的时事内容编进去。如水泉村的教材:"好儿童,要生产,勤学习,不偷懒。国民党,行特务,害国家,害民族。共产党,讲民主,救人民,打日本。""后四月,麦梢黄、豌扁豆,齐上场。点陇子、耩黍稷、插山药、种麻子。五月节、是端阳、过了麦夏家家忙。"②

另外,根据地许多关心失学贫童的教师,为了让孩子们接受教育,经常采取轮回教学、半日制、夜校等方式教学。太岳区七泉刘同业为了普及小山庄的失学儿童教育,把放牛羊的小孩组织起来,三天轮回去教一次,使学校大的孩子当小先生去小庄子上教学。刘晓民、刘之伟同志把放牛羊离不开家庭的一群孩子让他们住到学校,白天劳作夜间教学。党兴科、李克艰同志把看娃娃的女孩子编成组轮流学习,轮流看娃娃。许多同志把广大失学儿童,根据其

---

① 《南泉小学照顾农忙,五天上一次课》,《新华日报》太岳版,1944年6月25日,第2版。
② 孙晓忠、高明编:《延安乡村建设资料》3,上海:上海大学出版社,2012年,第454页。

劳作之忙闲,分为夜班、晌班、早班,什么时候能教就教。这是适于农村环境的儿童不能完全脱离生产与家庭来普及教育的好办法。①龙华模范教师桑文义,当他发现贫苦儿童不能入学时,不是怪群众落后,强迫处罚,而是召开家长会议,虚心听取他们的意见,了解他们的苦难,商得家长同意,合理分配儿童的学习时间和生产时间,运用半日制、早午校、个别教学等组织形式和教学方式,使大家都有学习机会,同时也解决了家庭的困难。②

由于小学教育与生产相结合,在吸收儿童入学上又采取了解决困难和民主动员的方式,对儿童的教学管理上废除了体罚,实行了民主的启发诱导。因此推动了家长对子女上学的积极性,启发了儿童自愿自动地上学,很多超过学龄的儿童,均纷纷参加半日班、夜校学习(当然其中一个重要的原因是边区几年来生活改善了,家长对儿童的入学开始重视了)。民众对学校的认识有了基本的转变。如临县的一个老百姓说:"如今什么也不同了,学校里的娃娃又会念书,又会种庄稼,长大了一定能过个好光景。"③

客观地说,贫童接受教育,将课堂知识化作生产知识,不是一朝一夕即能实现的。即使贫童课堂学的是和生产生活相关的,但在群众看来,念书识字的收效,往往比较迟缓,他们觉得识几个字,究竟不如砍几捆柴,因此吸收贫童入学在办学之初肯定会遇到不

---

① 《新教育方针的实践与提高——中共太岳区党委赵守功同志在太岳区教育座谈会上的发言》,冯毅主编:《太岳革命根据地教育文献选编》,山西省教育志编审委员会,内部编印,1986年,第31页。
② 《向英雄模范学习》,晋察冀边区教育阵地社:《教育阵地》第4卷第5期,山西省档案馆藏,G3-005。
③ 中共吕梁地委党史资料征集办公室:《晋绥根据地资料选编》第2集,中共吕梁地委党史资料征集办公室,1983年,第217页。

小的阻力。越是如此，对农村贫童教学越要贴近生活。教学内容越贴近生活，才越能吸引贫苦农民送子弟入学。

三、根据地贫童教育的成就与不足

（一）根据地贫童教育成就与儿童变迁

1. 贫童入学率提高

学龄儿童入学率低的症结在贫童入学率低，失学儿童绝大多数是贫苦人家儿女，贫农子女失学数量惊人。1941年静宁县贫农男性儿童一年级学生占42.3%强，二年级学生降为34%，及至四年级就跌至28.64%弱，① 太岳区学龄儿童共有120 353人，而全区的失学儿童是47 026人，"其中绝大多数是贫苦人家的儿女，经常到学的儿童一般是入学儿童的30%到80%，若以60%计算，则有29 330儿童是半失学儿童，这些半失学儿童绝大多数也是贫苦人家是儿女，今后怎样消灭儿童失学的现象和半失学的现象也是值得研究的问题"。② 其实，说得更直白一些，怎样消灭贫童失学和半失学的现象是值得研究的问题。因为失学儿童绝大多数是贫苦人家儿女，贫农子女失学数量惊人。尤其贫苦儿童年级越高，失学现象越严重。

（1）太行区。1941年太行区辽县、黎城、武乡等9个县的儿童入学率，黎城、武乡等县达到80%以上，辽县最低，为64%，而抗战前整个太行区的入学还不到60%，到1942年，太行区小学达到1 237所，拥有学生5.3万人；到1945年小学增至2 530所，入学儿

---

① 《静宁县一九四一年教育工作总结》，山西省档案馆藏，A140-1-26-1。
② 冯毅主编：《太岳革命根据地教育文献选编》，太原：山西省教育志编审委员会，内部编印，1986年，第164页。

童达到12.56万人,分别比1942年增加了1倍和1.5倍。① 从入学儿童的成分来分析,太行区1945年的入学儿童,贫农儿童1 919人,占入学儿童的28%,中农儿童3 815人,占入学儿童的57%,富农儿童915人,占入学儿童的15%,②中贫农家庭儿童占入学儿童的85%,贫童教育情况好转可见一斑。在吸收儿童入学上,根据各个家庭的具体情况实行了解决困难、个别说服的办法,废除了过去强迫命令的方式。如离石管庄垣中心小学,在动员贫寒儿童刘三鸣上学时,首先启发了他对学习的兴趣,在未入学前即教他识字,并帮他送粪,解决了他家劳动力缺乏的困难,结果不但吸引他上了学,他又动员他的弟弟上了学。这个办法效果很好,仅一月功夫,学校即增加了十六个学生。③ 临南教员薛春圃热爱教育,工作积极,吸收了全村百分之八十六的儿童入学,特别注意对贫寒子弟的帮助,拿出了自己剩余的钱和粮食给他们解决困难。④ 再如辽县正规化小学教育的建设,从1941年就开始了,各校的机构与制度均趋于完善,对学生的管理采用新办法,因而使小学教育能逐渐向正规化发展,2/3的儿童均能入学。据统计,全县有高小两处,学生240人,毕业52人,升入太行中学及简易师范42人。初小122所,共有学生4 632人,占学龄儿童总数69%。据另一统计,全县贫寒家庭儿童共有1 627人(女童578人),已入学者,男129人,女262

---

① 梁志祥、张国祥主编:《中国共产党山西历史1924—1949》,北京:中央文献出版社,1999年,第533页。
② 《晋西北两年半的文化教育建设报告》,山西省档案馆藏,A-88-4-7-1。
③ 中共吕梁地委党史资料征集办公室编:《晋绥根据地资料选编》第5集,中共吕梁地委党史资料征集办公室,1984年,217页。
④ 中共吕梁地委党史资料征集办公室编:《晋绥根据地资料选编》第5集,中共吕梁地委党史资料征集办公室,1984年,215页。

人。抗日军人家属儿童共 1 173 人（女童 253 人），已入学的男童 178 人，女童 100 人。在全部新生中有八百人家庭贫寒，均由政府予以优待。①

（2）晋绥区。在晋绥边区，一系列的提案、法规提出并且认真执行之后，贫童之教育状况逐渐有所改善。晋绥六专区的席麻窊小学，1940 年有贫农学生 23 人，1941 年 30 人，1942 年又增加到 49 人。② 在晋西北的保德县 1942 年学生成分调查显示，"贫农以下成分者占到全部学生的 52%，中农以下者占到 92% 之巨。教育大众化特点明显"。③ 即使这样，学龄儿童入学率仍不太理想，其症结还是贫童教育。其后晋绥边区进一步采取措施，加强贫童教育。对边区小学生，一律实行免费教育，课本亦由公家发给，高小学生之贫寒者，实行公费或者半公费，这样给了各阶层子女以受教育的平等机会，吸收了贫苦农民的子女入学，各校学生激增情形为过去所未有。以兴县赵家川口小学为例，过去到校学生为 30 个左右，占 64 个学龄儿童的 46%，1941 年到校 50 个，占 78%，比过去增加了 32%。④

（3）太岳区。太岳行署教育处严格贯彻关于优待抗属子弟及贫苦儿童办法，对贫苦儿童建立半日班，学习主要课程。⑤ 到 1940 年 10 月，太岳区全区共有初级小学 1 486 所，教员 1 852 名，容纳了大部分学龄儿童，有高小 18 所，共有学生 1 100 名。这一时期的学校教育

---

① 刘梅、李建国编：《太行革命根据地教育简史》，太原：山西省教育史志编写委员会，1989 年，第 127 页。
② 《晋绥六专区教育总结》，山西省档案馆藏，A-1-19-1。
③ 《晋西北两年半的文化教育建设报告》，山西省档案馆藏，A-88-4-7-1。
④ 中共吕梁地委党史资料征集办公室编：《晋绥根据地资料选编》第 2 集，中共吕梁地委党史资料征集办公室，1983 年，216 页
⑤ 《小学建设汇刊》，山西档案馆藏，G3-0 273。

有三个显著的特点,一是学校教育和社会政治活动相结合,二是学校教育和生产劳动相结合,三是适应战争环境坚持办学。① 再看太岳区1942年总结学校教育工作时对全区小学教育概况的汇报,如下表:

表2-6 太岳区1942年总结学校教育工作总结全区小学教育概况

目次地区	学龄儿童	入学儿童	失学儿童	教员	中心学区	学校	私塾
岳北	75 702	42 487	33 275	1 485	230	1 272	40
岳南	25 011	17 033	7 978	688	84	682	37
中条	19 640	13 807	5 833	455		433	未统计
总计	120 353	73 327	47 086	2 628	314	2 387	77
补考	1. 岳南的临汾、襄曲、高平,中条的冀北、济源、绛县、垣曲未统计 2. 私塾只有岳北四个县岳南五个县的统计,其他未统计						

资料来源:《太岳区一九四二年学校教育工作总结全区小学教育概况》,《太岳革命根据地教育文献选编》,第163页。

可见,难以入学的贫童受益于根据地政府学校的一系列优待政策,贫童入学率确实较以前有提升,这些贫童因接受根据地之优待而有读书求知之机会,他们对根据地政权之拥护也是情理之中的。

2. 开启民智、全民抗战

吸收贫童入学在办学之初遇到不小的阻力,为动员更多的贫童入学,晋绥革命根据地保德县寨沟小学儿童组织了一个秧歌队演出许多节目,"最近又编演了一个'上学去',内容是根据村中实

---

① 梁志祥、张国祥主编:《中国共产党山西历史 1924—1949》,北京:中央文献出版社,1999年,第533页。

际情形,为动员儿童入学编成的。……张自登以前是个顽皮孩子,一贯不上学,他看了这个剧以后,第二天自动上学了,收到很大教育效果"①。

为让儿童安心上学,华北抗日根据地在吸取经验的基础上为学生创造劳动赚取学费的活动,不给家庭增加负担,解决家长和孩子的后顾之忧。根据地小学实施新的注重劳动生产的教育,鼓励儿童参与家庭生产,甚至小学和各级政府创造机会让儿童参与简单的可操作的社会生产,结果学生们的劳动观念大大增强。通过劳动,儿童不仅解决了上学所需费用,而且学得了劳动本事。"在全体师生自己动手下,他们从十里路远的山上扛回了许多倒塌庙宇的木材,准备大大扩充和整修自己的校舍和桌椅。由于进行生产的结果,使学生的家庭大大减轻了负担,目前住校生每月只出伙食米三十斤,其余菜水烧炭完全是生产自给的,文具纸张更用不着家中拿一个钱,这样使学校给学生家长们以最良好的印象,他们都觉得把自己的子弟送进学校,既省下了钱,又学得了本事,都说:'共产党提倡的办法真好,是为了老百姓打算的。'所以群众自愿把儿童送进学校,全校的学生由去年的六十三名,增加到现在的九十七名,这并不是偶然的。"②太行区 1945 年学龄儿童入学率达到70%以上③,儿童入学率大大提高。这与华北抗日根据地选择适合农村、农民儿童的教材及良好的教育方法是分不开的。

太行区弹音小学,调查了每个儿童的家庭经济状况和不同的

---

① 谢玉田主编:《晋绥革命根据地教育史资料选编》(一),山西省教育史晋绥边区编写组、内蒙古自治区教育史志办公室,1987 年,第 436 页。
② 谢玉田主编:《晋绥革命根据地教育史资料选编》,山西省教育史晋绥边区编写组、内蒙古自治区教育史志办公室,1987 年,第 425 页。
③ 太行行署编印:《太行区一九四五年教育工作概述》,山西省档案馆藏,G3-41。

要求,把每天的主课集中到上午,每天抽出三个小时进行生产。他们按年级按劳力强弱,自愿结合成许多小组,按学习生活生产三位一体的原则,根据家庭的需要,有计划的集体的互助的给各家生产。他们还提出"每人要帮助贫寒生,一把菜一把柴"的口号,每人由地里回来,都带一把菜或柴给贫寒生,这比贫寒生一人剜的要多得多,同时又能做到学习,所以贫寒生到校的很多。他们每天在学校里学的东西,回到家里要显本领——就是把新学的字和念的书回去给大人默写和背书。此外学校教育和战争、政府、社会客观结合起来,克服了过去学校里了无生气的现象。这样各阶层儿童的愿望都达到了,对于新的教育发生了很大的兴趣,例如说:"又能念书又能给家里做活,再好也没有了","从来也没敢说过有念书还不误生活的学堂,可要叫孩子上学去"。①

华北抗日根据地小学教学内容贴近民众生活且和抗战紧密结合。从1943年、1944年太行区小学国语常识课程内容分配来看,根据地初级小学课程思想教育和实用性占主导。

表2-7 初年级国语常识课(242课时)②

课别	公民(包括抗战常识)	劳动生产	卫生(包括生理知识)	动物(包括以动物比喻社会生活)	气象天文地球	描述儿童生活	亲身与社会关系	一般生活资料知识	自然风景与其他
课数	91	14	23	41	22	21	9	15	6
占全课百分比	38%	5.7%	9.5%	17.9%	9.1%	7.5%	3.7%	6.2%	2.6%

---

① 《太行区一九四四年小学教育的概况》,山西省档案馆藏,A52-4-90-2。
② 《太行区小学课本编辑问题》,《教育丛书》1945年,山西省图书馆藏,档案号:G1-7。

表2-8 中年级国语常识课(238课时)[1]

课别	公民	生产	卫生生理	历史	地理	自然	学习生活	其他文艺性课程
课数	94	26	25	20	32	16	16	9
占全课百分比	39%	11.5%	10.4%	9.1%	13.3%	7%	7%	3.7%

表2-9 高年级五种课程(485课时)[2]

课别	国语	算术	历史	地理	自然
课数	160	96	72	72	85
占全课程百分比	33%	19.8%	15%	15%	17.5%

由上表统计来看,太行区小学课本存在年级越高,劳动实践与抗战思想教育课程所占比重则越低,存在脱离现实,脱离生产的问题。太行区小学初小学生回家后要帮助父兄处理家务,他们自己本身以及群众对其子弟当前的愿望就是让儿童能写会算,掌握初步的农业知识和技能,对他们培养应该以读写算等基本文化能力为主,并注重生产教育。小学高年级课程体系更类似于今天的课程。因此根据地小学珠算、记账等课程十分普遍。教学内容贴近根据地儿童生活,儿童学有所用,家长觉得孩子上学后不但不增加家庭负担,反而对家庭生产有利,才更愿意送子弟入学。

许多小学都成立了读报小组,读报组解决了偏僻地区农村小学教育教材短缺现状,也使得战时报刊在根据地物质极度缺乏的情况下一张报纸抵多张用。报刊报道抗日英雄保家卫国的豪迈与激情,共产党为民服务的各项政策以及重视国民教育以努力唤醒

---

[1]《太行区小学课本编辑问题》,《教育丛书》1945年,山西省图书馆藏,档案号:G1-7。
[2]《太行区小学课本编辑问题》,《教育丛书》1945年,山西省图书馆藏,档案号:G1-7。

民众思想意识等新闻、故事,活教材被用在根据地小学,不断浇灌儿童被禁锢的干涸的思想,终于使儿童绽放得鲜活灵动富有激情。山西临汾地区霍县第二民高①"所在地驹沟每逢开会都有学校演出节目,这些社会活动不但起到了一定的宣传作用,而且丰富了教学内容,使学生获得了课本上没有的知识,开阔了思想,提高了觉悟"。② 1944 年,兴县为积极组织反对阎锡山政权公开反共的活动,在当地政府的带动下,城关、蔡家崖、魏家滩、黑峪口和北坡、李家湾等村的多所完小、业余小学的宣传队和秧歌队都参加了演出活动,他们"演出的节目有《兄妹开荒》《兄妹识字》《十二把镰刀》《大家好》《锄奸》和《炸得鬼子上西天》等,杨家坡小学的业余剧团,应办得活泼、剧目新颖、教师王金义亲笔编写的小歌剧《一切为了前线》和《杨满仓办喜事》,后来在《晋绥大众报》刊登……通过文艺宣传,提高了广大人民群众的政治思想觉悟,为夺取抗日战争全面胜利奠定了思想基础"。③ 晋绥边区河曲三个完小中,"一、三完小的《血泪仇》的效果较好,老百姓说:过去前政府与前年是压迫老百姓,同时哭得很多,演至鸡叫大家都不移动。其次,二完小的《查路条》引起群众站岗放哨的兴趣"。④ 这样的演出不仅教育了群众,更对参与儿童有着深深震撼。五四时期、抗战前期北京大学等高等学府学生剧演、游行多次对中国政局产生过影响,也对唤醒北京上海等大城市平民觉悟有所助益。抗战时期,在华北抗日根据地通过剧演等形式影响根据地百姓认识民族危亡的现实,认识革命反

---

① 所谓民高是指民族革命高级小学。
② 临汾市教育志编辑室:《临汾县老解放区教育概况》,临汾地区教育史志编印室编:《临汾地区老解放区教育资料选编》,1986 年,第 58 页。
③ 贾佩珍主编:《兴县教育志》,太原,山西人民出版社 1991 年,第 59 页。
④《晋绥第二分区 1944 年总结报告》,山西省档案馆藏,档案号:A-27-1-5-5。

抗的重要性,很多时候却是通过小学剧团组织的各种活动,而且,小学剧团各种剧目的演出更贴合儿童日常生活和认知水平,对儿童产生的影响也更直接和深刻,这可谓是根据地的一个奇迹。

3. 扩大抗日武装力量,培养新中国建设队伍

小学教育应训练社会各阶层广大民众的儿女继承抗战建国的大业,其目标是"启发儿童之民族意识,提高儿童的民族自尊心和自信心,使儿童树立新民主主义的政治基础"①。根据地政府积极动员贫童入学,并且挑选、鼓励他们加入儿童团,使之成为抗日的武装力量。儿童团组织的建立,使广大少年儿童充分发动起来,成为抗日民主政权开展工作的有力助手和支援敌后抗战的重要力量。儿童团协助政府动员大批儿童入学,在小学由儿童团领导课外活动,保证学校教育计划的完成,成为国民教育的第一助手。②

受到政治鼓舞的少年儿童,勇敢地走出家乡,甚至有人加入扛枪战斗的第一线。这些儿童有的为民族解放献出了宝贵的生命,有的幸存下来,为日后新中国的建设继续奉献。一些教师在中共地下党组织的指示下,借机给同学们讲抗战反攻的新形势,传播革命思想。传阅《新华日报》(太行版),大大鼓舞了学生斗志。国语课选读民主革命烈士林觉民的《绝笔书》,还译成白话文讲解,激起学生抗日救国的热情。临汾学生中奋起参加抗日工作的就有贾怀林、秦洪彦、李顺卿、乔凤岚、李安顺、周关胜等三十余人。③ 刘胡兰

---

① 《战时小学课程标准总纲草案》,《山东革命历史档案资料选编》第六辑,济南:山东人民出版社,1982年,第279页。
② 《晋察冀抗日根据地》史料丛书编审委员会:《晋察冀抗日根据地》第2册,北京:中共党史资料出版社,1991年,第97页。
③ 临汾市教育志编辑室《临汾县老解放区教育概况》,临汾地区教育史志编印室编:《临汾地区老解放区教育资料选编》,1986年,第4页。

出生于文水县云周西村一个贫寒家庭,1940年云周西村成立小学,刘胡兰入学接受教育,在新教育的培养熏陶下,她为革命事业牺牲,是华北根据地贫童教育成功的典范。佃农家孩子李爱民1930年出生于山西武乡县白家庄,抗战时任儿童团团长,13岁时为掩护百姓和八路军挺身而出,牺牲生命。根据地培养的这些贫童不仅在抗战时英勇抗日,待抗战胜利后他们更是建设新中国的栋梁。《鸡毛信》中海娃的原型秦玉根,3岁成为孤儿,叔叔将他卖给地主,4岁给东家放羊,抗战时加入儿童团,查岗、放哨、送鸡毛信。后参加解放战争、抗美援朝战争,先后荣立七次战功,为新中国的建设做出贡献。

许多受感召参加抗日的少年儿童不仅为抗战胜利做出自己的贡献,更是新中国建设的栋梁之材。山西清徐一批批上山参加了八路军加入了共产党的学生中,"郝双福、史丕连、赵治业、赵栋、王维国、崔新元、马福、郝启富、赵子恒、郝忠义、雷波、郝富贵、阎芝英、郝守阶、郝忠梅、史丕杰、牛芝兰等,后来都成为各级党政部门的领导和骨干。郝忠义曾任甘肃省委书记,郝启富曾任甘肃省某军分区司令员,赵治业曾任清徐县委书记、太原市北郊区委第一书记"[①],曲阳县三区区儿童团团长杨登彦后担任北京市政府副秘书长,曲阳县儿童团员刘三奇任曲阳县人大常委会副主任,儿童团员和宪宝任曲阳县党史办主任,儿童团员宋毅任曲阳县政协副主席,儿童团员王专任曲阳县县长,何国梁任阜平县委员。[②] 冀鲁豫边区梁庄乡苏村小学儿童团到解放战争时期有3人入党,30多人报名参军,有的参加了武装民兵,有的成为教师。至1949年,他们在军

[①] 李应修:《南尹校回忆录》,齐岫昆编:《清徐县教育志》,第23—24页。
[②] 丹琳:《寻访儿童团战友》,中国文联出版公司,2008年,第2页。

队中成长为连营长、师团长,保家卫国,有的成为各战线的有用人才。①

(二)根据地贫童教育的不足

1940年后,太岳根据地破坏得厉害,学校也遭到很大困难,敌人对根据地扫荡的次数增加了,人心浮动,流动性很大。一个学校只有七八个或十来个学生,有时甚至唱空城计。学校开学时间少,停办时多,形成教育荒废②。华北根据地贫童教育取得成功,儿童入学率提高。但客观地说,虽然儿童入学率普遍提高,但也有一些区域存在发展不平衡的问题,这和抗战环境不稳定等战乱、灾害等现实有关。至1949年初晋察冀根据地正规小学和不正规规小学学龄儿童入学率均可保持抗战时期水平或在一定程度上有所提高。晋察冀边区察哈尔第4专区,正规小学非正规小学入学情形概况从上面表格中可以看到全专各县学龄儿童自正规学校与非正规学校,经常入校的百分比是相当不平衡的,大部分学校学生数量较少。如阜平正规小学经常入校的占学龄儿童64.6%,不正规小学经常到校的占学龄儿童59%,合计才占学龄儿童61.3。曲阳正规小学经常入校的学龄儿童48.6%,不正规的小学经常入校的学龄儿童30%,合计39.3%。行唐正规小学经常入校的学龄儿童92%,不正规小学54%,合计73%。获鹿正规小学经常入校的学龄儿童46%,不正规小学5%,合计48%。正定正规小学经常入校的学龄儿童32%,不正规小学20%,合计26%。平山正规小学经常入校的学龄儿童78.5%,不正规小学24.6%,合计51.5%。建屏正规小

---

① 中共贵州省委党史研究室冀鲁豫组:《冀鲁豫党史资料汇编》第21集,1986年,第109页。
② 冯毅主编:《太岳革命根据地教育资料选编》,山西省教育志编审委员会,内部编印,1986年,第186页。

学经常入校的学龄儿童85%,不正规小学学龄儿童入学率没有统计。井陉正规小学经常入校的学龄儿童37%,不正规小学66.6%,合计51.5%。全专九个县正规小学平均经常到校者仅占学龄儿童58%,不正规小学35.8%,合计平均占学龄儿童46.9%。① 从入学的学校类型和数量反映出学龄儿童入学情况并不均衡,应多方面想办法更多地动员儿童,进一步把小学教育健全起来。

华北根据地学校办学艰难,各区、各学校不断克服困难,坚持办学。在这摸着石头过河的过程中,根据地教育不足尤以文化课堂内容空乏较突出。造成课堂内容缺乏的主要原因是教材缺乏。由于日军封锁交通,根据地不断受到侵扰,纸张、油墨等物资缺乏,根据地教学教材印刷数量较少,且不固定。并且各根据地教材内容也是各地为阵,极不统一。1940年晋绥边区教育工作总结认为"教员的主观意志抄袭一些抗战训练班的一套做法。使小学变成了训练班,只注重政治、军事,而忽略了文化课……所有的教材由各校教员选择,因而不是过深,就是过浅。"②另因敌寇封锁,许多学校难以得到几本教材,他们只能以零星的报纸为教学素材。他们"今天讲一段《大众报》上的短文,明天讲一段时事……常识课没有课本,又很难编,还是在大众报上选一些小常识和消息讲一讲,所以教学效果小。"③在根据地统治较稳定之地区,有些小学还有条件开设图书教室,但教室所列之书却充满政治色彩,且难理解,不合学生年龄之需。太岳区某小学图书馆的书架上就"放满了《抗战生活》《中国革命

---

① 察哈尔第四专属教育科:《当前小学教育工作上几个问题的商榷》,档案号:236-1-1-4,河北省档案馆藏。
② 山西省教育史晋绥边区编写组内蒙古自治区教育史志办公室编:《晋绥革命根据地教育史料选编》,第200页。
③《克服教材的困难》,《抗战日报》,1942年3月26日,第4版。

史》《经济学》《论持久战》《论新阶段》《新民主主义论》,"①这些书给当时在城市的大学生来读,都十分困难,更别说是连字都认不全的农村小学生。

群众要求他的孩子勤劳,能帮助家里生产,听大人话,到学校能学到些实际知识,顶小的希望是孩子送到学校里,他们好安心生产,不用挂心。另一方面,白日班的同学们,每天上午只上一课(约一个钟头),其余的时间就是生产、娱乐。实际上,生产是松懈的,差不多有半年时间是闹哄过去了,一般儿童与家庭生产密切结合是不够的。明显表现在几个较大女同学有些轻视劳动,来学校不好好纺线子,回到家里,不听大人的话,不帮助家里作营生,有时甚至和她的父母顶嘴。……儿童和家庭生产脱离,有些家长这样说:"大女子念了书,连线也不好好纺,识上两个字顶什么,还不如叫纺线训练班。"再从教学内容上看,群众最需要的农村知识(庄户字、生产知识、记变工账、打算盘、开条子等),没作为中心的课材。有名的本村学生变工组,没有被编入课本,二十一课教材中只有四课是属于生产方面的。但也只是着重反映儿童生活,缺少实用的生产知识。读报只是利用机会读一读,秧歌活动也只限于秧歌队本身的集体活动,而没散播变工组里。这些事实说明学校联系群众是不够的,根据群众需要来办学校是不够的。②

另外在管理儿童方面,根据地仍然还存在两种偏向。一种是教员对学生不敢管,放任自流,以致群众评论学校没有一点规矩,学生没有一点礼貌。另一种偏向是把犯错误的儿童交给学生斗争,如灵寿陈庄完小、行唐故郡等校都这样搞过,他们还认为是一

---

① 《敌后杂谈·帮助孩子们》,《新华日报》太岳版,1940年8月11日,第2版。
② 孙晓忠、高明编:《延安乡村建设资料》3,上海:上海大学出版社,2012年,第423页。

个成功的经验。然而这是错误的认识和做法,因为这种做法即便生效,也是暂时的,而且很容易使这个学生不敢再上校,因而失学下去,这是不合乎教育原则的。① 华北抗日根据地学校在执行与生产、社会、家庭、战争相结合的方针时,存在盲目的为结合而结合的现象。为了与生产相结合,使儿童过早参加劳动。为了与战争相结合,而加了军操、打石雷、站岗等等,为了与社会结合,过多地开展社会活动,学校甚至将演剧占了主要时间。为了与政治相结合,有的课堂竟成立思想漫谈,影响学习文化的时间,以致使学生识字很少,甚至因识不到几个字而引起家长和群众的不满。② 某村的秧歌活动中,也犯相同的毛病,偏重校内学生儿童,特别偏重几个较大的女生,年轻的民兵和群众中爱闹红火的不愿吸收。教员思想上,又存在偏爱高才生的观点,认为某某等几个学生总是聪明,那个孩子比不上,所以就处处表露这几个角色,演剧也是他,当小先生也是他,办合作社也是他,甚至在选举模范生时,教员问学生你选谁呀,说到高才生时,老师就给写上,说不到就哼一声。这些高才学生平日不好好纺线子,生活上比别的同学要随便些,教室里乱吵闹,家长要求对孩子严紧一些,学生回家后不帮父母做事情,一吃饭就往学校跑,大人说话他不听,一个学生的父亲这样说:"今年说是发展生产了! 叫受教育了! 年时一天纺四线子。今年四个月也没纺下四两。"③根据地小学在抗战的特殊环境下因经验不足,学生管理存在或过多或过于绵软的问题。但在战争年代,动员社会

---

① 察哈尔省第四行政督察专员公署教育科:《当前小学教育工作上几个问题的商榷》,河北省档案馆藏,档案号:236-1-1-4。
② 晋绥边区二分区:《晋绥边区二分区教育会议决议》(1944年),山西省档案馆藏,档案号:A27-1-5-6。
③ 孙晓忠、高明编:《延安乡村建设资料》3,上海:上海大学出版社,2012年,第423页。

力量参战才是最重要的,抗战胜利才是最重要的目标,所以这种问题出现都是正常情况。

贫童是中国近代社会的一个特殊群体,对中国近代化进程有着重要影响。如上所述,自抗战以来,中共许多抗日根据地不断推出政策、改进工作方法,使得根据地越来越多的贫童接受了不同程度的教育,为许多贫童打下抗战到底和社会革命的思想意识形态基础,使其最终成为完成土地革命、推进中国近代化进程的中坚力量,其影响一直延续至中华人民共和国的建设。中国近代化的一个重要方面便是人的近代化。贫苦儿童从接受义学、族学等传统教育,到被作为重要对象纳入根据地国民教育;从粗识文字,休养人性到渐识民主,学习生产;从渴求入学、限制入学到创造条件要求全部入学,贫童教育有了重大飞跃。注重对贫童的教育是根据地普及儿童教育的重要举措,是儿童教育普及的新努力,是教育史上不可磨灭之笔。共产党在根据地对广大贫童的教育,唤醒了贫童,唤醒了贫童家庭,唤醒了中国最底层的贫苦民众,激发起了广大民众的民族意识,从此,中国的抗战再也不是一个朝廷、一个党的抗战,而是全民抗战。有了民族意识的中国民众,老少齐心,妇孺参战,保卫家国。民众意识到家国是自己的家国,而不是谁家的天下。

第三节　革命的文学与近代儿童

抗战时期中国共产党在华北抗日根据地通过各种形式的文学作品展开儿童教育。儿童接触到的文学按其载体不同,大体可分为民间文学、作家文学和课本文学三种,其内容集中在抗战救国和生产建设两个方面。儿童在接触学习各式文学作品的同时也受到了思想政治、生产生活各方面的教育。在各种文学作品的影响教育下,华北抗日根据地的儿童积极参加抗战,培养起近代化意识,成长为民族国家建构和社会改造的重要力量。

抗战时期,华北抗日儿童可接触到的文学中以民间文学最为直接,以作家文学最具有时代性;文学载体除口头传播之外,还有课本和在根据地出版发行的报纸期刊。抗战期间,大批作家涌入根据地,他们亲历战争,写出了许多反映抗战血与泪、冰与火的文字,这其中不乏以儿童为主人公的文学作品。这些文学作品刊登于共产党在农村创办的重要的报纸期刊,而这些重要的报纸期刊又经常被用来作为补充小学教材缺失的课堂活教材。小学语文课本中所选课文力求贴近儿童生活现实,且和全民抗战的时代背景紧密联系,进而培养儿童爱国爱家的民族意识;课文文体也丰富全面,包括记叙文、散文、说明文、应用文等。从一定程度上说,此时是千百年来农村儿童接触到文人创作文学(报刊刊登文学作品和课本文学作品)最多的时候。民间文学、作家文学、课本文学为全面抗战时期提高儿童思想觉悟、知识文化水平发挥了一定的作用。

一、根据地的民间文学

明清以后私塾教育发达,农村儿童入塾开蒙以《三字经》《百家姓》为主,从某种意义上说,这些蒙学教材是传统时代大多数农村儿童接触到的最多的作家文学作品。然而对于大多数农村儿童来说,能入私塾开蒙已是不易,只有家境殷实的人家才能供孩子读书,通过科举博取功名。因此,陪伴着广大少年儿童成长的文学作品是流传于乡野的民间文学,这些民间文学给儿童以丰富的想象,给短暂的童年留下难忘的回忆,如火如荼的战争也未能阻断民间文学在农村根据地儿童之间口耳相传。

（一）传统民间文学

儿童喜闻乐见的民间文学多以儿歌、故事的形式出现，相较而言，它们比作家文学更为贴近儿童生活，形式简便，朗朗上口。

抗战的硝烟流火没有烧毁中华大地源远流长的精神食粮，在华北根据地，传统民间歌谣仍是儿童依偎在妈妈怀里的乐享。在华北抗日根据地流行较广的传统儿歌有《小耗子》《小姑娘》《菊花开》等。这些儿歌形象通俗，读来朗朗上口，符合儿童阅读欣赏的特点，是儿童特别是低龄儿童的最爱。年龄稍大的儿童更喜欢奇幻的有吸引力的民间故事，如《七仙女》《三打白骨精》《雷峰塔》等。传统民间故事以古代神仙、文化名人为对象，描写场面多是善良战胜邪恶、忠贞得到褒奖、有情终得团圆、聪明智慧解决困难等群众喜闻乐见的内容。

（二）民间抗战文学

除传统体裁儿歌故事外，还有新编的与抗战特殊历史时期、与中共各项活动政策紧密联系的文学作品。山西平定县小河村窦喜祥老人说："抗战一开始他读小学，村里一块儿玩的小孩儿都会说唱当地流行的反对日本人的儿歌"[1]。在华北农村各抗战边区，儿童之间流传着"小孩儿啦！你快起来吧，起来保卫你的家。小孩儿啦！你的家，有爹妈，日本鬼子要来杀。小孩儿啦！要想不被杀，你只有离开妈，打倒日本救国家。小孩儿啦！"[2]"小板凳，两头齐，摆在街上等着你。板凳下，埋地雷，板凳上面放甜梨。鬼子坐，鬼子骑，吃个甜梨崩死你"[3]是流传于山西太行根据地的童谣。冀中

---

[1] 窦喜祥，平定小河村人，1924年生，2013年采访记录。
[2] 李毅整理：《小孩救国歌》，中共涉县县委党史研究室编：《唱响太行 乐说涉县抗战》，石家庄：河北人民出版社，2015年，第180页。
[3] 《小板凳》，山曼编：《中国民间童谣》，济南：明天出版社，2001年，第74页。

根据地童谣《鸡毛信儿俺送去》:"嫂嫂站岗在村西,俺娘灯下做军衣,大姐站上抬担架,鸡毛信儿俺送去。"①这是冀中根据地流传的儿童参加抗日遇紧急时送鸡毛信的童谣。

民间抗战文学应抗战时事而生,生动活泼富有时代精神,口耳相传于农村儿童中。抗战儿歌、故事是特殊时代的特殊产物,它们丰富了民间文学内容。同时,它的流行也丰富了儿童文学。抗战民间文学大多以儿童游戏歌唱形式出现,儿童是传播抗战民间文学的主力军,自然也是受益者。

二、根据地的作家文学

抗战爆发后,集聚于北京、上海等大城市的作家纷纷奔赴革命根据地,接受战火的考验和洗礼,使得原本偏陋的华北农村成了藏龙卧虎之地,许多伟大的作品诞生于此,而这其中,不乏有为儿童创作和以儿童为主人公的文学作品。

(一)作家文学的重要载体——报刊

战争年代,中国农村物质困难是可以想见的,但党却在艰苦的环境中创办了多种刊物。晋察冀有《晋察冀日报》《晋察冀群众报》,晋绥有《抗战日报》《晋西大众报》,太岳《太岳日报》等,各报纸力图实现大众化,在稿件体裁上"突破了以往的社论、评论、消息、通讯、专论、代论、杂感、报告文学、散文、小说等固有体裁,增加了广大群众喜闻乐见的大众化、通俗化的故事、快板、唱词、谜语……"②,这些通俗化的作品正是儿童易于接受和学习的。除了

---

① 《鸡毛信儿俺送去》,山曼编:《中国民间童谣》,济南:明天出版社,2001年,第75页。
② 匡宁:《抗日战争时期中共报刊宣传工作的特点》,《重庆科技学院学报(社会科学版)》,2011年第7期。

通俗文艺作品外,文人小说也常常刊登于报刊,《抗战日报》发表过白嘉的《屯兰川之夜》、效农的《孩子们》等名家文学;丁玲主编的《解放日报》文艺副刊常有歌颂根据地抗战英豪的作品。

除却报纸外,还有很多针对儿童阅读的期刊,延安有《边区儿童》《西北儿童》,晋察冀有《青年与儿童》,山东有《新儿童》《儿童之友》,华中有《江淮儿童》《儿童文娱》,冀中有《新世纪的孩子们》,这遍及各地的革命儿童刊物所刊载的作品中有许多优秀篇章。《西北儿童》是延安革命根据地重要的儿童期刊,以其第5期为例,所选用的文学作品有《春暖花开的时候法西斯强盗想怎么干》《赵南星的故事》《消灭小怪物》《四洋》(神话)、《怎样计算星期》《蝉子和蚂蚁》(译)、《尾巴的故事》《一个母亲的故事》(译)、《科学趣闻》《猪的幸福》《四四特刊》《纪念儿童节要当新少年》《儿童节杂话》《我希望》《春天的早晨》,寒假征文系列有《怎样做一个模范学生》《我怎样过寒假》《我是小八路》《我最好的朋友》;《青年与儿童》是以太行抗日根据地的广大青年儿童为读者对象的综合刊物,以其第5卷第5期为例,唐拓《劳动万岁》教育青年儿童从小要热爱劳动,有巨轮的时事评论《中英中美新约之讨论》,需要青年儿童了解的自然科学常识有李紫的《几十万年以前的人》以及久青的《一粒种子是怎样变成一穗谷子的》,儿童诗歌故事有孟奚的《两条路》和郑笃的小故事《怕过年的人》、赵树理鼓书《闹元宵》以及抗日根据地中小学生作文习作。

《解放日报》《抗战日报》等报纸是作家创作文学的重要阵地,《西北儿童》《青年与儿童》等儿童期刊都有知名作家作品,甚至是有名的翻译文学作品,除此之外,根据地其他综合性的期刊如《西北文艺》等也在农村各根据地、沦陷区和拉锯区小学老师中很受欢迎。

（二）儿童接触作家文学的方式

其一是读报组。民教馆是抗日根据地重要的社会教育机构。晋绥抗日根据地河曲城关民教馆组织群众参加读报识字组，其中有60多名少年儿童参加，他们每日早晚读报两个小时，报纸以《大众报》为主。[①] 除了读新闻外，还读国际舆情、国共抗战成绩比较等。这些新闻通讯报道、抗战英雄故事大多出自前线战地记者和赶赴抗日根据地的作家。农村抗日根据地许多地方都成立了读报小组，读报是根据地儿童教育的重要组成部分。通过读报，"教师注意引导学生关心政治，关心战局，经常举行讲演会、辩论会，讨论会交流思想，同学们课外阅读风气很浓，延安出版的《论持久战》《论新阶段》《解放周报》，晋东南出版的《新华日报》（华北版）及韬奋、艾思奇、矛盾、丁玲、范长江等名家作品，通过牺盟会，能很快传到同学中间，大家如饥似渴地传颂"。[②]

读报是共产党领导的根据地小学儿童学习党的知识、了解社会时事的重要方式。读报活动多少弥补了偏僻地区少年儿童教育水平的不足，也使得在农村报刊极度缺乏的情况下一张报纸抵多张用。报刊报道抗日英雄保家卫国的豪迈与激情、共产党为民服务的各项政策以及重视国民教育以努力唤醒民众的新闻、故事，对儿童的影响很大。

其二是学校课堂的活教材。正如上文所述，华北各抗战边区因经费紧张、战争破坏等原因，小学课堂教材难以正常供应，报刊则成为学生课堂的活教材。中共领导的农村教师"通过编选课外

[①]《晋绥第二分区1944年工作总结报告》，山西省档案馆藏，A27-1-5-5。
[②] 孙觉民：《我所知道的襄陵民高》，临汾地区教育史志编印室编：《临汾地区老解放区教育资料选编》，1986年，第54页。

教材启发学生大量阅读鲁迅、冰心、巴金、矛盾、朱自清等人的文章,教师借题发挥进行了爱国思想教育①"。

在农村根据地肥厚的群众土壤中,在中共要求文学作品通俗化、接近群众的路线指导下,原本高大上的作家文学作品走出了文人圈子,走下了期刊报纸,进入农村根据地小学课堂。在小学教师的筛选、讲解下,在读报组、学习组组织的学习中,作家文学成了儿童学习的活教材。作家文学典型的人物形象、环境背景,让儿童看到别样的生活、敢于牺牲的战士、聪明伶俐的儿童团员、可耻的叛徒、干净健康的孩子等等。他们心里有了追寻的目标,脚步有了行动的方向。这些报刊刊登作品使广大作家和文学创作(当然也包括儿童文学创作)走出了有限的几座大城市,走进了偏僻贫穷的农村,这是现代文学在广袤农村的第一次全面亮相,也是对农村儿童读者的第一次全面亮相。

三、根据地的课本文学

1932年叶圣陶先生在编写《开明国语课本》时强调,小学的教育对象是儿童,国语课本也应该是儿童文学,如此才能激发儿童兴趣,发展儿童智慧。② 中国共产党抗战时期领导编辑的国语教材基本上遵从叶圣陶先生的这个观点,在以抗战为中心的思想指导下,小学国语教材多贴近儿童生活,以大雁、老蛙等根据地儿童熟悉的动物的口吻阐述道理,以儿童生活认知水平编写抗日故事,脱离旧制蒙学教材的样子而带有一定的儿童文学痕迹。国语课是小学必

---

① 杨嘉岭:《曲沃的"抗战学校"》,临汾地区教育史志编印室编:《临汾地区老解放区教育资料选编》,1986年,第50页。
② 叶绍钧编:《开明国语课本》,上海:开明书店,1942年,封底。

修课。就学生而言,他们能接触到最多最直接的文学介质就是国语课本。因此,国语课本中的文学作品对儿童的影响也很大。

(一)国语课本编辑原则

国语教材中文学作品的体裁一般包括诗歌、普通文、实用文、剧本等,其所占分量各年级不一致:"低年级诗歌、故事可平均,诗歌中多用儿歌。中年级故事略多于诗歌兼剧本和实用文。高年级普通文占分量最多,次为实用文,又次为诗歌,剧本最少。"①儿童年龄小,对文学作品接受能力有限,教师在编辑国语课本时也相应考虑了儿童的年龄、心理特点和接受能力。因此低年级的国语课本以韵文为主,高年级的国语课本则倾向于散文了。晋绥边区教员因为考虑到儿童喜欢图画,他们便在课本里插了许多插图。例如其小学课本第一册的50课中,就插了21张图,又由于初念书的儿童喜欢童谣,念起来顺口易记,国语课本第一、二、三册就以韵文为主。大一些的儿童喜欢故事,懂得一些事理,相应的第四、五册就以散文故事为主,如《拾粪竞赛》《列宁和皇帝分家》等课文都被编在课本里②。在1940年晋察冀边区行政委员会印行的初小适用《国语课本》第二册中,《欢迎新同学》《不让鬼子来破坏》《努力春耕》《一切都复活了》《放风筝》《加紧锄奸》《儿童节》《别说我年纪小》《参加儿童团》《拿枪干一场》都是儿歌,只有《国共合作》、《八路军和新四军》(一)、《八路军和新四军》(二)为政治散文。③ 而在1944年出版的晋察冀国语课本第5册中,课文内容涉及抗战宣传、儿童日常生活常识、应用文知识等方面,课文文体也包括故事、寓

---

① 《初小各科教学法》,山西省档案馆藏,档案号:G3-287
② 康崇堂:《黄文若我们如何自编教材》,《晋绥革命根据地教育资料选编》,太原:山西省教育史晋绥边区编写组,1983年,第433页。
③ 晋察冀边区行政委员会:《国语课本》第2册,1940年。

言、科技说明文等。其中,寓言4篇,儿童故事6篇,儿童科技文9篇,宣传抗日的散文5篇,以及1篇应用文(写路条)。①

(二)国语教材文学作品

国语课本编委编辑的教材结合学生年龄,按照教材编辑原则,把握难易程度,选择适当的作品内容。"陕甘宁边区的小学语文教材,直接继承了中央苏区的传统,强调语文教材必须与政治斗争和生产劳动紧密联系。"②华北地区根据地小学教材在编辑时同样秉承了这样的原则,以1940年晋察冀边区行政委员会印行初小适用的《国语课本》第2册和1944年出版的晋察冀国语课本第5册为例,课文内容大体分两个方面:最主要的一方面是宣传抗日思想、鼓舞儿童抗日热情的文章,另一方面是以自然科学和生活常识为主。1940年晋察冀边区行政委员会印行初小适用的《国语课本》第2册课本中有13篇之多是和抗战相关的。1944年出版的晋察冀国语课本第5册中,《妈妈,这是日本货》、《儿童剧团》、《聪明的村长》、《誓死不投降的县长》、《木兰的故事》、《七儿的故事》、《参观白求恩墓碑记》、《募捐慰劳抗日军》(一)、《募捐慰劳抗日军》(二)、《一封慰问信》、《向聂司令员致敬》也是旨在唤起儿童抗日热情的课文;其余《植树节》《从植树节说起》《燕子来了》《美丽的蝴蝶》《蝴蝶的话》,帮助儿童认识自然生物,教给儿童自然常识;《不服从纪律的雁》《十个小朋友》《老蛙的故事》《一个教训》,如同童话故事般的给儿童传授道理,比如服从纪律,小朋友要互相团结等;《夏天好》《打雷了》《灭除蚊蝇》是让儿童认识自然现象。

抗战时期,中共创办的农村小学,因道路封锁、经济困难等原

---

① 晋察冀边区行政委员会:《国语课本》第5册,1944年。
② 李伯棠:《小学语文教材简史》,济南:山东教育出版社,1985年,第83页。

因,教材经常短缺,在沦陷区和拉锯区更是如此。在此情况下,教师结合实际生活自编教材以满足教学需要。自编教材也注重与政治斗争和生产劳动相结合。山西青城县一区小学教师薛子堂结合当时政治形势,自编了许多初小教材,其中一篇是"小三放羊、小二放牛、放羊放牛他们是好朋友",另一篇是"牵牛花,牵牛花,花开像喇叭,喇叭吹得的的达,对准敌人杀杀"。① 山西河曲县城塔小学教员张裕厚为了解决教材困难,根据群众和学生的实际生活,编成儿歌式教材教育学生。例如"下种忙来下种忙,家家户户喜洋洋,各种庄稼及时种,错过季节遭荒年,禾苗怕虫又怕病,下种前夕要精选……","立春雨水修理农具,惊蛰春风送粪出牛,清明谷雨耕地下种,立夏小满种瓜种豆……"②张裕厚还编写了三年级的课文《讲卫生》:"大人娃娃讲卫生,冷饭不能吃,生水切忌饮,房屋院落打扫干净,清洁卫生经常保证,以及四年级的《种田篇》:"春耕时节下种忙,家家户户早起忙,不违农时勤耕作,粒粒入地万担粮。庄稼最怕病虫害,选种调查要得当"。③

国语教材在体裁上包含了寓言、故事等儿童文学的形式,但题材内容单一,抗战题材占据绝大比重,其余也集中在日常生产、生活;国语教材虽注重从儿童认知出发,但教材对儿童意识、儿童心理关注不足。国语课本是在"一切为了革命"的思想指导下编辑的,缺乏对儿童本体的研究,作品不是真正意义上的儿童文学,但有一定的儿童文学特征,也发挥了影响、教育儿童的功能。

---

① 翼城县教育志编辑室:《青城县教育根据地教育概况》,临汾地区教育史志编印室编:《临汾地区老解放区教育资料选编》,1986年,第5页。
② 牛崇辉:《晋绥革命根据地研究》,北京:中国广播电视出版社,1994年,第81页。
③ 王业主编:《河曲县教育志》,太原:山西省新闻出版局,1992年,第42页。

四、文学教育与儿童变迁

传统时代,大人们不承认儿童具有不同于大人的独立性,六七岁以上的儿童被认为与成人没有什么不同。美国学者波兹曼认为16世纪以前的儿童世界是没有分离的童年世界,儿童与成人做同样的游戏,玩同样的玩具,听同样的童话故事。① 波兹曼的描绘也正符合中国封建社会儿童的生活背景。当儿童不能与大人区分时,大人的意志便是儿童的意志,甘罗拜相、曹冲称象、司马光砸缸等故事表达了大人对儿童的殷殷希望。大人们从没刻意想着给儿童创设特别的儿童语境,大人们的语境和儿童的语境是一样的,大人们十分欣喜自己的孩子是个什么都懂的"小大人",更希望他们是个神童,此时的儿童完全是大人意志的附庸。五四时期,一股"儿童本位"的儿童观在大城市流行,这种儿童观到三四十年代即被"配合一切革命斗争"的儿童观所取代。文学史上,"儿童本位"的儿童观在五四时期对广大农村来说是雁过未留痕,共产党开创的革命根据地却将"配合一切革命斗争"的儿童观彻底实践了。此时的儿童经历了封建时代从未有过的身心塑造。在这种塑造中,文学充当了重要角色、发挥了教育作用。

(一)点燃儿童抗日热情,动员儿童参加抗战

华北根据地中国共产党引导改编的儿歌游戏不仅传播了党的方针政策,也教育儿童走进学校、加入儿童团、放哨送信参加抗战。鲜活的儿歌、童谣等民间文学对儿童的塑造是不分贵贱的,即使贫贱难以入学的儿童也能从带有抗战气息的儿歌、故事中感受家国

---

① [美]尼尔·波兹曼,吴燕莛译:《童年的消逝》,桂林:广西师范大学出版社,2004年,第22页。

危难,知晓时事政治。抗战民间文学如同无线电广播一般起到了组织、发动农村广大儿童参加抗战的积极作用,此时农村的儿童特别是根据地儿童表现出了比以往任何时代都更强烈的民族觉醒和爱国情怀。

中共领导的华北农村根据地产生了大批反映我国人民英勇抗战的文学作品,这其中以儿童为主人公、适合儿童阅读的也不在少数。许多外地作家陆续来到华北根据地,他们与本地作家相结合,促进了小说创作的全面繁荣,这其中也有反映儿童生活、表现儿童英勇抗战的作品。李满天的《安元和小保》,表现了根据地小八路的勇敢和机智;陈荒煤的报告文学《童话》,写儿童手持大刀,在用高粱秆搭起的大门前站岗,表现天真活泼的儿童对敌人的无比仇恨;萧红的《孩子的讲演》,描绘了 9 岁战地服务团小勤务员在欢迎会上即席演讲时复杂而可笑的心理感受;王南的《小柱子》,通过对小柱子向八路军战士学习和日本鬼子斗争的描述,表现了根据地儿童逐渐成熟长大的过程。其他的如邵挺军《小洪的故事》、丁玲《孩子们》、蒋弼《多多村》、胡海《侯纥弹和他们的少年队》、卞之琳《放哨的儿童》、施凌散《我们打鬼子》、商展思诗作《游击队里的小鬼》等,都是抗战期间产生于华北农村的代表作。这些作品鼓舞、激励着根据地儿童积极投入抗战之中。

童心是尚未蒙上杂尘的纯净之地。大人写怎样的文学、给儿童看怎样的文学,就是要让儿童认识怎样的人生、形成怎样的观念。这是文学对儿童身心塑造最主要的表现。华北根据地的儿童,特别是广大中、贫农的子女,长至七八岁,正需要入学的时候,也正是能到地里或家里帮忙做活的时候,是小人顶半工,他们是被贫困羁绊的小童。这些贫童的"国语课讲通讯报道和报刊上有关抗日的文章,作文写小传单和讲演稿,日记写日军烧杀抢掠等罪行和我军胜利的消息"①。抗战文学点燃了儿童抗战热情,为抗战培养了大批有生力量。华北根据地的学校教师在地下党的指示下,借机给学生们讲抗战反攻的新形势,传播革命思想,大大鼓舞了学生斗志。

(二)美化儿童心灵,教育儿童纯真向善

民间文学史就是一部民众生活史。民间文学体现了中华民族的性格和智慧,以口耳相传的形式讲述历史文化,传承伦理道德,浸濡了一代又一代的中国人。在抗战时期,根据地儿童受日伪扫荡、教材短缺、家庭劳动等各方面限制,不能经常到校,甚至失学,但是他们仍然时常可以听到民间儿歌、故事。民间文学中生动典型的人物形象、故事情节使儿童初步感知到世间的好人与坏人、正义与邪恶、勤劳与懒惰、智慧与愚笨、快乐与忧伤、有情与冷漠,并且教育儿童学好崇善,爱学向上。民间文学成了儿童缺失的学校教育的有益补充,是共产党在农村进行新文化建设、塑造儿童身心的重要资源。

教师课堂选编的作家文学和课本文学作品给儿童以美的教育,将根据地儿童改造为适应中国近代化发展的、满足新中国建设基本需要的新型儿童。晋绥边区教师在编写教材时十分注意陶冶儿童优良品行。为了克服儿童好说谎话、不讲卫生等坏习惯,他们特意编写了"《好学生》《骗人的牧羊娃》《模范儿童》《爱护公物》《消灭虱子》《剪指甲》等课文"②。《华北文化》革新第 5 期刊登童谣《生产模范》:"鸡子叫,把牛套,俺爹受苦起得早。哥哥背犁任地跑,家

---

① 襄汾县教育志编写组:《襄陵汾东民革高小纪略》,临汾地区教育史志编印室编:《临汾地区老解放区教育资料选编》,1986 年,第 20 页。
② 李伯棠:《小学语文教材简史》,济南:山东教育出版社,1985 年,第 434 页。

里事儿娘管照。嫂嫂脚蹬一张机,大姐纫花供上纬。二姐去地种瓜菜,三姐在家烧汤水。丢下我小狗年纪小,拾粪送饭都干了。不管事儿多多少,齐家老小搞得好,生产模范俺占了。"①这首童谣既是根据地群众努力生产的生动写照,又可培养儿童勤劳争先的优良品德。

中国社会近代化的进程是以人的近代化为重要标志的社会变迁。儿童作为社会变迁的新一代主体,其近代化的过程显得尤为重要。在此过程中,儿童教育具有不可或缺的作用。在抗战时期,中国共产党积极改编民间文学,引导体现时事的抗战文学走进农村,这对农村儿童教育及儿童的近代化进程发挥了重要的作用。根据地儿童由此开始建立起近代民族意识、初识了中国社会的现状,这有利于民族国家的建构和社会的改造。华北农村根据地的文学作品很多带有抗战的内容,有些作品还带有一些近代化的信息,这有利于培养根据地儿童的近代化意识,从而为抗战胜利后乃至新中国成立后中国社会的发展、变迁带来了深远的影响。

第四节　活教材与根据地儿童

中国传统小学教材内容单一,民国后教材逐渐变化,文体美各方面皆有兼顾。华北抗日根据地,经济困难,交通难行,教材匮乏,为解决这一问题,根据地小学教材呈现出从形式到内容的全面变革。在形式上,它不限于课本纸质教材,报纸期刊、戏剧游戏、生活劳动等活教材广泛存在;在内容上,它不限于已编印之课本,报纸期刊刊登的故事、劳动实际所需知识都是教学教材。抗战时期农

---

① 天井:《生产模范》,《华北文化》,1943 年,第 5 期。

村根据地小学之活教材为培养少年儿童参与民族独立战争及新中国建设做出了重要的贡献。

一、小学活教材出现的原因

中国传统小学的实质是文字学,明清后,主要以《三字经》《百家姓》《千字文》等一系列书籍为识字教材。及至晚清和民国初期,颁布新学制,新式小学如雨后春笋般涌现,新的教科书也逐渐脱离旧时小学教材体制呈现出科学体系。小学教材在编辑时注重结合儿童认知实际,配置插图、字帖,大大提高儿童学习兴趣及学习效果。民国政府对教育内容进行改革,初等小学教育科目包括修身、国文、美术、手工、图画、唱歌、体操等,教学内容划分科学,教材也不断编辑,日趋丰富合理。至国民政府时期,小学教材传播民主自由,开启民智,《国会》《宪法》等反映资产阶级民主的课文在小学教材中出现,是民国教材的一个新现象。

另外,民国时期小学教材在形式上也出现质的飞跃。20世纪20年代,陶行知先生提倡电化教育,他用幻灯千字文的形式开展平民教育,这是中国电化教育的开始,由此,中国的教育媒介已不再是完全的纸质媒介。20世纪30年代,金陵大学在京沪、沪杭等铁路沿线为当地中小学放映教学影片,将电化教育手段引入小学,小学教育形式开始多样化。小学电化教育的形式并不止出现在京沪等发达地区,电化教育如刚露角之尖尖小荷也出现在中国一些内陆省份。山西太原清徐南尹校校长回忆其抗战前在南尹校上学情形时说,"为了扩大学生视野增长,学生知识,我上一二年级时,学校借来留声机让学生看机器、听唱片。学生们第一次看到留声机十分高兴,十分稀奇。我上三、四年级时,学校就请了放映电影的来学校放映无声电影,还向村民卖票。学生和村民第一次看到电影和电灯,大开了眼界"。①

小学教材从形式和内容的转变,增多教学形式,拓宽教学内容,对开启儿童思想的作用不可小觑。而不同内容和形式的转变,在抗战时期,在条件异常艰苦的华北农村,也在悄然进行。

抗战时期,日军扫荡根据地,残酷迫害百姓,根据地人民承受着巨大的苦难。1940年,日军进攻山西襄垣县要求士兵明了这次作战的目的,与过去完全相异,乃是在于完全歼灭八路军及八路军根据地内的人民,因此他们规定:"凡是敌人区域内的人,不问男女老幼,应全部杀死,所有房屋,应一律烧毁,所有粮秣,其不能搬运的,亦一律烧毁,锅碗要一律打碎,并要一律埋死或投下毒药"。②另外,各种自然灾害频发,人民生活艰苦,疾病流行,抗日根据地各方面承受了巨大的压力,根据地经济十分贫困。经济贫困,自然无力支持教学,造成教材匮乏。而压迫越深,反抗越巨,根据地呼唤具有政治宣传鼓舞色彩的活教材出现。

抗战时期晋冀鲁豫边区预算支出的重头是军费,占总支出的90%左右,而文教费、行政费、建设费及社会救济费仅占10%③。印刷厂油印教材所需材料严重缺乏,又难以得到根据地财政拨款,并且因根据地用农钞,可在国统区购买任何印刷材料都需要法币,以致许多时候印刷厂工作难以进行。因此,根据地开展小学教育需要的课本教材之类的东西难以正常供给。1940年11月,中共中

---

① 李应修:《南尹校回忆录》,齐岫昆等编:《清徐县教育志》,太原:山西省太原市清徐县教育志编纂组,1989年,第28页。
② 齐武:《一个革命根据地的成长——抗日战争和解放战争时期的晋冀鲁豫边区概况》,北京:人民出版社,1957年,第65页。
③ 戎子和:《晋冀鲁豫边区财政工作片段回忆》,《财政》,1984年第3期。

央宣传部颁发的《关于各抗日根据地小学教育的指示》中提出：1. 课程内容包含初级普通教育必需的关于自然、社会、劳作之知识、技能及学习方法。2. 初级小学的课程，国语、算术、唱歌、运动为必须课目，国语以 1 项规定的自然、社会及劳作为主要内容。3. 高级小学课程：以国语、公民、常识、算术、自然、史地、唱歌、运动为主要科目，辅以时事政治教育。① 学校实施教育，培养儿童全面发展，但农村条件艰苦，战乱不断，没有能力和条件保证学生书本资料齐全。1940 年，晋绥边区集最大的人力物力油印儿童课本，其成绩如下表 2-10 所示。

表 2-10 1940 年晋绥区教材统计表

名　称	份数	版数	字数
国语一册	600	24	1 200
国语二册	600	24	1 300
国语三册	300	26	3 000
国语四册	600	28	4 000
冬学政治课本提纲	150	5	2 000
冬学课本	150	6	1 000
反投降妥协大纲	500	5	8 000
粉碎三光政策	500	5	14 000
新教育建设实施	500	13	33 600
普通教学法	300	7	19 600
儿童管理训导	300	7	19 600
敌区教育	150	5	14 000
冬学讲授大纲	200	6	16 800
政治课提纲	200	6	16 000

资料来源：谢玉田主编：《晋绥革命根据地教育史资料选编》（一），山西省教育史晋绥边区编写组、内蒙古自治区教育史志办公室编，1987 年，第 13 页。

---

① 山西省教育志编审委员会，内蒙古自治区教育志办公室：《晋绥革命根据地教育简史》一、二讨论稿，内部资料，第 7—12 页。

这些教材,共计14种,有5 050份,178版,153 500字。1940年晋绥边区教育工作总结教育成绩,曾称"由于教材的迫切需要,动员所有力量油印各种样本,……共计14种5 050份,178版,153 500字",而晋绥边区1940年共有教员2 163人,在校学龄儿童74 959人①,七万多的学龄儿童,相较边区集中最大力量所油印的屈指可数的教材,可以说是杯水车薪了。

1940年冬不完全统计,只以三种课本计算即共需280 000本,"现在已经印出的虽还不及一万本,但虽然每一种发到学校去的还仅仅是样本,甚至几个学校只供有一本样本,虽然这与需要说来相差太多,虽然还有好些课本样本也还没有发出,但无疑这一批批发出的课本都变成了每个教员手中有力的武器,也是儿童学习的唯一工具,据我们得到的材料,教师同志们大都辛勤地为小学生抄课本,目前只要有他们可以抄而且应该抄的课本给他们见面,在统一教材上也是具有实际意义的重要步骤。"②虽然教师学生们条件艰苦,仍然坚持学习的精神可嘉,但我们从中可看出根据地教材缺乏之程度。随着抗战发展,华北抗日根据地面积不断扩大,以及其各方面的优待教育政策,根据地内学龄儿童不断增加,本来就缺少的课本越发显得不够了。为此潞城抗日县政府县长傅甲三1943年1月4日向张专员请示:"我县在从蚕食斗争后摧毁多村维持会,根据地村庄增加,很多学校亦随之增加,在群运中群众较前觉悟程度高涨,纷纷送儿童入校。全县所有学校村庄实到校学龄儿童平均占学龄儿童的80%以上,课本缺乏是影响学校教育进度的一大问

---

① 谢玉田主编:《晋绥革命根据地教育史资料选编》(一),山西省教育史晋绥边区编写组、内蒙古自治区教育史志办公室,1987年,第193—194页。
② 谢玉田主编:《晋绥革命根据地教育史资料选编》(一),山西省教育史晋绥边区编写组、内蒙古自治区教育史志办公室,1987年,第214页。

题。请予代购课本一批,以便教育顺利前进为祷。"①如此情况下,根据地小学利用他物作为教材是其必然之选了。1940年边区行署曾编印过初小国语、常识等四种课本。1941年以后基本以陕甘宁边区小学课本为蓝本,为方便教学编印一些参考资料。从1940年到1944年,晋绥边区行署翻印小学课本38种,编印教员参考资料28种,总共14.6836万册,分发各行署、各县再次翻印,供全边区各学校使用。另外,又从《抗战日报》《大众报》上选用了边区经济建设、对敌斗争、生产拥军等方面的文章对学生进行思想政治教育②。

另外,抗日战争是全体中国人民包括少年儿童在内同日军法西斯打的一场持久战,同时中国共产党还面临着如何反对"消极抗日,积极反共"的反动势力,面临着如何巩固抗日根据地、如何改善根据地百姓生活、如何提高百姓抗日积极性、如何扫除文盲兴办教育的艰巨任务,完成这一系列任务都需要进行政治宣传。报纸、期刊等一系列教材的引入,正好对完成这一任务有所助益。根据地政府也很好地认识到政治宣传的重要性,并且将政治宣传广泛地深入到小学当中,政治宣传是小学教学的重要内容。晋察冀边区教学内容中,政治方面占60%强,主要是宣传抗日方面的内容。③各学校还安排相应的课程,"每日上课是算术、新闻、新千字文、战时读本及宣传要项,以上之课是要使儿童明了其意义,并要使儿童

---

① 潞城县政府:《关于代购小学课本的请示》,山西省档案馆藏,68-3-10-7。
②《抗战时期晋绥边区国民教育综述》,牛崇辉:《晋绥革命根据地研究》,北京:中国广播电视出版社,1994年,第80页。
③ 李公朴:《华北敌后——晋察冀》,北京:生活·读书·新知三联书店,1979年,第158页。

随时回答"①。

报纸刊登记载中国人民的抗日壮举,是对中国人民英勇抗战的现时报道。戏剧演讲等以其独特的艺术感染力,可瞬间唤起儿童参与抗战的热情。儿童劳动实践、站岗放哨、纺纱拾粪更是亲身参与抗战的过程。总之,华北抗日根据地小学教育需要具有政治宣传作用的活教材。

二、小学活教材之形式与内容

（一）活教材之形式

华北根据地小学活教材形式多样,且主要有三种表现形式,即应用于课堂教学的纸质活教材,应用于学校课外活动的艺术活教材和应用于家校相结合的生活实践活教材。在晋绥边区兴县胡家沟,初期冬学办得不是很好,起初虽有七八十个少年儿童上学,但后来却减少至20多个,并且上学人数还在继续下降,眼看冬学就要垮台了。为鼓舞儿童入学,根据地的同志发明组织军民秧歌队,这样一下20多个青少年儿童都被秧歌队吸引了。他们每天扭秧歌、教唱歌、打家具。后来参加了蔡家崖和城关的公演,博得群众的好评,孩子们的兴趣这样就保持下来。②"……大儿童白天下地生产,晚上来学校闹红火,读报识字,教员和他们相处很好。他们和白天上学的30多个小儿童,都会扭会唱。教的课本,是教员每天编的,一般颇能适合学生要求。编制上是大儿童和小儿童的混合编法。教学方法是程度高的教程度低的,青少年们程度较高些,教员讲的课也深刻些,他们除娱乐活动外最喜欢算术。……白天

---

① 李凤珠:《关于鹞子坡村学校教员教育工作的报告》,山西省档案馆,68-6-14-5。
② 孙晓忠、高明编:《延安乡村建设资料》3,上海:上海大学出版社,2012年,第421页。

上学的儿童是上午学习,下午娱乐、扫硝、纺线子,生活得很美气。我们抓住青少年儿童的文化娱乐要求了,并且善于组织他们的学习生活,和他们打成一片。"① 这些活教材在儿童生活中并不单一存在,而是交错的伴随着根据地少年儿童的学习生活。多种活教材丰富了儿童生活,提高了儿童觉悟,锻炼了儿童能力,是华北根据地对儿童进行教育的重要介质。

1. 课堂教学,纸质活教材

报刊是华北抗日根据地小学课堂经常用到的纸质活教材。共产党领导的抗日根据地,为保证正确的政治舆论引导,鼓舞根据地人民的抗战热情,大力倡导"全党办报,群众办报"的路线,促进普通群众与新闻媒体的联结。华北农村各抗日根据地,虽然办报条件艰苦,仍有许多报纸不断涌现。晋察冀有《晋察冀日报》《晋察冀群众报》,晋绥有《抗战日报》《晋西大众报》,太岳《太岳日报》等。这些报刊有许多被根据地小学选为教材,"当前各地小学教材,除翻印和编印的课程外,另从《抗战日报》《大众报》上选择采用,如各校公民课是采取报纸上关于边区建设工作、对敌斗争和生产拥军各方面的材料,通过这些实际材料进行思想教育。"② 这些报纸在传播民主思想、报道抗战时事的同时,也逐渐变成根据地小学的活教材。而这其中《大众报》在小学尤受欢迎,经常被作为学校教材。另外许多时候因课本缺乏,学校一学年中只有几本国语样本,老师就"今天讲一段《大众报》上的短文,明天讲一段时事……常识课没有课本,又很难编,还是在《大众报》上选一些小常识和消息讲一

---

① 孙晓忠、高明编:《延安乡村建设资料》3,上海:上海大学出版社,2012年,第421页。
②《晋绥边区国民教育概况》,牛崇辉:《晋绥革命根据地研究》,北京:中国广播电视出版社,1994年,第211页。

讲,……"①晋绥革命根据地所用教材的来源是多方面的,其中从《抗战日报》《边区群众报》《晋西大众报》上取材最多。根据地老师都认为报纸就是最好的活的教科书,学生们也把报纸当成他们经常的伴侣了。②晋绥根据地的任何一处小学都希望能够征订到《抗战日报》和《晋西大众报》,这些报纸可谓是他们了解外面的唯一渠道,订不上不了解时局则难以教育学生,这使他们"苦闷死了"。③《大众报》《抗战日报》等报具有通俗化、口语化的特点,通俗易懂,很适合年龄较小的小学生使用,难怪教员们也把它认为是最好的活的教科书了。

课堂上的活教材,也引起学生的学习兴趣,学生们都喜欢读它。大家通过结成读报小组,以互助读报的方式学习知识,了解时事,提高觉悟。"因为它通俗,大家读得懂,它给了我们许多知识,老师告诉我们每个人都应该读报,因为报纸是现实的材料,可是,我们怎样读《太岳日报》呢?原来是教员来读的,后来觉得这样读不××,就经过学生们的讨论,成立了许多读报小组,八九个人编在一起,一个小组公推一个小组长,几个小组长事先按组分了工,有的读地方版,有的读国际版,有的读社论版,有的读'太岳风光'等,报纸来了,小组长先开会,各自报告自己负责的一栏,然后大家交换意见。"④

在期刊用作小学教材方面,《青年与儿童》较为突出。1939 年

---

① 《克服教材的困难》,《抗战日报》,1942 年 3 月 26 日,第 4 版。
② 谢玉田主编:《晋绥革命根据地教育史资料选编》(一),山西省教育史晋绥边区编写组、内蒙古自治区教育史志办公室,1987 年,第 424 页。
③ 《活跃的小学生》,共青团山西省委、山西省档案馆《山西青年运动历史资料晋绥革命根据地分册》第二辑,1986 年,第 310 页。
④ 刘峰浩:《我们怎样读太岳日报》,《太岳日报》,1941 年 6 月 6 日,第 2 版。

11月《青年与儿童》创刊,由中共北方局青年工作委员会主办,《青年与儿童》编辑委员会编辑,撰稿编辑是孟奂、杨俊、郑笃等人。华北新华书店出版,于晋东南地区,它以太行抗日根据地的青少年为读者,内容涉及政治、军事、时政、自然、文艺、美术、游戏等方面,《青年与儿童》解释了当下的政治和形势,研究青年和儿童的工作,对根据地青年儿童工作提供指导,并发表各种相关青年与儿童生活的文章,刊登戏剧、诗歌、游戏等材料,以期帮助青年与儿童健康成长。

《青年与儿童》为月刊,历经石印、油印、铅印等多种印刷方式,其开头两期是石印,后改以油印和铅印。铅印所用的麻头纸和黑油墨是《新华日报》(华北版)经理部部长(后为华北新华书店总经理)王显周克服困难,打破敌人封锁,和干部、工人结合研究技术,用土法在自设的工厂里制造的。① 期刊印刷质量上乘,根据青年儿童特点独具特色,其图画众多,有套色的封面,有故事画、配诗画,有些文章配有插图,文章的标题都用题头画、美术字作了装饰。②《青年与儿童》杂志的发行工作是由北方局发送内部机密文件的交通科科长郑思远代办的,由交通班老交通员定期挑着担子配送,大约四五天送一趟,其主要发行地区为太行区、太岳区,其次是冀南区、冀鲁豫区,发行量最少时有 500 份,最多时发行三四千份,是太行根据地发行量最多的杂志之一。③ 在期刊上经常可以看到讲述

---

① 杨俊:《回忆〈青年与儿童〉杂志》,赵健主编:《太行山抗日儿童团故事》,太原:山西人民出版社,1999 年版,第 324 页。
② 杨俊:《回忆〈青年与儿童〉杂志》,赵健主编:《太行山抗日儿童团故事》,太原:山西人民出版社,1999 年版,第 324 页。
③ 杨俊:《回忆〈青年与儿童〉杂志》,赵健主编:《太行山抗日儿童团故事》,太原:山西人民出版社,1999 年版,第 325—326 页。

红军和革命先烈战斗故事的文章,另外一些小短文,主要针对动员青年和儿童的需要,很有感染力和鼓动性。太行根据地小学教员喜用《青年与儿童》做教材,1943年太岳行署牛主任在致边区政府教育厅长的信中更是言明《青年与儿童》太岳区需要800份①。可见《青年与儿童》在小学应用之广泛。除了《青年与儿童》,华北抗日根据地还有很多专门针对少年儿童的报刊,《教育阵地》《教育生活》等发行量大,覆盖面广,是根据地少年儿童学习提高的良友。及至1942年,晋察冀边区年青少年儿童刊物小报大约有20余种,读物百余种,②整个华北抗日根据地少年儿童的报刊读物就更多了。

2. 课外教学,艺术活教材

华北抗日根据地小学为克服教材缺乏之困难,为充分调动学生学习热情,点燃学生民族意识,鼓舞学生抗战热情,在教材形式选择上,努力突破纸质教材的拘囿,创造出了戏剧、演讲、游戏等形式多样的活教材。这其中,戏剧表演是艺术活教材较为普遍的形式。戏剧具有启迪国民精神,培养健全人格的作用,众多根据地小学成立儿童剧团,宣传演出,正是为了启迪少年儿童之国民精神,培养他们健全的人格,因此,华北抗日根据地许多学校都有自己的儿童剧团。

由于敌人对学校教育设施的摧毁,许多儿童失学,一些比较进步的农村小学教师组织农村儿童剧团,一方面组织他们学习文化,同时让他们担负一些战时宣传任务。后来这些儿童剧团不断发

---

① 冯毅主编:《太岳革命根据地教育资料选编》,山西省教育志编审委员会,内部编印,1986年,第52页。
② 晋察冀分局青委:《关于晋察冀四年来青年工作的报告》,共青团中央青运史工作指导委员会:《中国青年运动历史资料》第16集,北京:中国青年出版社,2002年,第20页。

展,有的被军队和政府部门接收成为其所属的剧团或宣传队,也有的成为专业剧团的儿童演出队①。晋绥边区,兴县二区一些村庄的儿童,在抗日剧团的帮助下成立了儿童剧社、歌咏队,石岭子高家村的儿童曾演出《兄妹开荒》《儿童放哨》等剧本,他们的演出得到了观众的称赞②。晋南地区,临汾"一、二、三高师生,还利用空隙时间排练节目,在北侯、乔李、王村一带演出十几场"③。1944 年山西清徐南尹村校长为活跃学校生活,"曾把南尹村的自乐班的乐器搬到学校里搞清唱,组织学生演出自编的话剧《不识字的害处》、女生表演唱《暖和的太阳》。"④冬天是农村最闲暇的时候,儿童剧团就抓紧这个时候编演戏剧。临县兔坂中心小学为了在冬季开展农村剧运,9 月下旬曾开办儿童演员训练班,7 个小学的 26 个人参加训练班,大家半个月学会了《大家好》《变工好》两个剧和《保卫秋收》等几首歌曲。儿童在兔坂演出的《大家好》,受到观众的称赞。10 月 12 日,儿童们高兴地返回原校⑤。

在根据地利用文艺形式宣传抗日,是当时学校和师生的重要任务,为此各小学成立有业余剧团、学生剧团和宣传队,每当需要政治工作宣传时他们都是重要的力量。学生剧团很受群众欢迎,配合政府中心工作起了很大的宣传作用。开展了拥军优属、运送

---

① 王震东等:《晋冀鲁豫边区文艺史》,济南:山东文化音像出版社,1999 年,第 101 页。
② 共青团山西省委:《山西青年运动历史资料》晋绥革命根据地分册,第 3 辑,1986 年,第 62 页。
③ 临汾市教育志编辑室:《临汾县老解放区教育概况》,临汾地区教育史志编印室编:《临汾地区老解放区教育资料选编》,1986 年,第 12 页。
④ 戎子和:《晋冀鲁豫边区财政工作片段回忆》,《财政》,1984 年,第 3 期。
⑤《临县兔坂小学训练儿童演剧》,共青团山西省委:《山西青年运动历史资料》晋绥革命根据地分册,第 3 辑,内部发行,1986 年,第 66 页。

公粮、破坏敌人交通等工作。① 百团大战、村选运动、反蚕食斗争、防奸自卫运动,各小学业余剧团、学生剧团都参加了演出,从而鼓舞了人民的抗日热情。另外,根据地小学还会自发组织戏剧表演,内容多是现代文明戏,富有鼓舞性和感染力。

学校各种形式的儿童戏剧团体不同于社会戏班,因其是不以营利和娱乐为目的的。根据地小学以戏剧为活教材,儿童从一幕幕富有感染力的戏剧中提升了国民精神,提高了抗日热情,认识了社会阶级。小学生组织的剧团很受群众的欢迎,每次约有上百人甚至数千人观看,在教育群众开展武装动员和春耕等工作上都起了作用。② 抗日根据地政府明白社会舆论之作用,而剧演是直接有效地创造舆论、集聚舆论、爆炸舆论的有力武器,因此,他们逐渐动员、引导儿童参与社会舆论。根据地政府通过剧团宣传,当然包括重要的学校儿童剧团,掌握了抗日根据地文化的主导权,推动了根据地社会改造工作的深入开展。

除了小学组建的剧团,根据地不少地区也组建了自己的革命儿童剧团,他们大都以儿童为主要演员,演的剧目也是反映儿童英雄或鼓励儿童进步的剧目。在晋西北临县、临南、离石、河保、文水、交城、静乐、岚县、兴县等地就成立了45个儿童剧团,而离石一个县就成立了22个儿童剧团。③ 由于在宣传对象上儿童的人数不少,所以晋冀鲁豫边区专门为儿童而创作的剧作在当时的边区应运而生。较为著名的有火星剧团的《小英雄》、太行山剧团的《五

---

① 临汾地区教育史志编辑室编印:《临汾地区老解放区教育资料选编》,1986年,第39页。
② 《活跃的小学生》,共青团山西省委、山西省档案馆:《山西青年运动历史资料》晋绥革命根据地分册第二辑,1986年,第347页。
③ 于今:《一年来晋西北的儿童工作》,共青团中央青运史工作指导委员会:《中国青年运动历史资料15》,北京:中国青年出版社,2002年,第511页。

儿》等儿童剧,都是剧团自编自演的较优秀的剧目。赵品三和伊林可称是儿童剧作的开路先锋,赵品三创作了《两块石头》,发表在《青年与儿童》的定期刊物上。伊林的《孩子们》,为前方鲁艺编委会出版的丛书之一。《两块石头》反映的是根据地的儿童生活,《孩子们》则展示了敌占区儿童生活,一般的儿童剧团都喜欢演出这两个剧目①。战前战后每一件大事必有剧团活跃的身影,在华北地区根据地一般剧团中也少不了少年儿童的身影,辽县有剧团30个,黎城有28个,儿童均为当中主力。晋察冀北岳区及冀中区的大村几乎都单独或村民联合建立有歌舞队,青少年儿童是队伍的主角,②黎城路垒村剧团儿童单独能演剧7个,唱歌80多个。③

儿童剧团是根据地文化运动开展的重要推动力量,是推动农村文化娱乐活动的主要桥梁。儿童剧团在各地广泛的建立起来后,这些儿童剧团的孩子们都能唱几首革命歌曲,跳简单的舞,很受群众热烈的欢迎。抗战歌曲也是宣传动员儿童的良好介质,因为对儿童来说,在一切宣传鼓动手段中最为适宜的活动,是大唱抗战歌曲。通过歌声,宣传抗战,感染群众,就成为儿童团的重要工作之一。1938年冀西儿童团学习唱能够揭露日军侵华阴谋反对不抵抗主义的歌曲包括《高粱叶子青又青》《流亡三部曲》,学习奋起抗战的歌曲《牺牲已到最后关头》《义勇军进行曲》《大刀进行曲》等

---

① 王震东等:《晋冀鲁豫边区文艺史》,济南:山东文化音像出版社,1999年,第105页。
② 晋察冀分局青委:《关于晋察冀四年来青年工作的报告》,共青团中央青运史工作指导委员会:《中国青年运动历史资料》第16集,北京:中国青年出版社,2002年,第20页。
③《晋冀鲁豫太北区儿童工作》,共青团中央青运史工作指导委员会:《中国青年运动历史资料》第16集,北京:中国青年出版社,2002年,第46页。

等。① 儿童学习传唱的抗战歌曲不仅教育了自己,他们的童声童气还特别具有感染力和鼓舞性。

在太行山上

红日照遍了东方,自由之神在纵情歌唱,看吧!千山万壑,铜壁铁墙,抗日的烽火。燃烧在太行山上,太行山上,气焰千万丈,千万丈。听吧!母亲叫儿打东洋,妻子送郎上战场,上战场。我们在太行山上,我们在太行山上,山高林又密,兵强马又壮,马又壮。敌人从那里进攻,我们就要他在那里灭亡,敌人从那里进攻,我们就要他在那里灭亡!灭亡!灭亡!

太行边区儿童团之歌

春天里,春风吹,花开草长蝴蝶飞,大街上,哨子吹,儿童团要开大会。

夏天里,麦穗黄,保卫麦收兵马强,山顶上,小河旁,站岗放哨儿童团。

秋天里,忙打粮,粮食充足兵马壮,胡桃肥,柿子红,人人爱我小儿童。

冬天里,河水冻,上冬学是好儿童,边区好,边区强,我爱边区像爹娘。

儿童团放哨歌

手拿长梭镖,臂戴红袖章,站在山坳口,站在大路旁,眼睛望得远,耳朵听得清,坏人要是敢溜进来,嘿!儿童团的梭镖不留情不留情!

---

① 庞然:《冀西春蕾——忆抗日战争年代的冀西儿童团》,赵健主编:《太行山抗日儿童团故事》,太原:山西人民出版社,1999年版,第301页。

手拿长梭镖,臂戴红袖章,站在山坳口,站在大路旁,从前放牛娃,今天上学校,下了课就放哨,嘿!个个都是红色的小英豪小英豪!

资料来源:赵健主编:《太行山抗日儿童团故事》,山西史志研究院,1999年,第284—285页。

祝捷歌

你快来听,你快来瞧,这捷报,把敌人都打垮了。打垮了,在黄土岭,在陈庄,

在阜平城,在银坊。这胜利真呱呱叫,这胜利真呱呱叫。这些光辉胜利,这些伟大战,都是军队和老百姓的荣誉。

破交歌

二月里来呀月儿上树梢,背起那炸药扛起锹镐,离开村庄去破坏铁路,免得日本鬼子运兵来杀烧。

小日本

小日本,太可恨,又放火,又杀人,烧了多少小娃娃的家,杀了多少小娃娃的爸,杀了多少小娃娃的妈,还要来捉小娃娃,可恨可恨太可恨,我们要去打日本!

资料来源:丹琳:《寻访儿童团战友》,北京:中国文联出版公司,2008年。

边区儿童

四月里开杏花,边区的儿童高唱啦,风不怕雨也不怕,自心好比钢铁打钢铁打!

四月里开杏花,边区的儿童动手啦,年纪小志气大,咱们这个新中华新中华!

儿童节歌

哈哈哈谁说我们年纪小,我们有枪也有刀,站岗放哨汉奸

一个也逃不了逃不了。

哈哈哈谁说我们年纪小,边识字来边放哨,救国责任我们小肩膀也要挑也要挑。

哈哈哈谁说我们年纪小,高举小小铁拳头,抗战建国我们要为国建功劳建功劳。

哈哈哈四四光荣日子到,起来全国小同胞,努力努力做新中国的小英豪小英豪。

资料来源:晋察冀日报史研究会编:《晋察冀根据地歌曲选》,出版社不详,1997年第2—3页。

3. 生活教学,实践活教材

马克思主义教育观要求教育应与劳动相结合,在学习之余劳动,边劳动边学习。陶行知生活教育思想认为教育只有通过生活才能产生作用并真正成为教育。生活教育是以生活为中心的教育,生活与教育是一个现象的两个名称,就好比一个人的小名与学名。① 他强调"行是知之始,知是行之成"。中共领导下的抗日根据地国民教育是学习与生产劳动相结合的教育。因此根据地各小学都增加了生产知识的课程,在实际生产中进行教学。华北抗日根据地小学强调儿童要参与劳动,要注重实践,与陶行知先生活教育思想可谓不谋而合。

晋绥边区神府县盘塘中心小学有一亩棉花地,学校除了正常的文化课之外还有种棉花和种菜两门课,引导学生从实际中学习种棉花的方法,②离东县小神头"小学生扫硝100斤,武委合作社给

---

① 徐莹晖、王文岭编:《陶行知论生活教育》,成都:四川教育出版社,2010年,第70页。
② 《神府小学教育大改进在实际中进行教学使学校与家庭社会密切结合》,《抗战日报》,1944年5月27日第2版。

了100元钱和1斤盐,教员以此为活教材,给学生讲解熬硝、熬盐、造地雷以及抗击日寇的有关常识"。① 以生活为活教材不仅体现在熬硝、熬盐、造地雷等大事件上,更为常见易行的是以日常生活为活教材。保德县袁家里小学教员郭振智,在教学生识字时,先把碗字写在黑板上,再拿实物碗来对照辨认,然后再给学生说明碗的制作过程。他这样的教学方式既不死板,学生又记得牢,使学生懂得了劳动人民创造世界的真理,增强了学生的劳动观念。② 以生活为教材,以生活中所用的东西为教材教学,是根据地小学教学的特色,而这个特色也是适应根据地学生家长需要的。孟阳李庄小学教师李省成,在农忙时为了让儿童更多的帮助家庭生产,又不误识字,创造街头教学和田野教学两种办法:秋收时或播种时,村上特别忙,儿童差不多都要下地,他每天早起,老早就站在街口,等着从街口路过的学生,教给他们三两个应用的字。等天到半晌的时候,他就和两个值日的儿童,抬上开水到野外做活的人多的地方,吹哨子集合大家喝水,在喝水时,一边检查在街口学的字是否学会了,一边再教新的生字,大家都想喝水,集合得很快,不少成年人也随着儿童来喝水认字。③ 定唐杨×屯村小学教师王友人,教学生识字有自己的心得和办法,春天时他让学生脱了很多没有孔的泥钱,晒干后在上面写上学习的字,按照玩棋的办法,即相同的棋子可以互相吃,这家出了那家没有的,就得出别的棋子,如这家出了"八路军"三个字,你只有两个或一个字,只有"八"或只有"路军"两个字,就要出棋子。他还发明了用这些棋子来造句,如果一家出的是"老

---

① 牛崇辉:《晋绥革命根据地研究》,北京:中国广播电视出版社,1994年,第81页。
② 牛崇辉:《晋绥革命根据地研究》,北京:中国广播电视出版社,1994年,第81页。
③ 徐子欣:《在街头田野教识字》,《教育阵地》,第5卷第2期。

婆婆",那家便可以出"纺棉花"或者"搬纺车"等,儿童们不但学习了字还有很高的学习兴趣。①

华北抗日根据地小学开展生产运动,各地小学师生均亲身参加了生产劳动,如种地、纺线等,配合生产技术的讲授,进行了实际教学,生产课程成为活动课程的内容,在生产中学习自然常识,以启发锻炼学生的劳动观念。小学的国语课增加了应用文,写路条、通知、契约、信、记账等实用知识,算术课增加了珠算,教以简单的加减法,这是在实际生活中有用。受民众喜欢的教学内容。1944年根据地小学推行"民办公助"的方针政策,更是对以生活实践为活教材的重要实践。小学民办的方针,就是让老百姓按其需要来办学校教育自己的子女,以彻底变革过去的国民小学脱离社会实际生活、脱离广大群众的恶劣传统。这样的方针政策,也是非常贴合陶行知"生活即教育",推行大众教育的理论的。从此,小学教学内容更接近贫困农民生活,他们在算术课中加入珠算,在国语课中学习写路条、写契约,这些知识都是现实生活所需,因此吸引了大量儿童入学。

抗日根据地以生活实践为活教材教授学生和生活、战争相关的活知识,寓教于儿童实践活动中,这是儿童工作方针的主要之点。儿童站岗放哨,捉汉奸,侦察敌情,传递情报,把学习、教育同参加抗日武装斗争相结合,放牧、拾粪、捡杂草、种树等同生产劳动相结合。儿童实践活动中,萌生了民族自尊心,体会到劳动的艰辛和收获的快乐。

(二)活教材之内容

1. 抗日救国,民族存亡

华北抗日根据地学校经常从报纸上选用有关边区经济建设、

---

① 《泥钱识字》,《教育阵地》,第5卷第2期。

对敌斗争、生产拥军等方面的文章对学生进行思想政治教育。《太岳日报》是太岳区小学的重要教材,"临汾青城二高①除开设国语、算术、历史、地理等课外,还有一门建设课,即政治课,以《太岳日报》的重要文章为教材,向学生进行政治形势教育"②,除《晋西大众报》《太岳日报》外,还有许多重要的有教育意义的报纸在根据地流行,当地小学教师在条件允许的情况下,经常把上面有教育意义的文章作为教材给学生讲解。山西清徐县青年教师孟鲁青1945年春第二次调回西谷,他给学生讲课时公开批驳敌伪教材。"语文教材选用进步作家的文章,历史课干脆甩开课本,给学生分析当时国内外形势,揭露日军侵华罪行和国民党不抵抗妥协投降的可耻行径。他每天下午都将边区政府发给学校的书报发给学生传阅。日本投降之际,革命报刊源源从山区传到了学校。《晋绥日报》《新华日报》《大众日报》《中国社会各阶级的分析》《新民主主义论》《湖南农民运动考察报告》《论敌后战场》《论公产党员的修养》等书报,同学们如饥似渴,争相阅读。"③小学教师使用为抗战服务而编写的新教材,和从《抗战日报》上选编来的补充教材,以激发学生的民族自尊心、自信心,让他们懂得抗日救亡的道理,树立抗日战争的最后胜利一定是自己的信念。如"小学初年级课文中有'血!血!中国人民流的血!火!火!东洋鬼子放的火!''枪榴弹威力大,打出去,头朝下,四十八块空中炸,看你敌人怕不怕!'这些课文,既学了

---

① 此处"二高"是指第二高级小学。
② 李思远主编:《临汾地区老解放区教育资料选编》,临汾:临汾地区教育史志编印室编,第4页。
③ 李应修:《南尹校回忆录》,齐岬昆等编:《清徐县教育志》,太原:山西省太原市清徐县教育志编纂组1989年,第26页。

文化又在小学生的心灵中燃起了抗日的怒火和胜利的信心。"①利用活教材对学生进行爱国教育的情况在根据地小学各个学科都存在,"国语、历史、地理等教材也和形势紧密结合,国语课讲通讯报道和报刊上有关抗日的文章,作文写小传单、讲演稿,日记写日军烧杀抢掠等罪行和我军胜利的消息。历史课讲日本侵华史和近百年来各种不平等的条约。地理课讲日军侵占的我国各个省市的政治、经济及文化地位,讲我根据地及各大战役的位置等,总的精神是寓思想政治教育于文化课中。"②

2. 识文断字

抗战初期的华北抗日革命根据地,十人九盲。晋西北是文化落后地区,是中国文化荒原之一,文盲占人口总数的90%左右,如临县占95%,保德占83%③,地方豪绅利用文字工具在租赁买卖契约上欺诈百姓,百姓吃够了苦头,因此在许多百姓的心中,读书的第一要务是识字,他们经常把读书识字并读,所谓"读书识字""识字读书",百姓送子弟入学的初衷也是希望他们多识字,不要再吃不识字的亏。根据地小学以此为出发点,努力克服教材短缺的困难,为动员全民抗战,积极以活教材的形式教育学生,这些活教材不仅让学生知书识字,也灌输给根据地儿童爱国爱家的民族观、家国观。

---

① 康少钧:《火热的生活难忘的岁月》,谢玉田主编:《晋绥革命根据地教育史资料选编》(二),山西省教育史晋绥边区编写组、内蒙古自治区教育史志办公室,1987年,第328页。
② 襄汾县教育志编写组《襄陵汾东民革高小纪略》,李思远主编:《临汾地区老解放区教育资料选编》,临汾:临汾地区教育史志编印室编,1986年,第20页。
③ 谢玉田主编:《晋绥革命根据地教育史资料选编》(一),山西省教育史晋绥边区编写组、内蒙古自治区教育史志办公室,1987年,第185页。

华北抗日根据地入小学读书的儿童,每日上课学习算术、新闻千字文和战时读本等,所谓新闻千字文即是根据地采用新闻材料编写的识字教材。而对于有困难不能到校上课之儿童,小学教员还会组织以夜校、小先生等多种形式的识字班、识字组,识字教员是由各组长轮流担任,教路条、护照等日常运用的字,经过一个多月的学习,学习好的能认识三十多个字……①。根据地人民希望自己的子弟念书识字,不要再走自己的路,不要当睁眼瞎。因此,识字课所学字尽量和生活、战争相结合。硝可用于研制火药,教员告诉学生熬硝能熬出食盐,可以食用,又把"硝"字拆成"石小月"三个字教给学生,对于这些学有所用的字形,学生识记快,十分感兴趣。

3. 生活劳动基本知识

为使教育不要脱离实际,还应在学生的日常生活中、实际工作中进行教育,要和华北抗日根据地政治经济军事文化的各种建设联系起来,使儿童对于抗日根据地的建设有相当的了解与认识。河曲县城塔小学教员张裕厚为了解决教材困难,根据群众和学生的实际生活,编成儿歌式教材教育学生。"下种忙来下种忙,家家户户喜洋洋,各种庄稼及时种,错过季节遭荒年,禾苗怕虫又怕病,下种前夕要精选……""立春雨水修理农具,惊蛰春风送粪出牛,清明谷雨耕地下种,立夏小满种瓜种豆……"。② 从实际生活出发编写教材,充分体现了政治性、知识性、趣味性三者结合。从 1944 年开始,晋绥边区许多学校成立了半日班、夜习班,吸收贫寒儿童上学,组织了儿童变工组打捎棉花、摘棉花,给家庭节省了大批人工,教学上增加了珠算、应用文,如记账、算账、写通知、开路条等实用

---

① 牛崇辉:《晋绥革命根据地研究》,北京:中国广播电视出版社,1994 年,第 81 页。
② 牛崇辉:《晋绥革命根据地研究》,北京:中国广播电视出版社,1994 年,第 81 页。

知识。士敏县一高为了准备学校生产要求全体师生拾粪,"最近又订出拾粪计划,号召每人至少拾够五百斤粪,现在各班都掀起拾粪高潮,争当拾粪英雄。学校并把拾粪列入课程,给儿童讲授各种粪的用途与拾法"。①

在晋绥边区,各县小学都把生产列为重要科目之一,既支持了生产,解决了学校与学生之困难,又学会各种技术,做到学用一致,一般是在上午上课下午生产。他们最主要的任务是进行开荒种地。据不完全统计,"在河偏岢五个县中占九处,共开荒种地1 033.61亩,其中河曲21校共3.307.61亩,岢岚×校共种了304亩,五寨20校共种了358亩(内生荒200亩,其中熟荒在338亩中五寨完小占了生荒117亩熟荒占了6亩,该处开有伏荒68亩未记在内)。偏关四个学校共种了64亩(生荒26亩熟荒38亩)。其产量河曲共产米谷38.51石,麦子14.58石,山药3 400斤,棉花35.5斤,麻240斤,岢岚的300多亩地产粮20石,果蔬1 000斤,五寨高小的120多亩地产粮8石,山药300斤。偏关有些学校解决了办公费和吃菜问题。"②除了开荒种地之外,他们还纺织、拾粪砍柴、采茶、制作日常用品。

在战争的特殊年代,在经济被封锁、物资被掠夺的特殊环境下,华北抗日根据地就读于小学的儿童也不能安享快乐的读书时光。他们身上大多承担了家庭生活的责任,正所谓小人顶半工。据调查,一般村庄"只能有半数学龄儿童入学,其余中、

---

① 王毅:《士敏一高师生拾粪》,《新华日报》(太岳版),1945年1月15日,第2版。
② 《晋绥第二分区一九四四年文化教育共作总结报告》,山西档案馆藏,档案号:A-27-1-5-5。

贫子女大半因地里与家庭劳动不能入学"，①因此只有在课堂上教授学生有用的生产知识，让他们在课余参加生产劳动，帮助解决家庭生活困难，他们才有可能继续上学，才能有机会接受教育。

三、活教材与儿童变迁

任何事情从理论原则的提出到具体实施都有一个循序渐进的过程，同样，根据地之社会动员政策从上至下让群众接受也不可能是一蹴而就的。社会动员总是需要一定的介质的，通俗性报纸作为华北地区根据地儿童学习的活教材之一，在群众尤其是少年儿童从动员到认同中共的过程中有着积极的作用。

（一）群众化、大众化的报刊

中国文人所论"大众"，指"由工人、农民、士兵、小有产者等所构成的各种各色的大众层"②，大众化是二三十年代兴起的面向包括普通民众在内的文化艺术创作。然而现实问题是普通大众尤其是对于根据地的农家子弟来说，他们是没有什么机会接触知识分子所创作的作品的，并且"中国一般劳苦大众目下所欢迎的这一大堆封建残余的文学，我们把它总括起来，也叫大众文学。这大众文学，但是，并不是大众自己所创造的，实在乃是封建社会的学士文人施与给大众的"③，普通民众不参与文艺作品创作。因此，"群众化"更能贴切地突出根据地文化艺术创作的阶级性和社会动员的

---

① 冯毅主编：《太岳革命根据地教育文献选编》，山西省教育志编审委员会，1986年，第51页。
② 林伯修：《一九二九年急待解决的几个关于文艺的问题》，《海风周报》，1929年3月23日第12期。
③ 何大白：《文学的大众化与大众文学》，《北斗》，1932年第2卷第3、4期合刊。

目的性。1940年,毛泽东在周文送来的报纸清样上,将《边区大众报》改为《边区群众报》,一字之差,却很有深意。在这里,毛泽东从群众的角度来解释大众化,将群众和大众化建立了一种联系,明确了中国共产党新闻媒体从群众的利益出发,为群众服务的特性。①是根据地通俗化报纸具有"群众化"特点而受到根据地民众的喜爱。群众路线是中共最根本的政治路线和组织路线,全面抗战更是群众路线的成功实践,通俗性报纸是根据地宣传战线践行群众性路线的主要阵地。毛泽东《在延安文艺座谈会上的讲话》要求文艺工作者的思想感情和工农兵大众的思想感情打成一片,"以工农兵大众为主、为工农兵大众服务",是毛泽东强调文化服务群众的重要体现。受此影响,许多文艺创作以"群众化"和"通俗化"为标准和追求。有学者研究,毛泽东《在延安文艺座谈会上的讲话》发表后,"大众"一词逐渐销声匿迹,同时"群众"异军突起并带有强势的批评性,所以从革命文艺权力机制的转换中可以看出"群众"逐步实现了对"大众"的胜利。② 自毛泽东《在延安文艺座谈会上的讲话》等重要指示精神在各根据地贯彻之后,各类文化活动,特别是《边区群众报》《晋绥大众报》《大众日报》《农民报》等一批通俗化的报纸以此精神为指导,迅速转变自身的不足与缺点,受到根据地学校和青少年儿童的普遍欢迎。《晋绥大众报》的发行量更是由原来的四五千份增长到一万两千份,大大超过了《抗战日报》的发行

---

① 田颂云:《延安时期〈边区群众报〉研究》,博士学位论文,中国社会科学院,2017年,第205页。
② 周冰:《"群众"对"大众"的胜利——从词汇变迁看革命文艺权力机制的转换》,《文艺争鸣》,2012年第1期,第68页。

量。① 根据地通俗性报纸给工农大众办的,给工农大众看的群众化的特点使得"工农大众现在做的事更多更出色了,上进心越来越大,学习的情绪越来越高。都希望报纸上多登他们的事,多从报纸上学习其他地方的经验,多从报纸上知道一些世界上的事情"②。

(二)社会动员——从上而下"化儿童"

通俗性报纸坚持"群众化"的舆论宣传,使根据地社会形成社会动员的环境从而达到"化儿童"的目的。中共领导下的根据地农民文盲居多,晋西地区为例,文盲占人口总数的90%左右③,根据地建立之初普通农民群众自身识字有限,小学未普遍建立,所以根据地通俗报纸要真正吸引群众,要成为教育群众甚至是儿童的活教材就必须要有通俗有趣的报道内容、浅显具体的语言风格、灵活多样的表达方式,服务群众及儿童的生产生活,关心儿童的思想情感需要。

1. 群言群语"化儿童"。(1)用老百姓的语言来报道。一份报纸要想得到欢迎,就必须实现对自身社会环境的准确把握。尽量用群众的语言与词汇表达,从而达到通俗性报纸在根据地传播的效果。《晋察冀日报》副刊《老百姓》直接采用老百姓的口头语、方言、俗语等,最大限度地方便识字不多的农民群众,即使不识字的少年儿童也能听明白。《晋绥大众报》是晋绥边区和晋察冀边区等华北根据地小学和儿童团"化儿童"较常用的活教材,开始的时候,编辑部除了一两个本地人以外,其他都是外省人,对本地群众语言

---

① 西戎:《报纸副刊与健康的知识性、趣味性——〈晋绥大众报〉的副刊简介》,《西戎文集》第5卷,2001,第2518页。
② 《编报的人向读者请示意见》,《晋绥大众报》,1945年6月5日第1版。
③ 谢玉田主编:《晋绥革命根据地教育史资料选编》(一),山西省教育史晋绥边区编写组、内蒙古自治区教育史志办公室内部发行,1987年,第185页。

不仅听不懂,说就更难了。即使是本地人,在当了几年干部后,也变成了满口知识分子的腔调,因此学习当地群众语言就成了大家的重要课题。《晋绥大众报》编辑部工作人员为接近群众就住在农村,方便学习群众语言。他们每个人口袋里时常装着一个群众语汇本,随时随地地采集记录群众语言。① 工作人员认真筛选当地口语并把它运用到新闻报道中,兴县人把"'我'说成'咪下',把'奇怪'说成'日怪',把'每天'说成'天每'。我们就用'咪下''日怪''天每',不用'我''奇怪''每天'。这样用就使大家都能够看懂、听懂。"②每篇文章力求做到内容新、字数少,不穿靴戴帽,文字通俗易懂不拗口。③ 如此,《晋绥大众报》成了少年儿童可以看懂的"儿童报",即使是对于《晋绥日报》《解放日报》等报的社论,《大众报》的编辑都要按照农民群众的语言和思维方式转换成群众能看懂、听得懂的语言文字后才刊发。甚至有些文章写好后,要在专门会上宣读,看通俗化、口语化程度如何。④（2）以儿童喜爱的文艺形式赢得儿童的喜爱。根据地通俗性报纸普遍采用通俗小说、民间故事传说、民歌民谣、儿歌笑话、谜语对联、游戏等来吸引根据地农民群众的兴趣,这样的文艺同样也是儿童最喜欢的,对动员教育少年儿童起到了非常好的效果。有些儿歌、民谣,不光在根据地和游击区流传,还在敌占区人民中流传。一首小小的民歌、民谣,往往竟能起到意想不到的宣传作用。西戎就特意指出《大众报》上一首只

---

① 邵挺军:《〈晋绥大众报〉工作回忆》,《新闻与传播研究》,1988 年第 4 期。
② 邵挺军:《〈晋绥大众报〉工作回忆》,《新闻与传播研究》,1988 年第 4 期。
③ 西戎:《报纸副刊与健康的知识性、趣味性——〈晋绥大众报〉的副刊简介》,《西戎文集》第 5 卷,2001 年,第 2518 页。
④ 山西省出版史志编纂委员会,内蒙古《晋绥边区出版史》编委会编:《晋绥边区出版史》,太原:山西人民出版社,1997 年,第 67 页。

有四句的儿歌,"兵民合一好,遍地长荒草,兵民合一'聚宝盆',地里见草不见人",这首儿歌是编辑部自己编写的并发表在《晋绥大众报》副刊上,是揭露阎锡山暴政的许多民谣中的一首,过了一年多以后,有人又从敌占区收集到这些民谣,寄给编辑部。足见小小的民谣,通过报纸传播,在敌占区流传开来,真正起到了打击敌人的作用。① 通过以上努力,根据地通俗性报纸深受农民群众的喜爱,因为要供应政府及学校、儿童团等各种团体,《晋绥大众报》发行份数不断上升,成为当时晋绥边区受欢迎的通俗读物②。

2. 思想教育和动员后的认同、转变。政治理论宣传是党报思想教育的重要内容,抗战大背景下,地方通俗性报纸没有忽略对党的政策宣传和群众思想教育发挥作用。《大众报》对开展小学教育展开了密切的关注,发表《在职宣教干部应协助发展小学教育》等文章,旨在提高各界对小学教育的重视性,《小学教员怎样接近群众》《小学教员怎样接近儿童》,阐述如何提高教育质量,《怎样办小学教员轮训班》《关于小学教员修养的几点意见》分析如何培养师资队伍。通过对小学教育的密切关注与大力支持,在战时极其困难的条件下,抗日根据地小学数量得到明显的增加,教学质量也得到了大幅度的提升,适龄儿童受教育率不断提高。《晋绥大众报》对儿童思想教育和政治宣传主要集中在村选工作、儿童变工组、识字教育、反对分裂巩固和平、征公粮等内容,编辑尤为重视根据地政策宣传,根据群众反映报道中共政策及政策落实的实际情况。通俗易懂的特性便于组织乡村的读报组发动群众读报,群众的思

---

① 西戎:《报纸副刊与健康的知识性、趣味性——〈晋绥大众报〉的副刊简介》,《西戎文集》第 5 卷,2001 年,第 2520 页。
② 西戎:《报纸副刊与健康的知识性、趣味性——〈晋绥大众报〉的副刊简介》,《西戎文集》第 5 卷,2001 年,第 2518 页。

想和文化更是提高了,对于干部来说也是做了工作的一部分,拿读报推动了工作和生产。① 晋绥边区的学校也十分注重利用报刊来教学,他们从《大众报》上选用了边区经济建设、对敌斗争、生产拥军等方面的文章对学生进行思想政治教育②。《晋绥大众报》具有通俗化、口语化的特点,通俗易懂,很适合年龄较小的小学生使用,适合文化程度不高甚至是文盲的农民使用,所以晋绥边区教员们都把它认为是最好的活的教科书。边区特等合作英雄魏建鳌说,大众报"我最爱看社论和时事文章,又简单又明了,又有中心,对我帮助很大。还有生产知识中的新发明新创造,都起了很大作用。有的人爱看图画,他们说,为看画就把报看下去了"③。

在传统农村社会,人们狭隘地认为外来人是"用心难以捉摸的危险人物"④,因此对中共这个外来者而言,要实现对根据地儿童进行必要的引导、动员和改造的目的,首要的条件是让少年儿童认识到中共领导下的军队是坚决维护根据地农民群众的利益,根据地的政权是努力为群众带来实实在在的利益,只有这样才能争取到农民群众对根据地政权的支持和拥护。中共领导下的根据地借助通俗性媒介,大大推进了群众包括儿童对中共正面认知的过程,极大激发了根据地少年儿童抗战的热情。晋察冀边区被日伪包围群众进行转移躲藏之前,小英雄王朴将学习用的薄石板和两本学习用书及叠得整整齐齐的《晋察冀日报》《解放日报》重新整理装入书

---

① 《晋绥大众报》,1945 年 6 月 15 日,第 2 版。
② 《抗战时期晋绥边区国民教育综述》,牛崇辉:《晋绥革命根据地研究》,北京:中国广播电视出版社,1994 年,第 80 页。
③ 邵挺军:《〈晋绥大众报〉工作回忆》,《新闻与传播研究》,1988 年第 4 期。
④ [日]吉田祯吾著,王子今、周苏平译:《宗教人类学》,西安:陕西人民出版社,1991 年,第 185 页。

包,将书包塞进石缝里,用小石头将缝封得严严实实才恋恋不舍地离开。①《大众报》的这些报道极大地鼓舞了根据地儿童的参军卫国热情。中共建立根据地后,在部分根据地进行了民主选举,促进了根据地政权很快得到巩固和发展。根据地通俗性报纸抓住这一时机,对民主选举进行了大量的报道。这样的民主同样惠及儿童,儿童在小学民主选举,儿童参与民主选举。从而在农民群众的思想上,对民主意识的产生与发展起到了有力的推动作用。中共领导下,少年儿童也实现了"从部分认识逐步到达全面认识,从自发的行动到有指导的行动,从有限的胜利到全面的胜利"。少年儿童逐步"转变为一个新世界的积极的建设者"②。

根据地通俗性的以报纸为主的媒介,为中共从基层建立有效服务国家政权的各级组织起到桥梁和沟通作用。根据地广大农村原本是一个"以个体的手工劳动为主的劳动方式,以血缘和地缘关系为主的社会交往,低水平的物质生活,贫乏的文化生活,根深蒂固的传统习俗"为典型特征的中国传统社会③,是"一个散沙式的街坊、分层化了的社团和闭塞的共同体"④。自抗战爆发后,在中共领导下的根据地组织农民以变工、扎工、唐将班子、劳动互助社、义务耕田队等互助形式组织起来。这种生产组织上的变化,再加上通俗性报纸在新闻宣传过程中深入群众,与当地农民群众产生一定的联系,当这种交流增加后,伴随着文化素质的提高,农民与农村之外思想的联系相应增加,原先以村为单位的思想打破,新的思想观

---

① 丹琳:《寻访儿童团战友》,北京:中国文联出版公司,2008年第16页。
② 〔美〕韩丁著,韩倞等译:《翻身:中国一个村庄的革命纪实》,北京:北京出版社,1980年版,第714页。
③ 王玉波、王辉等:《生活方式》,北京:人民出版社,1986年,第224—225页。
④ 〔美〕黄宗智:《华北的小农经济与社会变迁》,北京:中华书局,2000年,第229页。

念产生,对传统的乡土社会产生冲击,根据地乡村的社会风气也有了改变。晋绥革命根据地"所用教材的来源,是多方面的,尤以《抗战日报》《边区群众报》《晋绥大众报》上取材最多,教员们都认为报纸就是最好的活的教科书,而学生们也把报纸当成他们经常的伴侣了"。① 特等劳动英雄温象拴靠读大众报提高了文化。他写文章说:"我和报纸结成了朋友,我到那达,就把它带到那达。我随身带报纸,一方面自己看,二方面给村干部念,推动了工作。所以,我说大众报是我的教科书,是我做工作的引灯,也是我一天不能离开的好朋友。"②

当然,华北根据地特殊的活教材教育方式在使用时若度和量把握不佳也会出现过犹不及引发群众反感的问题。在一些群众眼里,认为有些干青年工作的人,把学校里的学生共同组织成一个青年俱乐部"要加紧我们的学习"。他们的学习就是要练习演剧,用多少时间得公演一次;要练习唱歌,每周要唱若干首歌;每周要开几次同乐会;要出去宣传,写标语;要练习演说,开问题讨论会;还要组织学生自卫军。群众和少年儿童传统的上学学习应该是在学堂里识字念书,像这样学生一天忙得不得空,学校里的功课反而不能上,学生们也弄得不愿上课。③ 所以,过多的演剧、演讲式的活教育是违背根据地家长和学生进学的初衷的,是不恰当的。

抗战前,华北地区小学教育尤以山西省成就最高,其成就主要体现在小学高入学率上。小学建设需要有充足的资金、合适的校

---

① 谢玉田主编:《晋绥革命根据地教育史资料选编》(一),山西省教育史晋绥边区编写组、内蒙古自治区教育史志办公室,1987年,第424页。
② 邵挺军:《〈晋绥大众报〉工作回忆》,《新闻与传播研究》,1988年第4期。
③ 角麟:《速写陕北九十九》,上海:少年知识出版社,1937年,第100页。

舍、学龄儿童、教师、学校管理人员等。近代中国贫弱,国家给予小学尤其是农村小学的投资十分有限,然而农民在中国受盘剥最深经济最为贫穷,儿童小学学费对他们来说是有相当的负担的,经济因素是限制民国农村小学发展的关键所在,华北根据地小学同样也面临如此困难。

华北抗日根据地的儿童教育有着自己鲜明的特点。抗战之前,华北地区的儿童教育虽然取得一定的进步,但是在许多地方仍然有不足。抗战爆发后,随着华北抗日根据地的建立,中共开始着手发展对根据地儿童教育。由于抗日根据地大都选择在贫困落后的乡村社会,所以对贫童的教育成为华北抗日根据地开展教育的主体。民间文学、作家文学、课本文学、活教材相继成为儿童教育的重要载体。通过这些载体,华北抗日根据地有了自己对儿童独特的教育方式和教育形式。儿童通过这些独特的教育方式和教育形式大体掌握了一些知识和文化,华北抗日根据地的基层政权也通过这一独特的教育方式和教育形式把自己的政治主张和主要政治目的传达给了根据地的儿童。可以说,无论是根据地的儿童还是华北抗日根据地的基层政权都从这种独特的教育方式和教育形式中找到了自己定位。诚然华北抗日根据地的基层政权在面对艰苦的斗争环境、奇缺的物质条件下不得不选择这种独特的教育方式和教育形式。然而,也许正因为采用了这种独特的教育方式和教育形式,才最终适应了根据地所特有的社会环境。

第三章　家庭生活：华北根据地的儿童健康问题

第一节　抗战前华北地区"富国强种"观念与儿童健康保障

新文化运动兴起后，"以儿童为中心"的新儿童观与"富国强种"的思潮相结合，"强种"的首要任务是保障儿童健康，实现"富国强种"必从改善公共卫生做起。儿童健康问题与公共卫生落后紧密相关，民国公共卫生建设天然地和儿童健康有密切关系。华北地区之北京是近代公共卫生建设的重要实验区，新文化运动思潮影响下，华北地区儿童卫生在新旧文化融合碰撞中逐渐得到社会精英及普通民众的认可，民国儿童健康保障随着公共卫生近代化而显现雏形，但因其自身发展缺陷等原因儿童健康状况仍不乐观。

首先表现在因公共卫生落后传染疫病而引发的儿童高死亡率。据调查，20 世纪 30 年代全国人口普通死亡率平均约为 30‰，其中 1/3 至 2/5 为六岁以下儿童，若按全国四万万人口计算，则每年死亡共 1 200 万，其中有 400 至 500 万为六岁以下之儿童。① 儿童死亡原因虽然多样，但公共卫生发展不充分，无法有效地预防传

---

① 容启荣：《富国强种应从儿童保健做起》，《大众卫生》，1935 年 1 卷 2 期。

染病是一重要原因。学龄前儿童每年死亡率为全国平均死亡率之1/20,考其死亡原因,大都为急性传染病,如白喉、猩红热、肺炎、流行病、脑脊髓膜炎等。① 北京是民国综合实力较为强大的城市,传染病预防是学校卫生最重要的工作,民国学校卫生行政,以北平第二卫生区学校卫生之完善,也是多重治疗而鲜预防。其辖区所管理学生1 824人中接受猩红热预防注射者只有248人,白喉预防注射者315人。② 公共卫生发展缺陷造成北平学前儿童大量罹患传染性肠胃疾病和呼吸系统疾病,这两种疾病是北平学龄前儿童的主要死因。据对学龄前儿童死亡原因调查显示,胃肠病占36.59%,呼吸系统病占26.83%,热病、疹病、寄生虫病22.83%,抽风病12.56%,其他1.14%。③ 以呼吸系统疾病为例,和同时代的欧美国家相比,北平学校儿童扁桃腺肿大得病率大约是30%～35%,德国是22.2%～26.6%,日本是24.6%,④中国儿童呼吸系统疾病得病率明显偏高。再看山西霍县安乐村51户农家患病人数与全村人数按十年组分配之比较:0—9岁全村人口69人,患病人口数18人,每百人中患病人数比例26.1%,10—19岁全村人口数72,患病人口数5,每百人中患病人数比例6.9%。⑤ 山西阳曲县西村一年内死亡人数为57,其中婴儿死亡数为24,就死亡婴儿24

---

① 黄万杰:《北平市学龄前儿童死亡决算之一页》,《新医药》,1936年第4卷第3期。
② 北平市卫生处第二卫生事务所:《北平市卫生处第二卫生事务所第一年度年报》,1934年第1期,第10页。
③ 黄万杰:《北平市学龄前儿童死亡决算之一页》,《新医药》,1936年第4卷第3期。
④ 《小学生和扁桃腺肿大》,《大众卫生》,1935年1卷7期。
⑤ 刘容亭:《山西霍县安乐村五十一个农家之调查》,《民国时期社会调查丛编》人口卷,福州:福建教育出版社,2004年,119页。

人和存在婴儿42人比,死亡者占今年生产者1/3以上①。更为可怕的是因常年战乱、灾荒、瘟疫流行的华北农村,儿童几乎少有人有条件接种免疫疫苗,一旦感染易传染儿童疾病,便会出现高死亡率。儿童专家樊培禄1937年曾对山东农村儿童白喉感染情形做调查研究,其调查资料显示:在1541名农村儿童中做锡克氏试验,阳性率为39.3%(白喉)。② 兹就山西1924年死亡疾病统计研究显示:由0—19岁,死亡最多的赤痢、痘疮、疹热、白喉、先天弱五种疾病。若将各种病痛之死亡者,按年龄等级分配之,则在0—19岁之中,死于赤痢者占赤痢死亡全数中52%;死于痘疮者,占痘疮死亡全数中的97%;死于疹热者,占全数51%;死于白喉者,占全数70%。死于先天弱者,占全数100%。③ 因此,20世纪二三十年代中国儿童因传染造成死亡率高,从而也反映出儿童生存保障条件差水平低。

除却死亡率高,还存在儿童体格缺陷严重的现象。沙眼、疟疾、疥疮、肺结核、天花等儿童易感染且难以医治的疾病,都无情地残害着他们弱小的身体。公共卫生发展缺陷,决定了民国北京难以对儿童常见的疾病进行预防及其治疗,因而儿童体格缺陷严重。1935年,北平第一卫生事务所1479个学龄儿童中只有336人体格为无缺陷,④同年北京第一卫生事务所对456个入学新生进行体

---

① 刘容亭:《阳曲县西村二百四十个农家调查之研究》,《民国时期社会调查丛编》人口卷,福州:福建教育出版社,2004年,第170页。
② 樊培禄:《中国北部农村儿童狄克试验、锡克试验及结核菌素试验之统计》,《中华医学杂志》,1937年第23卷第2期。
③ 乔启明:《中国乡村人口问题之研究》,《乔启明文选》,北京:社会科学文献出版社,2012年,第46页。
④ 容启荣:《富国强种应从儿童保健做起》,《大众卫生》,1935年1卷2期。

检,结果完全健康无缺点的儿童也非常的少,只占 23%,其余 77% 都是有缺陷的,儿童最普遍的缺陷是龋齿、沙眼和扁桃腺肿大。① 1937 年,山东义务教育第一实验区对乡村学校儿童身体缺陷进行统计,他们在 63 所小学内对五年级的 2 643 名学生体格检查,其中,沙眼,2 063 人;扁桃腺大,1 029 人;坏牙,940 人;视力障碍,609 人;营养不良,385 人;脾胃病,249 人;淋巴腺大,226 人;循环系病(剧烈之亏血病 2 人)58 人;呼吸系病,29 人;鼻病,21 人;甲状腺大,19 人;包茎,18 人;疝气,4 人;维他命(生活素)A、D 之缺乏,4 人;阴囊水肿,2 人;脾大(先天梅毒病),1 人;缺唇,1 人。② 如是,山东这近三千乡村儿童身体几无一人毫无毛病,完全康健。

一、新旧文化碰撞与融合下儿童卫生健康

近代中国社会对推进现代化的态度大体分为三派,即全盘接受西方文化、复返中国固有文化、主张折中办法。③ 华北地区政治经济中心北京也是新文化运动的中心,这也导致了北京是现代新观念和旧文化冲突的中心。北京地区既有云集的社会政客、卫生精英,也有北平卫生局,第一、第二卫生事务所、协和医院这样新的行政部门、新型医疗机构以及前朝遗老和普通民众。清朝灭亡后,流入民间的贵族文化、近代民主文化和传统文化相结合,民国初年的北京呈现出新旧文化杂糅、东西文化交错的局面,其中新旧卫生观冲突表现得尤为突出。一般来说,新观念引进和传播是通过上

---

① 魏文贞:《学龄儿童身体缺点矫正问题之探讨》,北平第一卫生事务所:《大众卫生》,1935 年 1 卷第 5 期。

② 杜儒德、高永恩:《山东历城县乡村学校儿童身体缺点之统计》,《中华医学杂志(上海)》,1937 年第 23 卷第 5 期,第 654 页。

③ 陈序经:《中国文化的出路》,长沙:岳麓书社,2010 年,第 1 页。

层知识分子推进的,下层平民接受新观念多半会滞后。社会精英为"富国强种""强国强种"而推进社会公共卫生建设,北京地区儿童健康在新旧文化碰撞与融合中被提高到从未有的关注高度,从社会精英到普通民众的儿童卫生健康意识初步改变。

卫生是关系国家前途之重要方面,然而如上文所言,民国儿童患疾病的人数众多,儿童死亡率高,我们很容易想到的就是"公共卫生不发达和人民不讲求卫生所致"[①]。通过考察中西医疗制度之不同我们可以发现"西方医疗明显优胜之处,是公共卫生和保健的知识和制度比中国进步",[②]西方医疗理念恰好适应当时中国以公共卫生实现"富国强种"的需要,公共卫生系统所谓"公共卫生和保健"正是"强种"即维护保障儿童健康最重要的两个方面。儿童的高死亡率对中国社会发展来说是极为不利的,公共卫生落后,传染病流行,民众特别是抵抗力弱的儿童生活在这样环境中,相比成年人儿童更容易感染疾病。北平卫生局和北平第一、第二卫生事务所是先进知识分子推进公共卫生建设以维护儿童健康的主要执行部门,从北京第二卫生事务所第一年工作年报中的宣传内容来看,他们的工作几乎就是围绕儿童健康和保健开展的:1. 编印《卫生月刊》,以通俗并且容易实行的知识为主要材料,每期五千字,每期印五千至六千份,以分送区内学生,并让学生携带回家向家庭宣传;2. 北平第二卫生所与邻近的交通部无线电广播电台接洽,每星期三晚上的 9 点 20 分由卫生所派员广播拟好的卫生内容;3. 卫生所随时都在印发卫生图书和传单,由自治区坊及警段协助散放于区

[①]《改善不卫生环境》,《大众卫生》,1935 年 1 卷 2 期。
[②] 区结成:《当中医遇上西医:历史与省思》,北京:生活·读书·新知三联书店,2005 年,第 69 页。

内各住户,计有劝种牛痘传单3万张,妇婴卫生传单2万张,伤寒霍乱疟疾传单1万张,白喉预防接种传单一千张;4. 与新闻记者联系,随时发表卫生谈话;5. 去区内各学校与机关讲演;6. 协助卫生处举办卫生运动大会和儿童健美比赛。①

为改变一般民众的健康意识,医学家一方面向民众宣传疾病防治的新观念、预防培植治疗的新方法、保持健康的新知识,以此提高民众卫生意识;另一方面他们向民众培养卫生和健康意识的同时,进一步规范民众的日常生活行为,从什么是"打针",如何"防疫",怎样"吃药",到"饮食要选择""哺乳的次数""理发馆的卫生"等等。② 这样做不仅有效保护儿童卫生健康,更重要的是通过这些手段可以实现把本地区独立的儿童家长即一般民众个体纳入有秩序和有组织管理,只有在社会公共权力的掌控下才能有效地完成从上至下的思想文化传播。在北平当局及卫生局和卫生团体积极推行下,传单、图书等预防接种知识有效地宣传,北平市民儿童卫生观念有了显著的改善。种痘宣传的时候,派往各街巷按户宣传种痘,多数人家很热烈很诚恳地接受。③ 传染对儿童的危害以及现代公共卫生的重要性引起百姓的重视,因为感染白喉、猩红热、天花及其他传染病的多为儿童,年纪越小的儿童,越容易感染,越难复原。百姓逐渐发现现代医学技术可增加人体免疫力,很多传染病可通过西医技术来预防。这是预防医学的进步,是可造福于人类得。④ 儿童保健卫生也成为学校和家长认可与支持的必要活动,

---

① 北平市卫生处第二卫生事务所:《北平市卫生处第二卫生事务所第一年度年报》,1934年第1期,第15—16页。
② 张大庆:《新文化运动与卫生启蒙》,《澳门理工学报》,2017年第2期.
③ 梁观成:《从防疫工作说到工作人员》,《大众卫生》,1937年3卷8期。
④ 容启荣:《富国强种应从儿童保健做起》,《大众卫生》,1935年1卷2期。

至1937年北平举办了四届儿童健美比赛,参加的儿童一年比一年增多,可见北平市民"对儿童健康的观念,已有相当的进步和认识。"①所谓健美就是以保健身体为基础的"过体重、量身高"的体检。当然客观地说,健康观念传播绝不可一蹴而就,新文化运动兴起后北平社会卫生防疫宣传、接种疫苗等新观念并没有得到全体群众的一致理解与配合,"好些个家长被这些通告书闹得不胜其烦,就随便说声'不准'而了之。也有些家长因为儿女们怕打针,或是打针另起别的反应,就根本置之不理,这都不能怪谁,大概还是大家不明白的缘故,许多人以为这是卫生局找事情做"②。当然随着政府工作推进,社会卫生防疫意识随着防疫机构和防疫工作的推进而逐渐增强起来。国民政府卫生部虽因医疗体系中不同派别斗争几经变化,但国家卫生机构逐步建立健全。各级政府机构及学校卫生的建立皆是社会精英主导和力推的,政府执政有利之地区和精英力推的试验区内平民的卫生防疫观念认知率较广,卫生防疫执行率也高,可见只要有合适的环境和宣传,医疗卫生观念可以从上层精英传播到下层。开展卫生防疫运动,根基在群众的认识,单纯的行政命令是不可能长久坚持的。

二、创建儿童健康保障体系

新文化运动兴起后,北洋政府颁布《传染病预防条例》,后南京国民政府颁布《全国卫生行政系统大纲》,设立卫生部,成立中央防疫处、中央医院等国家公共卫生机构,使之成为公共卫生事业初起运行时的核心部门。30年代各省陆续设立了本省的或归属于省政

---

① 《怎样保护儿童的健康》,《大众卫生》,1937年3卷5期。
② 李克鸿:《为什么要打白喉和猩红热预防针》,《大众卫生》,1937年3卷1期。

府或由民政厅领导的卫生机构。地方的省立医院、妇婴保健院、传染病防治所、卫生试验所等卫生机构逐步建立,从中央到地方的国家卫生体系初步完善,民国地方公共卫生服务体系已延伸到县域。自20年代末期北平、上海、杭州、南京等大城市响应政策要求建立卫生局,到1934年全国省县两级卫生机构陆续建立,基本形成了覆盖全国的县级医疗卫生服务系统。①

国民政府把西医确定为医学的主导地位,并按照西医的医学理论初步构建起国家卫生体系。在"富国强种"思想下,卫生部成立之初就十分重视儿童预防医学、保健卫生等社会公共卫生医疗体系的逐步建立和完善,北京地区的卫生部门也极为关注儿童健康保障举措,当局调查发现患白喉、猩红热、天花及其他传染病的多为儿童,并感叹现代医学发明甚多,"借助现代医学可增加人体免疫力,多数传染病亦可借此来预防,预防医学的进步可造福于人类。"②北京地区在卫生救国、卫生强种思想下,在公共卫生和儿童保健等方面构筑了儿童健康保障体系。

(一)婴幼卫生

婴幼卫生健康保健包括孕产妇卫生、儿童卫生、卫生教育完整的系统。孕产妇卫生包括门诊、助产、访视三个方面,虽然社会大部分的接生仍旧由旧式稳婆及无科学训练的人员实行,但是在北平第二卫生事务所有孕产妇儿童检查门诊,助产工作由助产士担任,难产则转送医院。幼儿健康检查分为门诊检查和学龄前儿童健康体检。门诊检查每周两次,学龄前儿童体检每月一次。卫生

---

① 邓铁涛,程之范主编:《中国医学通史》近代卷,北京:人民卫生出版社,2000年,第475页。
② 容启荣:《富国强种应从儿童保健做起》,《大众卫生》,1935年1卷2期。

教育则分母亲会、学龄前儿童保监会、家政卫生训练班和个人及小组谈话等,至1934年还另开设儿童会工作。可以看出,在卫生事务所所辖区域内,北平保障婴幼卫生的机关、团体等工作组织部门已经较为完备。

30年代预防医学已引起社会精英重视,他们认识到中国传染病预防对儿童健康的重要性。及时检查儿童身体、预防传染疾病,是保证学龄前儿童健康的有效方法,是民国建设公共卫生的重要部分。北平针对婴幼儿疫苗注射的方法规程也逐步完善和规范化,不仅流程清楚而且可以采取强制手段以保证卫生行政的有效性。自1936年度3月起,北平市卫生事务所管理婴儿种痘,凡出生满六个月,即须种痘。1. 凡满五个月的婴儿,即邮寄通知种痘的卡片,限一个月内,至本所种痘免费;2. 满六个月的婴儿,即发卡片后一个月,本所派统计调查员前往调查,尚未种者,宽限一星期,否则强制执行;3. 仍不种者,派劝导员前往劝导。① 早期预防、推广注射疫苗是北京地区践行"富国强种"的一个重要手段,但强制甚至经济处罚并未得到全面推广,当局通过报刊宣传、广播宣传、散发传单、贴发通知等形式推广注射疫苗即可防治传染病的观念,积极号召民众通过打疫苗来预防疾病。30年代北京协和医院在定县开展卫生工作,为孩子们提供天花疫苗,接种预防霍乱、伤寒和白喉的疫苗,并鼓励孩子们将学龄前的弟弟妹妹带到学校接受白喉疫苗的接种。在护士们的启发教育下,孩子们成了村里和家里的卫生先锋。②

---

① 北平市卫生处第二卫生事务所:《北平市卫生处第二卫生事务所第三年度年报》,1936年3期,第41页。
② [美]华璋著,叶南译:《悬壶济乱世:医疗改革者如何于战乱与疫情中建立起中国现代医疗卫生体系1928—1945》,上海:复旦大学出版社,2015年,第52页。

(二)学校卫生

民国学校儿童健康工作归属教育部负责,教育部在学校宣传卫生知识,提倡中小学上健康卫生课并定期对学生进行体检。儿童是国家的未来,北平社会精英已经认识到"富国强种"应从儿童保健做起。儿童健康与学校卫生紧密相连,时人认为学校卫生是公共卫生最有作为的领域,呼吁推广公共卫生,尤其是儿童卫生。① 北平的学校卫生工作,历来被认为是"卫生行政重要之职务"。② 1929年2月,卫生部和教育部联合,开中国之先例,对学龄儿童进行健康体检的先例,成立学校卫生委员会并颁布《学校卫生实施方案》,这个方案在中国北平、南京等大城市得到响应。1929年北平卫生局联合教育局联合成立"北平市学校卫生委员会",北平第一卫生事务所所辖之下甲种学校建立保健室,通过甲种学校卫生来示范如何依据公共卫生原理开展学校的卫生工作,通过乙种学校儿童保健工作发展来提供适合当地社会经济和社会的样本。1933年北平第二卫生事务所成立后,在辖区学校设置医生护士,定期对学生卫生保健。学校的卫生事务包括学生健康保护、疾病及身体缺陷矫正与健康促进,在学生健康保护方面有体格检查、传染病预防等工作,学生每三年接受体格检查一次,另因学生沙眼严重,学生每年都要接受眼疾检查。每月护士和教员还会测量学生体重。③ 1934年卫生署召开卫生行政技术会议,制定城市学校系统卫生工

---

① [美]华璋著,叶南译:《悬壶济乱世:医疗改革者如何于战乱与疫情中建立起中国现代医疗卫生体系1928—1945》,上海:复旦大学出版社,2015年,第21—22页。
② 北平市卫生处第二卫生事务所:《北平市卫生处第二卫生事务所第一年度年报》,1934年第1期,第9页。
③ 北平市卫生处第二卫生事务所:《北平市卫生处第二卫生事务所第一年度年报》,1934年第1期,第9—10页。

作方案,着重从学生保健教育、学校保健工作、预防工作、诊病工作、环境卫生、职工卫生等方面开展学校卫生工作。① 城市学校卫生政策制定后,经教育部颁布并通令全国城市一律组织健康教育委员会,各地学校逐步落实政策,学龄儿童在学校的健康体检逐步落实。虽然此时学龄儿童健康体检结果堪忧,但对学龄儿童进行体检,在中国教育史和儿童史上是第一次,是公共卫生发展的标志性进步,是新文化运动影响当局政府行政的重要表现。

卫生防疫是北平学校卫生的重要工作,接受西方文化的社会精英已认识到"巨大之生命损失,亟堪注意,况此夭折之儿童,若养育得当,均可成材,其影响与社会国家甚大"②。为减少传染,北平卫生事务所辖区内学校学生对各种疫苗必须接种一次,如果没有流行病发生可一年接种一次。预防传染病起初由护士严格执行每日晨间检查的工作,后归教员办理,教员再把技能教授给聪慧的学生,学生则成了"卫生稽查员"。北平第二卫生事务所在其严格执行晨检的第一年就实现了辖区学校学生零感染传染病。③ 卫生当局和学校也会联合发布公告推进卫生防疫工作,1936年北平积极推行白喉与猩红热预防接种的运动,北平各区事务所门口贴着劝告市民快来打白喉和猩红热预防针的标语。家长们也收到学校卫生部的通告,说某月某日校医要为他们的儿女打检查针,再隔几日说又要为他们打预防针。④ 北平学校卫生工作在政府、社会、学校三者的协调下开展,这样的"协调"在民国混乱环境下是不多见的,

---

① 内政部年鉴编撰委员会:《内政年鉴》四,1936年,第G29页。
② 容启荣:《富国强种应从儿童保健做起》,《大众卫生》,1935年1卷2期。
③ 北平市卫生处第二卫生事务所:《北平市卫生处第二卫生事务所第一年度年报》,1934年第1期,第56页。
④ 李克鸿:《为什么要打白喉和猩红热预防针》,《大众卫生》,1937年3卷1期。

它从侧面说明新文化运动影响下,学校卫生和儿童保健工作在北平地区的认可与深入。

三、公共卫生建设的局限

（一）公共资金投入十分匮乏

华北地方政府军费支出占财政总支出的份额达到惊人的地步,以1923年为例,直隶为49%,山东为59%,河南为84%,山西为80%。① 而且由于战乱灾荒等因素的影响,山东省人口大量逃亡,沂县"全县人口残有的仅有三成,耕地也都全部荒废"。② 由此带来的结果便是卫生健康事业投入的匮乏。按照20世纪三十年代我国财力而论,人均每人可享1.5元卫生经费③,这1.5元的人均卫生费和当时学校推算的学生所需卫生经费相同,"学校卫生所需经费按照学生多寡数之推算,学生每人每年须有一元五角左右"④。然而华北社会学校儿童1.5元的卫生经费经常是不能拨款到位的。纵览全国二三十年代居民可享卫生设施经费之数,以上海公租界最高,其后依次是广州市、汕头市、南京市、青岛市、上海市、北平市、天津市,⑤华北的两个重要城市北平、天津均居末端。华北各地城市经济对文教卫生经费支出很少,在极少的文教卫生经费中用于卫生的投入则更少。1930年河北文教卫生的事业投入

---

① 陈翰生:《中国农民负担的赋税》,章有义:《中国近代农业史资料》第二辑,北京:生活·读书·新知三联书店,1957年,第608页。
② [日]长野郎著,强我译:《中国土地制度的研究》,上海:神州国光社,1932年,第206页。
③ 李廷安:《我国重要都市卫生经费之研究》,《中华医学杂志》,1935年第21卷第1期。
④ 徐阶平:《实际的小学卫生教学法》,上海:开华书局,1935年,第148页。
⑤ 李廷安:《我国重要都市卫生经费之研究》,《中华医学杂志》,1935年第21卷第1期。

314.6万元,其中教育文化占314.2万元,卫生费只占0.4万元;1931年投入319.6万元,教育文化占319.3万元,卫生费仅为0.3万元;1932年河北文教卫生事业投入374.1万元,教育文化占373.8万元,卫生费只占0.3万元;1933年河北文教卫生事业投入362.9万元,教育文化占359.5万元,卫生费只占3.4万元。① 另外,从卫生经费使用的比例来看,用于学校卫生和妇幼卫生费用的尚不足整体卫生经费的5%②。更有甚者,民国时期山西大多数县是没有卫生事业经费支出的。③ 资金投入不足是儿童健康事业发展的桎梏,1937年各大城市开展学校卫生工作的分布在江苏、上海、浙江、江西、福建、陕西、河南、山东、北平、湖北、湖南、安徽、广东、青海、云南、贵州、甘肃、宁夏等18个省市,④ 18个省市中当时划归华北的却只有山东和北平两省市而已。

(二)国家组织集中度和执行力较弱

20世纪二三十年代的华北乃至中国,因军阀割据、混战,城头变幻大王旗、社会动荡导致国家上层行政组织的法令以及机关的人员都是时常变动,"各地各自为政,随地方长官之兴趣和好恶随意更改"⑤,下层普通民众的国家思维意识仍然比较单薄,他们对乡约族法的认同大于国家法律。日军板垣征四郎在战前师团干部会

---

① 河北省地方志编纂委员会编:《河北省志 财政志》42卷,石家庄:河北人民出版社,1992年,第249页。
② 金宝善、许世瑾:《各省市现有公共卫生设施之概况》,《中华医学杂志》,1937年,第23期。
③ 薛秀武主编:《万荣县财政志》,太原:山西人民出版社,2008年,第196页。
④ 张泰山:《民国时期的传染病与社会——以传染病防治与公共卫生建设为中心》,北京:社会科学文献出版社,2008年,第308页。
⑤ 张泰山:《民国时期的传染病与社会——以传染病防治与公共卫生建设为中心》,北京:社会科学文献出版社,2008年,第308页。

上就说:"从中国民众的心理上来说,安居乐业是其理想。至于政治和军事,只不过是统治阶级的一种职业。在政治上和军事上,与民众有联系的只是租税和维持秩序……因此,它是一个同近代国家大不相同的国家。归根到底,它不过是在这样一个拥有自治部落的地区加上了国家这一名称而已。所以,一般民众的真正的民族发展历史来说,国家意识无疑是淡薄的。谁掌握政权,谁掌握军权,这都无碍大局的。"①国家上层执政混乱,下层民众不识中央,因此中国"社会组织极为散漫,行政之推行,社会之建设,阻力大而助力小"②。所以政府派系斗争、组织不力使民国初年颁布的公共卫生政策执行不畅。"卫生司成立以来,十七年中换了九个司长,除第一任就职的林文庆是一个医学博士及第二任伍晟为日本某医校药科毕业外,其余七个都不是医界中人。前京师警察厅卫生处处长换过四人,没有一个是医界中的。世界各国的卫生当局,都须是公共卫生专业专家且富有经验的人充任,而我国历年的卫生行政长官既非公共卫生专家,又多不是医界中人。"③卫生官员频繁更换并且多为缺乏专业知识的门外汉,使得公共卫生和儿童卫生健康事业步履蹒跚。

由于人力、物力、财力及各种条件的阻碍,北京社会公共卫生建设以及儿童健康保障仍然步履蹒跚,但是新文化运动确实逐步改变了国人的思想认识,由此影响着中国近代社会公共卫生的演化方向。在新文化运动与科学启蒙的话语中,中国社会开始由上层知识精英的认知与呐喊逐步引向普通民众对新文化、新观念的

---

① 金一南:《苦难与辉煌》,北京:华夏出版社,2009年,第155页。
② 林竞成:《中国公共卫生行政之症结》,《中华医学杂志》,1936年,第10期。
③ 朱季清:《我国历年来公共卫生行政的失策》,《中国卫生杂志》,1931年第2年合集

认知与认同。儿童是民族的未来,北京是新文化运动的中心,也是民国公共卫生建设的先行者,公共卫生建设之初便以儿童卫生保健为首要,既促进了北京地区儿童公共卫生健康事业的发展,体现了中国现代化的进程,也昭示着新文化运动影响下的中国社会少年儿童地位和社会对少年儿童思想认识的改变。

民国时期政府颁布的涉及保护儿童的国家法令,国民政府并没有足够的人力、物力、财力去执行,或者说大多数时候是有心而无力。较为值得一提的是国民政府宣布从1935年8月1日到1936年7月31日为全国儿童年,将会重视儿童的福利。此次活动由中华慈幼协会发起,目的是提高儿童自身素质。建立运动场所,开展卫生展览,举行健康比赛,要求学校取消体罚等,以前停留在法令上的,这次儿童年终于多少有些落到实处。然而这个落实却也十分有限,一方面,因华北战局紧张,"这次儿童年,出人意料的由酝酿而实现了。关心儿童幸福的人们,这是何等的欢跃呀!可是,谁料得到,晴天来了一声霹雳,华北的风云却把儿童年重重地罩住了。"①可见,由于战局,儿童年可顺利实施的地方只局限在其发起中心上海及其他局势相对不那么紧张的、由国民政府掌控的地区,这里面不包括风云变幻的华北。另外,即使在国民政府掌控的地区,也不包括广大农村。或许,儿童年确实给城市儿童带来一些福利,但对农村儿童来说却是丝毫全无。"我们只要踏入任何乡村去一看,便可以看到许多衣履褴褛、身瘦面黄的野孩子。在其他富强国家都把儿童当作小天使,可怜我们的儿童都变成了野孩子。"②

---

① 王秀南:《凄风苦雨渡着儿童年》,《福建教育》,1936年第2卷第8期,第4页
②《儿童年与儿童的幸福》,《民间》(北平),1935年第1卷18期,第22页。

第二节　华北根据地的儿童健康研究

一、根据地公共卫生环境与儿童健康问题

（一）根据地卫生环境

20世纪初的中国，军阀割据政治混乱，战乱灾荒频发，人口大量逃亡，更为可怕的是常年战乱，灾荒瘟疫流行，民国年间平均每年发生疫情22次①，只华北地区1912年至1949年间，就发生疫情156次，占此期间中国疫情的20.3%。② 大灾之后瘟疫流行，而面对瘟疫我国民众卫生防疫知识却十分落后，或不知疾病传染或即使知道也存侥幸心理甚至更有缺少公德心者，"我国数千年来社会之积习，及人民卫生教育之不普及，对于传染病既不知能传染与人，即偶有知传染者，以道德心之没落，不惜为害公众，亦不知向本所报告，故本所年来记录中，无一为人民自动报告者"。③

华北地区总体发展较为落后，环境卫生脏乱。除北平、天津等大城市的重要街道有人负责街道卫生之外，绝大多数华北地区是几无公共卫生可言的。华北农村经济落后，几乎所有人家土墙土炕，家里家外环境卫生较差。蚊蝇乱飞，便溺随地，极易引起疾病。以晋绥边区兴县蔡家崖为例，村子中卫生情况很差，群众家里东西放得很乱，窑洞窗户多在南面，北面为山或是墙体，屋子通风差，村

---

① 张泰山：《民国时期的传染病与社会——以传染病防治与公共卫生建设为中心》，北京：社会科学文献出版社，2008年第54页。
② 张泰山：《民国时期的传染病与社会——以传染病防治与公共卫生建设为中心》，北京：社会科学文献出版社，2008年第56页。
③《北平市卫生局第二卫生区事务所第二年年报》1935年第2期，第22页。

民一年四季都紧闭门窗,空气不流通,光线射不进,屋子里破布、煤烟、酸菜等酸臭味强烈。再加上敌人扫荡的践踏,家里卫生很不像样。个人卫生也不注意,兴县蔡家崖全村48家中只有三个洗脸盆,有的人一个月也不洗一次脸,较为干净的也是几天才洗一次脸,至于衣服除热天外是根本不洗的。① 有的没有讲究卫生的能力或没有讲究卫生保护身体的意识,"这些摧残卫生的人,不明疾病传染的方法,不识保护自己的身体,他们得病丧命的机会自然是更多"。②

华北根据地因战乱和自然灾害会引发传染病,而中国农村医生水平、药物疗效等都非常有限,沙眼、天花、黑热病、疥疮等都是农村儿童易得且难以医治的疾病,疾病对于民国时期的农村儿童来说如同恶魔一般。在华北抗日根据地的学校里,甚至还会出现大量儿童感冒伤寒无法治愈不能到校的情况。1940年,山西五专区中心教员赵戴玉报告说,王家庄学校学生,现今生病的竟有20余名,均是寒病疟疾,以此学校不能顺利开展③。1944年5、6月份,山西繁峙34个村2 300人中得病者共303人;这年一至六月,阜平一、二区新生婴儿180人,初生至1周岁死者35人,1至5岁死者69人,共死亡104人,妇女死亡58人。这年1至12月,曲阳东邸村1至12岁的儿童共有373人,病者173人,死亡46人。1945年春万无等7个村,仅儿童就死了六七百人,定南张护一个村就有200多儿童死亡。④

---

① 《一个村的群众卫生调查》,孙晓忠、高明编:《延安乡村建设资料》,上海:上海大学出版社,2012年,第602页。
② 容启荣:《大众卫生》,《大众卫生》,1935年1卷1期。
③ 赵戴玉:《关于王家庄学校学生传染伤寒病情况的报告》,山西省档案馆藏,68-6-13-8。
④ 健秋:《加强群众的卫生防疫教育减少疾病死亡》,《教育阵地》,第5卷第2期,第1页。

(二) 儿童死亡与儿童年龄

抗战时期根据地儿童死亡人数与成年人相比有无特殊性,儿童死亡人数占总死亡人数的比例如何呢?

安平县马营村1937年14岁以下的少年儿童死亡1人,占总死亡人数的25%;1938年14岁以下的少年儿童死亡8人,占总死亡人数的50%;1939年14岁以下的少年儿童死亡2人,占总死亡人数的25%;1940年14岁以下的少年儿童死亡8人,占总死亡人数的42%;1941年14岁以下死亡人数9人,占总死亡人数的38%;1943年14岁以下的少年儿童死亡3人,占总死亡人数的27%;1944年14岁以下的少年儿童死亡2人,占总死亡人数的15%;1945年14岁以下的少年儿童死亡12人,占总死亡人数的55%;1946年14岁以下的少年儿童死亡8人,占总死亡人数的57%。总体来看14岁以下的少年儿童死亡65人,占总死亡人数的41%。

安国县北章各庄村1937年14岁以下的少年儿童死亡1人,占总死亡人数的20%;1938年14岁以下少年儿童死亡12人,占总死亡人数的43%;1939年14岁以下少年儿童死亡6人,占总死亡人数的43%;1940年14岁以下少年儿童死亡9人,占总死亡人数50%;1941年14岁以下少年儿童死亡13人,占总死亡人数43%;1942年14岁以下少年儿童死亡21人,约占总死亡人数的53%;1943年14岁以下少年儿童死亡11人,约占总死亡人数的37%;1944年14岁以下少年儿童死亡19人,约占总死亡人数的40%;1945年14岁以下少年儿童死亡21人,约占总死亡人数的60%;1946年14岁以下少年儿童死亡17人,约占总死亡人数的57%。总体来看14岁以下的少年儿童死亡130人,占总死亡人数的47%。

第三章　家庭生活：华北根据地的儿童健康问题

表3-1　安平县马营村群众死亡统计表（节选）

年龄 时间 性别	小孩(1—4) 男	小孩(1—4) 女	小孩(1—4) 合	儿童(7—14) 男	儿童(7—14) 女	儿童(7—14) 合	青年(15—25) 男	青年(15—25) 女	青年(15—25) 合	壮年(26—45) 男	壮年(26—45) 女	壮年(26—45) 合	老年(46—) 男	老年(46—) 女	老年(46—) 合	共计 男	共计 女	共计 合
1937年		1	1							1	2	3				1	3	4
1938年	5	2	7	1		1		1	1		1	1	1	5	6	7	9	16
1939年	2		2							5		5		1	1	7	1	8
1940年	2	5	7		1	1	2	2	4	4	1	5	2		2	10	9	19
1941年	5	5	10		1	1	1		1	3	1	4	2	4	6	11	11	22
1942年	4	4	8	2		2				1	1	2	6	7	13	13	13	26
1943年	2		2				1		1	2		2	3	2	5	8	3	11
1944年	1	1	2				2	1	3	2		2	5	1	6	9	4	13
1945年	7	5	12					2	2		1	1	1	5	6	9	13	22
1946年	6	2	8					2	2		1	1	2	1	3	8	6	14
总计	34	25	59	3	3	6	6	9	15	18	9	27	22	26	48	83	72	155

资料来源：冀中行署：《三个县份六个村庄自"七七"事变至1946年9月儿童死亡比较表》，河北省档案馆藏，档案号：005-01-377-001

表3-2　安国县北章各庄村群众死亡统计表

年龄时间	小孩(1—4) 男	小孩(1—4) 女	小孩(1—4) 合	儿童(7—14) 男	儿童(7—14) 女	儿童(7—14) 合	青年(15—25) 男	青年(15—25) 女	青年(15—25) 合	壮年(26—45) 男	壮年(26—45) 女	壮年(26—45) 合	老年(46—) 男	老年(46—) 女	老年(46—) 合	共计 男	共计 女	共计 合
1937年		1	1							1	2	3	1		1	2	3	5
1938年	2	7	9	2	1	3				3	3	6	5	5	10	12	16	28
1939年	3	2	5	1		1					3	3	4	1	5	8	6	14
1940年	4	4	8		1	1	2		2				4	3	7	10	8	18
1941年	5	6	11	1	1	2				3	1	4	8	5	13	17	13	30
1942年	12	9	21							3	1	4	10	5	15	25	15	40
1943年	5	5	10		1	1		1	1	5		5	6	7	13	16	14	30
1944年	12	6	18	1		1		2	2	2	1	3	16	7	23	31	16	47
1945年	12	9	21		1	1	1		1	1	2	3	5	5	10	19	16	35
1946年	8	8	16		1	1		1	1	2		2	6	4	10	16	14	30
总计	63	57	120	5	5	10	3	4	7	20	13	23	65	42	107	156	121	277

资料来源:冀中行署:《三个县份六个村庄自"七"事变至1946年9月儿童死亡比较表》,河北省档案馆藏,档案号:005-01-377-001

从以上分析,我们可以看出抗战期间冀中行署安平县马营村14岁以下儿童死亡率占人口总死亡率约在25%到57%之间,儿童死亡最少年份在1937和1939两年,死亡率低主要原因均是5岁到14岁这一年龄阶段的儿童没有死亡人数,而1岁到4岁死亡人数也略低;儿童死亡率最高的年份是1945年和1946年,分别达到了55%和57%,死亡率高,死亡人数多的主因是1岁到4岁儿童死亡人数过高。通过研究我们可以发现,安平县马营村和安国县北章各村,儿童死亡率与年份的关系有着一定的相似性。虽然从总体来看,安国县北章各村儿童死亡率要高于安平县马营村,但安国县北章各村1937年和1939年儿童死亡率低的原因类似于安平县马营村,都是因为5岁到14岁这一年龄阶段儿童死亡人数低甚至为零,1945年和1946年儿童死亡率最高的原因也是因为1岁到4岁儿童死亡率高。所以决定儿童死亡率高低的关键在于1到4岁儿童死亡情况,5岁到14岁儿童死亡率相对来说是稳定的。

(三)儿童病因与儿童健康

民国初期,孙中山先生说:我们中国人现在的痛苦,每日生活,至少总有三万万人,朝不保夕,愁了早餐愁晚餐①。"一个人观察中国的一个乡村及其群集的儿童,不能不感觉到东方重要的人口问题。这个问题的迫切与严重,犹如噩梦盘踞人心一般。这个景象,全国一致。林立的城市与乡村不可胜数,山谷间的小村庄,更觉栉比,其中每片田地,早已养活较各国(除印度外)为多的人民。但三分之一的农民,虽明知绝望,却仍在努力奋斗,继续生育一批命定挨饿的子女。他们没有新出路。海外未耕种的土地,他们休想插足。但是无论如何,他们必得想出一线生活的曙光;否则,只有一条死路。……终于残忍不仁的自然法律,对于他们发出一个无情

---

① 《孙中山先生怀士堂演讲》,《国民党周刊》,第7期,1924年1月6日。

的解决,使他们趋于灭亡一途。可怜这些数以千百万计的过剩人口,反倒肥沃了不能维持他们生命的土地。全部可悲可痛的惨剧——表演在我们的面前:溺婴、叛逆、病痛、灾荒等等的急性死亡,或饥馑的慢性死亡。"①抗战时期华北农村成为日本帝国主义的原料产地,盐、煤、铁、羊毛、烟草等遭到疯狂的掠夺,其以战养战的策略,使原本贫困的农村社会雪上加霜。在如此恶劣的环境下,可以说,华北地区农村根据地建立之初,少年儿童完全是在毫无医药保障的环境中生活,随时面临着被流行病、传染病夺去生命的威胁,农村儿童健康随时都会受到威胁。农村儿童在长身体的时候得不到应有的营养,身体羸弱,自然对疾病抵抗力低,长时间医治不好,孩子便会遭到抛弃,他们对疾病充满了恐惧。少年儿童健康状态深陷危机,"救救孩子!"成了当时关心儿童的有识之士的共同呼声。

首先营养缺乏,生活条件日趋恶劣,是战时少年儿童体格羸弱、体格缺陷多的重要原因。从全国范围来看,战时学校儿童完全无缺陷的每百人中不满十八,战时农村根据地儿童的健康状况则是更为低劣。②

表3-3 抗战时期全国青少年、儿童(男)身体发育情况表

指标	年份	年龄(岁)				
		7	8	9	10	11
身高 (厘米)	实有数 1937—1941年	117.4	123	127.3	132.8	138.2
	增长值 1979年比 1937—1941年	3.0	2.0	2.8	2.8	3.0

---

① 白来特:《中国舟居生活》,转引自《乔启明文选》,北京:社会科学文献出版社,2012年,第108页。
② 金宝善:《儿童健康之维护》,《健康儿童》,创刊号,第6页。

续表

指标	年份	年龄(岁)				
		7	8	9	10	11
体重 (公斤)	实有数 1937—1941年	20.3	22.6	24.1	27.1	30.1
	增长值 1979年比 1937—1941年	0.3	—0.1	0.8	0.7	0.9
胸围 (厘米)	实有数 1937—1941年	55.5	57.0	58.1	59.8	61.4
	增长值 1979年比1937 —1941年	0.3	0.4	1.2	1.8	2.7

表3-4 抗战时期全国青少年、儿童(女)身体发育情况表

指标	年份	年龄(岁)				
		7	8	9	10	11
身高 (厘米)	实有数 1937—1941年	118.6	123.6	128.6	132.9	137.1
	增长值 1979年比 1937—1941年	2.6	2.1	2.0	2.4	2.8
体重 (公斤)	实有数 1937—1941年	20.9	22.8	25.1	27.2	29.3
	增长值 1979年比 1937—1941年	0.4	0.4	0.4	0.8	1.2
胸围 (厘米)	实有数 1937—1941年	57.2	58.3	59.9	61.4	62.8
	增长值 1979年比 1937—1941年	0.5	1.0	1.2	1.6	2.0

资料来源:陶春芳主编:《中国妇女统计资料》,北京:中国统计出版社,1991年,第508页。

通过比较，可以发现 1979 年男女儿童在身高、体重、胸围等各方面均比抗战时期的儿童有不同程度的增长，可见战时少年儿童身体发育状况与新中国成立后至 70 年代相比较差。影响根据地少年儿童身体健康的直接原因在于落后的医疗条件，落后的医疗决定了华北农村难以对儿童常见的疾病进行预防及治疗，所以根据地儿童死亡率高、出生率却偏低。抗战后，因敌人扫荡，根据地药材缺乏，幼年死亡人数达儿童数量的一半，根据地二三岁以下的儿童较为少见。① 晋绥边区兴县蔡家崖村 1941 年至 1945 年，四年内全村共生育了 20 个小孩，平均每年才生 5 个，此 20 个小孩只养活了 13 个，占 65%，死亡 7 个，占 35%。② 兴县另一户温国强家一共生了 12 个孩子，9 个夭折 3 个还在生病。③ 1944 年晋察冀边区曲阳县 373 个儿童中就有 164 人患病，其中死亡 46 人。④

中国儿童死亡率甚高，疟疾、疥疮、肺结核、天花等儿童易感染疾病，都无情地吞噬着他们弱小的身体。我们以抗战时期黎城县下桂花村和行桥村、磁县申金庄村和南来村、林县一区下申街村为代表分析根据地儿童病因及死亡状况⑤。

---

① 共青团山西省委、山西省档案馆：《晋西青联赴岢岚工作团的工作报告》，《山西青年运动历史资料，晋绥革命根据地分册》第一辑，1986 年，第 172 页。
② 《一个村的卫生调查》，孙晓忠、高明编《延安乡村建设资料》3，上海：上海大学出版社，2012 年，第 602 页。
③ 《一个村的卫生调查》，孙晓忠、高明编《延安乡村建设资料》3，上海：上海大学出版社，2012 年，第 602 页。
④ 人民教育社编：《老解放区教育工作经验片段》，上海：上海教育出版社，1958 年，第 121 页。
⑤ 《武安、黎城、林县等各县村 1937 至 1948 年每年全村人死亡剩余对照表及儿童死亡病因调查表》，档案号：A58-1-4-8，山西档案馆藏。

表 3‑5　黎城县一区下桂花村儿童死因调查表

死亡年龄＼死因	风症	咳嗽	麻疹	痢疾	伤寒	天花	咽喉病	杏仁毒死	饿死	痨症	霍乱	其他	合计
一月以下	58								1			3	62
一月至六月	8	2							1			2	13
七月至一岁		2	5	2	1	1	1				1	6	19
一岁至五岁	1	2	4	9								14	30
六岁至十岁		2		2				1		1		2	8
十一岁至十五岁		2			1								3
共计	67	10	9	13	2	1	1	1	2	1	1	27	135

由上表可知，抗战期间下桂花村儿童死亡人数主要集中在 5 周岁以下，1 周岁以下儿童死亡 94 人，占儿童 15 岁以下儿童死亡总数的 69.6%，5 周岁以下死亡 124 人，占 15 岁以下儿童死亡人数的 91.9%。这其中又尤以儿童风症为主要死亡原因，只此一项死亡儿童就占到儿童死亡总数的一半。风症是一种过敏性皮疹，其症状是局部或全身的皮肤上突然出现成片红色肿块并且瘙痒异常。此病发起突然，并且经常反复。风疹致病因素复杂，中西药物、虫咬、细菌感染、冷热刺激或是接触刺激性物质等，均可能引起病症。

表 3‑6　磁县三区申金庄村儿童死因调查表

死亡年龄＼死因	白喉	泄屎	种痘	麻疹	烧死	脾病	四六病	风瘫	饿死	腹痛	惊风	合计
一月以下							20					20
一月至六月	2	6								1		9

续表

死亡年龄\死因	白喉	泄屎	种痘	麻疹	烧死	脾病	四六病	风瘫	饿死	腹痛	惊风	合计
七月至一岁	5	9	2		1				1	2	1	21
一岁至五岁	5	6		1	1	1		1				15
六岁至十岁		3								2		5
十一岁至十五岁					1							1
共计	12	24	2	1	3	1	20	1	1	4	2	71

抗战期间磁县三区申金庄村1周岁以下儿童死亡50人,占15周岁以下儿童死亡总数的70.4%,5周岁以下儿童死亡65人,占15周岁以下儿童死亡总数的91.5%,而这其中尤以泄屎(即现代所说的痢疾)、四六病(即四六风,现代指新生儿破伤风)为主。

表3-7 磁县二区南来村儿童死因调查表

死亡年龄\死因	四六风	白喉	泄屎	惊风	热症	肿症	咳嗽	破伤风	脾病	瘦死	疔毒	猩红热	霍乱	天花	合计
一月以下	96	3													99
一月至六月		5	7	9	2	1	1		1		2	1			29
七月至一岁		16	18	21	2	1			1			5	1	2	73
一岁至五岁		13	19	12	4	1	2	1	8	1		18	2	11	93
六岁至十岁		1	4	2	1	3			8		1	9		1	35
十一岁至十五岁					1	1	1		2	2		2		1	10
共计	96	38	48	44	10	6	3	24	4	3	34	6	15	339	

磁县二区南来村人口多,相应的15岁以下的儿童人口数量多。1周岁以下儿童死亡201人,占15周岁以下儿童死亡总数的59.3%,5周岁以

下儿童死亡 294 人,占 15 周岁以下儿童死亡总数的 86.7%。其中尤以四六风(占死亡总数的 28.3%)、白喉(占死亡总数的 11.2%)、泄屎(现代所说的痢疾)(占死亡总数的 14.2%)、惊风(占死亡总数的 13%)为主。

表 3-8　林县一区下申街村儿童死因调查表

死亡年龄＼死因	育风	惊风	吐泻	痘症	伤寒	潦痨	痢疾	风	饿死	合计
一月以下	1									1
一月至六月	4						1			5
七月至一岁			1	1			1			3
一岁至五岁		5		1		1	1	1	1	9
六岁至十岁								1	1	2
十一岁至十五岁					7					7
共计	5	5	1	2	7	1	3	2	1	27

临县申街村儿童死亡主要病因是惊风、育风和伤寒,死亡人数最多的集中在年龄段 1 岁至 5 岁和年龄段 11 岁至 15 岁两个年龄段中,其中尤以因伤寒死亡人数多,占 15 岁以下儿童总死亡率的 26%,而得此病死亡之儿童全部集中在 11 至 15 岁的儿童中。

表 3-9　黎城县第二区行桥村儿童死因调查表

死亡年龄＼死因	四六风	痢疾	麻疹	饥饿	胃病	脾病	合计
一月以下	19					1	20
一月至六月		4		1	1		6
七月至一岁			2			3	5
一岁至五岁		4	3	1	3	2	13
六岁至十岁		1			4		5
十一岁至十五岁							
共计	19	9	5	1	8	7	49

黎城县第二区行桥村儿童死亡病因集中于四六风,死亡人数集中于1月以下新生儿,1月以下新生儿死亡率占抗战期间儿童因病死亡总数的40.8%以上,1岁以下儿童死亡占15岁以下因病死亡总数的63.3%。另外,痢疾也是影响儿童寿命的重要原因,且痢疾疾病发生于各个年龄阶段。

表3-10 涉县第一区神彩村儿童死因调查表

死因死亡年龄	脐风	痢疾	小产	瘟疫	紫病	口疮	伤寒	痨	黄病	生疮	风症	头症	敌人杀	狼伤	合计
一月以下	40		5											4	49
一月至六月	17	2													19
七月至一岁	6			7	7										20
一岁至五岁		5				3	5	6	1	1	5				26
六岁至十岁							1						2		3
十一岁至十五岁		1			4			5				2	4		16
共计	63	8	5	11	7	3	11	1	1	5	2	4	2	4	133

抗战时期涉县第一区神彩村儿童1周岁以下死亡88人,占15周岁以下儿童死亡总数的66.1%,5周岁以下死亡114人,占15周岁以下儿童死亡总数的85.7%。神彩村儿童死亡原因明显集中于脐风,因患脐风死亡人数63人,约占十多年来此村15岁以下儿童死亡总数的一半。

表3-11 涉县二区石门村儿童死因调查表

死因死亡年龄	脐风	痢疾	天花	疫病	吓死	麻风	痨症	痨疾	急病	肿毒	牙疾	合计
一月以下	7					3						10
一月至六月	4					5						9

续表

死亡年龄＼死因	脐风	痢疾	天花	疫病	吓死	麻风	风症	痨疾	急病	肿毒	牙疾	合计
七月至一岁							5		2			7
一岁至五岁		10	7	3	4		3	3	2	1		33
六岁至十岁		8	2	10				4		4		28
十一岁至十五岁										3	1	4
共计	11	18	9	13	4	3	13	7	4	8	1	91

抗战时期涉县二区石门村1周岁以下儿童死亡26人,占15岁以下儿童死亡人口总数的28.6%,5周岁以下儿童死亡人数59人,占15岁以下儿童死亡人口总数的64.8%。其中尤以脐风(新生儿破伤风)、痢疾、疫病和风症为主。所谓疫病即传染病的统称,是发生在人或动物身上,并具有可传染性的疾病的统称,一般由寄生虫或细菌、病毒等微生物引起。此村疫病发作集中在1周岁至10周岁的少年儿童,尤以6至10周岁居多。

表3-12 涉县九区前池耳村儿童死因调查表

死亡年龄＼死因	脐疾	胎毒	瘰(瘩)	痢疾	疔	痨症	狂吃	饿死	合计
一月以下	11								11
一月至六月	5	1							6
七月至一岁	4	1	1						6
一岁至五岁	7	1	1	2	1	1		1	14
六岁至十岁			1			1	1	1	4
十一岁至十五岁							1	1	2
共计	27	3	2	3	1	1	2	3	42

涉县九区前池耳村1周岁以下儿童死亡23人,占15周岁以下儿童死亡总数的53.5％,5周岁以下儿童死亡37人,占15周岁以下儿童死亡总数的86％。而在众多死亡原因当中,因脐疾死亡的儿童共27人,占15周岁以下儿童死亡总数的62.8％。

我们此处所论的是少年儿童1937至1948年因生病死亡的数据,并不包括因战争死亡的人数。所以以上根据地少年儿童死亡病因分析可以较为准确地反映华北根据地少年儿童的健康状况。由以上分析我们可知,农村根据地1周岁以下儿童死亡病因集中在脐风、痢疾、白喉、风症等,其中尤其脐风(四六风)、痢疾、风症较为突出,而这三种疾病患病多与环境卫生有关。

四六风即为脐风,也就是现代所说的新生儿破伤风,是新生儿在断脐时因不洁净感染所致,发病可导致牙关紧闭、全身肌肉强直性痉挛。破伤风是由破伤风杆菌所引起的一种急性疾病,破伤风杆菌广泛地存在于泥土和人畜粪便中。这种细菌抵抗力强,在无光照射的土壤中可存活几十年,可耐煮沸60分钟,干热150℃1小时,5％石炭酸10~15小时。若要杀灭,需高压消毒,用碘酒等含碘的消毒剂或其他消毒剂如环氧乙胺等。这种细菌感染主要在婴儿出生时不洁净造成的,现代医疗技术下妇女生产婴儿感染脐风的概率已经大大降低,但抗战时期根据地妇女生产断脐时,接生人员的手或所用的剪刀、纱布未经消毒或消毒不严密,或出生后不注意脐部的清洁消毒,致使破伤风杆菌自脐部侵入而引起。多数发生在出生后4~7天。① 但从上表我们可以发现,根据地因脐风死亡的儿童除却1月以下的,1月至1周岁的儿童也不在少数,甚至

---

① 国家卫健委权威医学科普项目传播平台:《新生儿破伤风》,https://baike.baidu.com,2019.12.29。

还包括1至5周岁的儿童,由此可以看出,根据地医疗条件之极其落后以及根据地百姓家庭环境卫生状况之差。

痢疾是小儿常见的肠道传染病,主要通过"粪—口"传播小儿吃了带有痢疾杆菌污染的食物而引起的。因此,为预防细菌性疾疾的发生必须注意饮食卫生。苍蝇蚊子是传播痢疾的媒介,将病菌带到食物、餐具、物体上。小儿手接触了被污染的物体,都可以感染上痢疾。而由上表可知,几乎各个年龄阶段的儿童都有因痢疾而病亡的,其中尤以1周岁以上儿童居多。因根据地人口、牛马粪便多露天堆积,容易招惹蚊蝇传播细菌,1周岁以上儿童感染痢疾概率提高。

惊风是中医病名,又称"惊厥",俗名"抽风",西医称为小儿惊厥,是儿童幼年时期常见的一种急重病证,临床主要表现为抽搐、昏迷等。此病一般以1—5岁的小儿为多见,年龄越小,发病率越高。病情往往比较凶险,变化迅速,威胁小儿生命。因此病发病快治愈难度大,而根据地医疗卫生水平低下,所以根据地5周岁以下少年儿童多有得此病却难以治愈者,幼儿死亡率高。

综合来看,1周岁以下儿童死亡率几乎各村都占到15周岁以下儿童总死亡率的50%以上,5周岁以下儿童死亡率占15周岁以下儿童总死亡率的80%以上。无论是脐风、痢疾还是小儿惊风都是根据地5岁以下儿童易得疾病,且死亡率高。根据地5岁以下儿童死亡病因多在痢疾、伤寒,但可以明显看出的是5岁到15周岁儿童因病死亡的比例并不高。

二、根据地儿童健康观念与儿童健康政策发展

(一)近代从"富国强种"到儿童健康

近代中国被亡国灭种的阴云所笼罩,"东亚病夫"的称号刺痛

了国人,然民是国之根本,国民健全国家才可能健全。有识之士愈发感受到振兴民族文化、富国强种之迫切。新文化运动兴起,先进人士纷纷向国内介绍和传播西方现代科学与文化知识,梁启超认为中国要通过"保种"避免被"强食",孙中山阐述中国种族之问题。民体强健、国家富强的"救国保种""富国强种"的观念。

新文化运动兴起后,"医学与政治的互喻成为人们通常采用的话语模式"①,西方医学是当时新文化运动的倡导者们积极引入中国的学科之一。卫生才可强种,医学才可救国,医学发展关系到国家之富强、民族之兴盛。社会精英参照医学在西方国家建构和社会运行方面的规律后指出,对于国家现代化进程,医学在其中发挥了社会启蒙、社会治理、社会动员、社会改良的作用。建立在近代自然科学基础上的西医集中体现了新文化运动所倡导的科学实质与意义,这也成为被当时新文化的倡导者用来批判传统文化的有力武器。为此,新文化运动的倡导者们积极宣传和推动西方医学在中国的传播,受此影响,中国人特别是生活在大城市的中国人在关于卫生、健康、疾病等思想认识逐渐开始转变,把倡导卫生、增进健康看作是保持个人身体和素质提升的同时,更把它看作是民族国家强盛的标志,"富国强种""强国强种"已成为一种有识之士的政治诉求。② 曾任国民政府卫生部总监的容启荣先生认为,成年人体质思想不易改或不可改,救亡善策应以儿童为对象,从根本做起才可种强国富。"吾人提倡卫生之目的,即为促进健康,预防疾病,及减少死亡。因不卫生而遭牺牲者,大多数为儿童,故吾人欲富国

---

① 张大庆:《新文化运动与卫生启蒙》,《澳门理工学报》,2017年第2期。
② 张大庆:《新文化运动与卫生启蒙》,《澳门理工学报》,2017年第2期。

强种,则应从儿童保健做起方可也。"①种族强弱依赖于妇婴健康,民族复兴依赖于妇婴保健②。因此,改善提高儿童健康问题就成为新文化运动"富国强种"思潮的具体体现之一。民国近代公共卫生建设之初起,便天然地与增强"儿童健康"和"富国强种"关系密切。只有"强种"才能强国,新文化运动影响下,医学、强种、儿童三者关系逐步紧密。"强种"的对象是儿童,"强种"的手段是"医学",概而言之,"强种"是以儿童为主要对象,以"医学"为主要手段的救国事业,儿童健康问题得到社会空前的重视,人们社会变革关注的焦点逐步从成人人群逐步扩大到儿童。

(二)根据地初建时的卫生健康观念

华北地区根据地少年儿童地位随着抗战的深入越来越得到大家的重视,在根据地小学、儿童团带领下,儿童也为抗日建国发挥着自己独特的作用。民国"富国强种"的思想随着先进知识分子、随着根据地民主政权的建设逐步扩展到华北地区根据地中。强调儿童生活和儿童教育要"以儿童为中心","儿童的发现"的话语背景下,鲁迅、胡适、陶行知等社会精英强调儿童不是附庸而是独立于成人的个体,尊重儿童、提高儿童地位、以儿童为中心的观点在华北地区根据地也得到大家的公认,因此儿童健康、儿童权利、儿童地位等新型宣传皆使得儿童卫生保障成为华北地区根据地儿童健康维护和公共卫生建设中的重要方面。随着民族危机加深,根据地政府、根据地学校每年都会以各种形式庆祝"四四儿童节",以儿童为中心的儿童本位观与民族意识的觉醒逐步结合,有力地促进了华北地区根据地儿童健康观念的初步形成。华北地区在"富

---

① 容启荣:《富国强种应从儿童保健做起》,《大众卫生》,1935年1卷2期。
② 杨崇瑞:《妇婴卫生之过去与现在》,《中华医学杂志》,1946第32卷第1期。

国强种"的话语下及儿童健康逐步得以重视的文化背景下,根据地儿童健康与公共卫生成为卫生建设的焦点。

当然,正确的儿童健康观念开始传播,并不等于这种观念已经为人人认可。首先,华北根据地群众常年生活在思想、医疗都落后的偏远农村,生病后或没钱请医生医治,靠自己挨着听其自然发展,或受封建迷信思想的毒害,请巫神烧香念经,以致耽误了治疗。其次,华北地区根据地群众卫生知识缺乏,不注意清洁,室内空气不好,光线不足,他们这样天长日久成为习惯,一下不易改过来。再则由于敌人不断烧杀抢掠,住屋减少,传染病增多。① 另外,华北地区根据地物产贫乏,农民家庭贫困,孩子们营养不良,根据地少年儿童健康较差。尤其是幼童被养得面黄肌瘦,有的两三岁还不会走路。② 少年儿童健康问题引起根据地政府重视,儿童健康政策也逐步制定。

（三）根据地儿童健康政策

若论落到实处,真正关心农村儿童健康应在共产党建立农村根据地之后。首先表现在法令政策的制定方面。通过小学宣传卫生保健,开展儿童卫生保健工作。所以华北根据地已经认识到忽视儿童健康的严重性,开始着手重视儿童工作。

1. 童工使用与保护政策

禁用童工的年龄界限。《中共中央劳动政策提纲》规定,一般禁止雇用14岁以下儿童工作。晋冀鲁豫边区也规定童工最低年龄为12岁③。晋西北抗日政府于1941年4月1日颁布《晋西北工

---

① 孙晓忠、高明编:《延安乡村建设资料》3,上海:上海大学出版社,2012年,第602页。
② 孙晓忠、高明编:《延安乡村建设资料》3,上海:上海大学出版社,2012年,第602页。
③ 张希坡:《革命根据地的工运纲领和劳动立法史》,北京:中国劳动出版社,1993年,第327页。

厂劳动暂行条例》,其第8条、第33条规定:12岁以上16岁以下者为童工,不满12岁者不准雇佣①。《晋冀鲁豫边区劳工保护暂行条例》规定,凡年在16岁以上18岁以下的青工及12岁以上16岁以下的童工,其工作须以不妨害身体之健康及教育为原则。② 所以由根据地政策条例来看,华北根据地将童工和青工年龄做了详尽的区分,童工的年龄是指12岁到16岁的少年儿童,青工的年龄是指16岁至18岁的青年。

工时与工资。30年代,华北地区童工工资虽然逐年有所增加,但由于物价不断上涨,童工工资实际是在逐年降低。晋西保德下流碛郭生人10岁到12岁卖豆腐,13岁当长工时赚了4元,15岁赚了9元,16岁赚了15元。③ 兴县一区严家崖刘三儿9岁给人放羊时没有工资,主家只管饭;13岁时给人种地赚6元(买2石米);14岁赚10元(买4石米);16岁虽然赚14元但也只够买4石米。④ 这些问题在华北根据地得到了不同程度的改善。1941年3月《中共中央劳动政策提纲(草案)》第36条规定:青工工作时间为8小时,童工每日工作时间不得超过8小时;第37条规定:童工每日应受补习教育2小时;第38条规定:女工童工不得从事夜工、笨重工及有

---

① 韩延龙、常兆儒编:《中国新民主主义革命时期根据地法制文献选编》第4卷,北京:中国社会科学出版社,1984年,第680页。
② 张希坡:《革命根据地的工运纲领和劳动立法史》,北京:中国劳动出版社,1993年,第327页。
③ 晋西青联:《一年来晋西青联工作总结报告》,共青团山西省委 山西省档案馆:《山西青年运动历史资料》晋绥革命根据地分册第二辑,1986年,第30页。
④ 晋西青联:《一年来晋西青联工作总结报告》,共青团山西省委 山西省档案馆:《山西青年运动历史资料》晋绥革命根据地分册第二辑,1986年,第36页。

危险性之工作。① 《晋冀鲁豫边区劳工保护暂行条例》也规定:工厂之青工及童工,每日工作时间须较成年减少 1 到 2 个小时。② 从工时来看,华北根据地工厂之儿童工作时间基本相同于青工,而儿童和青工的工作时间少于成年工人 1—2 个小时。如此儿童与青工在工时上少于成年工人,有利于保护少年儿童的健康。根据地不仅限制儿童的工时,还注意提高童工的工资待遇。1941 年 4 月 1 日《晋西北改善雇工生活暂行条例》之第 3 条规定,童工工资最低应等于成年工人工资二分之一。③ 太行根据地则主张保护青工、女工、童工身体健康,不得让童工担负妨碍其健康与发育之工作,并实行同工同酬④。1942 年 12 月《晋冀鲁豫边区劳工保护暂行条例》规定了女工的产假和哺乳期,并规定工人如携子女在工厂或雇主家中工作,可按其子女之劳动能力给以相当之工资。如无劳动能力,得依其子女之抚养食用,酌减工资。年龄在 16—18 岁的青工和 12—16 岁的童工的工作应以不妨碍其身体健康与教育为原则。⑤ 1943 年"四四儿童节"之前,太行四分区指示:放羊放牛的童工,如果工资比去年减少的应维持原工资,如果工资太少应予以适

---

① 韩延龙、常兆儒编:《中国新民主主义革命时期根据地法制文献选编》第 4 卷,北京:中国社会科学院出版社,1984 年,第 680 页。

② 张希坡:《革命根据地的工运纲领和劳动立法史》,北京:中国劳动出版社,1993 年,第 327 页。

③ 韩延龙、常兆儒编:《中国新民主主义革命时期根据地法制文献选编》第 4 卷,北京:中国社会科学院出版社,1984 年,第 682 页。

④ 太行革命根据地史总编委会:《太行革命根据地史料丛书:政权建设》,太原:山西人民出版社,1989 年,第 111 页。

⑤ 张希坡:《革命根据地关于保护儿童、禁止弃婴溺婴的法令》,《西北政府学院学报》,1983 年第 1 期。

当改善。①

  规定童工年龄、减少童工工时、提高童工工资,华北地区抗日根据地儿童作为特殊劳动群体,受到根据地政府的保护。保护童工的政策在一定程度上也修正了根据地建立早中期大量地发动儿童劳动、军事训练等而忽视了对儿童的文化教育的偏颇。艰苦的华北抗日根据地,中共刚刚开始施政时,广泛的发动儿童,儿童承担了他们难以承担的重负。在根据地建设相对趋于稳定后,大家也重新审视儿童及儿童教育,儿童正处于发育生长时期,他们身体上需要良好的营养,保护身体健康,同时应该多方面的学习,增长社会知识,健全思想认识。② 儿童健康,以及未来儿童对根据地建设的作用,未来儿童对新中国建设的作用已是华北根据地政府开始思考的问题。女子、儿童与许多劳动力,几乎完全是浪费着使用,拔高粱玉黍根的儿童、推磨的女子、捡柴的青年,他们每天劳动收获所得很少能够超过1毛钱的。③ 抗战以来,因青壮年参军,农村劳动力短缺,少年儿童的劳动负担增加。1941年晋绥兴县东坡上村14个儿童都参加劳动,离石艾掌村50个儿童中有30个已经参加劳动,这些参加劳动的儿童最小的仅有6岁。④ 因此1941年后的华北根据地动员儿童参加抗战工作主要采用的是学习、教育为主要原则。因为虽然在抗敌的艰苦过程儿童应当参加家庭劳动

---

① 太行第四专员公署、太行四分区青联会:《关于纪念四四儿童节的联合指示》,档案号:A68-3-8-20,山西省档案馆藏。
②《目前晋西北儿童工作的方向》,《抗战日报》,1942年4月2日,第1版。
③《经济建设的原则方案》,晋绥边区财政经济史编写组:《抗日战争时期晋察冀边区财政经济史资料选编》1,天津:南开大学出版社,1984年,第248页。
④ 晋西青联:《一年来晋西青联工作总结报告》,共青团山西省委 山西省档案馆:《山西青年运动历史资料》晋绥革命根据地分册第二辑,1986年,第38页。

和抗敌工作,但无限制地增加儿童的繁重负担,只管使用,不管教育,这样,过早地过分地使用儿童,对于长期建设根据地是有害的。①

2. 卫生保健

华北地区抗日根据地各边区政府是儿童卫生保健的主导者,学校和儿童则是具体的实施者。边区政府负责群众及易受感染的儿童预防减少感染流行疾病,因为边区最流行的疾病,主要是疟疾、痢疾、回归热、流行性感冒、麻疹、伤寒等都是可以预防的传染病,但是由于群众不讲卫生,缺乏必要的卫生医疗常识,所以华北地区根据地各级政府要做的首要工作是根据具体情况,进行群众的卫生防疫工作,预防疾病,减少疾病死亡。② 疾病尤其是传染性疾病对儿童健康危害严重,但过去中共过多地关注于儿童的学习、生产、文化娱乐、社会活动、体育训练,而对根据地儿童卫生健康重要性的认识是不够的。③ 为保护华北根据地儿童健康,努力协调政府、学校和家庭,主张发挥三者的共同作用。晋察冀边区主张从家庭和学校两方面入手维护儿童健康。首先,边区主张深入家庭,与家长联系,政府和家长共同注意儿童卫生保健工作。利用边区组织的各种形式的教育、座谈会、农妇救会向家长宣传,先让家长懂得儿童卫生的一些必要常识。同时,教育群众克服迷信,反对巫婆神汉等。其次,在学校中加强卫生保健教育。晋察冀边区各级政府、抗联,根据当地具体情况,搜集材料编印卫生教材,作为家长对儿童进行教育的参考。还要求通过学校和童子军系统发动儿童订

---

① 《目前晋西北儿童工作的方向》,《抗战日报》,1942年4月2日,第1版。
② 刘皑风:《加强群众的卫生防疫教育减少疾病死亡》,《新教育论文选集》,教育阵地社,1945年,第43页。
③ 纪之:《为纪念四四儿童节,关于儿童工作的联合指示》,《教育阵地》,第5卷第1期。

立卫生公约,共同遵守执行,养成儿童讲卫生的习惯。① 根据地小学负责对儿童进行卫生教育,同时领导儿童进行卫生宣传。华北抗日根据地利用小学生作为宣传先锋,个人宣传个人的家庭,注意清洁卫生,防止疾病以达到人旺,提高群众卫生常识。② 共产党主导建立的农村根据地小学十分注重教育儿童讲究卫生,甚至还把关于讲卫生的诗词编入小学语文课本。山西河曲城塔小学教师张裕厚编写的三年级语文教材《讲卫生》,就告诉同学们应如何讲卫生保持身体健康:"大人娃娃讲卫生,冷饭不能吃,生水切忌饮,房屋院落打扫干净,清洁卫生经常保证。"③

华北根据地将各级政府和抗联、儿童团、童子军等联合,他们通过宣传动员组织儿童建立卫生公约,号召大家共同遵守,推动根据地儿童卫生工作建设。根据地号召儿童学本领、练身体,当社会的主人,做到学校、村庄联合领导,比如春季防疫、组织儿童普种牛痘的工作。④灵丘模范教师张治平同志在根据地卫生运动中便很好地将学校和社会相结合,他不仅学校卫生工作做得好,还推动了全村的清洁卫生运动,因此他领导组织的卫生活动收效很大。⑤

为更好地保护革命后代,华北地区根据地有专门针对干部子弟的养育政策。中共中央书记处《关于保育工作的通知》规定:1.

---

① 纪之:《为纪念四四儿童节,关于儿童工作的联合指示》,《教育阵地》,第5卷第1期。
② 孙晓忠、高明编:《延安乡村建设资料》3,上海:上海大学出版社,2012年,第603页。
③ 王业:《河曲县教育志》,太原:山西省新闻出版局,1992年,第42页
④ 《关于纪念"四四"儿童节与开展大生产宣传运动的部分材料》,档案号:A52-4-109-6,山西省档案馆藏。
⑤ 纪之:《为纪念四四儿童节,关于儿童工作的联合指示》,《教育阵地》,1945年,第5卷第1期。

各机关学校供给制职工的婴儿养育费标准,在婴儿1岁前,每月发养育费10元,儿童衣服费按成人衣服费减半发给。2.凡婴儿在1岁脱奶以前,须由其生母喂奶及养育,并由各机关学校设立托儿所。凡有3个婴孩以上的单位,须有行政上负责设置必须之窑洞,并设法雇人帮助其母亲洗衣服杂物等,使母亲仍能附带工作。3个婴孩以下机关学校,由其母亲自己抚养①。1941年11月《晋冀鲁豫边区劳工保护暂行条例》规定,女工带有哺乳婴孩者,每月应给以适当的哺乳次数与时间。并规定,工人若携有子女在工厂作坊或雇主家中工作者,可按其子女之劳动能力给以适当的工资②。1943年冀鲁豫边区规定:如果儿童由母亲自己抚养,1周岁以下婴儿每月领保育费15斤小米,1周岁至5周岁可得保育费20斤小米,婴儿在5周岁以下,如果母亲因为工作或疾病不能亲自抚养孩子,每月可领奶母费小米50斤,并在此基础上还可领到和年龄相对应的保育费。并在婴儿生育后第一年发给土布7丈,棉花7斤,第二年、第三年发土布3丈,棉花2斤,第四年第五年发土布4丈,棉花2斤。③ 根据地除了为抗日干部子弟提供了相对丰厚的抚养资费,还为那些父母为了革命奔波不能被养育的儿童寻找代奶的人家,以很好地养育革命后代。

---

① 张希坡:《革命根据地的工运纲领和劳动立法史》,北京:中国劳动出版社,1993年,第311页。
② 张希坡:《革命根据地的工运纲领和劳动立法史》,北京:中国劳动出版社,1993年,第311页。
③ 《冀鲁豫区产妇婴儿保健办法》,《抗日战争时期晋冀鲁豫边区财政经济史资料选编》1,北京:中国财政经济出版社,1990年,第1341页。

三、儿童保育院

（一）儿童保育机构

抗战全面爆发后,出现了一些专门救济儿童的机构,中央振济委员会下设的社会部是战时政府负责儿童保护的主要部门。战时儿童保育会、中国战时儿童救济协会等由各界人士发起成立,通过募捐形式在各地广设儿童保育机构,保障战时儿童最起码的生活。下表是战时儿童保育会直属三会1939年10月到1941年5月救助儿童的统计表。

表3-13　1939年10月到1941年春儿童健康比较表

	1939年10月检查	1941年5月检查	备注
沙眼	8%	31%	
疥疮	8%	10%	极轻微者
淋巴腺肿大	30%	2%	
头癣	57%	25%	
营养不良	12%	3%	
贫血	12%	4%	
扁桃腺肿大	12%	5%	
脾肿大	18%	0%	
耳病	10%	1%	
龋齿	1%	5%	
肺脏疾病	1%	1%	
心脏疾病	0%	0%	
畸形	0%	0%	
其他	1%	1%	临时病者

资料来源:《慈母般的爱:赵君陶同志和战时儿童保育院》,北京:中国妇女出版社,1991年,第25—26页。

从表中可以发现,除沙眼、疥疮等传染性高的疾病,其他儿童易得疾病均得到有效控制,孩子们身体逐渐康复。然而不得不说,能有幸得到这样照拂的儿童很少,有些抗战之初建立的保育院随着战局发展不得不撤销了,即使是仍存在的保育院,容纳程度也是有限的。1940 年至 1944 年底,直属于赈济委员会的各教养院最多时有 27 所,收养儿童人数最高时也不过 11 304 人。① 并且这些救助机构大部分建立在城市,没有离乡逃难的农村儿童几乎享受不到,所以发起成立边区自己的儿童保育院是迫在眉睫了。

在广大华北抗日根据地,因为日伪扫荡和蚕食,根据地战争不断,其所辖范围也经常有所变化,所以根据地各边区只能是自己分散保育。华北抗日根据地保育儿童的机构有儿童托儿所、儿童保育院等。

冀中区 1941 年 8 月初成立保育委员会②,后在保育委员会的领导下建立了保育院,定名为"冀中战时保育院",保育院由妇救会主任负责工作,由保育员五六名,中西医各一名,炊事员、交通员、卫生员各一名。规定周岁以内的儿童每月补助按一个战士口粮(每月 45 斤小米)供应,由奶母所在村庄的干部负责。因条件有限,保育院主要接收区以上妇女干部的子女,离保育院区以上的妇女干部生了孩子,通知保育院,保育院就会派保育员来接孩子。保育员和孩子母亲一同把孩子送到事先找好的政治上可靠并且有奶的堡垒户家试奶。③ 冀中妇建会为保护根据地抗日力量后代建立

---

① 秦孝仪:《革命文献》,第 100 辑,台北:文物供应社,1984 年,第 356 页。
② 李洁心、田雷林、李玉平:《冀中战时保育院》,冀中人民抗日斗争史资料研究会编:《冀中人民抗日斗争文集》,北京:航空工业出版社,2015 年,第 936 页。
③ 李洁心、田雷林、李玉平:《冀中战时保育院》,冀中人民抗日斗争史资料研究会编:《冀中人民抗日斗争文集》,北京:航空工业出版社,2015 年,第 936 页。

农村临时托儿所,①托儿所由太行行署直接领导,接受儿童条件是年龄是两周岁到六周岁之间,太行行署直属单位女干部的婴儿及县长级女干部和爱人是区级以上男干部的婴儿。② 冀晋儿童保育院、太岳儿童保育院等都是华北地区根据地成立的规模较大、较为规范的儿童保育院。晋察冀抗日根据地在1941年由彭真、聂荣臻等发起成立晋察冀边区儿童保育会。③

> 晋察冀边区党政军民各界领袖,特于元旦节,发起成立战时儿童保育会晋察冀边区分会。计发起人有:彭真、聂荣臻、宋劭文、胡仁奎、吕正操、程子华、黄敬、肖克、马辉之、杨耕田、齐一丁、田涓秀、张瑞华、刘素菲、刘光运、荀昌武等16人,其发起启事大意谓:"……为民族国家百年大计,为收容父母从事抗日工作真正无法养育的部分婴儿及父母无之先烈遗孤,保存民族国家精华,抚育革命后代,反对日寇亡国灭种一策,特发起组织战时儿童保育会晋察冀边区分会。甚望各界先进仁人义士慷慨援助共襄义举……"。现各界均已热烈响应,不久即将成立。该会筹备处并筹备儿童保育院;开设训练班,积极训练保育干部,训练课程有卫生常识,儿童保健常识等。白求恩学校对该院在技术上设备上均有很大的帮助。

晋察冀边区成立儿童保育会,同年6月30日建立儿童保育院,收容各地父母从事抗日工作无法养育之婴儿及父母俱无之遗孤,

---

① 《冀中妇建会决定建立农村临时托儿所,号召全区广泛进行试》,《晋察冀日报》,1941年12月3日,第3版。
② 太行保育委员会:《托儿所儿童入所暂行办法》,档案号:A52-4-85-2,山西省档案馆藏。
③ 彭真、聂荣臻:《发起成立边区儿童保育会》,《晋察冀日报》1941年1月7日,第1版。

儿童保育院内分设儿童习惯研究组、儿童衣物用具研究组、儿童饮食卫生研究组。该院正副院长为保育会的正副主任,儿童研究会研究的原则为经济、卫生、简便、适用①。华北抗日根据地冀中区1941年9月初正式成立儿童保育委员会,并实行集中领导、分散保育,以保障儿童在战争环境中的安全。② 通过分散保育,可以实现在战斗的情况下,保育员随着儿童而转移,不会发生丢失儿童或儿童无人照料的情况。也不会出现父母工作有调动而影响孩子母乳喂养的工作,孩子可随父母调动后再灵活寻找当地分散的保育员。

(二) 儿童保育院的资金、保育干部

1. 保育院资金。儿童保育院资金一部分来源于边区政府资助,一部分来源于边区干部捐款,也有一部分来源于国内国际友人和福利基金会的资助。由于整个形势的变化,环境渐趋稳定,1945年冀晋区儿童保育院成立时,就曾张贴启事,说明保育院成立之重要并要求各机关、部队、政府、团体、合作社、商店、学校及全体关心儿童保育事业的同志给予经济上的帮助。③ 1945年到1946年晋冀鲁豫边区儿童保育院和冀晋保育院合并后,从政府贷款80万元,又陆续收到各界捐款90多万元,另外还有民间捐款,建华商店捐款80万元,康儿沟捐款30万元,阜丰毛巾厂捐款20万元,这些资金用于儿童保育院购买干柴、蔬菜、药品、米面等必备物资。④ 另华北抗日根据地还会收到国际资助捐款,1948年国际儿童福利基金会就曾捐给晋冀鲁豫

---

① 晋察冀北岳区妇女抗日斗争史料编辑组编:《晋察冀北岳区妇女抗日斗争史料》第1辑,《抗战史丛》第19卷,中国老年历史研究会出版,1985年,第709页。
②《冀中设院保育战区儿童》,《新华日报》,1941年12月13日,第1版。
③ 冀晋行署:《儿童保育院募捐启事》,A110-1-126-2,河北省档案馆藏。
④《边区儿童保育院、冀晋儿童保育院自成立以来的简略总结及今后的改点意见》,A42-3-9-6,山西省档案馆。

边区政府、晋察冀边区解放区儿童福利基金50万美金。①

2. 儿童保育干部及儿童衣食供给。根据地为儿童保育干部提供粮食菜金。以太岳区儿童保育院为例,保育院编制干部8人,此8人按供给制干部待遇;编制杂务人员6人,也是按供给制干部待遇;保姆11人,每3个儿童1人,按杂务人员供给外,每月1人津贴1市斤。② 根据地保育院保育干部按保育院儿童人数配有定量编制,保育人员除保姆外皆给予干部待遇,保姆一般是雇佣本地青壮妇女,按杂务人员给予每月津贴。总体来看,保育院工作人员皆有可保障的待遇,并且待遇优厚。

根据地边区根据保育院儿童人数予以相应的衣食供应,冀晋行署供给冀晋保育院每个小孩70斤米,③北岳区儿童保育院1945年8月时有儿童23人,男10人,女13人,北岳区供给其骡1头,大车1辆。边区政府对北岳区儿童保育院儿童实行服装供给,供给量如下表:④

表3-14　北岳区儿童保育院儿童衣被供给表

单衣	两套	一年计	棉衣	一套	一年计
衬衣	两套	一年计	被子	一条	两年计
罩衣	两套	一年计	褥子	一条	两年计
围嘴	两件	一年计	单子	一条	一年计
袜子	两双	一年计	鞋子	十二双	一年计

---

① 《太行行署关于报送国际儿童福利基金会典型材料的通知》,A52-2-51-13,山西省档案馆藏。
② 《边区儿童保育院、冀晋儿童保育院自成立以来的简略总结及今后的改点意见》,A42-3-9-6,山西省档案馆。
③ 《边区儿童保育院、冀晋儿童保育院自成立以来的简略总结及今后的改点意见》,A42-3-9-6,山西省档案馆。
④ 太岳儿童保育院:《太岳区儿童保育院人员编制、供给制度材料》,A71-4-191-3,山西省档案馆藏。

从上表来看,边区政府对保育院儿童供应的衣服冬夏区别、种类齐全、分量充足,相对条件落后、战争频仍的根据地来说是比较丰厚了,这些物资若按1945年阳城小米市价折算,每个儿童衣物供应,全年约合小米1 916.6斤。

表3-15 北岳区儿童保育院衣被折算表(按1945年8月阳城市价计算)

单衣	全年两套	布共43尺	折米53.754斤	手工染料20斤	合计93.12斤
衬衣	全年两套	布共28.6尺	折米35.12斤	手工染料10.4斤	合计55.12斤
罩衣	全年两套	布共28.6尺	折米35.12斤	手工染料15斤	合计65.12斤
围嘴	全年两个	布共4.6尺	折米5.12斤		合计5.12斤
棉衣	全年两套	布共8.14尺	折米100.12斤	手工染料20.4斤	合计140.12斤
被子	全年一套	布共43.3尺	折米54.2斤	手工染料15斤	合计69.2斤
褥子	全年一套	布共22.7尺	折米28.6斤	手工染料7斤	合计35.6斤
单子	全年一套	布共11尺	折米13.12斤		合计13.12斤
袜子	全年两双	布共9.6尺	折米12斤	手工染料3.4斤	合计15.6斤
鞋子	全年十二双	布共120尺	折米150斤		合计150斤
				每婴儿全年共总计小米1 916.6斤	

除却衣物供给,保育院粮食蔬菜供给也是一大开销。儿童供给每人一日米2.4斤(菜金在米内自行调剂),麦子1斤,大米2两。杂用费每月每人小米30斤,医药费每月每人米10斤,学习费每月每人米5斤,保姆接产费每月1个儿童小米4.10斤。① 太岳区儿童保育院粮食供给标准,食粮每儿每日米2.4斤,麦1斤,大米2两,每月共计3.6斤,保姆夜餐以婴儿月计4.10斤,食粮每儿每月

---

① 《太岳区儿童保育院人员编制、供给制度的材料》,A71-4-191-3,山西省档案馆藏。

101.4 斤,麦每月 105.14 斤,大米每月 4 斤,全年 1 271 斤。① 保育院中供给儿童的食物有小米、小麦、大米三种,小麦和大米供应量为够一天食用的量。而儿童保育院因物资短缺,经常用所供应之面粉及小米以当地市价换回各种物品以供儿童食用,以太岳儿童保育院所在阳城地区市价为例,儿童保育院每日所需之物资约合 13 530 元。②

表 3-16　太岳儿童保育院每日所购物资

品名	数量	价格	品名	数量	价格
鸡蛋	2	1 000 元	奶粉	1 两	1 000 元
白糖	0.5 两	4 000 元	蜂蜜	0.5 两	2 000 元
猪肉	1 两	1 500 元	香油	3 两	450 元
食盐	2 两	80 元	水果	西瓜 1 斤	2 000 元
调料	作	500 元	蔬菜	椒类白菜	1 000 元
合计					13 530 元

购买以上这些物资每日所需之庞大开销解决,都是靠华北抗日根据地保育院供应之粮食去市场买卖后换购,粮食一部分用于换购以上物品后所剩下之物也就不多了,因此保育院开销吃紧、经费紧张也就是常事了。

(三)华北地区根据地儿童保育院问题

华北地区亟须创办儿童保育院。儿童是未来中国建设的有生力量,但敌人一面用残酷的毫无人道的方式杀害少年儿童,一面又用怀柔的手段对少年儿童进行奴化教育。如何保护儿童不被敌人

---

① 《太岳区儿童保育院婴儿供给标准》,A71-4-191-8,山西省档案馆藏。
② 太岳儿童保育院:《太岳区儿童保育院人员编制、供给制度材料》,A71-4-191-3,山西省档案馆藏。

残害,不被敌人奴化,是当时根据地面临的重要问题。另外,华北地区抗日根据地发动广大妇女参加劳动、参加选举,参与根据地事务的方方面面,就需要帮助她们解决孩子牵绊的问题。创办保育院还是解除妇女切身痛苦的一个重要工作,因华北根据地妇女大多生产前还在井边、灶下忙碌,直到生产也无人帮忙,产后无充足的营养,还得手里做针线、怀里喂婴儿。孩子们少吃无穿,健康更是没有保障。因此为发动广大妇女着想,为保育民族后代着想,华北地区根据地都必须建立儿童保育院。

1. 问题与困难

华北地区抗日根据地需要建立保育院,但现实情况是根据地保育院办院状况却不尽如人意。以晋察冀边区保育院为例,保育院创办4个月后才接受了几十个儿童,将近半年都没有完成预定计划的一半。① 许多无人抚养的抗日后代并没有进入保育院,这和晋察冀边区较为严格的入院条件是有一定的关系的。边区保育院规定,党政军民各级以上父母双方均未脱离生产的干部子女才可入院,其他的均不接收。如父母之一方已死亡,而家庭尚可照顾者;父母之一为工人或小学教员;原奶母之奶价稍高而不肯接受保育院的待遇;路途过远、工作较固定,有能力自己喂养的,以上种种晋察冀边区保育院均不接收。②

另外,晋察冀边区保育院招生也有干部缺乏、物质条件不足、经验技术缺乏等种种困难。保育干部短缺是晋察冀边区保育工作欠缺的重要原因,保育员需要有一定的科学养育儿童的知识和经

---

① 刘光运:《开展儿童保育院本年第三期工作的几点意见》,《晋察冀边区妇女抗日斗争史料》,北京:中国妇女出版社,1989年,第710页。

② 刘光运:《开展儿童保育院本年第三期工作的几点意见》,《晋察冀边区妇女抗日斗争史料》,北京:中国妇女出版社,1989年,第710—711页。

验,应具有一定的医学药学常识,而华北根据地边区较难短时间抽调合适的乡村夫妇和根据地干部从事这一工作。冀中保育院虽然调来十几个同志搞保育工作,但谁也不懂保育知识。全院只有一位同志略懂妇婴知识。在保育院培训下教育下,如何防治传染病、注重奶母身体健康、不可嘴对嘴喂养、经常给小孩洗澡、保持手部卫生等卫生健康习惯等。① 因此物质条件的限制是影响保育院招生的根本原因,保育院不可能在极短的时间里吸收很多的儿童入院。

2. 解决办法

与妇救会联合。晋察冀边区将育儿工作作为妇救会工作的重要内容,训练接生婆、发动妇女帮助产妇、训练小儿科医生。晋察冀边区开展托儿所、保育院、幼稚院、抱娃队来减轻保育院的负担,分担保育院的工作。这些组织讲究规模小,单位多,以妇女参加的生产、工作、村庄为一个单位。

除了上述外部单位帮助外,保育院自己也要排除困难解决问题,晋察冀边区保育院提出设立保育队:

> 边区保育院内部应增设研究部门,以专负研究保育工作之责,特别注意于儿童的饮食卫生衣物用具生活习惯及教育玩具等,以专人负责并将结果随时宣告社会。
>
> 设立保育队——院之下成立保育队,队设队长1人,干事2人,保育员2—4人,可收容儿童20—40人。暂时只设1队,明春至少设3队,以靠近专区级卫生机关为宜,此4队由本院直接领导。

---

① 李洁心、田雷林、李玉平:《冀中战时保育院》,冀中人民抗日斗争史资料研究会编:《冀中人民抗日斗争文集》,北京:航空工业出版社,2015年,第937页。

设队后之干部问题——抽调本院现有干部兼任队长,抽调强有力的保育同志二人为干事,以现有保育员为该队之保育员,并于卫校大批训练保育干部,为明年春增设三队之基础,则目前的吸收原定计划之儿童数目已不成问题,干部亦可解决,而工作的展开与充实巩固党在不断地努力过程中。

队的职权:专门负责接收检查儿童,转发儿童衣物奶费,督促检查奶母清洁卫生,代替本院进行奶母教育,处理临时性问题,随时向上级做报告、找奶母……

队的组织:应该非常灵活地转入地下工作,以适应战斗环境,所以无需繁多的组织和人力。

经费:由本院统一开支。

资料来源:刘光运:《开展儿童保育院本年第三期工作的几点意见》,《晋察冀边区妇女抗日斗争史料》,北京:中国妇女出版社,1989年,第713页。

应该说晋察冀保育院如此专门化、精细化、技术化的安排是有助于保育院很好地完成保育任务的。及至1945年晋察冀边区保育院和冀晋保育院合并时,因根据地建设各种原因如妇女工作更多地集中在妇女解放、妇女生产上,边区的经费紧张、儿童保育总会给予资助十分有限等,晋察冀边区保育院所面临的问题并没有得到根本性的解决。

四、儿童健康问题产生的原因

抗战时期华北是日军维持战争的原料场,日军在战前就拼命地掠夺华北的盐、煤、铁、羊毛、粮食等物资,对农民进行残酷的剥削。日本在经济上提出"以战养战"的政策,开发华北资源,以达到全华北真正殖民地化的目的。战争无情,敌人不断对华北各抗日边区扫荡,儿童生活艰苦,连基本生命都难以保障。

(一)家庭经济贫困

具体分析来看,儿童健康随地域经济变化而不同,并且家庭经济是最根本的决定因素。家庭贫困,衣食无着,何谈健康?家庭贫困,儿童稚嫩双肩过早承担家庭重负,丢掉性命的事时有发生,健康二字更是奢谈。

儿童依靠家庭而生活,家庭经济是影响儿童健康状况的重要指标,住宅逼仄、潮湿阴冷、食无营养等家庭环境都会造成儿童疾病乃至死亡。然而民国时期不断的自然灾害、巨大的社会变化都使中国农村家庭处在濒临崩溃的边缘。1939年海河大水灾,晋冀鲁豫四省近900万人口,淹毙13 320余人,被淹5万平方公里,受灾面积5 200万亩,淹没村庄12 700个,华北交通几乎完全断绝;1942—1943年中原大饥荒,灾民3 000余万,饿死约300万人[①]。除却自然灾害,民国时期动荡多变的社会环境也深深影响农民生活。中国许多农村打破了以往完全自耕自足的生活方式,买卖成了农民重要的日常生活。衣料、火柴等,都是农民必买的生活资料,农民较以前支出项目更多。恩格尔系数是衡量一个家庭或国家贫富程度的标准之一,一个家庭越贫困,食物支出金额占总支出的比重就会越大。据抗战时汾阳专区对汾阳东路家庄15户农户的调查显示:战前(1936年)农副业收入85 468斤粮食,15户85口人,平均1 005斤,支出56 550.5斤,人均665.3斤。生活消耗占总收入的51%,负担占7.5%,全年生活消耗平均每人512.5斤[②]。

[①] 张静瑞:《抗日战争时期灾荒状况及其对人口迁移的影响》,《绥化学院学报》,2008年第1期。

[②] 吕梁地区地方志编撰委员会办公室:《吕梁地区简志》初稿,中册,吕梁:吕梁行署印刷出版,1987年,第357页。

农民本来已经食不果腹的生活再加上战争的侵害,他们就只能挣扎在死亡边缘了。晋绥边区在雁门关北边,细腰洞村村民王补贵本来有两间窑洞、三亩地,老婆和一个刚断奶的孩子,他像所有的贫农那样活得异常朴素。但日军的侵略彻底摧毁了他的生活。当王补贵从 20 里外赶回来,他发现他三岁的孩子死在门口,在炕上,只卧着他忠实的狗。① 华北农村经济贫乏乃至经济崩溃对中国华北根据地儿童家庭生活的影响是巨大的。在衣的方面,在夏天,通常年龄比较小的孩子什么也不穿,及至 5 岁左右的时候才会穿一件背心和一双鞋子,冬天则穿棉裤、棉鞋和棉衣。抗战时山西盂县一少年叙述《我家土改的前后》时,讲述了土改前仅十岁的他的悲惨生活:"床上只铺着一块苇席和两块破而短的被子,晚上两人伙盖一条不说,而且还遮住上身露出下身,盖住下身又露出了上身。冬天,大人们蜷缩成一团,我们小孩子就像母亲搂小鸡似的钻在妈妈腋窝里取暖了。早晨起来,身上满是席瓣印儿,时间长了,席花儿就变成了血道道。再看身上穿的……我们小孩子,不到护羞的时候,就根本穿不上衣裳。夏天倒还好说,冬天可就冻得要命了。皮肤粗劣得就好像松树的躯干一样,脚上手上尽是冻疮。指头肿得跟水萝卜一样。"② 贫苦儿童衣不蔽体,席不暖身,当然无法保证身体康健。其实,除却贫苦儿童,在山西山区即使富家也是衣衫褴褛。他们"穷困极点,当然无力讲究,绸缎不上身,花洋布亦鲜用。老百姓做一件衣服,往往穿上十年二十年,甚至一辈子也不添新衣。在正太线上,一路有当地县长到站出迎,穿青布长衫,黑布马褂,已觉体面,区长局长等

---

① 何其芳:《一个水泥匠的故事》,《华北文化》,1938 年创刊号。
② 盂县人民政治协商会议山西省盂县委员会文史资料研究委员会编:《盂县文史资料》第五辑,内部发行,1986 年,第 147 页。

辈,衣衫褴褛,跟难民一般的狼狈。……贫民所居,砌一暖炕,全家男女老幼,皆集卧其上"①。

在食的方面,食物贫乏、缺乏营养是儿童身体病弱乃至死掉的重要原因。在华北根据地,"敌人实行'三光政策',加上闹灾荒,吃饭成大问题。不用说细粮,就是粗粮也不足。没有煤炭,学生拾麦根、蒿草煮饭。为了节约燃料,每日三餐改为两餐。吃菜是以酸菜、树叶、红薯叶等野菜为主。买不到食盐,师生自己熬硝盐。学校为了师生健康,做豆腐、采药材,卖钱换菜。"②山西土地多山而少水,不易耕种,为了保证最大的产量,便减少妇女儿童口粮而分给壮劳力,因此"大部分农村儿童能果腹就十分幸福了,难以提及什么营养之类的,绝大多数中国婴童在1岁左右断奶后就和大人吃一样的食物,并且许多时候因为儿童年纪小,不是家里的劳动力,他们在吃食上还会遭到扣减,以便省下干粮给成年劳力"③。普通人家"孩子早起喝高粱、小米、玉米等稀粥,中午吃玉米面或红薯面蒸的窝窝头,晚上吃煮红薯、面条;一般家庭孩子吃饭时能配一些萝卜咸菜。遇到天灾人祸,孩子们的生活根本无法保障,饿死小孩是常有的事情"④。华北农村一般农家能够把孩子养大,不让他饿死,已属不易,真的不敢讲究所谓的营养健康。在山西盂县一般农家"秋天打下粮食,搅糠拌菜,每顿吃个半肚子,也最多能坚持到年

---

① 薛慧子:《今日之华北》,南京:中央书报发行所,1940年,第29—30页。
② 襄汾县教育志编写组:《襄陵汾东农民革高小纪略》,临汾地区教育史志编印室编:《临汾地区老解放区教育资料选编》,1986年,第24页。
③ 盂县人民政治协商会议山西省盂县委员会文史资料研究委员会编:《盂县文史资料》第五辑,内部发行,1986年,第147页。
④ 骆风、李艳主编:《儿童生活》,中国青少年研究中心:《百年中国儿童》第2卷,广州:新世纪出版社,2000年,第37页。

底。开春以后,我们全家就只能靠野菜充饥。无论树上长的,地下生的,只要是绿叶儿,都成了我们的救命恩人。每年冬天,父母就靠卖豆腐换些米来……到第二年春天开荒坡的时候才拿出来吃,平素就只能吃一斗豆子拌五斗糠的炒面。吃完这些以后,就只有靠割藤条换来的山药,喝点只有几块小得要命的山药片,清得能照见人影的菜汤了……"①如此饮食,怎能保证儿童长身体的需要?因此,农村农民饮食多以吃饱为目的,不讲究营养,造成"吾国乡村儿童之死亡率甚高,其所以致死亡之原因,虽甚复杂,而因食品中养分之缺乏,以致儿童体质不能尽量发育,易罹疾病,乃为不可掩之事实"②。

在大部分华北农村人家,男子是承担田地劳动的主要劳动力,家里的男子是这个家庭对外事务的主要承担者,绝大多数的女人是不可以过多参与村政建设的,因而,每户人家都将最好的饮食给了户主,或者家里的主要劳动力。即使是在富裕的地主家庭,年幼儿童的吃食也被降到等同于长工的水平,享受不到什么优待。"同属一个家庭的妇女和小孩,其饮食与地主本人却不大相同,他们与长工一样,日常饭食乃是谷面窝窝和豆面。"③根据中共晋绥分局调查研究室对老区9县20村的调查,1939年占人口总数35.4%的486户贫农拥有11%的土地,每户平均20.9亩,每人平均4.7亩④。从1941年晋西北兴县杨家坡村雇工调查资料显示,大体来

---

① 盂县人民政治协商会议、山西省盂县委员会文史资料研究委员会编:《盂县文史资料》第五辑,1986年印,第147页。
②《安徽农学会会报》,1931年,第1卷第1期,第49—52页。
③《刘老蛇调查》,山西省档案馆藏,档案号:A88-3-26。
④ 中共中央晋绥分局调查研究室:《农村土地及阶级变化材料》,中共中央晋绥分局调查研究室,1946年6月,第4—5页。

说杨家坡农村人口最好的一类人家,户主早晨吃最好的面条、稀饭打豆腐,妇女小孩则吃次一等的粗粮类的绿豆、豇豆稀饭;中午户主食用莜面、荞面、白面,土豆粉条豆腐,妇女孩子食用捞饭、面汤和谷面窝窝。晚饭都是吃豇豆和绿豆稀饭。中等人家,早晨是稀饭、炒面,中午是谷面窝窝、绿豆汤或者是面汤,晚上吃稀饭。下等人家,早晨是很稀的稀饭和粗制的炒面,中午谷面窝窝,晚上稀饭。第二类普通农户,上等人家,早晨吃小米稀饭、苦菜或酸菜,午饭一家之主和老人吃捞饭、豆面、荞面,妇女小孩与雇工吃骨面窝窝或糠窝窝。中等人家早晨也是吃稀饭、苦菜,午饭是谷糠混面窝窝、苦菜、酸菜,晚饭是稀饭。下等人家则成了吃两顿饭,早晨是黑豆枕枕、苦菜、酸菜,中午糠窝窝、稀饭①。

(二) 儿童劳动

由于家庭贫困,华北农村儿童面临着超负荷的劳动。1943 年,上海、南京、青岛、太原、兰州 5 城市统计,童工总数 18 072,占工人总数的 6.74%。对于农村未成年人口,很多都要从事田间辅助劳动。② 当然,我们并不是说儿童不应该劳动,有一定能力的儿童自然应该帮助父母劳动,既可锻炼身体又可减轻家庭负担,我们这里反对的是损害儿童身体健康的超负荷劳动。过重的劳动负荷伤害儿童健康,但经济因素决定了家长不得不狠心、儿童不得不决心去工作,只有这样才能保证家里的其他老弱不被饿死,让家庭延存下去。儿童劳动会妨害儿童身体发育,会造成儿童不能受完全的教育,使儿童精力早衰减少工作的年限。③

---

① 《雇工调查》,山西档案馆藏,档案号:A88-3-34。
② 路遇等:《中国人口通史》,济南:山东人民出版社,2000 年,第 1089 页。
③ 李剑华:《劳动问题与劳动法》,太平洋书店出版,1928 年,第 33 页。

毫无疑问,绝大多数农村孩子从事超负荷体力劳动的根本原因是经济原因。美国孟高而特博士认为儿童劳动的原因有三方面:"有的地方贫穷是儿童劳动之最大的原因;有的则为父母意志之卑下;再有的则为父母之贪心。所有这等事情,多因为儿童劳动问题的性质不同,故各种事情也因之而异。"①这三方面原因在中国兼而有之,而贫穷则居于首位。这些贫苦儿童的劳动并不局限于自己家里,他们大多数时候还要给地主家帮工,只为换取一顿饭而已。华北农村流传着《盼红军》的儿童歌曲,具体地诠释了农村儿童的衣食住行:"吃的什么,野叶豆渣,喝的什么,清水白茶,穿的什么,破衣烂麻,住的什么,墙倒屋塌,做的什么,如牛如马,挣的什么,星点没拿……"②

参加劳动的儿童,其劳动量绝不是插科打诨般的调剂,而是小人顶半工,是支撑家庭生活的有效力量。小孩八岁左右便参加劳动,十一二岁便担负担水、背炭、背粪等重的劳动③,"特别是中、贫农,大人终年忙,子女一到七八岁,正需要入学的时候,也正是能到地里或家里帮忙做活的时候——放牛羊、打柴、拾粪、看娃娃、推碾推磨、拉牛溜籽、送饭等——小人顶半工。据调查,一般村庄只能有半数学龄儿童入学,其余中、贫子女大半因地里与家庭劳动不能入学。"④家庭劳动是绝大多数农村儿童自能自理后便附带着的重

---

① 刘泽林:《儿童劳动问题》,《革新》(广东),1922年第1卷第1期,第1页。
② 《革命红旗满山岗 老根据地儿童歌谣选集》,上海:少年儿童出版社,1964年,第21页。
③ 共青团山西省委、山西省档案馆:《晋西青联赴岢岚工作团的工作报告》,《山西青年运动历史资料,晋绥革命根据地分册》第一辑,1986年,第172页。
④ 冯毅主编:《太岳革命根据地教育文献选编》,山西省教育志编审委员会,1986年,第31页。

要任务,而长期的小人顶半工的劳动是儿童不能承受之重,长期下去,必然伤害其健康。老一辈革命家耿飚在其回忆录里讲述他还是幼小儿童时在家乡矿山里做童工时的情景:"冬天,被风吹,砂锤震,人人手上都裂出深深的口子,疼痛难忍。夏天,烈日晒得脊梁脱皮,有时一天要挨几场大雨浇。许多孩子因中暑、感冒,奄奄一息地被大人背回家去,再也没有回来。到了夏天,我已经是个'熟练工'了。每天可以提前完成定额,再帮那些体弱多病的小伙伴干一些。"①因此,"在大部分人不能暖衣饱食的情形下,儿童们的命运也就与穷苦结了不解之缘……他们到了五六岁,在西北的农村里,便是生产的半成员了,已经不能游手偷生,而要帮着大人劳作了。有许多便因为过分的劳作,和营养的不良中途夭折,那些能撑得下来的,到了老年便都症病百出"②。

(三)卫生防疫情况差

虽说当时为应对儿童健康问题,从颁布法令到建立救助机构到课本宣传教育等,国共都采取手段和措施,但怎奈杯水车薪,这些措施或较为有限,或十分无力,难以解决农村缺医少药的痼疾,一旦发生大的疫情,仍然会出现大量死亡的现象。

在新文化运动的影响下,以儿童健康为中心探寻,民国卫生思想经历了从"东亚病夫"的屈辱到"富国强种"的期望,从而兴起发展公共卫生保障儿童健康的思潮,这个强大的思潮中,因西医在公共卫生、卫生保健等方面的科学性符合,民国卫生行政以西医为主要建设体系,儿童卫生健康在兴西医、废中医和传统神佛观念中曲折进步。新文化运动兴起后,西医被称为"科学"医,中医则是落后

---

① 耿飚:《耿飚回忆录》,北京:中华书局,2009 年,第 26 页。
② 高集:《西北的儿童》,《社会服务周报》,1943 年第 3 期,第 3 页。

的"旧医",虽然中医在民间仍占主导,但知识分子大力推动西医的发展,极力否定中医。由此引发了一场关于西医与中医科学性的大争论,这场争论也成为新文化运动关于科学问题最为激烈的讨论。几乎所有与新文化运动密切相关的领军人物都加入这一争论当中,甚至从医学界扩散到整个文化界、思想界、政治界。此次争论更广泛地涉及东西方文化传统问题,从而影响到民众对中西医学的重新认识。① 最为典型代表应为北洋政府和南京国民政府两届政府废除中医事件。1913 年中华民国临时政府就曾有意要取消中医,袁世凯政府的做法的确矫枉过正,中医界人士虽也评价这项政策可谓不仁、不义、不礼、不智、不信,但却也承认此政策提出的原因在中医退化和我国人种羸弱,废除中医的目的在于"欲求国势之富强",②学界多论民国政府 1929 年取消中医政令不得人心,但不可否认的是民国社会精英大多是支持此项政策的。民国 20 年代国家上层之间因医疗观念不同而存在中西医的斗争,"灭中医"运动等既体现了国家知识精英不同于传统的医疗观念,也是民国卫生医疗曲折前进的体现。

华北根据地由于经济文化落后,医学的进步虽然是已由神学发展到科学的阶段,但是仍然有人相信神是可以治病的,尤其是在我国内陆农村,这样思想的人更多。中国公共卫生起步之初,民众以神佛医病,对公共卫生表无知且冷漠。华北根据地各种疾病尤其是传染性疾病对儿童的危害相当严重,但从根据地建立之初到 1945 年左右,对疾病危害儿童健康这一问题的认识是非常不够的,根据地大多时候注意的是儿童的学习、生活、文化娱乐、社会活动、

---

① 张大庆:《新文化运动与卫生启蒙》,《澳门理工学报》,2017 年第 2 期。
② 包识生:《医药危言》,《神州医药学报》,1913 年第 5 期,第 7 页。

体育训练,而对儿童的身体健康、卫生疾病则漠不关心。①

再者因中医在基层民众中强大的生命力以及社会因素影响,西医无法全面展开并短时间取代中医,"佞佛""旧医"是当时国人医治精神和身体的神药。"对大多数中国人来说,寺庙、佛龛、神像和世代相传的信仰才是庇护乡里、驱鬼辟邪的吉符。……1924年发表的一项研究显示,500条祈求符中有484条是祈求除病的。"②美国约翰·瓦特教授认为30年代前,中国农村卫生仍旧是中医、神鬼、寺庙和假药贩的天下,即使是建立在农村的223家基督教医院,前往看门诊的也依然是市民。③ 明明是痢疾,是由食物不小心传染而来的,偏偏有人来说是受了凉,寒热不调,胃中央失和的原因。明明是一种很容易治疗的病,偏偏听人瞎说,延用旧法,请求鬼神,因之把时间延误,而成不治,竟把性命送掉,并且归咎于这是天命。④ 其实,在根据地很多人家会把孩子的病亡离世怪怨为命运不济。1943年晋绥边区温鸿昌家新生的小女孩因吃得不好,得了痢疾,大人也不注意调治,结果孩子病逝了。温常狗家四年内死了两个小孩,一个两岁的小孩因咳嗽得不到合适的救治而病逝,大家却说"命不好"。⑤

另外,卫生防疫状况差还体现在公共卫生上。农村家庭生活

---

① 纪之:《为纪念四四儿童节,关于儿童工作的联合指示》,《教育阵地》,1945年第5卷第1期。
② [美]华璋著,叶南译:《悬壶济乱世:医疗改革者如何于战乱与疫情中建立起中国现代医疗卫生体系 1928—1945》,上海:复旦大学出版社,2015年第5页。
③ [美]华璋著,叶南译:《悬壶济乱世:医疗改革者如何于战乱与疫情中建立起中国现代医疗卫生体系 1928—1945》,上海:复旦大学出版社,2015年第41页。
④《望大众利用新医药》,《大众卫生》,1937年3卷3期。
⑤《一个村的卫生调查》,孙晓忠、高明编:《延安乡村建设资料》3,上海:上海大学出版社,2012年,第601页。

离不开吃喝二字。而农村人为土地肥料之用,到处拾粪,拾来的粪却又没有专门的地方覆盖储存,长期裸露在院子里面,招的蚊蝇乱飞,容易滋生细菌虫卵,这些细菌虫卵随风飘浮,会落在井水、河水里,蚊蝇也会把细菌带到人们吃的饭食里,民众特别是抵抗力弱的儿童生活在这样的环境中,吃喝这样的饮食,自然很容易得病。华北农村长期经济落后,农民大多为饱腹而终日奔波,没有能力保障卫生健康,卫生防疫意识也较差,所谓"不干不净,吃了没病"之类的话长期流传于农村各个家庭。儿童抵抗传染病能力低,自然很容易受到感染。如此才发生上文论述的华北根据地边区多儿童死于传染性疾病的情况。据统计,兴县蔡家崖村小孩的死亡,大多就是因不懂得抚养方法,小孩很不卫生,小孩得了病不会照管,滥用饮食,结果多添了病。① 因卫生差造成儿童得病且由小病变成大病。不会接生与随便接生,也是婴儿死亡的重要原因。四年来生育少,而婴儿的死亡率大,且孩子大多数身体不好,面黄肌瘦很不健康。②

儿童只有体格康健才能真正承担未来国家的任务,"健康国民之培养,应自儿童期着手,所以维护儿童的健康,便是复兴民族的要策。"③然而我国近代深陷殖民与半殖民的泥潭,国人前仆后继、多方努力,专制与共和、民主与复辟反复多次,国家政治体制依然扭曲变形;天灾人祸、外敌入侵,中国农村经济破产;流民迁徙、战死饿死,百姓命如草芥,哪里还能奢求什么营养与健康。儿童问题

---

① 《一个村的卫生调查》,孙晓忠、高明编:《延安乡村建设资料》3,上海:上海大学出版社,2012年,第602页。
② 《一个村的卫生调查》,孙晓忠、高明编:《延安乡村建设资料》3,上海:上海大学出版社,2012年,第602页。
③ 金宝善:《儿童健康之维护》,《健康儿童》,创刊号,第6页。

是社会问题。抗战时期华北农村儿童的健康状态是中国农村民众生存状态的体现，是华北社会生活的反映，也是民族危机的表现。

第三节 溺女之风

一、溺女现象

所谓溺女，通常指的是指将1岁以下或1岁左右的女婴淹死、掐死等残虐之行为。绝大多数的溺婴事件，都是溺女婴。虽说溺婴之根本在于家庭经济贫匮，父母无力抚养，但长期受重男轻女、男子可传宗接代观念的影响，很多时候若是多生几个男孩家庭也不会因嫌累赘而将男婴溺杀，但若在家庭里有几个女孩后再生下女孩，若这家经济有限或女孩身体不好甚至是个残疾孩子，这个女婴就逃脱不了被溺杀的厄运了。几千年重男轻女的习惯使女孩在衣食医药上不能与男孩得到平等的待遇。因此女孩死亡率高于男孩，这是东方也是中国所特有的奇事，被杀的婴儿大都是女性。以致各地育婴堂里所收容的婴儿，也大多是女性。南京的一个育婴堂里面的婴儿，没有一个婴儿不是骨瘦如柴，气息奄奄，将来幸能长成未必很多。①

溺女之恶俗，同样长期存在于华北农村。民国战乱频繁，农村生活难以为继，女儿不如男子能干重活，且养到十几岁就要出嫁为别家人，从经济上说，养女孩是得不到什么经济回报的，百姓时常骂女孩为"赔钱货"，因此，溺女恶习表现明显，这也是华北男女性

---

① 张履鸾：《江宁县四百八十一家人口调查的研究》，《民国时期社会调查丛编》人口卷，第76页。

别比高的另一个重要的原因。乔启明先生认为,山西0—9岁男女比高达135∶100,应为女子在此阶段内一定遭受了某种大死亡①。刘容亭先生1934年调查山西定襄县史家岗村133个农家各年龄男女人口进行比较,得出结论是:1岁以下男3人,女7人;1岁以上男6人,女3人;2岁男6人,女2人;3岁男6人,女3人②,男女婴童数量多少变化明显,男童数量直线上升,女童却大跌,这种非正常的变化,也只有溺女婴可解释了。刘容亭领导调查山西阳曲等22个县50个村子的7岁以下儿童时就明确指出:无溺女之风的有17个村,有溺女之风者33个村。赤泥社等42村之7岁以下儿童,均男多于女,唯曹家堡等8村,女多于男。曹家堡、东左墩、张家岭、刘家庄等4村既无溺女风,又女多于男,是溺女影响于两性差别之明证③。可见,溺女之风在华北农村之严重。

而这种溺女的恶习在中共领导的华北根据地也同样严重,晋绥偏关地偏人贫,民众生活困难,而且文化十分落后,此处是中国的文化荒原之一,文盲占当地总人口的90%左右,其中临县占95%,保德占83%④,此地溺婴之风甚为严重,仅某行政村六月份统计,竟达六人之多,而且多系女孩。以致偏关妇救会对此问题非

---

① 张玉林:《乔启明的中国农村研究及其开创意义》,乔启明:《乔启明文选》,北京:社会科学文献出版社,2012年,第10页。
② 刘容亭:《山西定襄县史家岗村一百三十三个农家之调查》,《民国时期社会调查丛编》人口卷,第132页。
③ 刘容亭:《山西阳曲等二十二县五十个乡村人口概况之调查》,《民国时期社会调查丛编》,人口卷,第92页。
④ 杜心源:《民国二十九年教育工作总结》,谢玉田主编:《晋绥革命根据地教育史资料选编》(一),山西省教育史晋绥边区编写组、内蒙古自治区教育史志办公室,1987年,第185页。

常重视,并深入下层进行宣传教育①。晋察冀边区涉县溺婴之风盛行,1942年7月小曲校张民文与赤岸村张全芝的妻子,都溺死女婴一个,可见"重男轻女的封建思想作祟"。② 晋察冀根据地自从1942年秋天反扫荡以后,各地妇女鉴于携带婴儿打游击的困难,因而堕胎溺婴的事件反比以前多起来,而各地区公所与县政府,对于这种事情,有的轻描淡写略加批评;有的教育几天,就算完事。③ 晋察冀武安地区乡民视溺婴为常事,任意为之。④ 溺女造成的男女比例失调、不重生命和对民族危害甚大,只有苛以严格的法律法规才可能加以纠正,否则长期轻纵,便会造成民族大难。

二、溺女危害

（一）漠视生命

民国时期溺杀女婴,大多因经济原因。因为经济贫困,无力养活,百姓竟然蔚然成风、明目张胆地扼杀女婴,当这种残虐之事见怪不怪之时,人们心中的生命概念也就变得模糊了许多。一般溺婴的人,或者是婴儿的父母,或是其祖父母,都是与婴儿有着最亲密关系的人。漠视生命,人性冷漠,是溺女带来的最为深远严重的后果。晋察冀根据地出台刑罚命令处罚溺婴时,称堕胎溺婴不仅有违人道,而且是危害民族后代的罪行,所以根据地刑法"堕胎"

---

① 康平:《溺婴之风严重,妇救会已加重视》,《抗战日报》,1941年8月21日,第4版。
②《黎城牛居村人民生殖率不强,涉县溺婴恶习仍盛》,《新华日报》,1942年7月25日,第4版。
③《晋察冀边区行政委员会关于堕胎溺婴案件均须依法科刑的命令》,韩延龙、常兆儒编:《中国新民主主义革命时期根据地法制文献选编》第4卷,北京:中国社会科学出版社,1984年,第83页。
④《救救孩子》,《新华日报》,1943年1月23日,第4版。

"杀人""遗弃"三章中对这类行为,定有处罚的明文。其实,抗战时期,家长为了活命,溺婴甚至捂死已养育数月的婴儿也是屡见不鲜的。在农村,婴儿特别是女婴被溺杀的原因很多,比如孩子生下来不健康,甚至仅仅是兔唇,因这样女孩子以后难以出嫁,都会成为她们被溺杀的理由。窦喜祥老人的祖母就亲手溺杀了他的妹妹,只因为这个孩子是兔唇,他的妈妈不愿意,恳求祖母不要杀死孩子,祖母说"让我儿一辈给她当驴呀",就这样其祖母下手溺杀了女婴①。其实,下手直接杀死对这个婴孩来说还算是"仁慈"的,还有许多时候,大人会对其不管不顾,断绝食物、医药,直至死亡。"某种场合下,出生的婴儿有可能会使其父母认为生不逢时,因而既不供其吃,也不供其药,而让婴儿坐以待毙。父母的这类有意识或无意识的行为,较之蓄意的谋害无疑是更为普遍的溺婴行为,我们把婴儿因未得到应有的药物治疗、营养补给、身体照料和感情呵护而处于生存困境的现象称为'被动溺婴'。"②与直接溺杀而死,这种"被动溺婴"是更为残忍的。婴儿尤其女婴被溺杀,经济贫困是根源,日军扫荡威胁生命也可作一解释。本文认为长期存在的溺婴现象,人们司空见惯后造成人性的冷漠,对生命缺乏最基本的尊重与敬畏才是最深刻的内因。

(二)农村人口恶性循环

溺婴的原因不同,方式不同,但造成最直接的后果或者说最直接的作用就是在控制人口。以山西省为例,人口出生率低于全国水平,这是和山西严重的溺女现象相关的。许多小孩刚刚出生便被溺杀,当然不会被统计在当地人口之中,溺婴成了制约山西人口

---

① 窦喜祥,山西平定人,1924年生,2013年7月于阳泉小河村采访。
② 齐麟:《对"溺婴"的人口社会学分析》,《西北人口》,2002年第2期。

发展的原因之一。马尔萨斯认为,虽然饥荒是抑制人口增长的现实性因素,但还有大量能控制人口增长的中间抑制,这些中间抑制有非意愿性的,也有意愿性的罪恶,溺婴便是首当其冲的意愿性罪恶。溺婴会抑制人口增长,直接地缩小人口规模,间接地通过性别选择减少女性数量①。而 10% 的溺女率能够使人口增长降低 30%。② 在封建社会末期,溺杀女婴的现象使全国范围内的初婚女性减少了 10%,在后面两个世纪里则减少了至少几亿人口的出生,以致 1900 年中国总人口由 6 亿下降到了 5 亿。③ 若按这样一个道理,山西严重的溺婴则是抑制山西人口增长的重要因素了。

只是这种人口控制造成恶劣后果有连锁反应,溺杀女婴—人口性别比不平衡—男子娶妻困难—彩礼增高—早婚—早育—母体死亡、婴儿易夭折及不健康—溺婴。如此循环往复,农村人口陷入了恶性循环的怪圈。山西农村所谓溺婴,大部分是扼杀女婴,由此造成男女比例失衡,女婴过少,男女性比例失衡,山西 0—9 岁男女人口性别比男子占 153‰,女子占 145‰④,十几年后,成年男子婚配便会出现问题,长此以往,男子娶妻难的状况日趋严重。女子成了奇货可居之物,男方只得给出更高钱帛才能娶得妻子,如此聘娶妻子彩礼增高,更加重了婚娶困难,使得更多家庭无力娶妻。溺女恶俗给社会带来的危害绝不止眼前所看到的男女性比例失衡。很

---

① 李中清、王丰著,陈卫、姚远译:《人类的四分之一—马尔萨斯的神话与中国的现实 1700—2000》,北京:生活·读书·新知三联书店,2000 年,第 65 页。
② 李中清、王丰著,陈卫、姚远译:《人类的四分之一—马尔萨斯的神话与中国的现实 1700—2000》,第 174 页。
③ 李中清、王丰著,陈卫、姚远译:《人类的四分之一—马尔萨斯的神话与中国的现实 1700—2000》,第 86 页。
④ 《山西人口问题的分析》,乔启明:《乔启明文选》,北京:社会科学文献出版社,2012 年,第 73 页。

多适龄男子找不到合适妻子,只得娶未成年的女童为妻,童养媳、小妻子等大量增加,发育不成熟的女子生育不仅会造成女性死亡,也会使或婴儿夭折或患有各种疾病,他们又更容易被溺杀。

三、政府对策

1929年国民政府命令各地严禁溺女,全国纷纷响应。溺女之风盛行,华北地区政府也有注意,采取措施予以纠正和制止,山西五台县政府1929年就颁布了禁止溺女的公告:①

(一)由县区派员分赴各村,将此次布告及办法,向人民代为宣传,并责成各村国民学校教员,详加讲解,切实劝诫。(二)各村一律将禁止溺女一事,列入村禁约内,从严查禁处罚。各村赶速筹办育婴会,一村资力不足,可以联合乡村共同设立,要有因贫不能育女者,由该会设法养育之。(三)凡一母育成女子,至三人以上者,报由县政府查核属实,得酌量核给奖励,以资激励。

对于溺女的恶事,1928年山西省政府也曾提出要追究法律责任,"我国东南各省每多溺女之风,考其原因或因家贫无力养育或因嫁女须陪厚奁,遂不恤以杀人手段,乘其为初生之时将其溺死,这种违背人道主义之残忍行为,实为各国所罕见。地方官吏负有保护民命之责,应即出示严禁,详加调查,倘有此等行为即将溺女之人送交法院按律处罪。"②1933年10月山西省政府行政报告也要求查禁溺女,并令各县统计乡村溺女情形并取缔恶俗。③

当然,民国政府的这种公告在乡间近似一纸空文。一方面因

---

① 强:《呜呼!五台县的溺女》,《河北民国日报副刊·茄》,1929年第20期,第1—2页。
② 《本省法令:行知:山西省政府行知:民字第一五九号(7月2日):各县知事》,《山西省政公报》,1928年第1期,第44页。
③ 《山西省政府十月份行政报告》,《山西省政府行政报告》,1933年10月,第16页。

为乡村贫困的经济,没有能力筹办所谓的育婴会,更因为贫困的经济,无力养活后代,溺女婴之事时有发生。另外,乡民落后的观念难以改变。长期以来,女性附属于男性和家庭,没有独立的经济能力,没有独立的人格地位,女性不被重视和尊重,地位极其低下。

为减少溺婴事件,至少是在中共控制的中共机关、工厂、学校等部门杜绝溺婴事件,中共出台了相关规定。中共中央书记处1940年8月20日颁布《中央关于保育工作的通知》,此通知的目的在于强调根据地应注意"爱护母亲和保育儿童,批评与纠正少数同志对这一问题的轻视与漠不关心的态度",只有纠正漠不关心的态度,根据地才能真正做到保护儿童,只有予以妇女养育孩子的时间和经济上的支持,才能从根本上解决溺婴的问题。其具体措施有:(1)各机关学校,不准对原有的孕妇或带有小孩的女同志任意推却,而应给予适当的处置。(2)产妇修养时间,规定产前休息1个月,产后休息1个月,身体有病者经医生批准,酌量增加。(3)遵守边区政府法令,严禁私自打胎(有特殊情形者,经医院产科专门医生及本机关学校专门行政负责人批准方可打胎)。(4)增加保育经费。自1940年10月份起,生产费35元(保证生前一个月预发),小产发休养费15元,产妇产前发休养费10元。上述规定的费用,凡领取工资者及县以上干部家庭中分得土地者,一律减半发给。(5)边区政府及各县政府须设立保育科(同级妇联派人参加),区乡的保育工作由该同级妇联工作同志兼任,经常指导与帮助民众的保育工作。① 为了能让妇女安心生育,有足够的时间抚养婴儿,根据地还特意规定产假休养时间,1940年3月,晋西总工会《关于改

---

① 张希坡:《革命根据地的工运纲领和劳动立法史》,北京:中国劳动出版社,1993年,第311页。

善工人生活办法草案》规定,女工生产前后有 2 个月休养,工资照发。1941 年 4 月《晋西北工厂劳动暂行条例》《晋冀鲁豫边区劳工保护暂行条例》都规定,产假两个月,工资照发。农村雇工产假 1 个月。① 经济困难是导致溺婴事件频发的直接原因,晋察冀边区行政委员会 1941 年 8 月 1 日公布《关于保护女干部及其婴儿的决定》,以解决边区妇女干部生产抚育的困难,和保护民族后一代的健康。此项决定公布后,千百万个为民族的自由解放而奋斗在敌人后方的政民妇女干部及儿童,皆获得了具体的保障,北岳区妇救会于同月 5 日发出号召,表示热烈拥护并号召全体妇女干部按照执行。② 保护女工生产权益,严禁私自打胎,产后发放生产费,指导民众保育工作的目的就在于让妇女可以有较充足的时间和经济能力去抚养婴儿,从而从根本上杜绝溺杀婴儿的事情发生。

另外,中共也出台了一些专门保护各边区普通妇女儿童的法规政策。1939 年 3 月《中央妇委关于目前妇女运动的方针和任务的指示信》,要求禁止打骂、虐待、侮辱妇女和童养媳,禁止买卖妇女和杀婴,颁布禁止缠足及保护孕妇、产妇和儿童的法令。1941 年 2 月,《中央为三八节工作给各级党委的指示》提出,要注意保护母亲和儿童。1940 年 8 月,《晋察冀边区目前施政纲领》规定,反对蓄养童养媳、溺婴与残害青年发育的早婚恶习,树立优良的家庭教育,养成儿童优良的生活习惯,实行孕妇儿童保健。1941 年 9 月,《晋冀鲁豫边区政府施政纲领》同样规定"严禁打胎及溺婴"。③ 面

---

① 张希坡:《革命根据地的工运纲领和劳动立法史》,北京:中国劳动出版社,1993 年,第 311 页。
② 《晋察冀公布一决定保护女干部及婴儿》,《抗战日报》,1941 年 8 月 18 日,第 1 版。
③ 张希坡:《革命根据地关于保护儿童、禁止弃婴溺婴的法令》,《西北政府学院学报》,1983 年第 1 期。

对这种情况,中共晋察冀边区行政委员会也出台过针对农村溺婴的惩罚政策,"兹特规定所有堕胎溺婴事件,均须依据刑法科以刑罚,在执行过程中,再加强其教育,不得借口教育不予处罚。自通令之日起,各地新发生之堕胎溺婴事件,村长不立即报告者由村长负责,区长对于此种案件不送县政府而私自处理者由区长负责,县政府对此种案件,不依刑罚之规定科刑者由县长负责。"①这些规定,显示了华北根据地在溺婴陋俗治理上的努力。

通过法律的颁布、舆论的引导,根据地逐步树立起爱护儿童的风气。对恶意的溺婴事件,严厉惩处。灵寿县妇女张其秀由于家里贫穷,且有重男轻女思想,产下一女后,起初不喂奶,后又将亲生女儿用腿带缢死,被县法院判处七年徒刑。物资由机关干部募捐建立,并且自发起以来获得边区各界仁人义士的襄助。② 根据地政府从妇女生育前假期、工资到生育后的假期、工资、婴儿养育费等都做了详细的规定,这些政策可以在一定程度上缓解根据地机关、学校等部门溺婴事件发生。当然,根据地普通农民是没有权利享受这些优待的,所以根据地农村农民溺婴事件仍时有发生。

第四节 童婚

华北农村童婚现象在20世纪二三十年代渐达鼎势,至40年代末,经中共在华北抗日根据地治理童婚现象逐步衰退。儿童婚姻

---

① 《晋察冀边区行政委员会关于堕胎溺婴案件均须依法科刑的命令》,韩延龙、常兆儒编:《中国新民主主义革命时期根据地法制文献选编》第4卷,北京:中国社会科学出版社,1984年,第83页。
② 《抗战日报》,1941年1月15日,第2版。

和当地政治、经济、风俗等都有着密切关系,民国时期的儿童对童婚由无力反对、不敢反对、不知反对转变为拒绝童婚渴望婚姻自由的积极反对。华北童婚中尤以山西独具特色,山西童婚不同于全国的特点在于女童童婚人数超过男童。童婚的实质是买卖婚姻,儿童在这种婚姻中劳动关系大于夫妻关系。童婚不仅损害儿童身体健康,更使中国人种疲弱和儿童思想教育难有进步。

国际《儿童权利公约》界定儿童是年龄在 18 岁以下的人,笔者依据中国传统习惯将儿童界定为年龄在 15 岁以下(包括 15 岁)的人,因此,本文此处所探究的童婚亦指 15 岁以下儿童的婚姻。民国年间,中国各地皆存在大量 15 岁以下儿童结婚的童婚现象。学术界探讨民国时期早婚的研究范围除了包括 15 岁以下儿童童婚外,还有另一层面的分析,即和同时期的外国平均结婚年龄比较,据统计,当时中国"就全国范围总体来看,男子平均结婚年龄 20.78 岁,女子平均结婚年龄 18.47 岁,将此结婚年龄和同时期的欧美国家横向比较,美国人平均结婚年龄 21.4 岁,瑞典 26.59 岁",[①]如此也可认为中国人确实早婚。

一、童婚现象演变

(一)民国初期童婚现象

自小定亲、指腹为婚的现象在中国自古就有,民国政府多次明令禁止童婚,人类历史上,殷殷保护儿童之心从不缺乏,所谓"幼吾幼以及人之幼",1912 年中华民国临时大总统颁布《劝禁缠足令》,

---

[①] 乔启明:《中国农村人口之结构及其消长》,《乔启明文选》,北京:社会科学文献出版社,2012 年,第 102 页。

以期解放女性。1915年《民法草案·亲属编》规定男性和女性结婚的年龄,男性应在16岁以上,女性在15岁以上,虽然这个年龄规定得略低,但毕竟从法律上保护儿童不至于过早结婚。1926年《妇女运动决议案》保护女工和童工。南京国民政府制定《民法》专门规定男女订婚的年龄,所谓"男未满17岁,女未满15岁者,不得定婚约"①。民国时期,乡绅是中国农村社会的实际控制者,家法、族规是乡民心中的畏惧。百姓不识字,国民政府宣传不到位,民国法令在乡间几乎形同虚设,再加上连年战乱,民生艰难,童婚既可以减轻女家负担,男方也可减少娶亲巨额费用,因此30年代的华北乡村存在难以遏制的童婚现象。

民国时期童婚的数量,国家并没有统一、全面的数据,而现代学者通过对老人们口头采访获得的童婚或者童养媳的数据,相对来说,科学性、真实性都要打个折扣,因此,我取民国时期著名社会科学家调查统计数据作为研究对象。社会学家乔启明先生20世纪20年代中期对中国乡村人口进行过一系列调查研究,他认为中国高出生率的重要原因在于早婚。乔启明先生1926—1928年对山西清源农家人口展开调查,清源县143户农家男女结婚年龄之分配表显示,"男子15岁以下结婚的有14岁2人,15岁2人;女子15岁以下结婚的有12岁2人,13岁7人,14岁27人,15岁12人"②。由以上统计,清源143户农家15岁以下女子结婚的占51%,童婚比例之高,实令人吃惊。当然民间学者但就某地取样调查,因地域局限性,调查结果可能存在一定的偏颇,我们再从其他

---

① 赵凤喈编:《民法·亲属编》,1945年,第59页。
② 乔启明:《山西清源县一百四十三农家人口调查之研究》,李文海主编:《民国时期社会调查丛编》人口卷,福州:福建教育出版社,2004年,第63页。

地区调查进行分析。1926年社会学家李景汉先生对河北定县515户家庭766对夫妻调查显示,"男子不满10岁之幼童时即结婚者10人,内有小至7岁者;10—14岁结婚男子307人,内有14岁者124人……穷家男子娶妻较迟,而女子出嫁较早;富家男子娶妻较早,而女子出嫁较迟"。① 从李景汉先生的调查分析,定县766对夫妻中,15岁以下男童结婚率也在41.4%左右。

如果说局部不能完全代表整体的话,我们也可从乔启明于1929—1931年对全国11省22处12 456户农家调查中找华北地区童婚的概况。"山西省15岁以下女子出嫁的占15.2%,16—20岁出嫁的占60%;11省调查表明,结婚年龄在20岁以下的男女分别占45.1%和72.2%,其中华北14岁以下结婚者分别为10.9%和9.4%。"② 30年代初山西省女子早婚率15.2%,而就整个华北来看,童婚率是20.3%。如此看来,无论是山西一省还是整个华北,童婚率实属高得离谱。经济因素是童婚高发的根本原因。随着中国华北农村经济进一步恶化,更多的农民破产,早嫁女早娶媳成了他们不得已的必然之选,特别是至抗战初期,日军暴行,"父母怕女儿被强奸后无人买"③,便早早地将女儿许配人家,童婚率较前更高,渐达鼎势。

(二) 抗战时期童婚变化

全面抗战之前,共产党控制的苏区就多次颁布过婚姻条例,保

---

① 李景汉:《五百一十五农村家庭之研究》,李文海主编:《民国时期社会调查丛编》人口卷,福州:福建教育出版社,2004年,第24页。
② 张玉林:《乔启明的中国农村研究及其开创意义》,乔启明:《乔启明文选》,北京:社会科学文献出版社,2012年,第10页。
③ 明秋:《华北婚姻制度及解决华北婚姻问题应持之态度》,《中国妇女》,1940年第7期,第10页。

护儿童不再受到封建婚姻的伤害。1931年《中华苏维埃共和国婚姻条例》:"结婚的年龄男子须满20岁,女子须满18岁。""男女结婚须双方同意,不许任何一方或第三者加以强迫。""男女双方结婚须到乡苏维埃或城市苏维埃举行登记,领取结婚证。废除聘金、聘礼及嫁妆。"①1934年制定的《中华苏维埃共和国婚姻法》则明确提出禁止童养媳。

1938年后,中国共产党进行根据地建设,为开启民智,解放妇女,顺利开展农村工作,十分重视遏制童婚恶习,许多地方颁布法令限定男女结婚年龄。1940年《晋西北婚姻暂行条例》规定,要禁止童养媳。"禁止童养媳,已童养者如愿回娘家,可向村代表委员会提出回娘家居住,将来是否继续婚姻关系,待双方达到结婚年龄后自己决定,不得强迫成婚。"②晋察冀边区政府成立后,就曾多次制定条例反对买卖婚姻,反对一夫多妻制,反对畜养童养媳。《晋察冀边区婚姻条例草案》的精神是贯彻新民主主义的严肃的婚姻制度,要把妇女从旧家庭旧制度下解救出来。晋冀鲁豫边区1942年1月颁布《晋冀鲁豫边区婚姻暂行条例》规定,"男不满十八岁,女不满十六岁者,不得结婚。"且规定"男不满十七岁,女不满十五岁者,不得订婚"。③ 1942年,《晋冀鲁豫边区婚姻暂行条例实施细则》第四条则专门陈述童养媳相关实施原则,除不得虐待童养媳,不到法定年龄不得结婚外,"其自愿另择配偶者,得随时请求解除

---

① 《中华苏维埃共和国婚姻条例》,韩延龙、常兆儒编:《中国新民主主义革命时期根据地法制文献选编》,第4卷,北京:中国社会科学出版社,1984年,第789页。
② 《晋西北婚姻暂行条例》,韩延龙、常兆儒编:《中国新民主主义革命时期根据地法制文献选编》,第4卷,北京:中国社会科学出版社,1984年,第852页。
③ 《晋冀鲁豫边区婚姻条例草案》,韩延龙、常兆儒编:《中国新民主主义革命时期根据地法制文献选编》,第4卷,北京:中国社会科学出版社,1984年,第811页。

婚约"。①

中共对农村的控制力比民国各个时期的政府都要强大很多，随着中共在农村各种法令的不断颁布，再加上共产党的宣传教育，对减少中国农村童婚起到一定的影响作用。男女儿童接受新教育新思想后，对童婚由无力反对、不敢反对和不知反对，逐渐转变为主动反对，童婚现象逐步减少。因此，全面抗战以来，根据地童婚现象得到一定程度的遏制。

太行区 14 岁的童养媳小玲因受罪不过，就在地下党的帮助下，秘密地由两个儿童团员护送，挎上篮子和小锄头，装作是到田里挖野菜，拐弯抹角，穿过敌人数道封锁线和炮楼的监视，来到根据地，找到区政府，经过县司法科判决，解除婚约。小玲拿上判决书，回到自己的家乡，虽在敌占区，婆家也不敢违抗，因为还有地下党支部和秘密的抗日村政权。从此，小玲成为自由人。② 在根据地新的婚姻政策实施初期，有心冲破封建婚姻、摆脱童养媳的悲惨生活的年轻女性们，对新的政策能否实施，内心充满疑虑和不信任，希望得到根据地干事的有力帮助。太行区童养媳向区干事描述她的故事时是这样的情景：

> 我五岁时，童养到他家就没过过好过的日子。公想打了公打，婆想打了婆打，汉想打了汉打。我□的棘柴，□的不着，汉拿起棍子就打，一把把我摔到脚底，我叫妈妈，妈妈，没有人应，我跑出门去，妈正站在门口听哩，我想起我的亲娘来，自己

---

① 《晋冀鲁豫边区婚姻暂行条例实施细则》，韩延龙、常兆儒编：《中国新民主主义革命时期根据地法制文献选编》，第 4 卷，北京：中国社会科学院法学研究所，1984 年，第 842 页。

② 赵香令：《少儿人权》，赵健：《太行山抗日儿童团故事》，太原：山西人民出版社，1999 年，第 168 页。

气得哭上一阵……米汉①二十九,我二十,我倒不嫌他大,他们欺侮的我不行。这几日,我端起碗来,他们就指东数西地骂,我这一口顺气的饭都吃不上,我实在难活得不行。她吃力地运动着她那改动过的脚,身体像鸭子似的摇摆着,在惨白的脸上,泛起淡淡的红晕,无神的眼沉浸在以往的苦海里。他们打了我还骂:娶到的婆姨,买到的马,想骑了骑,想打了打,你狗的,想怎么样了。我实在受不行了,只要对我好些些,我也不是不三不四的人。这次要是能和他离了婚,死也甘心,我可再也不回去了。她紧走两步,拉住我的臂,你说到了县上,他不会翻了话吧?再要我回来,我可活不成了啊!②

当根据地童养媳离婚事件逐渐增多,越来越多的童养媳敢于追求婚姻自由了。不仅童婚在减少,甚至出现结婚时是童婚的人在40年代也要求离婚的现象。晋绥区王秀梅14岁时提出和赵有清离婚,离婚的原因即"我怕他,他大我小""我要自由结婚,我嫌他不漂亮、人老"③。共产党在根据地进步的婚姻政策宣传影响除去童养媳外,还有受童婚束缚的男童。雁北专区灵丘县大兴庄,一位13岁的小丈夫某晚上拒绝父亲的劝告说:"我还不到结婚的时候,就是结婚也不要那样大的老婆。"④后来由女方提出,在这个男孩子的同意下,二人最终离婚。

晋察冀边区青少年儿童在政治上、生活上不仅受日寇压迫还

---

① 此为山西方言,意思是"我丈夫"。
② 《三个青妇的故事》,《新华日报》,1942年4月4日。
③ 《晋绥高院关于赵有清与王秀梅离婚案的判决书等有关材料》,山西省档案馆藏档案,档案号:A95-4-6-4。
④ 路平:《雁北婚姻二三事》,中共灵丘县委党史研究室:《灵丘党史资料》第6辑,2005年,第149页。

受高利贷封建地主剥削、封建道德及传统思想的束缚,青少年儿童的社会地位文化政治水平低落,终日迫于繁重的生产劳动,很多儿童无法从事学习和抗日宣传活动。但自1938年到1942年抗战四年来,中共坚持统战的方针及对儿童的爱护,使青少年儿童在婚姻生活上起了基本的变化。① 华北地区根据地一系列方针政策公布,干部宣传以及社会动员后,据《晋察冀日报》报道:"早婚在阜平县的白家峪庄,1940年还有10起,1941年减少到3起,1942年就完全没有了。其他村子的情形也大致相同,童养媳在四区,1937年共发生23起,1941年就减少到11起;四区的买卖婚姻,1937年共93起,1941年就减少到5起。"② 1943年《抗战日报》统计认为女子离婚者16—30岁最多,男子则在20—40岁之间,且其中一部分是女子因男子年龄大离婚。③ 因此,童婚现象在40年代初开始逐渐减少,及至新中国成立,中国华北农村童婚现象越来越少,至今,童婚在中国十分偏僻的农村或偶有发生,基本已成为一种历史现象。早婚的现象也较战前减少。在1937年早婚的有303人。1941年减至95人。童养媳也较前减少了,在1937年有127人,到1941年减至93人,公开虐待童养媳的事件也大大减少。④

美国人贝尔登也在其书里描述了他在中国的见闻,在将国共两党控制区域比较后写道:"在过去的华北和现在的蒋管区,新年

---

① 晋察冀分局青委:《关于晋察冀四年来青年工作的报告》,共青团中央青运史工作指导委员会:《中国青年运动历史资料》第16集,北京:中国青年出版社,2002年第19页。
② 王炜:《阜平的婚姻问题》,晋察冀北岳区妇女抗日斗争史料编辑组:《晋察冀北岳区妇女抗日斗争史料》,中国老年历史研究会,1985年,第666页。
③ 文昂:《婚姻案件与妇女解放》,《抗战日报》,1943年3月30日,第4版。
④《目前华北青运概况与1943年的工作方针》,共青团中央青运史工作指导委员会:《中国青年运动历史资料16》,北京:中国青年出版社,2002年,第88页。

对于富农和地主是吃喝玩乐的喜庆佳节,但对于贫农和佃户却是忧愁难熬的灾殃。佃户们被迫出门东躲西藏,以逃避地主及其狗腿子追讨年关债。佃户要是不敢逃走,或是想留在家里过个团圆年,那么,为了还债,往往得把家里的东西抵个罄尽,只给老婆孩子留下糠皮,有时连糠都不剩。我访问解放区的时候,虽然看不到一个贫农在过年的时候吃得很丰盛,可是也看不到一个贫农跑到野地里躲债,看不到有哪一个农民为了抵债把闺女送给地主当丫鬟或者陪地主儿子睡觉,而你若是到了国民党统治区,便会发现这样的现象绝非少见,而是非常普遍,天天都在发生①"。在华北地区根据地婚姻问题获得初步解放,过去包办婚姻的旧制度不满之具体反映童养媳溺婴儿现象已经大减。②

二、农村童婚特点及危害

华北农村各地虽童婚繁多,究其原因却有着根本的原因——经济因素。女童家庭贫穷,早嫁女可以获取丰厚的彩礼,而富家则给男童早觅妻室,并特意找年龄大的女子,以充实劳力。因此,童婚的实质是买卖婚姻。笔者搜集民国年间人口统计资料、州县志等相关记载发现,华北农村童婚多是男童人数多于女童,而山西童婚在男女性别方面却是不同于华北他地而表现为女童童婚人数多于男童。

据统计,1923年山西省男子15岁以下娶亲的只有5.9%,女子

---

① [美]杰克·贝尔登著,邱应觉等译:《中国震撼世界》,北京:北京出版社,1980年,第157页。
② 晋察冀分局青委:《关于晋察冀四年来青年工作的报告》,共青团中央青运史工作指导委员会:《中国青年运动历史资料》第16集,北京:中国青年出版社,2002年,第20页。

出嫁的有15.2%。① 如上文所述,乔启明先生于1926—1928年对山西清源县调查发现,男子15岁以下结婚者仅4人,而女子则有48人,他认为:"女子出嫁,多在14岁,出嫁在14岁以上者骤见降低。至于男子成婚时期,最长期限,共有26年之久,而女子只有13年,足见男子成婚之不易,所以形成一种女子未及成年即行出嫁,男子反多老而未娶之恶俗。"②民国学者刘荣亭从山西阳曲县七岁上下男女儿童性别比为切入点调查发现,七岁以上儿童女子百分率降低,这是因为:"女子十余岁时,出嫁者甚多,七岁以上儿童女子百分率降低,似属较普遍之现象。"③另刘容亭又对霍县安乐村51个农家人口调查认为,"按未婚人数比较,女子未婚者尚不及男子未婚人数三分之一,且其年龄未有超过16岁者,男子未婚者竟有达50岁以上者,可见女子未婚者不过因年龄尚幼,而男子未婚者,多因无婚娶能力。"④另外,除却民间学者田野调查,山西官方对童婚也有所统计。

表3-17 1919—1925年山西汾阳15岁以下结婚年龄统计表

年份 男女	1919	1920	1921	1922	1923	1924	1925
男	7	10	10	6	16	不详	12
女	197	86	222	212	68	38	192

资料来源:高舰、李彦京:《汾阳人口志》,汾阳:《汾阳人口志》编撰委员会编印,2004年,第112页。

---

① 乔启明:《山西人口问题的分析研究》,《乔启明文选》,北京:社会科学文献出版社,2012年,第78页。
② 乔启明:《山西清源县一百四十三农家人口调查之研究》,李文海主编:《民国时期社会调查丛编》人口卷,第62页。
③ 刘容亭:《山西阳曲等二十二县五十个乡村人口概况之调查》,李文海主编:《民国时期社会调查丛编》人口卷,第95页。
④ 刘容亭:《山西霍县安乐村五十一个农家之调查》,李文海主编:《民国时期社会调查丛编》人口卷,第114页。

从 1919 年到 1925 年前后七年时间中,汾阳 15 岁以下结婚人口男子最多时 12 人,而女子可达 222 人,15 岁以下女子的人数最高时是男子的 22 倍,最少时也有将近 9 倍。再据汾阳 1939 年婚嫁人口统计,男 229 人,女 199 人中,10—19 岁婚嫁的男 77 人,女 118 人①。可见,山西农村女童童婚人数的确大大超出男童。

然而,李景汉先生于 1930 年带领中华平民教育促进会在河北定县 5 255 户家庭展开调查,总体来看,定县 15 岁以下男童结婚的有 241 人,15 岁以下女童结婚的有 97 人,②此处男童早婚比例远远大于女童。同时代的张折桂先生对定县大王耨村的调查显示,5—9 岁结婚的男童有 6 人,占 1.28%,10—14 岁结婚的男童 112 人,占 23.88%,5—9 岁结婚的女子为零,10—14 岁结婚的 14 人,占 2.45%。③ 另以山东邹平县 1 266 对新婚夫妇调查为例:男子多在 15 岁以前结婚,占总数的 12.4%,而女子却多在 17 岁以前结婚。④ 对山西和河北、山东关于童婚年龄及性别进行比较,在男女童婚率上出现矛盾,即乔启明先生调查显示女童童婚人数多于男童,而李景汉先生、张折桂先生、吴顾毓先生调查显示则恰好相反。河北、山东与山西毗邻而居,民国时期经济、政治地位不相上下,何以出现这样的结果呢?最根本的原因应是学术界公认的即较中国其他地区,山西重男轻女现象严重,溺女之风盛行,造成男女性比例严重失衡,适婚女子难以足够匹配男子。在此根本原因之下,笔者认

---

① 高舰、李彦京:《汾阳人口志》,第 334 页。
② 李景汉:《农村家庭人口统计分析》,李文海主编:《民国时期社会调查丛编》人口卷,福州:福建教育出版社,2004 年,第 216 页。
③ 张折桂:《定县大王耨村人口调查》,李文海主编:《民国时期社会调查丛编》人口卷,福州:福建教育出版社,2004 年,第 43 页。
④ 吴顾毓:《邹平第一年生命统计之分析》,《乡村建设》,第 6 卷第 1 期,1936 年 8 月。

为还有以下原因:第一,本地男子外出。从山西省的角度考虑,山西天干地贫,有走西口等离乡谋生的传统。山西人安土重迁,无论在外怎么做生意,大多数都还是在老家置地安家,最终都还是要回到故乡。以山西定襄为例,农业人口182口,占61.07%,泥匠38口,占12.75%,木匠23人,占7.72%,商人17人,占5.07%[①]。泥匠多在绥远、包头、内蒙古一带,俗名"走草地"。经商者多在察哈尔、绥远一带。由以上数据可知,定襄从事农业的人口低于70%,另有30%左右的人口从事不固定的其他行业,他们远走内蒙古、东北、绥远一带,长期不归,使得实际居住于本地青壮年男子减少。青壮年减少,农村缺乏劳动力,越发造成农村经济贫困,因此,男方家庭需要早早为孩子娶妻以保证壮劳力离乡前延续香火及壮劳力离乡后家庭可多得一劳力。而山西男女性比例失衡严重,适龄婚配女性不足,一般人家只能娶不足婚配年龄的女童为妻,全省较少有年龄过大才初婚的。因此可以说,本地男子离乡外出,提高了女童早结婚的概率,女童结婚概率自然大于男童。

第二,"双赢"的买卖婚姻。童婚的实质是买卖婚姻,因性别比例失衡严重,山西女性数量偏少,大多数女童不到适婚年龄便被安排结婚。物以稀为贵,在山西,买卖女童竟如同商品一样,形成市场价格,明码标价,"买卖的价格,不大一样,抗战前,晋中十二三岁出卖现大洋五六十元,三四岁童养媳卖二三十元,平均每岁八元,十三岁以上者或寡妇活人妻卖现洋三百元上下。也有山地老财花千儿八百买平川姑娘者。在抗战后山西普遍十二三岁姑娘也卖一

[①] 刘容亭:《山西定襄县史家岗村一百三十三个农家男子职业之种类及人数》,李文海主编:《民国时期社会调查丛编》人口卷,福州:福建教育出版社,2004年,第148页。

二百元法币,河北价格稍低。"①山西女童买卖价格也与邻省河北相比偏高,且价格随着年龄增长而增高。"童养媳的卖家,在山西,一般是按年龄计算,一岁大的卖一石粮食,年龄大的相对增加。"②高利回报应该是山西女童童婚人数多于河北等地的重要原因。

虽女童买卖价格很高,仍大有人家求娶女童为妻,因为童婚对男女童双方家庭来说可以说是"双赢"。在山西,婚姻是买卖婚姻,决定婚姻的最重要的因素是彩礼之多少。父母更爱把自己的女儿嫁给年纪大过 20 岁的人,尤其是更喜欢嫁给穷家。在山西即便是门当户对、年龄相近,他们的父母也要卖百十元!假如自己的女儿是十五六岁的样子,嫁一个 30 岁的男子,至少可以卖 300 元。这是初嫁,如果是丈夫死后再嫁的话,没有已故夫家的许可不能再嫁,再嫁也是已故夫家家族与新选男家来讲价,如她是漂亮与年轻的话,可以值五六百元,结果夫家还可以赚钱三二百元③。女方嫁女需要为女儿准备一笔嫁妆,否则一来失面子,二来女儿要吃苦,贫穷人家嫁女是一种经济负担。如果在女孩子年纪尚小的时候把她嫁出去,则既可以省一笔抚养费,又可以省一笔嫁妆钱,还可得到一份彩礼,女童早婚人数较多也就不足为奇了。山西童婚现象繁多,也和沉重彩礼的民俗有关,男方无力娶妻,只得抱养女童,因只要议及婚事,首先讨论的便是彩礼。在中人之家,亦不敢轻言婚事,造成婚娶失时,人口缺失。④ 谈及婚姻,乡间多论财,城中苦陪

---

① 明秋:《华北婚姻制度及解决华北婚姻问题应持之态度》,《中国妇女》,1940 年第 7 期,第 10 页。
② 梁景时、梁景和编著:《中国陋俗批判》,北京:团结出版社,1992 年,第 27 页。
③ 已夫:《山西潞安的农村妇女生活》,《妇女共鸣》,1933 年第 2 卷第 2 期。
④《新修曲沃县志》第 30 卷,1928 年铅印本,丁世良、赵放主编:《中国地方志民俗资料汇编》,北京:书目文献出版社,1989 年,第 663 页。

送,近城中亦争定礼,唯士大夫家或只遣媒约定议。① 性别比例失衡,巨额彩礼,使得娶妻难的口号布满全省,以致早婚之风日复一日,童婚之风日盛。甚至有人趁机渔利,晋北地区出现以妓女冒充农家女出嫁,有的甚至反复出嫁数次,收到钱财便寻机逃跑,使得男方为娶妻而上当受骗,经济遭受更大损失的情况屡屡发生。

第三,人口寿命。古人生活饮食,医药条件较现代自然不可相比,若遇灾害、战争,更是生活艰辛,寿命不长。"千里无鸡鸣,白骨露于野"的惨象在每个朝代皆有发生。时至近代,及至抗战,战祸频繁,民不聊生,百姓难享天年。1935 年,哈里·司福特认为 1929 到 1931 年中国农村男女平均寿命分别为 34.85 和 34.63 岁②,乔启明说中国人口出生时希望寿数人均仅 35 岁,③侯杨方通过调查、运用科学方法统计得出的结论是 1929—1931 年中国农村人口平均寿命为 33.30 岁,男 33.38 岁,女 33.31 岁。④ 及至抗战时期,男女合计出生时平均预期寿命为 40.04 岁(不含霍乱),包含霍乱死亡人口,则男女合计为 37.17 岁,男性为 35.02 岁,女性为 38.94 岁;霍乱使得男女合计出生时平均预期寿命减少了 2.78 岁。⑤ 并且儿童人口的预期年龄较小,总之,民国包括抗战时期,中国农村人口平均寿命在 40 岁左右。

而山西作为华北抗战的主战场、敌后抗战的主战场,国统、日

---

① 《保德州志》,第 12 卷,1932 年铅印本,丁世良、赵放主编:《中国地方志民俗资料汇编》,第 564 页。
② H. E. Seifert. Life Tables for Chinses Farmers. *Milank Memorial Fund Quarterly*. 1935. Vol.13(3). pp. 223—236.
③ 乔启明:《中国今日应采之人口政策之商榷》,《乔启明文选》,北京:社会科学文献出版社,2012 年,第 120 页。
④ 侯杨方:《民国时期中国人口的死亡率》,《中国人口科学》,2003 年第 5 期。
⑤ 侯杨方:《民国时期中国人口的死亡率》,《中国人口科学》,2003 年第 5 期。

伪、根据地各方势力盘根交错,大小战争不断,日伪扫荡不断,山西人民为抗日战争胜利做出了特殊的贡献,其财产损失、军人牺牲、百姓罹难不可避免,人口平均寿命则更短。在如此短暂的人口寿命情况之下,要想人口不凋零,子子孙孙不断延续,早婚也成了不得不行的对策了。否则就成了唐朝时白居易《赠友五》:"三十男有室,二十女有归。近代多离乱,婚姻多过期。嫁娶既不早,生育常苦迟。儿女未成人,父母已衰羸。"人口寿命短暂,且灾难多发,随时丧命,如果不早婚早育,便会发生"儿女未成人,父母已衰羸"的两难局面,如此,未成年的子女在战火纷飞的年代是难以存活的。所以战乱灾荒造成人口寿命短暂,而人口寿命短暂又促使百姓早婚,童婚现象便随之增多了。

童婚是婚姻的一种特殊形式,表现为一种特殊的婚姻关系。婚姻关系是显现在家庭关系中的,家庭中夫妻关系、婆媳关系等都是儿童日日要面临的问题,尤其是女童。童婚的实质是买卖婚姻,童婚儿童的家庭生活自然就会最大限度地为经济服务。在此前提下,童婚中的儿童劳动关系大于夫妻关系。

(一)繁重的家庭劳动与低下的家庭地位

华北农村经济贫困,许多地县都有穷人养异姓女孩的习惯,以为日后能为儿子娶妻做打算,而更重要的也是为家庭娶回一个劳动力,因此,童婚中经常存在女大男小的夫妻形式。这种夫妻形式存在于几代同堂的大家庭生活模式下,就会衍生出一系列问题。丈夫太小无劳动能力,无成人的思维,更无法保护妻子。"富人为娶个奴隶来使用,也就娶贫家年龄较大之女",[①]因此本就是作为劳

---

① 明秋:《华北婚姻制度及解决华北婚姻问题应持之态度》,《中国妇女》,1940年第7期,第10页。

力买来的妻子便成了帮助婆婆劳动的壮劳力。甚至于抗日根据地女童年龄的大小,形成了不同的市场价格。所以一般家境能过得去的大都娶大媳妇,女方比男方大七八岁甚至十多岁的比比皆是,媳妇过了门就是婆母的奴隶,一要侍奉公婆,二要抚育年幼的丈夫。"一般情况下,作为童养媳的女孩子总比男孩子大几岁,大媳妇可以代替婆婆带养自己的小丈夫,白天穿衣吃饭,晚上撒尿拉屎,还可以上田间劳作,在家中伺候锅碗针线,充当如同奴隶一样的劳动力。"① 兴县赵家川口是晋绥边区卫生部所在地,赵家川口一个姓刘的院内,一个年方八九岁的顽童娶了一个20多岁身材修长、面目清秀的女子,一早她要替丈夫晾尿湿的垫褥,晚上,要给婆母捣背搔腿,婆母稍不如意就拳打脚踢。② 太行区14岁的童养媳小玲长得只有桌子那么高,被父亲以30元卖给婆家,8岁时送到婆家童养,从迎娶后就天天挨打受气。1942年和1943年时华北地区连年遭灾,百姓生活是非常困难的。在这种情况下,婆婆就指示她到地里偷玉米、偷南瓜、偷不来不给饭吃,还要挨打。擀面杖、扫帚、火柱、摸到什么就用什么打,这还不算,又用粪往嘴里糊。③ 这是一个发生在1942年11月7日山西平顺县龙镇村郭小娃家童养媳悲惨的故事:

郭小娃家的童养媳一玲13岁,10岁时她父亲使了国家20块现大洋,将她聘给郭小娃之子郭连香做媳妇。1941年一玲的父亲病死。家中无法过活,就童养到郭家。一玲童养到婆家后,终日不

---

① 乔润令:《山西民俗与山西人》,北京:中国城市出版社,1995年,第119页。
② 何曼秋:《心系晋西北的妇女与儿童——忆晋西北妇幼卫生工作》,山西省妇女联合会编:《晋绥妇女战斗历程》,北京:中共党史出版社,1992年,第100页。
③ 赵香令:《少儿人权》,赵健主编:《太行山抗日儿童团故事》,太原:山西人民出版社,1999年,第168页。

得一饱。晚上睡在潮湿的地上连铺草都没有。……11月7日早晨,她同小叔子在一起玩,无意中跌倒,小叔子跑来也被绊倒了。婆婆抓起她就打,看到什么就用什么打,一玲受不了,没命地往门外跑。当跑到村头水池边时,她婆婆叫儿子郭香连(郭连香)赶上去找,当赶上时就将她推进水池扬长而去,经乡亲们打捞上来时,早已死去。①

根据地干事任贵英做童养媳时的故事:

> 我今年20岁了,7岁时我爸得了50块白洋,一个布两丈彩色,把我指婚出去,十四上引过门。我男人二十一了,只有一个婆,娶过以后,我们婆媳之间的感情就不好。自我十六上担任了工作——村妇救宣传,常下乡开会,他们就越发看不上我。他们吃的是粮食,给我顿顿搅拌窝窝,做下豆面,他们吃了碾的,给我和上些黑豆糠,过年他们吃了馍馍豆腐和猪肉菜,叫我吃黑豆渣渣,有一次我多下了几颗米,我婆把锅端起来扔在我身上。②

(二) 夫妻生活

儿童婚姻生活中不仅有繁重的劳动,家庭暴力的威胁,逃不脱的还有夫妻生活。若男女双方皆是儿童,男方父母则会等到他们成年再正式婚配。但童婚却存在很多男女双方年龄差距悬殊的情况,或夫大妻小,或妻大夫小。无论哪种形式,童婚中男女双方许多时候未等对方成年即有夫妻生活,夫妻中懵懂无知一方,对夫妻生活充满恐惧与无奈,很难满足已成年的另一方,引发出许多问题。

---

① 赵香令:《少儿人权》,赵健主编:《太行山抗日儿童团故事》,太原:山西人民出版社,1999年,第166页。
② 《三个青妇的故事》,《新华日报》,1942年4月4日,第2版。

1. 家庭伦理

一般家庭中夫妻年龄应该相当,夫妻与公婆年龄的差距应在20岁左右。而华北地区农村因早婚以及经济因素,造成越来越多的"穷人中多男大而无钱娶妻,穷家多因小女无力养活而被出卖。于是穷人结亲时,多男瞒大(怕无人要)女瞒小(为)形成(十三岁小姑娘配三四十岁大男人)老夫少妻。……富人急于当公婆、抱孙儿,给儿子多在十四五岁娶妻。对女儿怕年幼出嫁受气受累,多养至十八九岁才出嫁,于是形成妻大夫小、公媳私通现象"。①只要保证家族香火延续,如同此类的乱伦现象在抗战前后偏僻农村并不少见。女革命家杨刚在30年代创作了《肉刑》《殉》《爱香》《母难》《翁媳》等强烈地反映现实的文学作品,她深知:"旧中国妇女各种各样的心酸以及革命家的受难"②。《翁媳》即讲述农村妇女月儿,5岁时嫁到朱家做了望郎媳,在十八九岁时与公公乱伦后被沉河的故事。作者为农村妇女放声呐喊,我们从中读到了旧社会童养媳悲惨的社会现实。

2. 夫妻矛盾

笔者分析李景汉先生对河北515户农家结婚的766对夫妻年龄差异的调查,其中丈夫比妻子年龄大10岁以上的情况:大10岁的12对,大11岁的3对,大12岁的7对,大13岁的4对,大14岁的5对,大15岁的3对,大16岁的1对,大17岁的3对,大18岁的3对,大19岁的3对,大20岁的6对,大21岁的4对,大22岁的1对,大23岁的1对,大24岁的2对,大25岁的1对,大28岁

---

① 明秋:《华北婚姻制度及解决华北婚姻问题应持之态度》,《中国妇女》,1940年第7期,第10页。
② 杨刚:《杨刚文集》,北京:人民文学出版社,1984年,第1页。

的 1 对①,共有 60 对夫妻丈夫比妻子年龄大 10 岁以上。男女双方差距过大,夫妻二人生活会有很多矛盾。夫妻中年长的一方心性已经较为成熟,而另一方仍旧年幼童真,夫妻二人无法交流,年长的孤独,幼小的害怕。抗战时期,华北农村更发生过年长的妻子因离婚不成,乘着半夜掐死睡梦中的小丈夫的悲剧。② 只因小丈夫无法满足成年妻子的生理需求,又因公婆阻挠,她在"闹"了区公所后也没有离成婚,周围邻居笑话她"风流",一气之下,竟然半夜将丈夫杀死。这是女大男小式夫妻矛盾的极端形式。还有一种是女小男大的夫妻矛盾,妻子还是未发育成熟的女童而丈夫业已成年,妻子因无法满足丈夫,便会遭到丈夫的打骂甚至是虐待。

(三)童婚的危害、抵制与儿童进步

闻名全国的社会学家乔启明认为 30 年代中国最大的社会问题是人口问题。"而人口问题之重心,端在人民之早婚繁育。以早婚繁育,致无良民质;无良民质,致无良政治;无良政治,致无良国家。"③极言童婚对中国人口、政治等各方面造成的严重影响。梁启超先生亦指出,早婚有五害,所谓一害养生,二害传种,三害养性,四害修学,五害国计。总结而言,笔者认为童婚的危害最直接集中体现在妇女儿童身体健康和思想教育两大方面。

一方面是对妇女儿童健康的影响。

早婚对女童身体造成种种伤害,严重的甚至还影响女童身体发育乃至生命。女性的身体一般来说从 12 岁开始发育,至 20 岁左

---

① 李景汉:《农村家庭人口统计的分析》,李文海主编:《民国时期社会调查丛编》人口卷,福州:福建教育出版社,2004 年,第 224 页。
② 崔银贵,阳泉郊区圪台村人,2015 年 7 月采访笔录。
③ 乔启明:《中国今日应采之人口政策之商榷》,《乔启明文选》,北京:社会科学文献出版社,2012 年,第 121 页。

右发育成熟。《黄帝内经》说女子28岁左右、男子32岁左右,是一生肾气最旺盛的时期,也是生育的最佳时期。结合现代医学观点,女子婚育的最佳时期是在21—28岁,男性婚育的最佳时期是24—32岁,①而早婚儿童在十三四左右便已结婚,结婚后必定就要生育。"童养媳在华北也相当普遍,他们也都在十三四岁和大她十岁的丈夫同住。如此使女人发育不全或年幼而夭亡者不计其数。也有少数富人,童养大的女孩来看小丈夫者。"②还有的因为过早结婚生殖器受损,因男女双方医药知识缺乏,男方强横地把不孕的责任推给妇女而从不在男方身上查根究源,女方因无法生育而惨遭抛弃的恶性事件。晋绥根据地"有一对夫妇,男28岁,女16岁,可是结婚已5年不生育。男方一口咬定女方是'石女',不能配为夫妇,更不能生育,要求离婚。女方说这些全属诬告与敲诈,于是男方就更加残酷迫害女方,最后女方告到了兴县政府。我作为医生,对双方进行了检查,原来女方11岁就嫁汉,身体受到摧残,导致生殖器官严重外伤性畸形,我们在场的人无不震惊"。③

童婚造成的另一恶劣影响是造成婴儿死亡率高,人种体弱。唐代孙思邈《千金方》说过,早的生育会"生子愚痴,多病短寿","然生育繁多,殊易折损产母体格之健康,并造成产母死亡之机会,然早婚每以经济能力薄弱,育儿知识缺乏,医药设备幼稚,形成生而

---

① 毕丽娟主编:《养肾病自除》,上海:上海科学技术出版社,2014年,第64页。
② 明秋:《华北婚姻制度及解决华北婚姻问题应持之态度》,《中国妇女》,1940年第7期,第10页。
③ 何曼秋:《心系晋西北的妇女与儿童——忆晋西北妇幼卫生工作》,山西省妇女联合会编:《晋绥妇女战斗历程》,北京:中共党史出版社,1992年,第100页。

不育,育而不存之悲惨现象"①。由于母亲生育时尚是儿童,自身才刚刚发育,过早孕育胎儿,造成婴儿先天不足,再加上民国医药落后之后天不足,儿童死亡率很高。30年代初期中国各省农村婴儿死亡率全国平均水平在156.2‰,②就儿童死亡原因进行分析可以发现,死亡最多的赤痢、痘疮、疹热、白喉、先天弱五种疾病。这几种疾病都是儿童易得且死亡率较高的疾病,而先天弱是和母体状况有很大关联的疾病。相对适婚年龄结婚的夫妻,显然童婚更会造成先天疾病。儿童婚姻,不仅摧残年幼的父母的身体,更造成下一代身体羸弱,易患疾病,因此,童婚在一定程度上造成了中国人种先天疲弱,危害颇大。

另一方面是对儿童思想与教育的影响。

童婚是掣肘儿童接受近代先进思想与教育的重要因素。二三十年代山西、河北儿童四到五成早婚,华北童婚平均也在三成左右。十几岁的年龄正是精力最旺盛之时,正是学习先进思想、掌握生存技巧的最佳时机。民国时期,初等小学教育科目包括修身、国文、美术、手工、图画、唱歌、体操等,除了剩余的私塾外,公立小学教学内容较清末已有很大程度的科学化分类。而华北农村儿童在十几岁时大多都要负担一部分家庭生计,更有一些儿童在这个年龄段已成为家庭的顶梁柱。女童因少有走出家庭走向社会的机会,结婚后她们"精神上也受着极大的痛苦,在家庭纠纷中消磨她们的一生。她们整日愁眉不展,闷闷不乐,痛哭流涕,以致等死结

---

① 乔启明:《中国今日应采之人口政策之商榷》,《乔启明文选》,北京:社会科学文献出版社,2012年,第115页。
② 李若健:《儿童生活》,中国青少年研究中心:《百年中国儿童》第1卷,广州:新世纪出版社,2000年,第3页。

束她们悲惨的命运"①。

至于男童,尚未成年便儿女成行,环绕左右,幼小的身板过早地承担起家庭的重任,陷入家庭人员纠纷,他们享有几乎一切超越女童的特权与地位。他们本应是国家的未来和希望,而民国时期农村经济凋敝,大多数儿童少有接受教育的机会。儿童失学现象惊人。当这些早婚的男童生活以养活老婆孩子为第一要务时,就是他们丧失读书受教育机会之时,他们思想僵化,只知循规蹈矩,其适应社会变化、承担新式工作任务的能力自然有限,对于区域发展及国家建设无疑很难做出大的贡献。清末曾国藩在给他弟弟的书信中也曾对男童早婚不利学习读书而评论道:"床上添双足,读书高挂搁。"②

华北地区抗日根据地童婚数量减少归功于根据地禁止童婚的政策和妇救会、儿童团等组织的帮助、协调。根据地的儿童已不再是任由买卖的货品,他们在学习、接受根据地宣传的婚姻政策后,知道依靠根据地政府保护自己,知道可以去告状,"女的们一有事就去告状了"③。在根据地,儿童对社会生活的认识有了一定的进步,不仅政府抵制童婚,儿童自己也能积极地反对童婚,上学学习知识是他们的理想诉求。儿童的身份地位逐步由父母的附庸、由可以卖钱的一件物品、转变得相对独立,可以发表看法、可以提出反对意见、可以依靠根据地的法规来保护自己的独立人。由一开始政府抵制童婚到自己自觉抵制童婚,儿童对早婚由无力反抗、不知反抗发展到积极反抗,儿童思想意识明显进步,儿童地位较抗战前大有提高。

---

① 明秋:《华北婚姻制度及解决华北婚姻问题应持之态度》,《中国妇女》,1940年第7期,第11页
② 曾国藩:《曾国藩全集·家书》二,长沙:岳麓书社,第206页。
③ 崔银贵,阳泉郊区圪台村人,2015年7月采访笔录。

家庭生活是儿童生活的重心。抗战时期的儿童家庭劳动是第一位的,然而营养缺乏,医疗有限,劳动强度大等造成儿童身体健康水平低下。华北各根据地边区通过政策保障、具体措施等从卫生、医疗出发保障儿童身体健康。溺杀女婴造成华北农村人口性别大—结婚难—彩礼高—童婚—早婚早育—人口增多—溺杀女婴的恶性循环。儿童健康问题对儿童来说是一个极其重要的社会问题,其背后反映的是社会各个因素运行状况的程度。抗战前的华北,随着与外部世界交流的频繁,虽然一些新式文化已经开始逐步影响华北地区,但是就整体而言,华北各种社会问题还是层出不穷,直接反映到儿童健康状况上便是让人堪忧。小农经济的凋敝,苛捐杂税的泛滥,政府权力的不足与软弱,专业人才的匮乏,人们思想意识的落后,都直接影响儿童健康状况。加之,溺女现象屡禁不止,童婚现象比比皆是,更是让儿童身心健康状况备受诟病。原本,想改变这一状况的国民政府,终因力所不及而长吁短叹。华北各抗日根据地建立后,中共在自己力所能及的范围内通过政策保障、干部组织等措施,从卫生、医疗保障入手,改善根据地儿童身体健康。而对溺杀女婴、童婚泛滥等由于社会因素所造成的现象,中共在根据地则依靠政权的强制力来禁止溺杀女婴、童婚,动员华北抗日根据地的力量来促使儿童拒绝早婚,促进妇女解放。在华北抗日根据地政权的努力下,溺杀女婴得到遏制,儿童由过去对早婚无力反抗、不知反抗发展到积极反抗、坚决抵制,早婚现象大量减少,这是其思想进步的体现。

第四章 社会生活：华北根据地儿童团、童子军与儿童游戏

第一节 华北根据地的儿童团与儿童变迁

儿童团是指在抗日战争时期，中国共产党领导的在抗日根据地建立的儿童革命团体，一般吸收7岁到15岁左右的少年儿童为团员。抗战期间，儿童团主要担任的任务是宣传政策、站岗放哨、送鸡毛信、捉蝗拾粪等工作。儿童团团歌催人奋进，是如火如荼的革命年代、思想最进步的儿童精神状态的写照。"准备好了吗？时刻准备着，我们都是共产儿童团，将来的主人，必定是我们，嘀嘀嗒嘀嗒嘀嘀嗒嘀嗒……帝国主义者，地主和军阀，我们的精神使他们害怕，快团结起来，时刻准备着，嘀嘀嗒嘀嗒嘀嘀嗒嘀嗒……"

一、儿童团的发展与建制

（一）儿童团的发展

漫长的封建社会中，人民过着自给自足的生活，在严苛的宗法制度约束下，世代沿袭生存。时至近代，西方坚船利炮打开中国的

大门,传统的生活方式被打破,中国的城市兴起新的阶级——工人阶级。五四之后,中共领导工人阶级进行争取无产阶级专政的革命斗争。中共在成立之初即认识到应该组织少年儿童展开运动,1921年《中国劳动组合书记部宣言》中就陈述少年正在遭受资本主义的剥削,牺牲他们自己的健康,"这种痛苦工作状况,加在这班男女工人和童工身上,一定会迫着他们自己团结起来,向着他们的东家——剥削者,有力地奋斗。""所以我们只有把一个产业底下的劳动者,不分地域,不分男女老少,都组织起来,做成一个产业组合,因为这样一个团体才是一个有力的团体。"①于是革命儿童团体便在中共的领导下逐个诞生了。

1. 儿童革命团体依附于工人组织

在共产党的组织与领导下,近代最早出现的少年儿童革命组织是1922年诞生的安源儿童团。1922年9月13日安源路矿举行大罢工,在李立三、刘少奇为代表的谈判下,罢工取得大胜利。罢工过程中,他们在安源小矿工和工人子弟学校中建立了儿童团组织,安源儿童团团员主要是来自安源煤矿的小矿工和工人子弟。这些儿童在中共夜校教育下,认识到团结反抗的重要性。当时儿童团里有200多人②,安源儿童团为筹建工人俱乐部站岗放哨,跟着工人参加罢工斗争,到矿井、街头等地进行演讲,向工人宣传罢工的意义,并且在斗争中逐渐壮大。1924年,在原有儿童团的基础上,成立了劳动童子军团,以训练儿童勇敢、活泼的精神。劳动童子军团的组织建制是军长—队长—排长—队员。安源儿童团是工

---

① 中央档案馆、中共中央文献室:《中共中央文件选集》第1册,北京:人民出版社,2013年,第3页。
② 郑洸、吴芸红:《中国少年儿童运动史》,天津:天津人民出版社,1992年,第24页。

人运动的一个重要组成部分。

2. 共青团领导

大革命时期,中国较为繁华的武汉、天津、广州、上海等地出现儿童革命团体——劳动童子团,劳动童子团主要是由童工、乡村农民子弟、小学生以及街市穷苦儿童组成,团员年龄限制在6—16岁之间,他们以红色的领带作为团员的标志。共青团是劳动童子团的实际领导者。1926年7月共青团中央召开三届三次扩大会议,通过儿童运动决议案。共青团三届三次扩大会议后发布劳动童子团简章,是中国革命少年儿童运动的第一个正式章程。

根据少共国际执委决议和国际儿童局来信改造儿童运动,1930年12月少共三中全会决议在中央苏区将劳动童子团改为"共产儿童团",它的性质是"共产主义儿童运动",是学习共产主义的儿童群众组织,主要任务是要以共产主义精神来教育儿童。[1] 1931年10月苏区中央儿童局制定的儿童团组织法和编制法指出:共产主义儿童团是共产青年团的后备军,组织原则是民主集中制。他们佩戴红领带,以"准备着,时时刻刻准备着"为口号,具有强烈的牺牲精神。他们的工作总共有7条:(1)扩大红军与归队运动的宣传;(2)反对迷信的宣传;(3)积肥(捡狗粪、铲草);(4)支援、慰劳红军;(5)买公债——开展节省运动,"少吃果子,多买公债"(有60%的孩子买了公债);(6)游戏与操练,练习打仗(规定每星期日一次);(7)进列宁学校好好读书。[2] 与安源儿童团不同的是,大革命时期这些劳动童子团不再是单纯的附属于某一个工人组织,而是由共产主义青年团来领导。青年团要领导劳动童子团,还应经过

---

[1] 郑洸、吴芸红:《中国少年儿童运动史》,天津:天津人民出版社,1992年,第79页。
[2] 段镇:《少先队学》,上海:上海人民出版社,2015年,第74页。

童子团所附属的组织、学生会、团体的协调,儿童团实际上还是隶属于这些组织团体,并公开受其所属团体指挥。在苏区,共产青年团委员会和儿童局指导儿童团工作,派员出席儿童团会议。儿童团也有自己的组织和工作系统,儿童团工作应与苏维埃政纲相符合,苏维埃政府给予儿童团物质、财力帮助。①

3. 青救会领导

全面抗战爆发前成立的规模较大的少年儿童团体有山海儿童社会和赤色儿童团,东北抗联有少年铁血队等。及至全面抗战时期,儿童团数目不断增多,儿童团建制不断完善,越来越多的儿童加入儿童团。儿童团归各地的青救会领导,1938年10月,西北青救会通过了儿童团的组织章程,规定儿童团员的年龄在7岁到12岁之间,儿童团的宗旨是"(1)联合全国的小兄弟小姐妹结成好朋友;(2)大家共同学习、工作、游戏;(3)参加救国工作"。儿童团团章规定了"五要五不要"信条②:儿童团的任务就是要宣传抗日、站岗放哨、侦察敌情、捉汉奸、尊敬抗战官兵、帮助抗属劳动、兼顾学习和生产。在青救会的组织和领导下,儿童团日趋壮大。陕甘宁边区、晋绥、晋察冀、华东、华中等地儿童团纷纷建立,较为有名的儿童团有设在太行山武乡县的朱德儿童团、冀东儿童团、胶东儿童团、苏北儿童团、吕梁儿童团、延安儿童团等。至抗战结束之前,全国19块根据地里,都有儿童团组织。1940年2月,中华民族解放先锋队、西北青年救国联合会在《纪念"四四"儿童节与开展儿童工作的决议》中指出,青年团体要协助政府及各界人士恢复及健全各

---

① 郑洸、吴芸红:《中国少年儿童运动史》,天津:天津人民出版社,1992年,第86页。
② 共青团中央青运史研究室:《中国青年运动史》,北京:中国青年出版社,1984年,第178页。

地小学,以革命的三民主义教育儿童;帮助已有的儿童团体,普遍建立抗日儿童团,特别建议加强对儿童工作的领导;动员儿童参加抗战动员工作,并广泛地开展小先生运动,让儿童在实际工作中学习。同年3月,中央青委(团中央)专门做出了《关于儿童工作的决定》。决定指出"各地青委要以儿童工作为自己的中心工作之一,要推动政府、教育界、妇女团体重视儿童工作,关心爱护儿童。青委和青救会要加强对儿童团体的领导,县和省以上设立儿童部,并需有专门干部负责"。①

从30年代到全面抗战爆发前,随着一个个革命根据地的建立,儿童团也随之成立。中共把领导儿童团的任务交给了共青团。儿童团不再隶属于某个工会、学生会等组织,中央至各地迅速成立儿童局,使共青团大大加强对儿童团的领导,儿童团的工作由各级儿童局来直接领导,并在各乡建立儿童委员会。

全面抗战爆发后,"为了使少年儿童组织能够提出一定时期的工作号召,为了使少年儿童运动的发展组织得到建设和统一,以及与各地及外国的儿童通讯联络,儿童团又需要在一个地区里,有一个中心组织,来作为领导者和对外代表者。"②便在县以上一级建立了独立的儿童领导组织机构,设立儿童团总团部,归各地青年救国联合总会,即青救会领导。从此儿童团真正有了自己的机构、章程,儿童团不断地发展壮大,为抗战做出自己的贡献。儿童革命团体经历了创建初期隶属于某个工会到后来直属共青团领导,儿童团政治地位从完全的依附到相对的组织体系健全,这是儿童团发

---

① 中国少年先锋队全国工作委员会、中国少年先锋队工作学会:《中国少年先锋队大全》,北京:中国少年儿童出版社,2005年第146页。
② 郑洸、吴芸红:《中国少年儿童运动史》,天津:天津人民出版社,1992年,第135页。

展的一个跨越。

另外儿童团发展过程中应当归妇女领导还是青救会领导,即儿童团的领导权问题在抗战时是经过权衡考虑的。人们习惯于将"妇女儿童"合起来称呼,便认为用妇女来领导儿童最为合适,儿童虽一般由母亲养育,但对儿童团来说由妇女领导的缺点是大于优点的。十三四岁左右的儿童已开始叛逆而对妇女不如以前尊敬,尤其是较为调皮的孩子不愿受妇女管束。大多数儿童活泼好动喜欢体育活动,如游击战、滑冰、摔跤、打架、当兵等游戏,而妇女对这些是没有兴趣的,除了青年外没有人可以担当领导青年的重任。妇女抗战紧张时大都是先撤退,尤其是乡村的小脚妇女更是如此。根据地大脚的有知识的青年妇女供不应求,若再分出一部分领导儿童团,会更加重妇女工作的任务。同时儿童团也不适合交给其他民众组织来领导。①

在确定青救会领导儿童团之前,根据地儿童团有的是受农会领导,有的如晋东南的某县是受自卫队的领导,而在晋西北则在牺盟会或动委会的领导下工作。十四五岁的儿童与十六七岁的青年无根本上的区别,有的十五岁的儿童还比十六七岁的儿童长得高,而十六七岁的青年有的比十五岁的儿童长得还小。青年的工作作风与儿童相近,能在思想文化上给儿童帮助,在战争紧张的环境中能领导儿童成为统战的重要力量。儿童年龄小,政治意识低,社会经验甚少,他们的智力能力在不断地成长中,在战争中领导儿童团的必须是青救会。② 因此经过权衡之后,中共确定根据地儿童团最

---

① 谌湘汉:《儿童团为什么要受青救会的领导》,第二战区民族革命战争战地总动员委员会宣传部:《战地动员》,1939 年第 7 期,第 50 页。
② 谌湘汉:《儿童团为什么要受青救会的领导》,第二战区民族革命战争战地总动员委员会宣传部:《战地动员》,1939 年第 7 期,第 50 页。

终归属于青救会所统领,青救会下设儿童部并安排相应的专职干部展开儿童工作。1941年华北根据地太行全区的青救总会和地方各级青救会建立健全,各级青救会都设有儿童部,有步骤有计划地展开儿童工作。冀西青联会和赞皇、临城青救会的第一任专职儿童部部长余秉诚、栗振福、赵香令和其他各县儿童部都对儿童工作开展做出了贡献。①

(二)抗战时期儿童团的建制

按照西北青救会第二次会议通过的《儿童团组织章程》的决定,儿童团由青救会组织领导。各儿童团的建制,并不统一。华北根据地儿童团组织系统有的采取以区、乡(编村)为单位建立儿童团,设立团部、分团部、中队及小队(基本单位),也有按营、连、排、班的军事编制顺序的。县以上不单独设立儿童团部,而是在各级青救会里设立儿童部(或称科),配备专门的干部来领导和管理少年儿童工作。② 在青救会的领导下,少年儿童组织在斗争中不断发展壮大。

太行抗日根据地儿童团的建立得到了北方局、区青委和总工会的重视。抗战初期,太行根据地许多组织都在积极开展儿童的组织动员工作,发动儿童建立儿童团。多数地方儿童团组建的比青救会还要早。当然也有青救会建立以后才成立儿童团的,但多数情况是儿童团成立后,归由青救会领导。③ 儿童团组织系统一般是区青救会设有儿童部,县青救会设立儿童科,区青救会有儿童干

---

① 庞然,《冀西春蕾——忆抗日战争年代的冀西儿童团》,赵健主编:《太行山抗日儿童团故事》,太原:山西人民出版社,1999年版,第304页。
② 郑洸、吴芸红,《中国少年儿童运动史》,天津:天津人民出版社,1992年第134页。
③ 余光:《抗日战争时期太行区的儿童工作》,《太行区革命根据地史料丛书·群众运动》,太原:山西人民出版社,1989年第392页。

部,乡有儿童团大队长,村里有儿童团小队长。以晋察冀根据地为例,1940年7月晋察冀根据地颁布《晋察冀边区抗日儿童团团章》,团章简略地说明了儿童团的组织体系。晋察冀边区抗日儿童团的目的是打日本,除汉奸,保卫边区;为儿童谋福利,求解放;学习知识长本领。规定加入儿童团的年龄限制是7—14岁。他们的组织建构是,以行政村为单位建立,儿童团设团长、副团长、指导员;每5—13人组成一个小队,设小队长,小队副;团长、团副、指导员3人组成,由全区儿童团代表大会选出;区以上接受各级儿童部的领导。会议:村团部会议7天一次,全村儿童团员大会一个月一次,区儿童团部会议10天一次;区以上青救会儿童部可根据工作的需要,单独召开儿童工作会议,区村可根据工作需要召开小队长或团长联席会议。团规:爱护组织、服从领导;努力学习,积极工作;上操开会遵守时间,爱护武器;不打人、不骂人、不偷盗;不上敌人汉奸的当。对违反团规者,给予劝告、集体劝告或批评。[1] 可以看出,在区以上青救会的领导下,根据地的儿童团不是一个可有可无的摆设,而是一个有着明确的政治目的、严密的组织架构、严格的组织纪律的儿童自卫性组织。儿童团的成员有着明确的任务和要求,并且有明确的组织性和纪律性。

随着抗战的不断深入,根据地对儿童团组织也做过相应的调整和变化,有的儿童团实行军事化编制,团下设营、连、排等。1942年日伪对根据地不断扫荡,为加强儿童团的军事能力,1942年4月

---

[1] 中共河北省委党校研究室:《中国共产党河北历史大辞典》,北京:中共党史出版社,1990年,第374页。

14日晋察冀分局青委决定将少年儿童组织作如下变动①:

（甲）13到17岁之间男女少年组织童子军,为少年之军事教育训练组（男女分编）,主要任务在学习军事。

（乙）13岁以下之男女儿童组织幼童军,为童子军之一部,其任务大致与儿童团相同,但还求其简单。

（丙）这些组织在五四青救代表大会中提出决定后,在学校、农会开始建立。

通过以上措施,青救会将部分符合要求的儿童团逐步开始转变为儿童军,这样,大大拓展了根据地武装力量的来源,进一步把儿童团组织军事化、武装化。

二、华北根据地的抗日儿童团

战略相持阶段,华北抗日根据地是华北抗日战争的主战场。为了团结一切可以团结的力量,华北抗日根据地先后都建立抗日儿童团以组织儿童、培养教育儿童成为抗日的生力军。晋察冀边区儿童团、晋绥儿童团、太行抗日儿童团等都是出现过较大影响的儿童团体。随着儿童团员数量迅速增加,儿童在根据地的地位日益重要,并为抗战胜利做出积极的贡献。

（一）村村皆有抗日儿童团

1. 太行山的抗日儿童团

1937年11月,刘伯承、徐向前带领八路军一二九师开辟晋冀豫敌后抗日根据地。太行抗日根据地成立后,中共重视儿童工作,

---

① 晋察冀分局青委:《晋察冀分局关于少年儿童组织变动致北方局和中央电》,共青团中央青运史工作指导委员会:《中国青年运动历史资料1942—1946》,北京:中国青年出版社,2002年,第46页。

在每个自然村和行政村都建立抗日儿童团。儿童团归青救会领导,蒋毅和余光是晋东南青救总会儿童部部长,指导儿童团的工作。在建制上,太行抗日儿童团并不完全一致,"有的地方是以营、连、排为序,小村为排、大排为连、中心村为营(相当现在的镇)。有的地方则以小队、中队、大队为序,自然村为小队、行政村为中队、中心村为大队。每个村都有儿童团的牌子:'××村抗日儿童团'。有的县还建立抗日儿童团县部,或县队部,也挂牌子:'××县抗日儿童团'。"①太行山上有王家峪儿童团、窑上沟儿童团、白家庄儿童团等。

以领导人的名字为命名是儿童团的最高荣誉。朱德儿童团是太行抗日儿童团里耀眼的明星,朱德儿童团1938年5月在山西武乡王家峪村成立。儿童团成立之初吸收52名儿童团员,共分成4个小队,每个小队13人。② 王家峪儿童团参加抗日活动主动积极,斗争和学习两不误,1944年被授予"朱德儿童团"的称号。朱德儿童团里著名的儿童团员有李克元、张慧孩、刘四旺、李二丑、李丙彦、朱二孩、朱瑞生、郝生尧、魏春秀、张俊秀、魏全川、赵海尧、郝安锁、韩秃孩、刘雪堂、刘六斤、魏树贵等。③

2. 晋西抗日儿童团

晋西北是山西经济最不发达的地区之一,1940年晋西事变后,共产党以兴县为首府建立了晋西抗日根据地,晋西抗日儿童团其后也随之组建。晋西抗日儿童团有自己的组织简章,简章规定儿

---

① 《太行区抗日儿童团工作简介》,赵健主编:《太行山抗日儿童团故事》,太原:山西人民出版社,1999年,第4页。

② 《太行山的朱德儿童团》,《中国少年儿童运动史话》,北京:中国少年儿童出版社,1989年,第122页。

③ 罗存康:《少年儿童与抗日战争》,北京:团结出版社,2015年,第69页。

童团的宗旨是"组织和团结全晋西儿童、提高儿童文化政治水平，组织儿童文化娱乐活动、动员儿童参加抗战工作。"要求儿童坚守五要五不要的信条，①规定凡 7 岁至 13 岁以下的儿童愿意参加儿童团的都可以成为儿童团员。统一的用团、连、排的编制，以区为单位成立儿童团，主村设儿童营，副村设儿童连，连下分设排、班。儿童团设正副团长各一人，营设正副营长各一人，连设正副连长各一人，排设排长，班设班长。儿童营长担任村青救的儿童干事，儿童区团长，可担任区青救的儿童干事。各级的儿童干部都由全体大会或代表大会选举，区全部半年改选一次。营、连四个月改选一次。排、班二个月改选一次，县以上在青救会设立儿童干事，负责领导儿童工作。② 各级干部很好的发动和组织起了儿童抗日先锋力量。为更好地组织、发挥儿童的作用，儿童团以统一的形式组织广大儿童，1940 年一年的时间中，游击区与根据地有六万以上不同性别、不同阶层的儿童被组织了起来。其中在静乐县被组织起来的儿童有 3 623 人，建立了 52 个连，146 个排，1 420 个班。在兴县已组织起来的儿童有 3 317 人，建立了 8 个团，25 个营，96 个连，288 个排，他们民主选出了自己的干部，在农村中进行着各种活动。③ 可以看出，晋西已组织起来的儿童都在儿童总数的一半以上，晋西抗日儿童团军事化程度大大加强。通过儿童团组织，儿童很好地被组织动员起来。

---

① 《晋西抗日儿童团组织团章》，共青团山西省委、山西省档案馆：《山西青年运动历史资料 晋绥革命根据地分册》第 1 辑，1986 年，第 282 页。
② 《晋西抗日儿童团组织团章》，共青团山西省委、山西省档案馆：《山西青年运动历史资料 晋绥革命根据地分册》第 1 辑，1986 年，第 283 页。
③ 于今：《一年来晋西北儿童的工作》，共青团中央青运史工作指导委员会：《中国青年运动历史资料 15，1940.6—1941》，第 511 页。

表 4-1　晋西北各县已组织儿童统计表（节选）

县份	共有儿童数	已组织儿童
兴县	7 488	3 317
北临※	10 430	5 761
离石	9 923	6 493
临南	23 473	5 520
方山	3 624	1 354
保德	5 595	4 243
河曲	9 769	4 881
岢岚	3 270	2 260
静乐	6 396	3 623

※笔者注："北临"为刻写错误，应为"临北"。

表 4-2　晋西儿童团各级组织数量统计表

县份	团	营	连	排	班
兴县	8	35	96		
临北		26	85	205	530
临南		23	55	168	
离石	6	32	75	194	
方山		2	19	49	134
保德	4	3	32	106	288
河曲	2		26	96	
岢岚	5		21	63	
静乐	5	1	52	146	402

资料来源：《一年来晋西儿童工作总结与（后）半年儿童工作布置》，共青团中央青运史工作指导委员会：《中国青年运动历史资料 15，1940.6—1941》，第 526—527 页。

3. 晋察冀边区抗日儿童团

1938年9月在晋察冀边区的组织下建立晋察冀边区儿童团，规定吸纳7—14岁儿童为儿童团员，儿童团组织形式是村设团部，有正副团长。在团下面设队，每5人至13人组成小队，设小队长小队副。① 其宗旨是要训练广大儿童参加抗日救亡，儿童团采用军事管理的办法，校内、校外儿童分别编队，设小队、中队、大队。主要的工作是进行募捐、慰劳、春耕、护秋、帮助抗战军人家属、推销救国公债。②《晋察冀边区抗日儿童团工作章领》规定：(1) 开展儿童的文化娱乐工作，进行识字、歌咏、游戏、戏剧、舞蹈等活动，以及军事体育训练，养成集体生活中团结互助活泼友爱民主的习惯，克服顽皮浪荡习气。(2) 动员儿童参加各种抗日救亡工作，优抗慰劳军队站岗放哨送信引路，参加生产，动员壮丁入伍，规劝家长救国，进行各种宣传。(3) 提高儿童社会地位，反对轻视虐待儿童，保障儿童参加救亡活动的完全自由，领导儿童学习参政参加民主斗争。(4) 改善儿童生活，改善童工学徒店员待遇，救济失学失业被灾儿童，反对早婚童养媳缠足溺婴恶习，厉行卫生运动与保健工作。③

除了工作章领外，晋察冀边区抗日儿童团还有自己的儿童团团章。其规定组建目的是打日本，除汉奸，保卫边区。为儿童团谋福利，求解放。学习知识本领。要求在团下面设队，每5人至13人

---

① 《晋察冀边区抗日儿童团工作纲领》(1940年7月)，河北省档案馆编：《晋察冀边区史料选编》上，石家庄：河北人民出版社，第359页。
② 《边委关于儿童团组织训练及纲要的指示》，王谦主编：《晋察冀边区教育资料选编》(教育方针政策上)，石家庄：河北教育出版社，1990年，第26页。
③ 《晋察冀边区抗日儿童团工作纲领》(1940年7月)，河北省档案馆编：《晋察冀抗日根据地史料选编》上，石家庄：河北人民出版社，第358页。

组成小队,设小队长小队副。① 晋察冀根据地的儿童团不仅仅是一个具有严密的组织架构、严格的组织纪律的儿童自卫性组织,更是根据地社会动员和改造社会的一支重要力量。他们不仅仅发挥着一般儿童团武装自卫和军事活动的职能,更重要的是他们开始参加宣传动员成人积极抗日救国的工作,同时他们还积极参与改善根据地儿童社会地位、保障儿童各项权利、争取儿童自由、民主等工作。这些工作对根据地社会变迁具有十分重要的社会意义。这表明,晋察冀根据地不仅仅是把儿童当作抗日力量的有益补充,而是把儿童作为改造根据地社会的战斗组织。

随着华北地区晋察冀、晋绥、晋冀鲁豫等根据地的建立,儿童团无论从数量上和规模上都迅猛发展。据1939年7月统计,晋察冀边区有儿童团员12万人,晋西北有6万人,晋西南有4万人,冀鲁豫有3万人……到1941年,晋察冀北岳区也有近25万儿童团员。② 至1941年晋绥边区儿童团员有增至92 120人,占全数青年儿童的1/4,他们在文教武装及根据地其他建设中做了不少工作。③ 至1942年晋察冀边区儿童团共有289 571人,冀中区有四五万,平中区有4 500人。④ 1943年整个华北共有60万儿童团员。⑤

---

① 《晋察冀边区抗日儿童团工作纲领》(1940年7月),河北省档案馆编:《晋察冀抗日根据地史料选编》上,石家庄:河北人民出版社,第359页。
② 郑洸、吴芸红:《中国少年儿童运动史》,天津:天津人民出版社,1992年,第135—136页。
③ 晋绥边区青联:《晋绥边区青年工作的总结及今后的方针》,共青团山西省委、山西省档案馆:《山西青年运动历史资料 晋绥革命根据地分册》第3辑,1986年,第129页。
④ 晋察冀分局青委:《关于晋察冀四年来青年工作的报告》,共青团中央青运史工作指导委员会:《中国青年运动历史资料》第16集,北京:中国青年出版社,2002年,第20页。
⑤ 郑洸、吴芸红:《中国少年儿童运动史》,天津:天津人民出版社,1992年,第135—136页。

(二)阶段性工作任务与儿童培养:从重军事到重知识

儿童团的工作任务总体来看都是站岗放哨、拾粪、生产、学习之类的,太行区青年总会儿童部负责人余光后来回忆说,此时"儿童团的工作任务,一是发动儿童入学,组织儿童学文化、识字,开展好学生、好儿童的活动。儿童不仅自己学,而且还回家教父母、兄长姐姐识字,并动员兄长姐姐参加冬学和识字班,在'扫盲'运动中开展'小先生'的活动。儿童团在村口站岗、盘查过往之人,还在树上和墙上挂块小黑板,上面写一些日常生活中常用的字,教给过往的行人,认不下的不能放行。二是学生产、学劳动。要求儿童们和大人学习劳动知识,不做懒汉,不吃闲饭。对儿童的这种教育,深得社会的拥护和家长们的支持。同时,组织儿童捉懒汉,劝说懒汉和二流子参加生产。三是学军事,组织儿童开展军事训练和军事活动,站岗、放哨、查汉奸、送信。儿童团也有自己的武器,如红缨枪、砍刀、木头刀等。四是开展讲卫生和宣传娱乐活动,组织儿童唱歌、跳舞、宣传抗战、生产、锄奸。有的地方还组织了儿童剧团"[①]。其实,随着根据地不同的发展阶段,各根据地的儿童团工作重心也是有差别的,不同的工作任务,对儿童的要求、对儿童的影响和教育是不一样的。以太行儿童团为例,儿童团的工作大体可以分为三个阶段,而每个阶段工作的重心是不一样的。

第一阶段是1937年11月到1939年底,这是太行根据地初创发展时期。此时根据地初建,各儿童团也才刚刚成立,许多地方儿童团组织并不健全。各儿童团的主要任务集中在社会活动上,他们向儿童进行抗日救国、拥军优属的宣传教育,组织儿童站岗、放

[①] 余光:《抗日战争时期太行区的儿童工作》,《太行革命根据地史料丛书:群众运动》,太原:山西人民出版社,1989年,第401页。

哨,进行军事训练。1939 年 4 月 28 日晋东南青救总会儿童工作做出决定:从 1939 年 5 月至 1939 年底加强儿童的参战工作,普遍开展军事训练。制定有儿童通讯网、锄奸、国防游戏等具体的工作计划。① 第二阶段是从 1940 年到 1942 年,这是儿童团组织健全发展时期。晋东南青救总会是整个太行区儿童团的直接领导,他们于 1941 年召开第二次代表大会,并通过了《两年来青救会工作及青抗先工作的报告》和《青救会目前工作纲领》。此时的儿童工作由单纯强调生产、军事开始转向强调儿童教育、学习科学、培养建国人才与军事训练相结合。为进一步深化儿童团工作,推进儿童团工作的指导,晋东南青救总会指示各地青救会"应切实加强儿童工作,儿童工作中心主要是在于加强儿童教育。因此领导儿童参加一般的参战和生产活动,要注意不妨碍儿童的学习时间,同时必须从教育儿童的意义着眼来组织儿童的生产与参战活动,并特别注意每一组织工作的民主性(民主生活与作风)与纪律性。"② 第三阶段是 1943 年到 1945 年,此时儿童团的工作重心"已放在从政治素质和科学文化知识方面加快培养抗战和建国人才上"③。太行晋东南地区在学校逐步恢复、建立团组织,加强儿童工作,学校成为儿童工作的主要阵地,乡镇、村庄普遍建立了儿童活动室、夜校、识字班,还组织儿童团儿童充当"小先生",为入校学习困难的儿童提供帮助。

---

① 赵健:《太行区抗日儿童团工作简介》,赵健主编:《太行山抗日儿童团故事》,太原:山西人民出版社,1999 年,第 6 页。
② 晋冀豫区党委:《关于目前青年工作的指示》,《太行革命根据地史料丛书:群众运动》,太原:山西人民出版社,1989 年,第 370 页。
③ 赵健:《太行区抗日儿童团工作简介》,赵健主编:《太行山抗日儿童团故事》,太原:山西人民出版社,1999 年,第 16 页。

青救会领导儿童团的工作,随着根据地工作经验的积累、对儿童和儿童工作的认识以及根据地不同时期的形式变化,儿童工作的重心逐渐由最初期的重视军事发展变化到后来重视提高儿童的文化水平。青救会在总结儿童团工作时指出:"过去还没有认识到教育是儿童工作的中心任务,没有注意到提高文化政治水平、组织儿童文化娱乐活动,而使参战动员成为唯一工作,过早使用儿童,如几乎到处都以站岗放哨为儿童经常工作,要儿童送信、送情报甚至抬担架,而对学校教育反而放松。"①抗战中后期,中共领导下的根据地已充分意识到儿童是祖国的未来、民族的希望,抗战的目的就是要让子孙后代过上幸福的生活。儿童未来的幸福生活除了前辈浴血奋战换来清平世界之外,还需要靠他们的知识文化去创造。抗战中后期,中共意识到这个问题,所以根据地也将儿童工作适时进行了调整。

青救会还注意到儿童团工作的另一失误,即创建儿童团初期将女童、贫童排除在儿童团之外。"女儿童还有很多不能上学的,也不能参加儿童团。过去静乐区的一些地方,不收女团员,儿童团里中农以上的儿童多。因为校内儿童多半家庭生活尚可,家庭成分在中农以上,而贫苦儿童要参加劳动,不能入学。儿童团将他们抛在组织以外。"②女童几乎占儿童的一半,如果将女童、贫童排除在儿童团之外,女童不能加入儿童团,不能上学接受教育,那么儿童教育普及是不可能实现的。如果女童、贫童因家庭贫困需要生

---

① 《一年来晋西儿童工作总结与(后)半年儿童工作布置》,共青团中央青运史工作指导委员会:《中国青年运动历史资料 15,1940.6—1941》,北京:中国青年出版社,2002年,第 533 页。
② 《一年来晋西儿童工作总结与(后)半年儿童工作布置》,共青团中央青运史工作指导委员会:《中国青年运动历史资料 15,1940.6—1941》,2002 年,第 533 页。

产,不能加入儿童团,那么,一方面,儿童团中以中农以上儿童居多,它就不能代表各阶层儿童,它是不完整的,另一方面,儿童团长时期以地主、富农、中农儿童占主导,不容易团结更广大的贫雇农儿童。

三、抗日儿童团功能实践:从未有之儿童变迁

儿童革命团体,实质是一种少年儿童组织。"少年儿童组织教育的社会功能主要包括政治社会化功能、组织认同功能和思想意识启蒙功能。"①由以前的史料分析我们可以看出,华北抗日根据地的儿童团正是运用其自身的教育手段,积极开展对儿童团员及其他儿童的教育,把社会的价值观、道德观转化为儿童个体的道德和价值理念,从而把儿童团的教育"实现政治社会化,实现社会主流价值观在少年儿童思想意识中的传承"②。

(一)政治社会化功能:儿童社会化

政治社会化功能是儿童革命团体最重要的功能。"人的社会化的重要方面,也是人的社会化中比较高的层次,是人民在特定的、关系中,通过社会政治生活和政治实践活动,学习和内化社会的政治化,从而使社会的政治文化得到维系、延续和变革的能动过程。"③政治社会化功能即要使社会主流价值观在儿童思想意识中传承。毫无疑问,抗战时期的主流价值观是建立民族统一战线、抵抗日本侵略。要把这种主流价值观传承给儿童,单纯地靠政府行政部门的政治宣传是不可能实现的。第一,儿童社会经验少,文化

---

① 鲁丹琴:《少年儿童组织教育功能探析》,《基础教育研究》,2015年第11期。
② 鲁丹琴:《少年儿童组织教育功能探析》,《基础教育研究》,2015年第11期。
③ 李斌雄、谌启航:《如何促进当代青少年的政治社会化》,《人民论坛》,2011年,第23期。

知识水平低,听不懂程式化的政治条文。第二,农村传播手段有限,儿童特别是大部分贫雇农儿童忙于帮助家庭生产,有效入学时间有限,政府部门很难对儿童进行集中宣传教育。如此儿童团作为少年儿童组织,它的政治社会化功能便突显出来了。在儿童团的工作任务中表现为通过剧演、演讲、唱歌等形式宣传抗日锄奸、生产救国的抗战思想。1941年山西省五专区村选,行政督察专员戎伍胜指示平北县长、教育科长村选工作时就特别强调儿童团的政治宣传功能,即训练儿童作团会活动,有计划地进行,教儿童唱歌,组织歌咏队,做村选单,并组织反对贪污官吏,化妆宣传村选,反对一党专政的"化妆表演"。第三,利用小先生进行宣传,这也是要有计划地进行。在学校中练习纯熟后,让儿童先进行表演,怎样宣传,怎样教给自己家里的人去进行村选,村选工作的重要性要儿童说的没有一丝错误而且能说得很明白的时候才让儿童去做宣传。第四,儿童参加村民革室活动,必须在课余或晚饭后,作唱歌或各种文化娱乐活动。① 经过根据地的努力,儿童团工作有了很大进步。1940年兴县动员救国公粮工作一开始,县属水磨滩之儿童团即踊跃参加。他们首先发起一升粮运动,在该村群众大会上即有50多个儿童响应,自动献粮达八斗之多。有一个儿童团连长在大会上主动献出一大担粮食,并且热烈发表献出粮食帮助抗战的意义,全场都被他的行为感动。该儿童团还组织宣传队三个,到各自然村宣传救国公粮之意义,收效甚大。曾有一个自然村之邻长,隐瞒自己粮食,该村儿童团即提出向其斗争,博得其他成年群众之

---

① 戎伍胜:《关于健全中心小学如何推动村选工作的指示》,档案号:68-6-10-12,山西省档案馆藏。

极大赞同,该邻长终于献出一石三升米。① 除了进行表演、宣传,儿童团还用自己积极参加抗战的实际行动来鼓舞和影响其他儿童甚至是成人。辽县第四区泽城村儿童团为响应青救总会的号召,组织了拾粪队,积极帮助春耕,他们在三日内拾粪1 500多斤。天真活泼之孩童,在儿童团的组织下出现于村中各地,持篮提铲,帮助收割,孩子们朝气蓬勃、积极富有生气的样子,成年人看到都受到感动从而加大干劲儿。②

抗战时期儿童团里的儿童,初步参与了社会政治活动,他们首先受到中共青救会、儿童团的教育,然后又用学到的或许理解深刻或许懵懂的思想去向群众灌输。此时的华北根据地儿童不再是只知种地放牛的,在外面不敢说话、一切只听大人吩咐的,没有主动性的儿童,他们有了初步的近代化意识,他们是社会化了的儿童。

(二)组织认同功能:个体与组织

组织认同功能是指儿童能把自己和团体联系起来,使得儿童个体有对组织的归属感,儿童团体可以影响个体行为。儿童接受儿童革命团体的核心价值观,并且能积极主动地去学习、传播这种核心价值观。中国历史上长期处于封建专制体制,国家严格控制百姓思想与行动,百姓尤其是没有功名的普通人是无权参与国家政治的。长期以来,政局变化甚至朝代更替,都不会引起百姓的特别关注,只要这些变动不影响他们正常的"日子"即可,有时即使有所影响,大部分百姓也都选择了隐忍,因此,有人说中国老百姓不到万不得已的地步是不会造反的。而民主政治与专制政治相反,民主政治鼓励人们参与政治活动,"民主国家人民易成群,专制国

---

① 丁理实:《模范儿童自动献粮》,《抗战日报》,1940年10月26日,第1版。
②《辽县儿童在生产》,《新华日报》,1940年3月17日,第1版。

家人民不易成群"①。长期生活于专制统治下的人民不易成群,长期生活于专制统治下的儿童则更不易成群。因此儿童团等儿童组织是从近代在中共领导下的工人组织中建立起来的。同时推进儿童组织工作,以各村儿童数目组为儿童排、儿童连等,以锻炼儿童组织纪律性,以达到教育儿童一代的目的。②

抗战时期的儿童团有自己的团章、活动纲领、组织任务,儿童团员有共同理想信念、组织领导,儿童团个体成员有了一种组织归属感,有了集体责任感、荣誉感。儿童团员在青救会、儿童团长的领导下,个体行为受团体行为的约束,个体传播团体的核心价值。儿童团的组织工作并不只局限于带领儿童劳动,应该讲儿童团的组织工作是十分全面的,并且符合儿童实际的。正是因为这种务实性,获得了儿童的组织认同感。在儿童团组织里,儿童是主人,"儿童团成立后,小孩子们的地位有了提高,有了在大人们面前发表自己意见的权利了。"③如此,儿童团是一个能够个体和组织相融合的地方。中国近代,似乎也只有儿童团能给孩子们这样的自由了。小团员们有了集体意识、有了初步的组织意识,知道应该按照组织的要求做事情,这是一种组织认同的表现,这是具备初步近代化意识的表现。

（三）思想意识启蒙功能

儿童团是中国近代史上第一个具有较强组织性纪律性的儿童自卫组织,它对儿童思想意识的启蒙作用是不可低估的。因为"少

---

① 朱光潜:《谈处群(中)——我们不善处群的病因》,《朱光潜全集》第4卷,合肥:安徽教育出版社,1988年,第50页。
② 太行第四专员公署、太行四分区青联会:《关于纪念四四儿童节的联合指示》,档案号:A68-3-8-20,山西省档案馆藏。
③ 郭国涌:《救星颂》,赵健主编:《太行山抗日儿童团故事》,太原:山西人民出版社,1999年,第207页。

年儿童组织的政治性和儿童性决定了少年儿童组织教育具有思想意识启蒙的功能"①,儿童处于人生发展初期,儿童革命团体组织思想、观点会对儿童的思想意识起到启蒙的作用。儿童具有主观能动性,他可以选择接受自己认为是对的东西,有团体认同的主动,但同时儿童是环境中的儿童,儿童所看到的、所学到的、自然都是从环境中来的,环境中的价值观多次反复的宣讲、表演,它就会潜移默化地变成儿童的价值观。因此,儿童组织——儿童团对儿童就具有这种思想启蒙的功能。

荒煤的小说《童话》开篇这样写道:"踏进晋东南,走到任何一个偏僻的农村,你随时可以看到三四个儿童在路旁放哨。他们的年龄大都是七八岁到十岁之间,站在你面前,不会超过你胸口的高度。他们衣衫褴褛,肮脏,拖着鼻涕,正如我们都市人们口头称呼的,'街上的孩子!'他们大半在玩耍,玩石子、堆土、打架、练操,弄得满身灰尘,嘻嘻哈哈的。但一看见有人向他们问哪条道路走去哪的时候,他们即刻会站起来,抱着武器迎到你的面前,敬一礼问道:'同志,你是那一部分的?'"②衣衫破烂的、只能玩一些石头沙土、满身污泥的华北农村儿童,因何遇到生人会如此机警地上前查问路条呢?华北根据地儿童的这种意识如何而来?其实,儿童具有怎样的思想意识,和他穿什么、玩什么没有必然的关系,儿童思想意识的形态,来源于他所受的教育和他生长的环境。英国哲学家洛克认为,人的心灵在出生时犹如一块白板,一切知识和观念都是从后天的经验中获得的,因此,儿童心理发展的原因在于后天,在于教育。抗战

---

① 鲁丹琴:《少年儿童组织教育功能探析》,《基础教育研究》,2015年第11期。
② 荒煤:《童话》,新闻研究所中国报刊史研究室:《抗战烽火录——〈新华日报通讯选〉》,北京:新华出版社,1985年,第198页。

时期的儿童团,就在儿童观念的后天形成中承担着这样的作用。在学校和儿童团的教育下,站岗放哨保家卫国的家国意识、民主选举的政治意识、爱护公共卫生的环境意识等思想不断得到加强。

儿童团对引导儿童做了多方面的工作。1. 抗日爱国。这是一首沁源小调《儿童团长王小保》:"儿童团长王小保,洋铁桶里放鞭炮,鬼子当成正规军,轻重武器瞎喊叫。铁壁合围往上冲,才是一个洋铁桶,气得鬼子用脚蹬,母子地雷脚下崩。轰隆隆,轰隆隆,鬼子乱成一窝蜂,八格牙噜喊不成,血肉飞到半天空。王小保,在树梢,一边拍手,一边笑。骂着鬼子大草包,唱着沁源秧歌调。"①这首小调充分表明了儿童团浓厚的抗日爱国意识,它也反映出根据地儿童团在抗击日军进攻时所起的积极作用。打仗需要足够的粮饷,粮食是保证军需民食的最主要的物资,正因为如此,它成为敌人抢夺的最主要的目标。日军经常到抗战边区抢夺粮食,因此华北根据地粮食更加地紧缺,华北根据地抗战军民也需要粮食,于是各边区儿童团则积极组织动员,为抗战军队捐粮。临县在11月26日召开的反投降反内战大会上,当场宣布献公粮数目时,共有87个儿童自动献粮,其中献粮最少的也献半升,大家共献五大斗多。②儿童们皆以坚持抗战爱护根据地的模范行动,大大激动了大会群众的情绪。2. 参与民主选举。村选和班级选举是华北根据地少年儿童接触较多的两类民主选举活动。参加村选时儿童们高兴得和过年一样去参加活动。他们拥护民主选举,并参加民主选举活动,儿童团组织了宣传队,进行好几次的挨户宣传。经过儿童的几次

---

① 中国民间文学集成全国编辑委员会:《中国歌谣集成 山西卷》,北京:中国社会科学出版社,2009年,第172页。
② 青团山西省委编《晋西各地青年妇女儿童自动献公粮参加游记》,《山西青年运动历史资料》,1986年,第275—276页。

宣传后,全村的公民差不多都自动来登记了。① 儿童团带领华北地区根据地少年儿童体验民主的快乐。华北根据地儿童拥有选举权进行选举的项目是班级选举,虽然班级选举不是政治选举,但同样带有民主的性质。1943年6月晋察冀边区小学组织儿童宣传各县民主选举,同学们听了许多关于民主的讲话,而且大部分同学都曾实际参加了县选的宣传工作,已经知道怎样选举,也知道应该选举什么样的人。② 所以在班级选举的前三天,班级同学就联名提出了竞选人。全校少年儿童便卷进一个参选热潮里,只要一下课,一组一组的同学都在院子里围拢起来,认真地讨论着。他们不选举本来人气很旺的人当班长,只因同学们觉得她现在不负责任了,给她提出意见也不彻底改,计划了的事她不肯做,所以不选她了。③ 大家通过这次选举真正选出自己赞成的人,反对一个人包办、一党专政,选出那实行民主的同学。④ 3. 为自己争取应有的利益。儿童参加了抗战服务工作,部分地改善了儿童生活,提高了儿童地位。他们发动过反对买卖儿童、打骂儿童、阻碍儿童上学放哨、继母虐待儿童的斗争,这样的斗争,在兴县去年五月到六月,就有62起。⑤ 在儿童团帮助斗争下,儿童受虐待的减少,溺婴现象减少了,童婚的现象减少了。民众对儿童的态度观念发生转变,过去严苛的顽固不化的观念有所松动,儿童人的主体地位获得了最基本的承认。儿童不是附庸,更不是可以随意出售置换的东西,儿童有其自己的主动性,儿童首先是人,是发展成长中的人。

---

① 周群:《在村选中的各救助组织》,《抗战日报》,1942年8月20日,第4版。
② 吴光华:《谁说孩子们不会运用民主呢》,《教育阵地》,1943年第2卷第3期。
③ 吴光华:《谁说孩子们不会运用民主呢》,《教育阵地》,1943年第2卷第3期。
④ 吴光华:《谁说孩子们不会运用民主呢》,《教育阵地》,1943年第2卷第3期。
⑤ 于今:《一年来晋西北儿童的工作》,《抗战日报》,1941年4月2日,第4版。

第二节　华北根据地的童子军

童子军最早于1907年建立于英国,1916年中国成立"中华童子军协会",1934年成立了中国童子军总会,由蒋介石亲自担任会长。1936年全国约一万多名童子军在南京接受蒋介石的检阅,中国童子军不断地壮大和发展。抗战期间,华北根据地的儿童组织普遍的是以儿童团为主,并未普遍建立童子军。1942年为加强全国抗日统一战线,晋察冀边区北岳区取消少先队、儿童团,把13岁以上17岁以下的男女儿童和初中高小的学生分组成立童子军,12岁以下7岁以上的幼童和初小的学生合组幼童军,采取国防童子军的办法进行组织并训练,童子军担负轻易一些的如送信、站岗之类的抗战勤务。北局青委统一华北青运的决定设立北岳区童子军。① 北岳区童子军是建立在抗日民主根据地内的,是在敌后广大农村建立童子军的创举。北岳区童子军在晋察冀边区率先建立是有着一定基础的。在青联领导下,北岳区在1940年就已经基本做到了村村建立儿童团,不仅如此,他们还有自己的儿童剧团、歌咏队、跳舞队、宣传队。北岳区16个县里就有儿童剧团2 342个,歌咏队2 860个,宣传队1 860个,跳舞队1 102个。② 北岳区童子军是广大少年儿童广泛的统一战线的组织,是一支和国际接轨的少年儿童战斗队伍,它的成立是为抗战胜利和反法西斯斗争,为实现国内团结统一,更为日后新中国建设培养有生力量的。

---

① 《晋察冀分局关于青年工作的指示》,共青团中央青运史工作指导委员会:《中国青年运动历史资料》第16集,北京:中国青年出版社,2002年,第71页。
② 醒华:《苦斗五年的晋察冀小英雄》,王谦主编:《晋察冀边区教育资料选编》(初等教育分册 上),石家庄:河北教育出版社,1990年,第455页。

一、北岳区童子军建立的目的、建制

北岳区少年儿童在少年队、儿童团的领导下,实现了少年儿童的团结与自我教育,他们积极活跃在各个战线上,成为坚持边区抗战的一支不可忽视的力量。然而自全面抗战至1942年北岳区童子军成立之前,中共领导的不断取得胜利的晋察冀抗战根据地,"要求少年儿童不仅在抗战中,而且在新中国的建设中,发挥更大的力量,负担更艰巨的任务。为此需要在少年儿童的组织上加以新的发展——取消少年队、儿童团,合组童子军以便更适合于进一步加强少年儿童教育训练之需要。因此,北岳区取消少年队。儿童团组织,绝不是取消或降低少年儿童工作,相反的,是要在少先队、儿童团的基础上总结经验,结合童子军及工作活动中之优点,并给以发扬与发展,以求得更有力地推动少年儿童工作向前进步。同时,童子军是全国性、国际性的组织,在反法西斯胜利的前夜,在中国的敌后建立童子军并加入中国童子军成为中国童子军的一部分,这对国际反法西斯统一战线与国内团结之增进有重要的意义。"[①]

1942年晋察冀边区"五四"青联四代大会决定,在北岳区基本地区与中小学协作建立童子军,7月在根据地精兵简政原则下,北岳区建立童子军理事会成立,通过了北岳区童子军组织简章。北岳区建立理事会专区,县级不建立单独的理事会,由青联童子军部负责领导童子军工作,区、村建立团部队部,由少年儿童自己直接

[①] 徐光:《北岳区童子军的建立》,王谦主编:《晋察冀边区教育资料选编》初等教育分册上,石家庄:河北教育出版社,1990年,第440页。

选举。① 并规定凡年满 8 岁到 17 岁的少年儿童不分阶级、党派、宗教、民族,不分校内外,在自愿的原则下均可参加。② 13 至 17 岁之间的男女少年组织童子军,男女儿童分编成军事训练组,12 岁以下的男女儿童组织幼童军进行军事训练。③ 可以说,童子军在根据地的建立丰富和扩展了后备武装力量,为华北根据地发展增添了新的血液。

二、北岳区童子军军事训练

与儿童团不同的是,童子军是少年儿童专门学习军事体育的教育训练组织,培养儿童学习军事体育,锻炼体格,从生活上、组织上给以抗战建国和民主的教育。童子军训练与青抗先不同,基本上是受教育训练,不参加和负担一般的抗战勤务。至于幼童军之任务与工作内容则更力求简单。④

在综合性原则的基础上,北岳区童子军把军事体育、道德、修养、生活习惯与技能各方面综合起来,自觉自动地实现服务、助人、忠诚、团结的道德理想,自觉学会并遵守童子军誓词、规约、三大纪律等。⑤ 童子军训练把握住少而精的原则,出操上课,并在军事方

---

① 徐光:《北岳区童子军的建立》,王谦主编:《晋察冀边区教育资料选编》初等教育分册上,石家庄:河北教育出版社,1990 年,第 441 页。

② 徐光:《北岳区童子军的建立》,王谦主编:《晋察冀边区教育资料选编》初等教育分册上,石家庄:河北教育出版社,1990 年,第 440 页。

③ 晋察冀分局青委:《晋察冀分局关于少年儿童组织变动致北方局和中央电》,共青团中央青运史工作指导委员会:《中国青年运动历史资料》第 16 集,北京:中国青年出版社,2002 年,第 46 页。

④ 徐光:《北岳区童子军的建立》,王谦主编:《晋察冀边区教育资料选编》初等教育分册上,石家庄:河北教育出版社,1990 年,第 440 页。

⑤ 王真:《活跃的北岳童子军》,王谦主编:《晋察冀边区教育资料选编》(初等教育分册上),石家庄:河北教育出版社,1990 年,第 458 页。

面学习童子军礼节、健身操、棍棒操、制式训练、队形交换等。北岳区一些地区还学习刺枪、劈刀、旗语、架桥、担架、结绳、手号操、投手榴弹、拳术等等。① 童子军有计划有步骤地完成教育训练中心内容,将动作分解把各种动作完全学好并熟练掌握,增强童子军战斗技能。为使童子军能够按时出操上课,北岳区各地大都坚持一星期一次或两次的教育训练制度,一些地区如广灵、孟平、平山、阜平、唐县等地还开办了流动训练班或短期训练班,训练大批干部。至1943年各地童子军大都建立了自己的教育训练制度并按时出操训练。②

三、北岳区童子军成绩与问题

(一)北岳区童子军成绩

1942年北岳区儿童团改编为童子军,晋察冀儿童工作的任务是在童子军理事会号召下努力进行着的,童子军的三大号召是积极学习、帮助家庭生产、按时出操上课。③ 北岳区童子军在以下三个方面均做出成绩。

1. 帮助儿童积极入校

北岳区童子军在阜平、完县、平山先后举行了"入校突击周",积极动员学龄儿童入校学习,儿童入学率大大增加,相较其他边区强迫儿童入学、突击动员儿童入学政策,北岳区入学突击周儿童入

---

① 王真:《活跃的北岳童子军》,王谦主编:《晋察冀边区教育资料选编》(初等教育分册 上),石家庄:河北教育出版社,1990年,第458页。
② 王真:《活跃的北岳童子军》,王谦主编:《晋察冀边区教育资料选编》(初等教育分册 上),石家庄:河北教育出版社,1990年,第458页。
③ 醒华:《苦斗五年的晋察冀小英雄》,王谦主编:《晋察冀边区教育资料选编》(初等教育分册 上),石家庄:河北教育出版社,1990年,第455页。

学率更高。北岳区阜平第八区80%以上的儿童入校,完县南峪村达到96%,井陉入校儿童,较之前普遍地加多18%而达到73%。就北岳区有数据统计的96个村来看,北岳区实施突击计划后,入学学龄儿童增加741名。平定全县202个学校中入校儿童达80%的有29个村。广灵一些村庄经过童子军"突击月"种队部训练后,达到70%以上。①

童子军组织儿童劳动,通过勤俭求学解决困难儿童学费,通过各科途径动员儿童入学。童子军组织成立儿童合作社,他们和村社、部队的运销员取得联系,运销员供给童子军羊毛等重要物品,童子军合作社用物美价廉的物品取得的红利支付儿童入学的学费及学校学习物品开支。② 在勤俭求学中还出现了许多童子军模范学员,平山九区石盆峪李桂竹,家中穷,她便在夜间纺线赚了钱来买书,她还养了三只鸡,卖了鸡蛋解决自己的书费问题。此外小朋友们不但自己入校还动员自己的同伴去上学,如井陉新广村田全保一人动员了16名儿童入校。③

2. 帮助家庭生产

童子军是组织性较强的少年儿童队伍,童子军之间协作互助,共同完成生产任务。(1)纺织。抗日根据地工业生产落后,敌人对根据地经济封锁,而华北根据地一直都有家庭妇女纺织加工土布,供应本家衣服鞋袜之用的风俗,在八路军入驻根据地后,边区妇女

---

① 王真:《活跃的北岳童子军》,王谦主编:《晋察冀边区教育资料选编》(初等教育分册上),石家庄:河北教育出版社,1990年,第457页。
② 北岳区第二专署:《盂阳李庄童子军的学习与生产》,王谦主编:《晋察冀边区教育资料选编》(初等教育分册上),石家庄:河北教育出版社,1990年,第462页。
③ 王真:《活跃的北岳童子军》,王谦主编:《晋察冀边区教育资料选编》(初等教育分册上),石家庄:河北教育出版社,1990年,第457页。

纺织还担负着支援人民军队服装物资的重任。通过纺织收的棉线、布匹来售卖还是根据地边区妇女支持家庭开销的有效手段。纺织是根据地女童子军的主要工作,也是帮助家庭生产的首要方面。1943年8月完县32个村的童子军,1个月纺线908.6斤;阜平大车沟一村36个童子军纺线5斤,织腰带69条;唐县北唐梅一村25个童子军纺线16斤。更有一些纺织的模范儿童,如完县东×村王香义1人20天纺线11.6斤。曲阳王得云三天纺1斤线,易县王俊儿两个月织布13匹,"小眼儿"和他哥织布60匹,全家依靠他们过活。除却纺织,北岳区童子军还用麦秆编草帽。平山童子军每人弄了2斤麦秆来编草帽,仅仅平山第2区和第9区两个区便编了3 033顶,灵寿2区也编了222顶;唐县童子军编草帽时和青年妇女合作,童子军编辫子,青年妇女把其缝成草帽子,1区梁家沟童子军秦小三,1人就编了9顶。① (2)打柴拾粪、种植除害。在20世纪七八十年代中国农村引入化肥生产之前,人畜之粪作为田间肥料普遍缺少,冬季拾粪便是农村孩童必做之家务。华北根据地炭如金银般珍贵,庄户人家买不起,他们做饭所用之柴火,就需到山里村外去拾捡了。1943年完县29个村一个月打柴的成绩为229 753斤,拾粪5 029筐又加556斤。1943年,"四四"儿童节正是开荒种植的好时节,北岳区各地的童子军都进行了植树、种瓜等扩大农业生产的工作,工作中还出现领导童子军种植的模范村和模范童子军,阜平3区抬头沟的童子军努力种树、种菜,大车沟村童子军以小队为单位划分了"学习生产技术小组",还发起竞赛。平山建屏村范秀林、北坪村王九云、唐县北大洋马双才、易县王国村杨香林

---

① 王真:《活跃的北岳童子军》,王谦主编:《晋察冀边区教育资料选编》(初等教育分册上),石家庄:河北教育出版社,1990年,第457—458页。

都是生产的小英雄。① 种植之后最重要的就是收割了,童子军同样是家庭收割的重要帮手。阜平童子军成立了"看麦队""拾麦队",积极帮助家庭收割。另外,童子军发挥自己灵敏机动的优势,帮助家庭养鸡、开荒、捉害鸟、捉害虫。1943 年完县 32 个村捉害鸟 367 只,捉老鼠 136 只,养鸡 28 只,开荒 26 亩 8 分,种菜 347 畦。繁峙 2 区 12 个村的童子军捉花媳妇 2 石 4 斗 7 升多。②

(二)北岳区童子军中存在的问题

北岳区童子军和全面抗战前中国童子军相比,因所处环境不同、所有资金不同等多方面的原因,童子军学习和训练存在多方面问题。北岳区童子军训练的教官就是原有的小学教师,童子军训练受抗战影响不能持续等问题,都是影响根据地童子军从北岳区扩大到晋察冀边区甚至整个华北根据地的重要原因。

1. 儿童团与童子军衔接问题

北岳区是晋察冀边区首家取消儿童团而建立童子军的根据地,有些村庄童子军未普遍建立起来,村庄儿童团就取消了,如此形成了"青黄不接"的少年儿童无组织的现象。即使是已经建立起来的童子军,因在建立初期,活动内容也不够充实健全,童子军训练也不够活跃。因为是初建,1943 年左右童子军似乎尚未引起各界的关怀与重视。③

2. 教学规范问题

(1)教学方法的问题。童子军学习训练的重要内容是军事训

---

① 王真:《活跃的北岳童子军》,王谦主编:《晋察冀边区教育资料选编》(初等教育分册上),石家庄:河北教育出版社,1990 年,第 457 页。
② 王真:《活跃的北岳童子军》,王谦主编:《晋察冀边区教育资料选编》(初等教育分册上),石家庄:河北教育出版社,1990 年,第 457 页。
③ 健秋:《纪念儿童节要关怀与扶植童子军》,《教育阵地》,1943 年 1 卷 4 期。

练,军事训练包括出操、刺枪等在内的科目都是需要分步骤分阶段教学的。而北岳区童子军的教育训练没有很好地把握住少而精的原则。农村根据地教员教授根据地小学教材已是勉强,现北岳区成立童子军,小学教员又兼教官,教授学生教得快、不形象且费力,学生学得不精,以致使少年儿童因没有真正接受而不感兴趣,反觉得枯燥无味,不新鲜了不爱学①。因为是新的训练模式,教员教育训练时不能吃透训练教材,难以合理安排训练理论和训练活动的教育计划,如训练教材的一二章应是教授方式为主,三四章应是活动方式为主,应将这四章配合起来进行,讲授一小时,活动一小时,②但根据地童子军教学很难科学合理安排课程。(2)除童子军教学方法不当外,其训练时间也不规范,不能兼顾协调军事训练与保障儿童健康。平山某村童子军刚成立时,晚上出操至深夜,不但有碍儿童健康,并且大大影响儿童次日的学习。③

第三节 儿童游戏与儿童变迁

何为游戏? 有人认为,"民间游戏是流传于广大人民生活中的嬉戏娱乐活动,俗称'玩耍',游戏是游艺民俗中最常见、最普遍、最有趣的娱乐活动"④。朱叔君则说:"民间游戏是产生流传于人民群

---

① 王真:《童子军训练应注意的几点》,王谦主编:《晋察冀边区教育资料选编》(初等教育分册 上),石家庄:河北教育出版社,1990年,第453页。
② 王真:《童子军训练应注意的几点》,王谦主编:《晋察冀边区教育资料选编》(初等教育分册 上),石家庄:河北教育出版社,1990年,第453页。
③ 王真:《童子军训练应注意的几点》,王谦主编:《晋察冀边区教育资料选编》(初等教育分册 上),石家庄:河北教育出版社,1990年,第453页。
④ 乌丙安:《中国民俗学》,沈阳:辽宁大学出版社,1985年,第343页。

众、主要是青少年儿童日常生活中,具有一定形式、规则、内容又可因时因地发生变化的,可以随时随地进行的,以玩耍为目的地小型嬉戏娱乐活动"。① 沛西·能说:"游戏的精神是不可捉摸的、巧于规避的幽灵,它的影响可以在最难预料的一些生活角落里找到。但是每一个人都承认,儿童期是它的特殊领域,并且认为它出现在儿童的各种活动中,这些活动的特别标志便是他们的自发性,即他们对外界需要和刺激的相对独立性。"②我们知道儿童偏爱游戏,游戏伴随娱乐。从古至今人们就一直想解开游戏这个谜团,也许正因为游戏善于规避,难以捉摸,所以千年来游戏之谜仍然是我们孜孜以求要攻克的难题。③ 学术界存在多种游戏理论,这些理论分别从不同的层面对游戏进行阐述。概而言之,学界关于游戏的本质有本能说、劳动说、模仿说、巫术说等几种。游戏的本质到底是什么目前并没有完美的解释,但从古到今,中外儿童天天都在做游戏,游戏内容、游戏手段也层出不穷,花样百出。游戏对儿童的智力、道德、认知发展乃至于儿童生活各个方面的发展都有莫大的帮助。游戏对大人来说是一种休闲和娱乐活动,但对儿童来说则是他们生活的重要部分。

一、传统儿童游戏

战国时期《韩非子·外储说左上》记载了一个当时的儿童游戏:"夫婴儿相与戏也,以尘为饭,以涂为羹,以木为胾,然至日晚,

---

① 朱叔君:《民间游戏》,郑州:海燕出版社,1997年,第2页。
② [英]沛西·能著,王承绪、赵端瑛译:《教育原理》,北京:人民教育出版社,2005年,第82页。
③ 曹中平:《儿童游戏论:文化学、教育学和心理学三维视野》,银川:宁夏人民出版社,2000年,第1页。

必归饷者,尘饭涂羹,可以戏而不可食也。"①这段文字记载了古代儿童玩耍游戏的一个内容,他们把尘土想象成粮食用来做饭,把泥水假装地当羹汤,野外捡来的碎小的木块当做切成块状的肉。他们每天晚上还是会回家吃饭,是因为泥土、泥水、木块这些东西只是他们的玩具,是不能吃的。唐人路德延《小儿诗五十韵》:"嫩竹骑为马,新蒲折作鞭""抛果忙开口,藏钩乱出拳""寻蛛穷屋瓦,采雀遍楼椽""夜分围榾柮,朝聚打秋千""折竹装泥燕,添丝放纸鸢""远铺张鸽网,低空射绳弦""斗草当春迳,争球出晚田"。②这段文字记载表现了唐时乡间儿童游戏时欢快的场景,表达了儿童天真烂漫、无忧无虑嬉闹的纯真情感。

古代女童常常进行的游戏包括跳绳、放风筝、荡秋千、踢毽子,而男童则多模仿成人的游戏,比如摔跤、武术、蹴鞠等。而在游戏扮演角色方面,儿童对游戏角色的选择是赋予一定的感情色彩的,比如爱戴尊敬的长者、英雄,尧、舜、禹、刘、关、张之类;羡慕崇尚的智者,诸葛亮、曹冲、司马光之类;孝长爱幼文化楷模立志向其学习之类:子路、孔融、黄香等人;当然还有仇视、鄙夷之人,如曹操、秦桧之类。

古老的中国,曾是世界科学技术的领先者。反映在儿童游戏、玩具上,也很突出。七巧板中包含了许多深奥的数学原理,外国人称之为"唐图""技巧的中国之谜"。风筝,是我国主要的传统玩具之一,不但孩子爱玩,大人也同样爱玩。风筝在南北朝时期就已出现,原叫纸鸢,唐代有人在风筝上设置了琴弦,通风发声,响声像谈

---

① 冯国超主编:《中国传统文化读本·韩非子》,长春:吉林人民出版社,1999年,第247页。
② 王士祯:《五代诗话》,北京:人民文学出版社,1989年,第84页。

筝的声音,于是开始有了"风筝"的名称。风筝的制作有简单的,复杂的风筝则很有技术含量了①。

时至近代,中国传统儿童游戏项目也在发生一些改变,以6—13岁的中童喜欢玩的玩具是这样的:小汽车、小房子、小洋房、洋娃娃、荡秋千、电车、洋喇叭、小马车、老渔翁、泥的马虎兔、电扇、西洋镜、小车子、军笛、蜡鹅鸭鸡、洋铁炉灶、小泥人、小竹篮、皮老虎、洋火枪、风车、蝶车、猴子、陀螺、不倒翁、小花篮、枪炮、小床、小桌椅、小茶壶、酒壶、鱼的、影戏、轮船②,从这些玩具中我们可以看出新奇的洋玩具更受儿童欢迎。

二、中国传统儿童游戏的功能

(一)以教育为首

德国著名教育学家福禄培尔说,游戏并不尽是培养和增强了体力,而是肯定地继续不断地获得道德的力量③。儿童游戏应在道德的环境下进行,应以养成良好的道德为玩耍、训练的目的。"中国古代儿童教育以养成儿童行为规范和培养道德品行为首要目的,儿童游戏教育的原则,也以此为出发点。受传统礼教的约束,游戏也要教育儿童心向诗书礼乐,以培养知书达理的士儒君子。"④早至春秋战国时期,儿童游戏便要求符合"礼"的要求。司马光在其《投壶新格》的序中说:"夫投壶细事,游戏之类,而圣人取之以为

---

① 何晓夏:《简明中国学前教育史》,北京:北京师范大学出版社,2015年,第68页。
② 《儿童游戏的生活》,《教育学报》(北平),1936年,第1期。
③ [德]福禄培尔:《人的教育》,张焕庭主编:《西方资产阶级教育论著选》,北京:人民教育出版社,1979年,第330页。
④ 何晓夏:《简明中国学前教育史》,北京:北京师范大学出版社,2015年,第61页。

礼……投壶可以治心,可以修身,可以为国,可以观人。"①可见,对于游戏活动,古人也以能修身养性为第一要务,寓德于游戏,注重在游戏中培养道德情操。在玩游戏时,小孩都以能扮演英雄、美人而开心跳跃,而扮演奸臣的儿童则不免沮丧,并且希望这次游戏赶快结束,好等下一轮游戏中他可以扮演英雄角色。每个游戏进行都是有自己的规则的,而且这些规则多涉及秩序、取胜的原则。按照中国人的思维习惯和价值观,中国传统游戏在玩之前讲好游戏原则大多涉及道德伦理。多人玩游戏时则会规定出场的先后顺序,以及评定输赢的标准,如果有儿童不遵守这些规定,他则会被说成是"耍赖",别人是不愿和这种耍赖的,不讲规矩的,没有道德原则的人玩耍的。所以中国传统游戏寓德于游戏中,又会用道德来规范和保证游戏顺利进行。道德存在于传统游戏的表和里。

投壶游戏

(二) 以抒情为主

情感是一种感知体验,是人对现实对象是否适合自身的需求和社会的需求而产生的,情感是人类特有的一种对社会需求的反

---

① 司马光:《投壶新格·序》,《投壶新格》第 1 卷,民国郁园先生全书本。

应。与成人情感的丰富性与深刻性不同，儿童对社会需求较为单纯，所以其情感表达也较为简单和直接。对于自己不喜欢、很讨厌的，儿童会不加思索予以摈弃。反之，对于自己喜欢的，儿童往往喜形于色、手舞足蹈，爱憎分明。儿童的情感不仅真挚，而且相当细腻。在日常生活中，儿童往往创造一种活动或者说创造一个世界，从而进行情感交流。① 在与这个创造出的世界情感交流时候，儿童往往会获得对自然、现实和艺术的审美认识。比如，他们经常体会到飞翔中小鸟的欢乐、成长中小草的幸福、游梭中小鱼的自由。即使是没有生命的石块、泥沙也能移入儿童的感情。儿童觉得在这个创造出来的世界里，一切都是有生命和力量存在的，而且还能感到在这个世界里的生命和力量感染到自己身上。这就是游戏。② 儿童通过游戏抒发对某件事物的不满或者喜爱的感受，我们也可称之为审美。而在这一抒发的过程中，儿童的情感交流、儿童的感知都寓于其中。所以，儿童游戏的目的是为了获得情感和感官的体验，在休闲的时间里进行的对真实的事务的模拟。儿童游戏民间也叫玩耍，多数时候是儿童休闲时候用来娱乐高兴的。通过在游戏扮演某种角色，或集体演出某种游戏，儿童获得游戏过程中的快乐的娱乐活动。娱乐活动是"为了促进自我心情的表达或者表演"的"自我释放或自我观照"，③游戏是一种情绪释放、情感发泄的过程。我们假设，如果游戏不具备这一抒情的功能，如果游戏不能表达儿童的喜怒哀乐，如果儿童在做游戏时感受不到有生命和力量存在，感受不到在这个世界里的生命和力量能感染到自己

---

① 姚全兴：《儿童文艺心理学》，重庆：重庆出版社，1990年，第57页。
② 姚全兴：《儿童文艺心理学》，重庆：重庆出版社，1990年，第57页。
③ 李鹏程：《当代文化哲学沉思》，北京：人民出版社，1994年，第160—164。

身上,那儿童就会失去对游戏的兴趣,游戏也就不成其为游戏。儿童也会毫不犹豫地抛弃游戏。所以我们说,抒情是游戏的主导。

三、儿童抗战游戏

一切存在的事物皆是客观的,儿童游戏亦是现实客观世界的反映。儿童自己和成人在有意识、无意识地创编游戏时,也是以客观现实世界为参照的。但是,这里说的对客观世界的反映不是说这种概括是对客观世界原原本本的照搬,也不是逻辑意义上的抽象概括,而是指根据儿童自己的兴趣、自己的理解、自己的体验和自己的意愿进行的概括。这种对客观世界的概括和反映必须是他们最感兴趣的、最能理解的、体验最深的人和事。然后,通过作者自己的想象将这些自己最感兴趣的、最能理解的、体验最深的人和事,改造成符合儿童意愿的遐想的情景,使二者统一在一个象征的关系里。但是,这种概括又独立于现实。儿童在现实生活中获得了最感兴趣的、最能理解的、体验最深的人和事的各种经验,并在现实的情境中实践着,以后他们便将有关类似的要素迁移到一个新的情境中,尽管在这一新的情境中所用的材料与原先真实的事件中不一定完全相似,但是这些材料已经被同化进同一事件当中。① 所以,我们说儿童游戏来源于现实又高于现实。全面抗战时期,抵抗侵略、保卫根据地是华北抗日根据地最大的现实。抗战游戏既反映了这个现实又抒发了儿童情感。

(一)全面抗战初期

长期以来,中国百姓并不关心国家政事,打仗之胜败是朝廷的事,改朝换代和他们并无太大关系,但是到了近代,在抗战时期这

---

① 华爱华:《幼儿游戏理论》,上海:上海教育出版社,2003年,第93页。

种现象发生改变。抗战时期,我国儿童游戏也从另一个层面反映了当时农村社会对抗日战争的态度,由最初期的漠不关心,到战争破坏严重、中共在农村教育颇见成效后,反映敌伪渗透与人民反抗、筹粮备战、积极生产、热情参军等多方面的现实。1939年7月长治市城郊被敌人占领后,四处骚扰,敌人一进村口就遇上两个小孩,也不过十一二岁,一男和一女趴在地上堆石子,一个嘴里吹着哨子,另一个喊道:一、二看谁堆得快!① 华北农村儿童在外敌侵入村庄之时一如既往地还是进行着传统的生活,玩着多年不变的传统游戏——堆石子。1941年《抗战生活》发表了一个对晋察冀儿童现实生活的小测验,其中采访到儿童游戏时,作者问"闲时都作什么玩?"回答的儿童共31名,答案有15个,这其中演剧1名、丢带8名、玩球4名、跑旗2名、垒塔(一个大的集体游戏)1名、唱歌4名,以上这些游戏是集体游戏,根据地的孩子们喜欢这种集体游戏,而且女孩多于男孩;另还有猜谜1名、打电话1名、打秋千1名、跳绳1名、玩庄1名,这些是少数人即可玩的游戏;×养1名、玩条杆1名、休息2名、家长不教玩1名,这些是独自就可完成的。总体来看,1.华北地区根据地少年儿童喜欢大集体游戏的共16名,喜欢三五成群(如唱歌猜谜等)游戏的共8名,即喜欢集体游戏的总共24名,占总数60%弱,喜欢独自游戏的占50%。女孩喜欢复杂的属于技巧或智力的如猜谜等游戏,男孩则偏于运用体力方面如玩球、跑旗等。2.华北地区根据地少年儿童用条杆为玩具,他们的玩具太少。儿童自发的游戏项目较多,教师等人开发的能够用来发展儿童智力、体力各方面能力的游戏太少。3.抗战初期华北地区

---

① 赵香令:《少儿人权》,赵健主编:《太行山抗日儿童团故事》,太原:山西人民出版社,1999年,第22页。

根据地少年儿童做文化游戏的只有一个,做军事游戏的一个也没有,从中我们可以发现,现实中此时儿童的游戏与课程、与生活都结合得不够紧密,尚且没有实现利用游戏来促进儿童各个方面的发展。还有家里不教玩的,和两个失学儿童因平时太辛苦而要求休息的。① 全面抗战初期的华北农村,即使在共产党领导的根据地内,大部分儿童喜欢的也是他的祖辈玩惯了的丢带、玩球、跑旗、跳绳之类的传统游戏,而军事游戏,如打仗、征粮一类的并未出现。可见全面抗战初期,儿童游戏仍然更多地反映的是以往生活的内容,但是,从"打电话"这一游戏可以看出,近代化在华北农村社会已经有所发展,从而反映出当时,华北农村儿童思想开始在近代化的物质层面已经受到社会近代化变迁的影响,而精神层面的近代化如民族、民主、抗日、自由这些词语还未深入他们的头脑,精神层面的近代化要落后于物质层面的近代化。

(二) 全面抗战中后期

精神分析学派弗洛伊德认为儿童自己生活的世界本身就是一个游戏的世界,一个审美的世界。游戏是正在成长中的儿童最大的心理需求。游戏在儿童心理发展的各个方面例如在情感、认知、社会性、人格等方面都起着重要的作用。儿童在游戏中编织了假想的世界,在这个假想的世界中,儿童的身心方面,实现了真实的成长。游戏对于儿童心理发展的价值,并不仅仅局限在儿童时期,还会表现在儿童成人以后的生活中②。全面抗战中后期,由于战争进入相持阶段,中共在华北许多地方建立了抗日根据地,并实施了

---

① 宋笠:《一个"儿童测验"的总结》,抗战生活社:《抗战生活》,革新 2 卷 2 期,1941 年 12 月 15 日。
② 王小英:《儿童游戏的意义》,长春:东北师范大学出版社,2006 年,第 1 页。

许多政策来巩固、发展根据地。其中一项重要措施便是强化对儿童的组织、教育和领导。同时,由于受战争的影响,根据地的儿童对战争的感性认知进一步强化,因此,以上两种因素交织在一起,在根据地儿童的思想深处产生影响,并且以儿童游戏的形式反映出来。

  儿童此时最喜欢军事游戏。他们做各种军事体育活动,像演戏游击战、抢梁山、溜冰、摔跤、打架、当兵、上军事操等,都是他们喜欢的玩意儿。学校体育课外活动的重要组成部分,儿童团除组织站岗放哨、传送情报、唱革命歌曲外,还组织儿童团员开展体育活动,如列队练习、跑步、投弹、防空等,并做传统的体育游戏,创编"抓特务""骑兵打仗"等军事游戏①。太行边区的生活虽是艰苦的,但教师和少年儿童的精神面貌却是活泼愉快的。根据地小学的少年儿童课外活动十分活跃,他们按照各人特长,自愿从事打球、歌咏、绘画、跳舞(秧歌)等活动,还自编一些节目,如"送夫参军""回娘家""夫妻识字""光荣花""大挑菜"等,在校内演出,也到邻近村演出,既锻炼了自己,也向群众作了宣传工作。② 晋绥边区在组织学生游戏活动中,"制作了数十张纸牌,在纸牌上画了抗战领袖、战斗英雄、劳动模范和反斗将官、兵痞汉奸、二流子等图案,学生通过游戏,不仅掌握了文化知识,而且受到了深刻的政治教育"③。这种情况,以至于成年人都不无感慨地认识到:"今天的儿童很喜欢军事,很喜欢模仿大人的军事活动。"④

---

① 延安市志编撰委员会:《延安市志》,西安:陕西人民出版社,1994年,第650页。
② 郝晋瑞:《抗战时期太谷教育工作回忆》,《山西革命根据地》,1990年第2期。
③ 牛崇辉:《晋绥革命根据地研究》,北京:中国广播电视出版社,1994年,第81页。
④ 晋冀豫区党委:《太行革命根据地史料丛书:群众运动》,太原:山西人民出版社,第370页。

各地的教育杂志里面，还会专门搜集儿童们玩的游戏，做相关的介绍。晋察冀边区《教育阵地》是边区学校必备的读物，边区老师都会阅读，《教育阵地》中经常会设置有游戏栏目，一卷六期《游击队攻堡垒》《前进少年兵》，二卷三期《跳绳》《打更》；《教育通讯》二·三期《活捉阎锡山》《猜第一》《由装鬼到做人》，第四期《抓子儿》《拨工送粪》《不当懒汉》《心算游戏》等等。《教育与文化》中列举当时流行的抗战游戏有《行军》《捉汉奸》《瞎子躲飞机》《掷手榴弹》《反攻》《打日本天皇》《收复失地》等。① 这里面玩法最简单的是掷手榴弹，在广场上，拿木头做手榴弹。参赛的人以立正的姿势站在各距离约一尺的同一平行线上，右手拿手榴弹，左脚向前跨一步，对准规定的目标，把手榴弹掷出去之后，即将身体向前伏在地面上，并瞭望前方。他们比赛谁投得最远，投不到目标要派他去把手榴弹抢回来给别人掷。根据地的儿童还将一些游戏编排为简单的娱乐节目，即提高了自身的乐趣，又对根据地的抗日活动起到了宣传动员的作用。

儿童在游戏娱乐的时候，也有他们的团体组织，当然这些组织不是专为儿童做游戏成立的，然而在客观上也起到了带领儿童游戏的作用。正是由于通过积极利用游戏的正面教育、引导功能，才使得根据地的教育即使在十分困难的情况下仍能对儿童教育取得不错的成绩。儿童在学校接受反日爱国的教育，课后儿童团员参加儿童团活动，普通孩子玩的是收复失地一类的儿童游戏，根据地的儿童就是这样耳濡目染在反日爱国的环境中长大的。他们的思想意识中有了国别之分，有了民族之别，他们知道日军的残暴，知道我国正在遭受日军的侵略。这种思想意识从他们游戏过程，游

---

① 童友：《抗战游戏教学之实际》，《教育与文化》，1941 年第 2 卷第 8 期。

戏语言上完全可以看出来。儿童有了反日的意识后玩各种各样的军事游戏,在玩游戏的过程中也强化了他们的这种意识。在孩子们中间,被骂做"日本人""汉奸"成了最耻辱的事情。儿童游戏时常会发生各种冲突,这些乡间孩童的"口头禅"变成了"八格牙路""三背及""这个姑娘大大的"……那些在街头上乡村里奔跑着的野孩子,到处在怪腔怪调地学着日本人的模样。这一个收到另一个孩子的侮辱时,不再骂"×你祖宗""×你姐姐"那些粗野的话,而是说:"你这个汉奸养的……",确实在他们的心目中同"汉奸"是比以前他们指的"王八"都不如的坏东西,所以往往因为骂声"汉奸"两个字就撕打得头破血流的,作为对这种"耻辱辱骂"的一种反抗。①

四、儿童游戏的功能:满足儿童革命愿望

游戏是正在成长中的儿童最大的心理需求,游戏在人的心理发展各个方面起着重要的作用。儿童在游戏中编织了假想的世界,却在身心方面实现了真实的成长,游戏是促进儿童(主要指学前儿童)心理发展的基本途径,是儿童心理成长的沃土。可见,游戏对儿童身心健康发展的重要作用。那么,对于根据地儿童而言,要满足自身身心发展的要求,他们也需要有大量的游戏做陪伴。

抗日根据地的游戏从创作者来说主要有两类人:一类是儿童自己,另一类是家长、教员。儿童自己编的游戏形式、内容简略,主题突出,操作性强,更符合儿童想要扛枪上战场的心理需求。儿童自己创设的儿童游戏问题在于主要以口耳相传的形式存在,不易保留。大人创造儿童游戏内容较为深刻,操作程序相对烦琐。黄

---

① 穆欣:《战地的孩子们》,共青团山西省委编:《山西青年运动历史资料》,1986 年,第 141 页。

炎培儿时最爱玩一种集体游戏,就是由孩子们自己编创的对当时国内和国际情况有充分代表性的三指游戏。三指游戏就是儿童用三个指头做游戏,大指代表"官",小指代表"百姓",中指代表"外国人"。百姓怕官,官怕外国人,外国人怕百姓。甲乙丙三孩,各由三指中同时伸出一指,假如甲伸大拇指,乙伸小指,丙伸中指。这就是:甲"官"对乙"百姓"是赢,而对丙"外国人"是输;乙"百姓"对丙"外国人"是赢,而对甲"官"是输;丙"外国人"对甲"官"是赢,而对乙"百姓"是输。赢的对于输的拍一记手掌。①这个游戏不需要借助外物作为玩具便可进行,游戏简单益智而且是儿童对当时社会现象理解的直观反映。儿童对官、百姓、外国人三种对象输赢的判断即是他们对此三物的认识即百姓受官欺压,百姓怕官;欺压百姓的官员在外国人面前却唯唯诺诺,官员怕外国人;中国百姓痛恨外国侵略者,最终一定可以把日本等外国人驱逐,百姓战胜外国人的三指游戏既是儿童对未来美好的希望,也是他们爱国意识民族意识萌芽的体现所在。

但是,有一点我们要注意的是,无论是儿童自己编练的游戏也好,还是成人编练的游戏也罢,他都是反映儿童世界的心声,满足儿童自身的心理需求。这种满足,是对儿童内心世界的自然本能的满足,不是社会性、道德性满足。所以,从社会性、道德性满足方面讲,儿童的这种内心世界的自然本能满足不一定是相互匹配的。这就如同,弗洛伊德把本能欲望看成人格构成的最低境界,称为本我;社会规范则是人格构成的最高境界,称为超我;协调本我和超我之间的矛盾冲突而获得的现实性人格则是自我。在这其中,本我和超我是矛盾的,一个人的社会化过程就是要超我掌握社会规

---

① 《三指游戏》,黄炎培:《八十年来》,北京:中国文史出版社,1982 年,第 24 页。

范,控制本我,使自我得到提高和完善。弗洛伊德认为儿童游戏更多的是受本我支配,他们往往盲目地追求本能欲望的满足,而置社会准则于不顾,其活动主要受"快乐原则"驱使。而成人又总是以社会准则去要求他、控制他,使儿童在现实中常常受到挫败。① 那么儿童这种调节本我和超我的矛盾的平衡机制是怎么实现的呢? 是游戏,即儿童自我获得是在游戏中实现的。所以,儿童游戏有以下两个功能。

(一)调节现实中的愿望

弗洛伊德说:"孩子的游戏是由其愿望决定的,事实上是唯一的愿望——这个愿望在他的成长过程中起了很大的促进作用——希望长大成人。"②在游戏的环境中,儿童自己安排、设计角色、游戏情节,能够掌握游戏的走向和结果,简单化现实环境中复杂的冲突,按照儿童自己的理想行进,达成他们的理想。儿童在这种理想达成的游戏中充分享受着快乐。抗日战争时期,根据地现实的本我是儿童体格弱小,日伪凶残,日伪处于强势,儿童是遭受迫害、需要受到保护的对象;理想的超我则是儿童是万能的圣斗士,能抓敌人,能征粮,能做一切他们心目中的英雄们做的事情。抗战游戏,则是调节本我和超我的矛盾,完善自我的最佳手段。如《一把米运动》《反正》是两个刊登在晋冀鲁豫边区政府主办的《抗战生活》中的儿童抗战游戏。③《一把米运动》的具体做法是:将儿童列成圆圈,面向圈里,先有一个人两手合捧,表示捧着一把米,绕圈外而行。在一开始进行时,口中高唱:"一把米,黄又黄,捐出来,救灾

---

① 刘炎:《儿童游戏通论》,北京:北京师范大学出版社,2015年,第106页。
② 车文博主编:《弗洛伊德文集》第4卷,长春:长春出版社,1998年,第428页。
③《一把米运动》,晋冀鲁豫边区《教育生活》,1941年第3期;《反正》,晋冀鲁豫边区《教育生活》,1941年第3期。

荒,运输队,快运粮。"一边走,一边唱,声音不许中断,念完一遍便反复念"运输队,快运粮"二句。在反复念唱时,用手撞任何一个人的臂膀,被撞的那个人,便须马上捧起双手,口里接着就唱:"一把米,黄又黄……",代替第一个人去绕圈子,第一个人站到他的位子,这样一个个换着去做。如有一人唱声中断,就算他输了,罚他唱歌或献技,如果接米的人接唱迟了,或捧手迟了,就是把米撮了也就算输了,照样罚他。这个教材的意义在于使儿童了解当下的灾荒主要原因。由于敌寇的掠夺破坏,根据地经济大受损失,尤其是敌人的抢粮、封锁,是造成救荒严重的特种原因,所以本教材的意义在于激发儿童对敌斗争的情绪,并须知道要想救灾必须加强对敌斗争。游戏《反正》的玩法是:将儿童列为一横排队形,环绕成圈,面向圈外携手,间隔以两手伸展,搭成洞口为度。布置妥当后,选定一个人充当汉奸,站在圈内,一个人站在圈外,自右而左,绕圈而行,作检查汉奸工作。每到一个洞口,便问一声:"这是什么村?"洞口的人答:"张家庄。"问:"有汉奸吗?"答:"没有。"便再向前去检查:问"这是什么村?"答:"王家寨。"问:"有汉奸吗?"答:"没有。"如此挨洞检查,到某一洞。问:"这是什么村?"当汉奸的答:"××村。"问:"有汉奸吗?"汉奸答:"你才是汉奸哩!"检查的人便从那个洞钻进去捉他,汉奸从下一个洞钻出去,如此沿着各洞一出一入,不许遗漏一洞。追逐而前,如汉奸先绕一圈,回到原地,即拆破洞子插入队中携起手来,这时大队便拍手欢迎,并令检查的人向大队唱歌或献技;如汉奸被捉,即令汉奸献技或唱歌,便算终了,另选他人继续进行。这个教材的用意,在使儿童明了对伪军、伪组织的宣传工作,只要不是死心塌地、至死不悟忠实于日军的中国人,都以宽大为怀,尽力争取。同时要了解伪组织中,一些迫于无奈身在曹营心在汉的中国人,更容易且必须争取他们过来,一致为驱逐日军全民解放的目的而奋斗。

(二)控制现实创伤

相对于成人而言,儿童的成长环境是一个有外部影响的,由成人的意志和标准决定的社会世界和一个对于自己来讲是捉摸不透、认识很肤浅的自然物质世界。在这个社会世界中,成人的价值判断、意志甚至决定,无时无刻不影响着自己,不管自己喜欢与否都必须要习惯。对于物质世界而言,儿童感觉是新奇的,有时候甚至是不可捉摸的,但是儿童无论愿意与否都必须要适应。所以,在与社会世界与自然世界接触过程中,儿童的认知发展水平和能力尚且不足以使自己应付成人主导的社会环境和无数疑问的社会环境。在这种条件下,儿童在与社会环境和自然环境接触的过程中,很容易使自己的心理受到刺激甚至是受伤。在这种情况下,在儿童的内在需要和外部要求之间、认知和情感之间,心理就会产生一种很大的不平衡。[1] 但是,与成人能够有效满足个人情感上的、智慧上的需要不同,儿童无法做到有效满足自己情感上、智慧上的需要,在这种情况下,儿童就必须创造一个属于自己的世界,这个世界是建立在真实世界基础上的,但又是虚幻的,在这个世界中儿童把真实世界无法被满足的,甚至被刺激、受伤的,转变成满足儿童自身心理需要的事物,从而实现情感和智慧上的平衡。这个世界就是游戏。[2] 正如埃里克森在其《儿童期与社会》中论述游戏时说:"游戏是自我的重要机能之一,为研究自我提高了理想的境界。游戏的内容,总是儿童企图加以重复和掌握或予以否定和拒绝的生

---

[1] 华爱华:《幼儿游戏理论》,上海:上海教育出版社,2003年,第56页。
[2] 华爱华:《幼儿游戏理论》,上海:上海教育出版社,2003年,第56页。

活经验。儿童总是企图通过游戏把他的内部世界和外部世界联系起来。游戏本身包含着自我治疗和自我教育的过程,可以弥补生活经验中的挫折和失败,从而医治人格发展中固有的和偶发的创伤。"①为避免伤害,华北抗日根据地儿童在游戏中创造了一个自己和中国抗日军民创伤率极低,或者说可以全胜的游戏环境。抗战时期,根据地条件艰苦,中国军队特别是中共领导的八路军装备落后,打仗时有伤亡,而这种伤亡在儿童的抗战游戏中几乎是看不到的。

　　游戏不仅反映了儿童的世界,而且还反映了儿童的愿望。那么,对于根据地的儿童而言,由于受到教育引导和现实战争环境的影响,在他们的内心认定长大后他们有抗日的任务。所以,这种游戏的作用也同时被教育所用,推进儿童的成长。所以,抗战游戏教学之实际就是要培养儿童或民众的民族意识,提高抗战必胜的信心,在教育者的眼光看来,并非空喊几句"打倒日本帝国主义"口号可以做到的(自然作者亦不否认喊口号有其重要作用)。而必须潜移默化,采用各种各样的方式。抗战游戏,就是根据地儿童好动的天性,寓教于游戏之中,来求取教育效能的一种②。

　　抗日战争时期,华北农村抗日根据地,儿童物质极不丰富,他们甚至没有一件像样的玩具,"儿童的石板和石笔,可用洋铁片在炉火中烧成黑灰色作石板,用白泥和水,搓成长条作石笔。或用土×代替石板,用竹签代石笔,但这只可在一二年级内适用。儿童的游戏用具,最简便的,可用废布和废棉花做成圆的球,教儿童踢和玩,用铁丝做铁环,教儿童滚,用鸡毛铜钱做毽子踢,这些都是简便

---

① 车文博:《弗洛伊德主义论评》,长春:吉林教育出版社,1992年,第1 021页。
② 童友:《抗战游戏教学之实际》,《教育与文化》,1941年第2卷第8期。

的办法,容易做到,如果很好地利用,是能够解决一些迫切问题的。"①但战争对儿童身心形成很大的冲击,在这种情况下,虽然没有玩具,儿童还是会通过游戏的形式,来抒发自己内心的情感,从而满足自己的需求。游戏一经变为儿童独立活动的形式,就会具有巨大的教育价值,就会对儿童的心理发展产生巨大的影响。

儿童团是中华民族抗战史上产生过一定社会作用的少年儿童群团组织。儿童团从依附于工会发展到有自己完善的组织机构,从城市工矿走到广大乡村,直到在根据地中村村皆有儿童团。儿童团在不断壮大,儿童团员不断增多,他们在抗战过程中帮助中共打击日本的同时,提升了境界、锻炼了思想,在团组织的的引导下,儿童不再是一盘散沙,这是他们初步具有近代意识的重要标志。抗战游戏带有鲜明的社会政治色彩,从抗战游戏中表现出儿童对日伪的厌恶与反抗意识。儿童通过抗战游戏实现他们想要参军抵抗侵略的愿望,而这样的抗战游戏传播于儿童中间,又不失为一种思想传播、教育传播,儿童皆以当汉奸为耻,儿童思想在游戏中得到转变。

---

① 雁心:《解决小学设备的几个办法》,《抗战日报》,1942年3月26日,第4版。

第五章　华北根据地少年儿童心态研究

经过施行抗日根据地基层政权建设的种种措施，华北根据地农民的社会政治地位得到了前所未有的提高，农民们逐步改变了以往对政治麻木和冷漠的态度，他们的政治热情被激发出来。被动员起来的人民为华北抗日根据地建设提供了坚实的基础，同时也为华北根据地社会意识变迁提供了巨大动力。从中国社会近代化角度来看，华北乡村社会农民的民主意识和民族意识、国家观念的觉醒、妇女地位的提高等，有力地动摇了华北抗日根据地传统乡村文化形态。先进的教育和文化随着知识分子、革命战士奔赴根据地参加抗日而逐步被普及，乡村社会精神文化、社会习俗均发生了一定的改变。

为改变华北根据地传统旧式的文化习俗，在中共的广大基层干部和来到华北抗日根据地的大量年轻知识分子的共同努力下，富含近代意义的新式教育和新式文化的各类活动开始在华北抗日根据地逐步推广开来，在社会环境及新式教育和新式文化的共同作用和影响下，广大基层民众开始在道德和习惯方面逐步发生改变。诚然，这种改变是部分的、不平衡的，但是仅仅这些改变对根据地坚持抗战到底、甚至中国近代化产生了深远影响。虽然华北抗日根据地的农民们根本上依然延续着传统生活方式生活,但在抗日根据地的努力下各地破除溺婴、早婚请巫婆等旧有的生活习俗,在很大程度上改变了华北抗日根据地某些乡村传统的道德与习惯,而这些改变反过来影响到社会,影响到每一个人包括儿童,甚至影响到新中国成立后的乡村社会改造的进程。

在华北抗日根据地社会各种变革的大背景下,儿童思想意识也必将跟随根据地的社会发生变化。这些变化有些是社会环境影响所致,有些是家庭环境影响所致。这些影响在根据地的儿童的心里必将产生影响,形成各类相应的心态。这些心态最终伴随着儿童的成长,影响儿童对社会的认知,是研究根据地儿童不得不涉及的内容。影响儿童心理发展的因素包括两个方面,一是遗传,二是环境,这两个方面的交互作用决定了儿童心理的形成和发展。"遗传主要决定了心理行为发展的基础,如气质的形成,包括气质性强弱、主动或被动、反应速度快慢、活动水平高低、反映强度等。环境因素则决定了心理行为的后天发展,如自我概念的形成、态度和价值观念、道德感、人际关系特征、习惯等。"①

抗战时期的华北农村社会经历了千百年来从未有之大变革,日军入侵打破了他们原本平静的生活,战争破坏、敌人掠夺使得原本贫困的农村生活更加艰难,中共领导下减租减息政策,帮助贫民生活好转,儿童有了受教育的机会,华北农村社会经历了由守旧颓废到积极热情的大转变。儿童心态决定了儿童行为,儿童受外界环境影响,心态发生变化,行为也会随之变化。华北根据地儿童心态受特殊的历史因素、社会环境、学校教育和家庭生活的影响,主要体现在惧怕贫穷、疾病的心态;民族主义增强心态;趋同心态等

---

① 毛富强主编:《医学行为学》,北京:清华大学出版社,2012年,第157页。

方面,在这样的心态影响下,抗战时期的儿童积极宣传卫生、抵抗疾病;参加儿童团,站岗放哨抵抗日本,努力进行家庭生产。华北地区农村从未有之变化深深地影响了这一代儿童的心态和行为。

第一节 影响儿童心态的因素

心态指人的心理对各种刺激做出的反应趋向。"心态是一定的社会环境如政治、经济、舆论习俗、传统、信仰和价值体系影响下,人类群体、民族、团体及个人在意识行为上的反映和表现。由于人一方面受环境影响,另一方面反过来对历史运动产生能动的反作用,所以,研究心态可以帮助理解和阐释人的社会主体作用,揭示心态对历史进程的影响。"①毫无疑问,华北农村儿童心态受整个华北社会心态的影响,但因儿童特殊的心理和生理年龄,儿童不同于成人的特殊生活状况,儿童心态并不等同于社会心态。华北农村社会环境影响儿童心态的主要因素有历史因素、社会生活环境两个方面。

一、历史因素

抗战前,近代华北乡村社会变迁大致经历了三个阶段,而正是这三个阶段的影响,为形成抗日战争的华北儿童心态打下了基础。自鸦片战争至19世纪末是华北农村社会近代化之起始,之所以称它为起始阶段,主要在于此时的华北社会化整体上依然是按照传统社会的轨迹运行,但是社会经济结构中出现了与以往各个时期不同的新情况、新因素。近代天津开埠通商,致使华北地区的农村

---

① 居阅时:《论社会心态对北洋历史进程的影响》,《史学月刊》,2002年第4期,第49页。

经济开始卷入世界资本主义的经济体系之中,外国资本主义通过天津这个战略据点,迅速向华北地区倾销商品和掠夺原料,从而使华北各省农村社会经济联系进一步增强,更加便利了列强的侵略目的。① 鸦片战争之前,尽管华北商品经济有了一定的发展,带有商业性的农业生产也有了很大的进步,但从整体情况而言,这些变化都未对传统的社会结构产生本质上的影响。鸦片战争之后,西方资本主义列强的入侵开始对中国经济、政治、社会的方方面面展开严重的冲击,他们不仅逐步把中国卷入世界资本主义市场体系之中,而且促使中国传统自给自足的自然经济一步步走向瓦解。同时西方倾销的商品通过不平等条约和对外通商口岸不断渗入华北,再加上此时华北灾荒频发,为应对人口增长压力,华北农民只有通过增加劳动力或劳动时间的投入来维持生计,这就导致黄宗智称之为内卷化的结果,华北民众在生活资料和生产的发展上遇到了前所未有的困难。

近代华北地区社会变迁的第二阶段是甲午战争至民国建立。在这一阶段华北地区近代化有了一定的发展。随着外资的进入和民间资本的兴起,在多种资本共同作用下,华北地区开始修建铁路公路,开办煤矿,成立冶炼纺织工厂,整顿商务,提高军事技术。文化教育上,创办编译局,筹设报馆,成立各类新式学堂和职业学堂等。虽然以上这些有着重要意义的各类举措,在守旧势力的阻挠下并未全部实施,但是以上这些新事物、新现象对华北社会近代化进程产生了深远的影响。

华北地区社会近代化变迁的第三个阶段是民国建立至抗战之前的近20年时间。较之以前,此阶段特点是华北地区近代化程度

---

① 乔志强主编:《近代华北农村社会变迁》,北京:人民出版社,1998年,第1020页。

开始进一步发展和深化，代表近代化特点思想意识，进一步渗透到社会结构的方方面面，从而有力地促使了华北地区近代化发展水平的进步。随着中国社会近代化的不断深入，不断接受西方新思想的知识分子有感于中国积贫积弱的现实，在反复思索、争辩中终于高扬起民主和科学的大旗，产生了新思想新观念。这些新思想新观念随着时间的推进和社会的发展，逐步流传到华北地区的城市甚至乡村，对华北地区社会以后的发展产生了深远影响。民国的建立，为中国民族资本主义的发展和进步带来了巨大的鼓舞。由于原先许多出生于地主、士绅阶层的人士通过兴办实业得以实现经济实力和社会地位的提升，从而转变为新的资产阶级，此时的士绅阶层已兼具传统和近代的双重性。在他们的主导下，民国不仅废除了以往的旧式教育，改以新式学堂、新式课程为主，更重要的是新式教育改变了原先旧式教育注重儒家正统思想的出发点，中小学普遍废除读经课，代之以注重培育学生社会伦理、强调培养共和国公民意识等，这是具有重大社会进步意义的举措，意味着真正意义的上人的近代化开始了。华北地区新式教育有了较大的发展，甚至连边缘的穷乡僻壤也有初级小学的出现，大大提高了教育的社会化功能。① 新式教育的进一步发展和普及，为华北地区培养了一批具有近代化思想和意识的民众，进一步推动了华北地区近代化。而正因为有了这些具有近代化思想和意识的民众作基础，才使得华北地区在抗日战争爆发后，有良好的民众基础，有一批有着近代化思想意识的基层组织者和基层领导者，有力地组织了诸如牺盟会等组织，保证了华北地区乡村社会的广大农民在长期抗战中始终保持着坚定的意志力，最终赢得胜利。

---

① 乔志强：《近代华北农村社会变迁》，北京：人民出版社，1998年，第1035页。

以上这三个阶段的历史大背景,就演变成华北根据地儿童成长存在的大背景。这些历史因素,注定了华北抗日根据地的儿童在心理、意识上除了要具备传统的文化与道德,更要承受社会变迁给他们带来的洗涤和震撼。在以上这些因素影响下,注定了他们以及他们要经历的事情会大大不同于以往社会儿童所认识与感知,也注定了华北根据地儿童会沿着这条社会近代化进程的道路继续走下去。

二、社会生活环境

抗战期间华北成为抵抗日本的重要战场,日军疯狂掠夺华北的社会资源,华北农村生态遭到严重破坏。日军入侵,打破了华北农村社会的平静,日本人的强悍、野蛮、血腥给农民以强烈的精神冲击,"战争初期,他们祖祖辈辈生活的地方,来了一队又一队的日本军人。他们初见日本兵的时候,一两个拿着枪的日本兵就能把全村的老百姓赶着到处跑"。① 共产党在华北农村建立根据地,抵抗日本侵略,根据地的儿童则是"小小叶儿哗啦啦,儿童好像一朵花,生在边区好地方,唱歌跳舞笑哈哈。"②华北根据地呈现出一种积极、健康向上之态,这是华北农村历史从未有过之变化。但就整个华北根据地而言,大的社会环境毕竟是在战争时期,在这种大环境下生活、成长的儿童,经历了其他儿童从未经历和体验的事物,这也对今后根据地儿童心态的变化甚至中国社会产生影响。而在这种变化下,儿童也将能动地对社会做出自己积极的反应,从而对

---

① 孙丽萍、雒春普等:《山西民众的生存状态 1937——1945》,太原:山西人民出版社,2007 年,第 2 页。
② 周俊萍:《抗战时期的儿童团》,《军事史林》,2011 年,第 6 期,第 37 页。

这种社会乃至今后的社会贡献出自己的力量。

(一) 家庭因素

抗战前后,中国农村土地高度集中。日本学者石岛纪之认为,"从比较可信的调查结果来看,只占全国人口 10% 以下的地主、富农,所占耕地数为全国一半以上。而占全国将近 70% 的贫雇农,仅占有耕地的 22%。从中可看出土地高度集中。"①农民没有土地,生活困难,遇到天灾人祸或沦为赤贫或无钱医病拖延等死。就山西农村家庭规模来说,一般以 5 口之家或 6 口之家居多,其中每户人家大多数有 3—4 个孩子。大多数孩子,特别是家里较大的,能够生活自理了的都要参加家庭生产。在战争的特殊年代,在经济被封锁、物资被掠夺的特殊环境下,华北农村儿童身上大多都承担了家庭生活的责任。官吏以上的家庭,他们不需要儿童参加生产、做各种社会活动,只要儿童专心学习,将来做"大事",如果生产,参加社会活动,就学不到本事。中农家庭,他们愿意儿童参加生产劳动,做个好劳动者,帮助家里大人生产,但不愿意让在学校生产,家长说,家里没人手,全凭孩子在家给帮手! 孩子去上学,家里的活就没法做了。而贫苦的家庭,他们需要在家拔野菜、拾柴火……不愿让儿童上学,家长觉得孩子上学去,家里就没有菜吃,也没有柴火烤了,咱这穷家还念书干吗呢?②

家庭自始至终全面地承担着对子女的养育、教育等众多任务。对于广大贫穷的华北小农来说,他们的儿童从小就跟随父兄一起在田地中劳作,在父兄的言传身教中学习农民起码的生活技能,将

---

① [日]石岛纪之著,郑玉纯、纪宏译:《中国抗日战争史》,长春:吉林教育出版社,1990年,第 4 页。
②《太行区一九四四年小学教育的概况》,山西省档案馆藏,A52-4-90-2。

其父兄的经验和技能转变成自己的经验技能,重复父辈乃至祖辈的生活道路。普通十四五岁的男孩就可以挣钱养家,如果家长去世,十四岁在社会上便可担当起家长的角色。那些绝对没有上过学的文盲和中途退学的人之所以这样的主要原因有两种,一是贫穷,一是忙。其实,"忙的原因大半仍是因为穷,贫者不能不为糊口而忙,二者是一而二,二而一的"。① 同时,华北农村家庭也承担着德育的重任。这种家庭教育是在掌握生活技能前提下,注重孩子的道德品质和人品教育。而这中间,以勤劳简朴、吃苦耐劳为第一重要内容。父母以自己的勤俭节约为示范,培养子女勤苦精神,以自己的道德言行为子女树立为人处世的表率。山西阳泉人崔银贵回忆起父辈的教诲说:"俺大管我可严了。教育我过光景一定要勤俭,干事情一定要吃苦。一次我因为不愿意吃苦上地,俺大打了我。"②

(二)学校因素

中国历史上农村只有殷实人家才能供孩子读几年私塾,至近代,农村社会积贫积弱,农村绝大多数人是文盲。抗战期间共产党在农村建立根据地,大力发展全民教育,农村学龄儿童入学率大大提高。儿童团协助政府动员大批儿童入学,入学小学生占根据地儿童的80%,据1940年统计,北岳区,初级小学共7 697所,学生469 416人。③ 另外,根据地学校特别注重学生思想教育,小学教师使用为抗战而编写的战时读本等各种新教材,有的还从《抗战日报》上选编补充教材,以激发学生的民族自尊心、自信心,让他们懂

---

① 乔志强:《近代华北农村社会变迁》,北京:人民出版社,1998年,第150页。
② 崔银贵,阳泉郊区圪台村人,2015年7月采访笔录。
③ 《晋察冀抗日根据地》史料丛书编审委员会:《晋察冀抗日根据地》第2册,北京:中共党史资料出版社,1991年,第97页。

得抗日救亡的道理,树立"抗日战争的最后胜利一定是我们的"的信念。

抗战时期根据地小学能够从教学方法、教学手段、教学内容等方面转变,使广大农村儿童都可以进入、都有能力和有兴趣进入的学校。根据地小学初期缺乏经验,学校教育内容及方式,仍是带有过去的教条主义特点,学校的学生是很少的,初期虽经再三动员,结果也是没有成效。因为群众大多家庭困难,他们认为小孩子上学好是好,但十几岁的孩子已是家庭的重要劳动力了,农忙时用不起人,孩子在家还顶把手呢!

除却根据地外,共产党在拉锯区成立两面学校,在沦陷区通过争取敌伪学校、建立伪装学校的办法来对儿童进行教育。在特殊困难的地区,则通过建立学习站为主要的过渡形式,教员选用可靠的抗日积极分子,教员、教材则更为隐蔽。沦陷区和拉锯区儿童虽然必须得学日军奴化教材,但也会受到有良知的进步教师的正面引导。据冀中区十专区八个县的统计,此处各种形式的小学,1943年2月的抗日隐蔽小学132处,学生830人;抗日两面小学220处,学生2 667人;敌伪小学355处,随着中共工作开展,1943年9月,则变为抗日隐蔽小学251处,学生3 090人;抗日两面小学368处,学生8 850人,敌伪小学237处,学生2 662人。①

---

① 刘皓风:《抗战时期晋察冀边区的教育事业》,《晋察冀抗日根据地》史料丛书编审委员会:《晋察冀抗日根据地》第2册,北京:中共党史资料出版社,1991年,第221页。

第二节　华北地区根据地儿童典型心态

抗战前,华北民众的思想意识已经在西方资本主义的影响下产生震荡,但是仍然是以传统思想意识为主,他们还不能说是真正意义上的具备了民族意识。而抗日战争则给中国近代化进程提供了一个难得的发展机遇。经过几十年与西方世界的接触,中国向西方和日本派遣了大量的留学生,这些留学生的大量归国,为中国近代社会带来了前所未有的新思想。同时,中国在与西方接触的过程中看到了教育的重要性,也逐步大力发展近代化教育,从而向社会培养和选送了大批的毕业生。这样,归国的留学生和自身培养的受过近代化思想熏陶的毕业生汇聚在一起,为中国社会思想的进步带来了巨大的推动作用。在抗日根据地各类教育的影响下,华北抗日根据地儿童的国家意识、民族意识、民主进步思想意识从无到有,这些都为中国的近代化打下了坚实的基础。随着西方势力的频频入侵,近代华北乡村自然灾害频发,华北农村社会震荡,再加上当时统治阶级的剥削压迫,广大华北根据地少年儿童切身感受到日益趋向严重的中外民族矛盾,一次次地触发了他们感性世界里的朴素爱国主义情感的产生、发展、激荡,表达出来的形式是广大少年儿童情绪上的急剧迸发,他们在面对各种各样危急中产生和逐步扩散忧患意识。西方侵略势力对华北农村征服性的渗透成为直接触动华北根据地少年儿童民族忧患意识的根本动因。华北少年儿童在西方侵略势力压迫下,一方面产生了各种形式的焦虑、不安交织在一起的心理,另一方面,也让华北根据地积极先进的少年儿童产生了通过参与政治而相应改变自身命运的自发意识。近代华北乡民特别是处于社会上层的民众强烈要求参与政治的心理体现出与传统社会明显迥异的特征。华北根据地进步的少年儿童从内心深处反映出来体现时代变动的忧患感,在此基础上发展到一定高度的以爱国主义为精神内核的排外心态。华北地区民众根据地进步的少年儿童这两种心态相互关联,共同构成了近代华北根据地少年儿童与传统社会的明显不同的政治参与意识。

一、恐惧疾病、贫穷的心态

根据地的儿童面对的是一个战火纷飞的年代,在这个年代里,儿童亲历了日军对根据地的进攻和烧杀抢掠以及根据地在共产党领导下艰苦的反抗日军的战斗。这对于成长中的儿童来说是残酷的,也是无奈的。这些残酷的事情势必严重影响儿童的心灵。因此,恐惧便成为这一时期根据地儿童的典型心态。

现代儿童心理学认为,儿童恐惧症是指儿童对某些事物或情景产生特别强烈的恐惧,或对不该产生恐惧的事物产生严重的恐惧。[1] 孩子先天的素质因素、不良的社会环境、家庭及学校不良的教育等都可成为发病的原因。突然的意外惊吓,会促使症状出现;如常用鬼怪、黑暗等来吓唬孩子,会加重孩子胆小和害怕的心理,此时如再碰到意外的惊吓,如狗咬、猫抓、目睹车祸等情况,就会促使突然发病。[2] 从以上现代儿童学家研究成果揭示出,儿童的恐惧一般来源于两个方面。一方面是社会环境对儿童心理的影响,另一方面是家庭环境对儿童心理的影响。因此,我

---

[1] 张劲松主编:《女性心理健康与疾病治疗》,成都:四川科技出版社,2006年,第183页。
[2] 翁晖亮:《帮助宝贝战胜恐怖》,《新闻世界》(健康生活),2007年第8期。

们在这里借助心理学家这一研究成果,分析华北抗日根据地儿童恐惧心理状况。

1. 恐惧贫穷的心态

华北农村是以自给自足的小农经济为主导的经济形态,近代华北小农经济呈现出凋敝现象有其深刻的历史因素与现实因素。美籍华人学者黄宗智提出华北小农经济过密型或者内卷化来解释近代华北小农经济凋敝的现象。他认为在人口持续不断增长、劳动力数量不断增加的同时,与之相应的土地、水等人类生存必需的物质生产资源却并没有与之对应、相互协调地增加,这就造成了二者相互匹配的失衡,即相对于人类生存必需的物质生产资源而言,劳动力表现出越来越多数量的过剩,这导致人与人之间产生生存竞争的压力。在这种压力之下,由于满足人类生存必需的物质生产资源是相对恒定的,即使越来越多数量过剩的劳动力不断投入农业生产,但是由于满足农业增产的各种条件限制,农业产出的结果在达到一定数值量后很难再提升,这就表现出劳动力投入农业生产的效率在不断降低,即所谓的农业生产边际效益的递减。这就是黄宗智所定义的过密型或者内卷化。到了近代,随着西方资本主义入侵,华北农村经济内卷化更为明显,甚至成为华北农村社会经济的主要现象,其表现出来的是农村社会经济增长仅是一种没有发展的增长。因此,从这个意义上讲,内卷化不会带来社会经济的质的飞跃,也不会带来社会生产力的解放和发展。

就整体而言,华北乡村的小农家庭普遍存在着贫困状况,与这种小农经济的内卷化状况有着很大的关系。家庭经济的贫困,直接导致儿童的饥饿、营养不良,而饥饿直接导致儿童健康状况差。影响少年儿童恐惧的因素大致可分为两方面,一是儿童自身的特点,二是儿童所处的社会环境。① 在这种华北小农经济内卷化的背景下,华北小农经济日益凋敝。抗战爆发后,中共为抵抗日军的进攻在华北地区建立了抗日根据地,日军为维持战争运转,随即开始在占领区征粮征饷,蚕食根据地、毁坏庄稼、烧杀抢掠,对根据地实施经济封锁、物质禁运,妄图彻底消灭根据地。这样,就造成了整个根据地社会经济的极度困难,大大加重了根据地的农村家庭极端穷困的程度。高平13岁的儿童给东家当小二,白天地里干工作,晚上在炼铁房里拉风箱,虽然辛苦但勉强可以生活,但日军占领高平设置据点,兵荒马乱的,使他连这样的苦日子也没法过了,人"没法活了。"②从经济上看,家庭越是贫困,儿童死亡率越高。在物质生活水平极端低下的华北农村,由于贫穷导致的饥饿常年伴随着儿童,儿童对贫穷造成的饥饿、甚至死亡严重恐惧。长期的家庭贫穷迫使儿童不得不过早地从事劳动,使儿童幼年难以得到充足的营养,身体瘦弱,在农村较差的卫生环境以及低下的医疗卫生条件下,农村儿童生命时时遭受威胁,因此他们对贫穷充满了恐惧。

2. 恐惧灾害和疾病的心态

灾害,一般是指由于人类无法抗拒的因素造成的大范围破坏性事件。疾病,一般意义上是人类身体机能发生病理过程。一般情况下,灾害和疾病相形相随。灾害带来疾病,疾病又扩展了灾害的影响。但是,历史上大范围灾害和疾病的原因一般有两个:一是自然因素,是人力无法或难以避免的,如瘟疫的暴发,或者是气象

---

① 刘海燕、李玲玲:《农村儿童青少年恐惧的内容特点》,《中国特殊教育》,2007年第10期。
② 孙丽萍、雒春普等:《1937—1945山西民众的生存状态》,太原,山西人民出版社,2008年,第371页。

灾害、地震灾害、天文灾害等爆发及其附带品；二是社会因素诱发，主要由经济、政治和社会等因素诱发而生。中国近代历史上，由于自然灾害频繁，政治动荡和腐败丛生，天灾往往与人祸互为因果，导致疾病流行。① 近代华北乡村社会，频繁的军阀战争造成社会内乱，因战争内乱而引发日益严重的赋税和残酷的政治统治，致使华北社会整体生态环境遭到破坏而引发或加重自然灾害。灾害发生的高频率、高强度，使得社会动荡不宁、政府应付灾害疲软乏力的大背景下，导致一系列衍生灾害的发生。流行疫病、人口高死亡率、百姓流离失所、买卖灾民基本食人现象已不罕见，而这又反过来加重了华北小农经济凋敝的局面，致使华北地区小农家庭的贫困加剧。由于家庭经济贫困导致物质生活极端低下，同时社会医疗卫生条件极端低下，疾病贫穷常年伴随着儿童，儿童对因灾害和疾病造成的死亡充满恐惧。在流行疫病中最容易受到伤害的便是身体弱小、免疫力低下的儿童，在百姓逃荒过程中，最容易被抛弃的也是不能长途跋涉而成为家长负担的儿童。由于负担被抛弃的情况也多见，因此儿童因病死亡率高，这些都成为他们内心的恐惧。

二、恐惧战争的心态

战争是政治双方采用暴力的手段进行杀戮的行为。战争是残酷的，战争给平民带来的生命、身体和心理的伤害是不可磨灭的。儿童是平民当中最弱势，最易受伤害的群体。

抗日战争爆发后，日军把侵略的力量深入到华北乡村社会，打破了华北被乡村社会原有的平静。日军在根据地烧杀抢掠的目的便是用恐怖的手段达到恐怖的效果，从而使根据地的民众在恐怖

---

① 孙语圣、徐元德：《中国近代灾荒史理论探析》，《灾害学》，2011年第4期。

面前放弃抵抗意识。据统计,从1938年底到1940年,在两年多时间里,日军在华北发动的千人以上大规模扫荡达109次,使用兵力在50万以上。① 1941年至1942年,华北日军组织千人以上万人以下的扫荡132次,1万人至7万人的大扫荡达27次之多,有时在同一地区反复"扫荡"3~4个月。② "扫荡"是五花八门,诸如"铁壁合围""捕捉奇袭""纵横清剿""反转电击""辗转抉剔""梳篦清剿""拉网合围""马蹄形堡垒线""鱼鳞式包围阵"等。③ 1941年1月,日军血洗河北省丰润县潘家峪村,一次集体屠杀群众1300余人,焚烧房屋千余间。1942年5月至7月,在对冀中区的大扫荡中,日军残杀、伤害、抓走群众高达5万多人,桩桩惨案,是侵华日军在中国血腥暴行的一个缩写,当时华北地区呈现出一幅"无村不戴孝,处处是狼烟"的惨景,给华北抗日根据地带来惨重的损失,最困难时根据地面积缩小1/3,冀中、冀南、冀鲁豫、鲁中、冀鲁边等抗日根据地变成了游击区,有的还变成了敌占区,人口由5000万锐减至2500万,八路军由40万减至34万。④ 1943年日军对晋察冀边区北岳区进行了3个月的秋季大扫荡,"抢掠与烧毁人民粮食2934万斤,抢走耕畜19337头,猪羊57879只,抢毁农具172625件,衣被487530件……"⑤1940年卅五师团一万多日军"扫荡"了河北省内邱县,有一天,内邱县某村的老百姓来不及逃跑,翻译官来了,对老

---

① 张万祥、周忠全、贾茹:《侵华日军暴行的铁证——日军战俘及投诚官兵控诉日军暴行档案揭秘》,《军事历史研究》,2015年第2期,第116页。
② 中国军事百科全书编审委员会:《中国军事百科全书》,第8卷,第636页。
③ 李涛:《侵华日军"三光政策"的形成始末》,《军事历史》,2015年第2期,第20页。
④ 李恩涵:《战时日本对冀东的"三光作战"(1937—1945)》,《台湾师大历史学报》,2003年第31期。
⑤ 张万祥、周忠全、贾茹:《侵华日军暴行的铁证——日军战俘及投诚官兵控诉日军暴行档案揭秘》,《军事历史研究》,2015年第2期,第123页。

百姓说,"大日本皇军爱护老百姓,老百姓不要怕,不要逃跑,拿好东西大欢迎皇军。"接着,中队长根据师团长的命令集合了老百姓讲话:"皇军绝对不杀老百姓,替老百姓打共产匪八路军。老百姓要协助皇军"话才说完,老百姓正要散去,事先布置好的机关枪叫嚣了,人们没命地狂叫着。年轻的妇女抱着婴孩倒在地上,鲜血直流,不懂事的婴孩,在弹雨下还抱着已经断了气的母亲要奶吃。老汉、老婆婆、小孩纷纷倒地……过了十五分钟,中队长命令苦力把尸体都抛到了井里。连那些没有断气,还在呼唤的人,也都扔进井里。中队长又下令,把百余间房子烧成灰烬。然后。他拍拍衣服上的烟灰,狞笑道'哈!哈!成功!成功!大八路,小八路,连共产匪的种子,都收拾了。村子变成了无人村……你们听不惯这种叫声,就不会杀人!'。"①

华北抗日根据地的每一位成员,就在这样的战争恐怖中度过,恐怖成为生活中的一部分。华北抗日根据地的儿童在这样的环境下,心中充满恐惧,并且难以输出心里的负面情绪。面对烧杀抢掠、杀人放火的日军一时难以无法缓解恐惧,他们的恐惧害怕极度无助之心态可想而知。现在山西农村许多老人在回忆儿时全面抗战初期日军扫荡村子时,还心有余悸地用"可怕可怕了"来形容。"几十年过去了,一些老人回忆起日军侵华的那段历史时,依然会流露出当年极度恐惧中才有的那种表情。黎城县王松江老人,生于1925年,他说:……河底日军站岗上的刺刀,戴的钢帽。那时候,日本人穿的是牛皮鞋、黄泥衣裳,穿的马裤,那马可高了,都是

---

① 张万祥、周忠全、贾茹:《侵华日军暴行的铁证——日军战俘及投诚官兵控诉日军暴行档案揭秘》,《军事历史研究》,2015年第2期,第118页。

洋马。马鞍上都用的高丽纸,明晃晃的。"①华北根据地的少年儿童亲自见识了日军的野蛮欺侮,"日本人汉奸屙在锅里,糟蹋在家里头。锅里头那屎巴,那么欺负人哩。人们回来什么也不敢吃,街上(全是)猪毛、鸡毛,净杀尽了,可怕日本人哩,那时我五六岁也记得了。"②日军扫荡,村里人被赶到土窑洞里,1927年生的白邵英老人当时10岁左右,吓得连饿都忘了。③ 1937年8月15日日军攻占应县,8岁的应县人范玉州跟着父老吓得躲了起来。④ 日军疯狂扫荡,制造了惨无人道的大屠杀。1943年12月底,日军攻入山西汾阳、文水、交城、离石,展开"篦梳式扫荡",制造骇人听闻的惨案。他们在三道川中庄村屠杀村民,强掠牲畜,甚至将婴儿撕成两半,扔到村外喂野狗。⑤ 1940年12月23日,日军在山西兴县西关桥郭家沟村扫荡,强奸妇女,一个七八岁的孩子死死拉住他妈妈不放,日军当即把这个孩子提起来,摔死在身旁的石墩上,脑浆横溢。⑥ "同年12月31日岚县草子寨惨案中,一个日军抓住年仅四岁的柴花女后,用两脚踩住其左腿,用两手提住其右腿,将他撕成两半,然

---

① 张成德、孔丽萍主编:《山西抗战口述史》第一部,太原:山西人民出版社,2005年,第211页。
② 张成德、孔丽萍主编:《山西抗战口述史》第一部,太原:山西人民出版社,2005年,第390—391页。
③ 孔丽萍、雒春普等:《1937—1945山西民众的生存状态》,太原:山西人民出版社,2008年,第39页。
④ 孔丽萍、雒春普等:《1937—1945山西民众的生存状态》,太原:山西人民出版社,2008年,第282页。
⑤ 《汾阳文史资料》,第2辑,1986年,第21页。
⑥ 《近代史资料编辑部》,《日军侵华暴行实录》(一),北京:北京出版社,1995年,第456—457页。

后用刺刀将其尸体挑起,横搭在墙头上。"①

华北抗日根据地儿童随着战争的发展对战争产生了恐惧的心理。但是,这种恐惧心理更多的是对日军暴行的恐惧。当这种恐惧积攒到一定程度后,随着时间推移,根据地的儿童逐步把这种恐惧转变为对日军的仇恨。

三、对日军仇恨与民族主义的心态

抗战之前,华北地区已有了一些受过新式教育具有民族主义意识的先进分子。全面抗战爆发后,以这些受过新式教育具有民族主义意识的知识分子为先导,华北地区抗日形势迅猛发展。最典型的代表就是牺盟会的成立。一方面,随着日军对华北抗日根据地的入侵、烧杀抢掠,对华北抗日根据地的成年人而言,他们的生理结构和心理结构已经发展成熟,在根据地基层政权对根据地各种力量的组织、宣传、动员和基层政权民主建设大背景下,对日军的侵略有了很强的感性认识。虽然,绝大多数的根据地农民并不能从理性的高度来认识这场战争的性质,更不可能对民族主义之类的概念做出准确、翔实的理解。但是经过根据地基层政权帮助下,根据地的农民对民族危亡有着真真切切的认知,华北根据地社会形成了反抗日本帝国主义的浓厚氛围,全社会掀起了民族主义情绪高涨的局面。另一方面,根据地的儿童在抗日战争中形成了对战争恐惧、对日军憎恨的心理,初步具备了民族主义情绪的基础。但是与成人不同的是,儿童的生理结构和心理结构与成人具有很大的差异。由于不成熟,他们无法像成人那样去理解和体会外敌入侵、民族主义的确切含义。作为

---

① 《近代史资料编辑部》,《日军侵华暴行实录》(一),北京:北京出版社,1995年,第456—457。

这场战争的亲历者,儿童在这场战争中具有了恐惧、憎恨的心态,甚至有时候是痛苦的记忆。这个记忆在心理学上称之为应激性、创伤性事件的记忆。现代儿童心理学研究表明,儿童在回忆应激性、创伤性经验的讲述,要比他们对非创伤性经验的叙述更加连贯一致。他们在回忆应激性、创伤性经验的时候,会提供更多关于内部状态(自己或他人的情绪、认知以及意志状态)的信息。① 按照这一研究成果,我们就可分析出,当根据地儿童经历抗日战争时,必然亲身经历、耳濡目染了许多战争的残酷场景和抗战的种种事迹,这些记忆会在儿童心目中打下深深的烙印,而这些烙印更使得儿童对日军的恐惧、憎恨、认知以及记忆犹新。所以,在以上两个方面的共同作用下,华北抗日根据地儿童形成了忠于民族的心态。而这个过程对儿童抗战的认识也产生了巨大的影响。抗战时期华北农村社会心态,对外经历了全面抗战初期恐惧害怕到积极反抗的变化过程,对内是由温和、怯懦的心态到高涨的反剥削的心理变化。

随着抗日战争的持续深入,日军对抗日根据地的扫荡、烧杀抢掠,抗日根据地儿童对日军的仇恨心理不断上升。日伪汉奸祸害百姓,华北抗日根据地农村儿童小小年纪内心充满了对日本的仇恨,《老子长大当红军》道尽了儿童对日本的仇恨心态:"白狗子,坏心肠,吃我饭,杀我娘。老子长大当红军,杀尽白狗报娘仇。"②中国的抗日战争是全民抗战,在抗日根据地政府的积极宣传、鼓舞之下,华北农村少年儿童认识到家国之难,加入儿童团,站岗放哨、送鸡毛信、查路条等等,做他们能做的一切。"1940 年晋察冀四专区

---

① 林崇德、李其维、董奇:《儿童心理学手册》,上海:华东师范大学出版社,2015 年,第 474 页。
② 少年儿童出版社编:《革命红旗满山岗 老根据地儿童歌谣选集》,上海:少年儿童出版社,1964 年,第 19 页。

的民主选举运动中,儿童团特别活跃,组织了标语队、访问队、宣传队、歌咏队、剧团,在本村、邻近各村写标语,家庭访问,街头演戏。"①山西抗日根据地12岁的小孩李玉振在参加儿童团的时候,一位他们村跟他谈话的游击队员,和他父亲都是一类人,"人家问我'跟日本人干怕不怕死',我说:'不怕。'他就跟我说:'不怕就给你个事儿干,干不干?'"②对日本侵略的仇恨心态促使儿童成为抗日的有效力量,他们为抗日战争的胜利,为民族解放贡献了力量。

儿童对日军的仇恨心态,从他们在抗日根据地创作的诗文中也有体现。晋察冀根据地部队中一个16岁的天才小勤务员和谷岩,他会写诗,会写报告,还会写抗战游戏,他有一首《他们出动》:"在深夜,他们——八路军,出动了,带着边区千百万人民的希望,奔向车站,奔向敌巢……"③有些根据地的儿童创作作品,已经可以进行丰富的联想与想象,如西北战地服务团儿童演剧队甄崇德曾这样歌颂太行山:"早晨的清凉,布满了整个太行山脉,它是巍峨的、坚决的,英雄得很。晋察冀的人民,在用它冲锋、用它战斗,呵,可爱的光明的太行山,在人民配合的努力下,用眼泪、愤怒和仇恨写着光荣的人类史的续文。"④《战斗报》的小工友新力非常有活力地歌颂他的钢笔,他写道:"钢笔,你像一挺机关枪,每日扫荡着敌人的心脏!钢笔呵,我爱你,我要带着你(这抗敌的武器),把新中

---

① 徐光、李浩:《晋察冀边区抗日儿童团》,《晋察冀抗日根据地》第2册,北京:中共党史资料出版社,1991年,第58页。
② 孔丽萍、雒春普等:《1937—1945山西民众的生存状态》,太原:山西人民出版社,2008年,第24页。
③ 袁勃:《袁勃诗文选》,昆明:云南人民出版社,1981年,第229页。
④ 袁勃:《袁勃诗文选》,昆明:云南人民出版社,1981年,第229页。

国的旗帜,插到鸭绿江边。"①这种具有相当认识能力的小诗人,在战斗中成长着,有着远大的前途。他们的作品中,表达出的是一种消灭敌人,取得胜利的渴望,具有浓重的仇敌色彩。但在农村沦陷区,日本把持思想文化和教育,他们对儿童进行奴化教育,"日本人每个星期六都派车拉我们到白羊墅车站学习日语,还要讲讲他们民族的历史。我们不敢不学,可都不好好学"。② 儿童有求学的欲望,却反感奴化教育。他们对日本人十分恐惧,但自身力量弱小而不敢反抗,因此他们只能是表面学习。窦喜祥老人到现在完全地忘记了日本人逼迫学习的日语,却清楚地记着共产党在沦陷区他们学校里散发的教材中有这样一篇课文有这样的话:"树上有鸟巢,大风强吹过,巢毁鸟恓惶。"

华北抗日根据地学校教育十分注重培养儿童民族自信心,让儿童了解、学习抗日的英雄。晋察冀边区的《抗战时期小学国语课本》(1940年)中,抗战的课文占82%,教科书中不断出现有《八路军》《军民合作打敌人》《女游击队员》《东北抗日联军》以及介绍重大胜利以褒扬共产党的军队、鼓舞民众的课文,如《平型关大战》《平型关大捷与南京失守》《百团大战》等课文,用抗战的胜利来鼓舞民众。有的课文旨在激发学生的抗日决心,如晋察冀边区高小《国语课本》第三册,连续两篇课文都介绍狼牙山五壮士的英雄事迹③。华北抗日根据地的儿童特别是参加儿童团的儿童,很多都表现出高涨的民族气质。

---

① 袁勃:《袁勃诗文选》,昆明:云南人民出版社,1981年,第230页。
② 窦喜祥,山西阳泉小河村人,1924年生。笔者2013年7月于小河村其家中采访。
③ 石鸥:《百年中国教科书论》,长沙:湖南师范大学出版社,2013年,第91页。

四、趋同求先的心态

前文已说过华北抗日根据地基层政权为动员根据地的农民抗击日军,采取了一些措施,这些措施中包括改革基层选举制度,推行各类进步思想,从而使得根据地更有效、更有利动员农民。由于儿童是生活在成人社会基础上的群体,在根据地,儿童很容易受到这种社会环境的心理共振。我们在此将其概括为趋同进步思想的心态。

最能体现趋同进步思想的心态,莫过于儿童自己的心声,而这个心声首先体现在民主选举中。儿童们在听到中共的民主选举宣传教育后,积极参与到民主选举的宣传工作中。"近日来同学们听了许多关于民主的讲话,而且大部分同学都曾实际参加了县选的宣传工作,大家知道怎样选举,也晓得选举什么样的人。"更重要的是,根据地的儿童除了担任宣传工作以外,还跟随先进分子参与到学校的民主竞选中来。"在选举的前三天,各级同学就联名提出了竞选人。接着全校便卷进一个参选热潮里,只要一下课,看吧！一组一组的同学都在院子里围拢起来,认真地讨论着……我在小组间巡视,听他们提到的人,差不多都是估计可能当选的,只有副班长没有被提出来,我很奇怪,副班长学习努力,工作也积极,不知怎么会落选呢？他们另提的一个同学,能力很平常,不会计划工作,也不会领导人,只是人很诚实,我随便问一个得到的答案是：'她现在不负责任了,给她提出意见不彻底改,计划了的事她不肯做,所以不选她了。'……主席在一阵爆炸似的掌声中对大家讲话了：'这次选举要真正选出自己赞成的人,要选出那实行民主的同学,反对一个人包办,像国民党似的,一党专政,我们要坚决反对！八路军共产党给了咱们民主自由,咱们不像过去随便给人打骂了,可是咱们要会用民主,选积极能干的人……'"①

趋同进步思想的心态还表现在响应根据地生产生活上。推选英模、先进,通过先进带动学生学习先进、趋同先进,从而实现社会动员。1945年晋察冀组织动员儿童完成生产工作任务以此来纪念儿童节时,便以英模运动推动工作。1945年四四儿童节前后,晋察冀边区普遍开展了一次英模选举运动。他们以村为单位举行选举儿童中的劳动英雄、学习英雄气节为广大儿童群众性的民主运动。儿童在讨论、竞选的过程中,认识到了英模的先进性,便产生了积极模仿英模、学习英模的动力。儿童选出真正的英雄成为他们学习的旗帜,推动了动员工作。② 儿童们趋同于儿童团中的积极分子,社会英模、儿童英雄等,因此,校内外的大生产运动,慰问抗属、站岗放哨等工作中,总能看到他们积极的身影。动员及组织儿童的生产学习的方式方法,各地都有许多新的创造。

在儿童成长过程中,由于儿童必须依靠家庭成员来生活,所以产生了对家庭成员的信任,家人的价值判断标准往往能够影响儿童的价值判断标准。心态是个体在一定情境下各种心理活动的复合表现,任何一种心理状态既有各种心理过程的成分,又有个性差异的色彩,还包括许多复合的心理过程。这一过程不只是心理过程的简单拼合,而是由这些心理过程所构成的具有新的特性的复合物。尽管这些成分在不同心理状态中的地位和作用不一样,但心态始终是心理活动的综合反映。华北抗日根据地建立后,中共为确保华北抗日根据地在日军的封锁和进攻下的生存、巩固和发

---

① 吴光华:《谁说孩子们不会运用民主呢》,《教育阵地》,1943年第2卷第3期。
② 冀察行署:《关于迎接四四儿童节的指示》,档案号:510-1-2-4,河北省档案馆藏。

展,就必须加强根据地的建设,动员根据地各方面的力量,从而实现根据地的巩固和发展。在这大的社会环境影响下,华北抗日根据地的儿童形成了自己独特的各种心态。在这些心态中,有些是积极的心态,有些是消极的心态。但是,经过中共对华北抗日根据地儿童的教育、引导、组织和动员,加之根据地抗战的氛围,华北抗日根据地儿童表现出坚定的抗日意志和优秀的抗日表现。华北抗日根据地儿童展现出属于自己的价值和历史印记,成为华北抗日根据地与日军开展斗争的一种重要力量,这也为中国历史今后的发展埋下了伏笔。

第六章 华北根据地儿童近代化意识研究

第一节 少年儿童思想意识近代化萌芽

一、少年儿童民族意识、国家意识萌芽

中国人自古便有茶余饭后调侃时局的爱好,然而传统士绅等精英阶级掌控政治,农民因在宗法观念和经济环境束缚的情况下一般会顺从与依附于统治者,当统治者的施政与农民自身利益不相符时,他们表现出或拖延执行或冷漠对待,但少有敢于直面反抗的,因此有人认为在传统文化影响下的普通群众对政治认识相对是朦胧的、含糊的。对于传统意识较浓的中国民众来说,家就是国,国就是家,"国"是被君主统治的家,自己应该做的最重要的事情是谁当家就给谁交粮纳赋。至于说这个"家"究竟谁当,天下谁坐,那倒是无关紧要,只要这个家不要太烂,只要这个家不要使自己过不下去、活不成就行。①

自中国社会开启了近代化的进程后,思想意识上的近代化便成

---

① 张鸣:《乡土心路八十年——中国近代化过程中农民意识的变迁》,西安:陕西人民出版社,2008年,第15页。

为社会近代化的一项十分重要的内容。自中日甲午战争后,中国的历次失败都反复证明:只有实现人的思想意识的近代化才能真正地实现中国社会的近代化。西方列强的强盛和日本的兴起,都是通过近代化教育、大工业生产方式、相对完备的近代国家体制等因素的共同作用才实现了民众近代化意识的产生和发展。因此中国社会要实现近代化,也必须实现与之相适应的思想意识上的近代化。

对广大乡村社会而言,旧式传统思想仍占主导。抗战之前,由于华北乡村社会的现实是旧有的社会精英阶级依然牢牢掌握着乡村的经济命脉和社会话语权,所以虽然乡民们在闲暇之余也有兴趣对时局来发表一些自己特有的调侃和议论,然而在宗法观念和经济因素的制约和影响下,华北社会的乡民一般会趋同于旧有的社会精英阶级的思想意识和价值判断标准。对华北乡村社会而言,抗日根据地社会的建设和动员过程也是近代化意识产生的过程。

中国人的国家民族意识觉醒和民族主义的产生并不具有全民的、鲜明的特点,更广大华北农村的乡民传统思想仍然是主导。直到抗战前华北农民一般没有政治热情,家族之族长、家庭之长辈决定他们婚姻、土地或房屋等各方面的矛盾纠纷,他们很少与政府打交道,更不会主动参加选举。普通的乡民不明白选举的重要意义,他们认为选谁无关紧要,多数人尤其是妇女不莅会,更无议政的习惯。"到会者除少数不愿当选,为选举别人而来者外,即系无知乡民受不愿当选人之劝诱,为其帮忙而来,总计每户尚不足 1 人。"①对政治麻木不仁,参政议政观念意识淡薄,对国家漠不关心,是当时大多数华北乡村农民的真实写照。如何使中国人产生内发性的

---

① 张折桂:《定县大王耨村社会组织概况》,李文海主编:《民国时期社会调查丛编》社会组织卷,福州:福建教育出版社,2009 年,第 42 页。

民族意识、国家意识,如何使中国人改变以往那种各自为政、一盘散沙的局面,变成一个有统一意识、统一意志、统一对外行动的有组织的集体,是一个必须正视和重视的重大问题,是中国近代化进程一个不可忽略的问题,是中国近代化进程的重要一环,中共在华北抗日根据地通过各种政策的实施就成功地完成了这个使命。之所以称之为成功,是因为中共的政治动员是全面的、彻底的,启发了绝大多数华北农民的国家民族意识与抗战热情。

抗日战争全面爆发初期,华北根据地许多地方的农民,对政治的态度和看法依然是麻木不仁的,政治参与意识依然淡薄冷漠。中共必须要通过揭露侵华日军的种种恶行,启发绝大多数华北农民的国家民族意识与抗战热情。在中共采取各方面措施积极开展社会动员的影响和作用下,华北抗日根据地农民"国"的意识升华,民族意识渐浓,政治参与意识空前高涨。抗战初期,根据地少年儿童民族观念模糊,害怕"洋人",华北抗日根据地的儿童民族意识的产生是由两方面的因素促成的。一方面,日军对华北抗日根据地的侵略、烧杀抢掠,使得根据地儿童对自己民族的状况和现状有了一个较为深刻的感性认识。他们虽然害怕日军的野蛮与强悍,但也憎恨日军。敌强我弱的现实困难使得他们明白中国的落后与日本武装力量的强大,日军凭借强大的武装力量在如同恶魔一般残害我们,日军、日本国是敌人,见到日军后至少迅速躲避,并且绝不可对这些坏人说实话、当叛徒。这为民族意识提供了感性基础。另一方面,根据地对儿童开展思想教育。严格意义上说,中共在根据地的教育是对根据地社会各群体的一种大教育,对儿童的教育是其中的一部分。国难临头,根据地小学都开展了国难教育政治课。五台县第五区某高级小学对学生国难教育使得学校社会化了。学校把学生按照5人一组组成若干小组,并规定每组每周开小组会 2 次,学生们在小组会上热烈地分析政治,讨论实际学习和生活问题,他们还组织了民族革命室,这其中分政治、军事、经济、宣传等几个方面:政治上,设政治委员 1 人,负责召集会议和讨论政治问题;军事上,设军事委员 2 人,负责召开军事研究和小组讨论的工作;经济上,设经济委员 2 人,负责学生募捐、财物受理等学生经济工作;宣传上,设立宣传委员 2 人,他们组织儿童在学校正式上课之外的校外各种宣传组织的救亡工作。① 小学是华北抗日根据地文化教育的基础,根据地多种教育形式包括冬学、半日班、夜校和扫盲班等的发展都是以小学教育为基础的。华北抗日根据地对儿童展开爱国主义为中心的教育,主要的目的是培养训练社会各阶级广大民众的儿童,培养整个中华民族的后代来继承抗战建国大业。在他们的培养教育下,十几岁的大儿童积极参加中共组织的军队、参与政工后勤等部门工作。五台五区高小学生赵俭、王曾华、贾双红、闫贵莲、郑明星等 5 人,1938 年 7 月 6 日英勇地参加了基干自卫队,崔岱、崔隆槐等在 7 月 7 日前往军区政治部工作,他们离开时区公所各团体和高小全体师生都来欢送,还送给他们干粮食物。②

同时,根据地在动员广大民众的过程中,形成了抗日宣传的浓厚社会氛围,根据地的儿童受到很深的影响,进一步夯实了民族意识的社会基础,实现了启发儿童之民族意识,提高儿童的民族自尊心和自信心,使儿童树立新民主主义的政治基础。冀中区少年儿童"孩子也要救国""孩子有孩子的力量",保家卫国做出惊人的爱

---

① 《国难教育的开展》,《抗敌报》,1938 年 6 月 7 日,第 4 版。
② 《小学生投笔从戎》,《抗敌报》,1938 年 7 月 13 日,第 4 版

国举动。① 日军烧毁校舍,逮捕教师杀害儿童,1940年的平阳惨案中牺牲小学生40多人,曲阳野北惨案有29名小学生惨死。② 而在敌人扫荡生命面临危险的最残酷的斗争中,他们却学会了如何应付敌伪,保守工作的秘密,如何掩护教师和抗日干部。若一个生人到村里想从小学生口里问出小学在哪里,先生是谁,村干部叫什么名字,是绝对办不到的。当敌人包围村庄,强迫各村的人站好队,让儿童来认自己的家长时,他们知道先将不是本村的认作自己的叔伯、兄弟、姑嫂,在他们各种方式的掩护下,不知有多少到村里来领导工作的抗日干部,脱出了危险。③以民族利益为重,保护英雄、保卫根据地、保卫国家是先进的少年儿童的思想认识。相信抗日必胜,我中华民族必胜,也是少年儿童在根据地所培养之坚定信念。晋绥边区任兔娃在谈论抗旱备荒问题时就已经通过报纸了解到国外有一种"雨飞机","雨飞机"钻到云里翻着翻着就把雨下下来了。任兔娃说咱们中国没有"雨飞机"是因为当时有日本侵略,打走日本后我们也能造出"雨飞机"。他认为在中国就是有顽固分子勾结日本人,只要中国人心齐,团结一起打走日本人,就一定能造出"雨飞机"解决干旱问题。④ 希望国家人民团结一致对外、打走侵略者、未来发展先进科技,任兔娃根据地培养的具有先进的民族思想意识的典范代表。

---

① 《冀中区两年来教育工作的总结》,王谦主编:《晋察冀边区教育资料选编》初等教育分册,石家庄:河北教育出版社,1990年,第29页。
② 《晋察冀的反奴化教育的斗争》,王谦主编:《晋察冀边区教育资料选编》初等教育分册,石家庄:河北教育出版社,1990年,第242页。
③ 杨克:《抗战中晋察冀儿童的对敌斗争》,王谦主编:《晋察冀边区教育资料选编》初等教育分册,石家庄:河北教育出版社,1990年,第474页。
④ 元青:《修泉水池子的任兔娃们》,《抗战日报》,1945年8月9日,第2版。

二、民主意识、政治参与意识

历史的发展往往不以人的意志为转移,起初日本发动全面侵华战争的目的旨在灭亡中国,但是却成为激发起华北抗日根据地人民前所未有的爱国意识、民族意识、民主意识的契机。正如晏阳初所言:"几千年来,中国人所怀抱的观念是'天下',是'家族',近代西方的民族意识和国家观念,始终没有打入我们老百姓的骨髓里。直到现在,敌顽攻进来的巨炮和重弹,轰醒了我们的民族意识,南北数千里燃烧的战线,才激动了我们的全面抗御、同仇敌忾的精神,我们从亡国灭种的危机中,开始觉悟了中国民族的整体性和不可分性。生则同生,死则同死;存则同存,亡则同亡,这是民族自觉史的开端,是真正的新中国国家的序幕。"①抓住抗战的契机,华北抗日根据地实施的诸如减租减息运动、男女平等分田、颁行实施《婚姻条例》《政权组织条例》等一系列的经济改革和法律制度建设,不仅巩固了华北抗日根据地基层政权的建立,更重要的是中共通过这些经济改革和法律制度建设,有力地改变了华北抗日根据地原先旧有的传统乡村社会结构,使得华北抗日根据地的农民不仅社会地位有了翻天覆地的变化,保长乡绅无上的权威性观念被打破,根据地的农民开始提出自己的主张,他们开始积极参政议政,争取属于自己应有的权利,根据地少年儿童开始不愿再作为附庸的思想开始产生,子女的意见与建议在家庭中逐渐受到家长的重视,以上这些变化给根据地农民思想上带来的变化是深远的。

华北抗日根据地社会思想的变化还体现在,把尊重宗教信仰、

---

① 晏阳初:《农民抗战的发动》,杨力主编:《中国抗战大后方中间党派文献资料选编》上,重庆:重庆出版社,2016年,第365页。

破除迷信放在很重要的地位，努力把保护宗教思想自由与根据地抗日战争紧密联系起来。如回族优秀抗日英雄的代表马本斋率领的冀中回民支队，英勇抗战，奋勇杀敌，为冀中乃至全华北抗日根据地、全国抗战区域所称颂。在他们的影响下，不少穆斯林把抗击日军视为"圣战"，给予日军有力打击。山西五台山的僧人也积极参加抗日活动，涌现了许多抗日名僧。同时，为进一步推进巩固根据地建设，进一步转变根据地社会思想观念，培养适应抗战需要的紧缺人才，根据地基层政权积极组织民众开展识字活动，举办夜校进行扫盲，开办各种训练班，农民们的文化素质进一步提高，他们的眼界进一步放宽，旧的带有封建迷信神怪色彩的戏剧、各类迷信活动开始逐渐失去影响，根据地社会文化落后的局面开始改变。

抗战之前华北社会儿童新思想新知识主要是通过新式教育来培养，然而近代化的新式学堂在华北特别是华北广大农村地区数量很少，甚至一些县乡连一所新式学堂也没有，加之当时普通的农民家庭根本无法承受培养一名学生接受新式教育的花费，即使受过新式教育的学生毕业后也不愿意回到乡村再次重复传统社会的旧式生活。他们被新颖奇特的城市舒适生活所吸引，就会选择留在城市。因此抗战前的华北抗日根据地儿童的思想意识绝大部分仍然停留在传统旧式文化思维中。他们的思想意识真正发生变化是在抗战之中，在中共对华北根据地的社会动员中，在华北根据地的建设和小学教育中，抗日根据地儿童的民族意识、民主意识、国家意识、组织意识都在根据地教育引导下有了很大的变化。抗日战争则给中国人的近代化进程提供了一个难的发展机遇。经过几十年与西方世界的接触，中国向西方和日本派遣了大量的留学生，这些留学生的大量归国，为中国近代社会带来了前所未有的新思想。同时中国在于西方接触过程中看到了教育的重要性，也逐步大力发展了近代化教育,从而走向社会培养和选送了大批的毕业生。这样,归国的留学生和自身培养的受过近代化思想熏陶的毕业生汇聚在一起,为中国社会思想的进步带来了巨大的推动作用。庆幸的是,当抗战爆发时,这些具有近代化思想的学生已经占据了中国政治、经济、社会舞台的重要位置。所以,抗战爆发后,随着根据地的建立,许多具有近代化思想意识的人为抗日纷至沓来,并直接、具体地领导了根据地的建设和抗日斗争。在这一过程中,由于思想深处已经具备了近代化思维意识,所以他们的所作所为也就不可避免地按照近代化的思维方式想问题。这种从个体层面表现出来的集体意识是一种本能。这种对根据地的改造也是一种本能。根据地开展的民主政治建设有儿童们的身影,根据地开展的各种民主进步的宣传也有儿童的身影,甚至根据地开展的成人教育也有儿童的身影。我们不禁要问,儿童是一个没有发育完全、思想上不独立、接受新事物很快的群体,能对这一切熟视无睹?绝对不会。这一切必定会在儿童的思想内留下深深的烙印。他们会很快接纳这些新事物,并且把它们毫不犹豫地变成自己思想意识的一部分。

在抗战期间的心理上的变化是实现人的近代化的重要一环。有了这一环就为中国人思想的近代化奠定了一个坚实的基础。中国社会真正接触近代意义上的民主是在民国时期。民国建立后,中国人从政治开始逐步感受民主的含义,摸索民主的道路。抗日战争爆发后,华北抗日根据地成为坚持抗战的最前沿。中共为了在根据地动员抗日根据地方面力量抗日,随着手进行了一系列民主改革。对基层政权的民主化改革、解放妇女、破除迷信、改造乡村社会关系等等一些系列改革在华北根据地社会中产生巨大的影响。当然这一系列民主改革不可能一夜之间把根据地变为近代意义上的理想社会。但是,这些民主改革、国家意识实实在在对根据地的社会和民众产生算了深远影响。

华北抗日根据地开辟后,经过一系列的教育动员工作,少年儿童的民主意识、国家意识、民族观念得到培育,他们的思想认识有了很大的提高,他们对华北抗日根据地政权和军队有了很强的认同感。根据地政府会组织儿童参加村集体生产,儿童送饭、安瓜、点豆,儿童们不把这些事情看成是"人家的",而是看成"咱们村自己的事"。① 由于民主意识、政治参与意识、国家意识增强进一步增强,根据地的广大农民包括少年儿童也开始参与到各抗日根据地基层政治建设的事务中了。他们逐渐地清楚认识到抗日根据地的存亡、国家的危亡、自身利益的维护与实现之间有着极其紧密的关系,要想维护和实现自己的切身利益就必须积极投入到抗战事业,必须全身心投入到抗日根据地的建设和国家的保卫工作之中。在华北地区根据地成立以前,县政府、村政府前的布告栏上张贴的关于新税收的命令和失踪人员的通告,从来没有人读;但是现在,布告栏前经常围着许多人,有的亲自读,有的听人群中识字的人读着布栏上的内容,人民群众开始说"我们的政府""我们的军队"和"我们的地区"了。②"老百姓过去曾经是除纳粮以外什么都不过问也不晓得问,现在改变了。"③"华北最守旧的农民男女,也都知道了祖国对于自己的重要,而且正在献出他们最大的力量,为祖国也就是为

---

① 晋绥边区青联:《晋绥边区青年工作总结及今后的方针》(草案),共青团山西省委、山西省档案馆编:《山西青年运动历史资料 晋绥革命根据地分册》第3辑,1986年,第143页。
② 伊斯雷尔·爱泼斯坦著,沈苏儒、贾宗谊等译:《历史不应忘记》,北京:五洲传播出版社,2005年,第98页。
③ 薄一波:《七十年奋斗与思考》,北京:中共党史出版社,1996年,第217页。

他们自己,争取独立自由与生活的权利。"①

1942年晋绥边区临参会选举适逢四四儿童节,为使儿童能够了解并宣传此次重大事件,使儿童重视临参会的成立,让临参会成为儿童学习生活得以保障的保姆,晋绥边区要求向儿童讲明临参会产生的重要作用及意义。② 青年儿童团组织是华北根据地村选工作宣传落实的重要力量。儿童团首先组织了挨户宣传和岗哨教育,他们分成小组,跑到群众院里去说、问、唱,高喊"要选村长了",婆姨们都出来听了,但男子汉们天天下地,该怎么办呢? 儿童团便到村口放哨,在那里的识字牌上写上村选标准,谁走过来教谁认,写不下的内容就讲给人听。③

"××叔,认识这字再走吧!"

"好孩儿,顾不上,下地咧!"

"不能,认了再走——我教你,要选好村长!"

"噢! 噢! 要选好村长!"

在村里群众有事开会的时候,青年儿童就联合进行宣传了。他们敲锣打鼓、扭秧歌、跳舞、唱村选歌曲,"村长选不好,大家都糟糕"的歌词深深地印进了大家心里。儿童团的孩子们说"我们没有参加选举的权利,但是有宣传教育的权利"。他们站到高处敲锣打鼓,吸引大家来登记,在选举前他们就分好小组一家一家去动员。在相对成熟稳定的晋西抗日根据地,经儿童团宣传鼓动后,全村的

---

① 周立波:《周立波文集》第4卷,上海:上海文艺出版社,1984年,第190页。
② 抗战日报社论:《今年的四四儿童节》,《抗战日报》,1944年4月4日,第1版。
③ 根林:《青年儿童在村选中怎样活动——实验村工作通讯之二》,共青团山西省委、山西省档案馆:《山西青年运动历史资料 晋绥革命根据地分册》第2辑,1986年,第310页。

公民差不多都能主动地来登记参加选举。① 因百姓一天不劳动,吃饭就成了问题,而且家里几口人都去开会,家里门户便没有人照看,所有这些都使公民参选发生困难,动员公民去参选成为一件不容易的事。儿童团便替大家放哨放牛,站在山头帮助村民看门。在选举现场,儿童团员以歌声和口号活跃了会场。② 华北根据地报刊发表大量社论、专论、通讯、新闻报道,向广大根据地民众解释为什么要鼓舞全民参选,通过民主选举可以建成什么样的政权,积极宣传中共在敌后根据地建立的基层政权所开展的民主建设的原因和意义。向广大根据地民众解释了在根据地建立真正有民主权力的民意机关、再由民意机关选举产生政府、才能保证建设新政权的顺利进行基层政权建设基本路线。如果要巩固和发展根据地,抗击日军对根据地的入侵,根据地的各级政权就要认真组织开展民主选举,建立健全村、区、县民主政权结构。经过华北根据地民主改革工作的深入推进,根据地农民的民主意识有了较大的发展,可以看出华北根据地民主改革工作在根据地民众之间已经得到广泛地宣传和认知,根据地民众参与民选的积极性和热情非常高。崞县五区为让群众认识扩兵的重要和精兵的原则,在全村全体男女老幼中开展民主选举,以不妨碍生产为前提来选取合适的兵员。在民主讨论中,有人提出选刘增鱼参军,但因一个13岁的孩子不同意,这个孩子认为刘增鱼家里还有一个12岁的弟弟,并不合适去参军应该另换他人。③ 最后经过民主讨论,大家通过了他的意

---

① 周群:《在村选中的各救助组织》,《抗战日报》,1941年8月20日,第4版。
② 根林:《青年儿童在村选中怎样活动——实验村工作通讯之二》,共青团山西省委、山西省档案馆:《山西青年运动历史资料 晋绥革命根据地分册》第二辑,1986年,第311—312页。
③《抗战日报》,1944年12月24日第2版。

见。可见,在根据地少年儿童在民主讨论中是有其发言的权力并且其意见是可以得到重视甚至被采纳的,少年儿童的民主意识在一次次的民主选举中逐渐地清晰并树立起来了。

根据地的儿童,一方面被根据地基层政权有力地组织了起来,通过各种形式的教育形式把民主进步思想传输给儿童。另一方面,民主改革在华北抗日根据地形成一种广泛影响的社会活动,根据地基层政权通过宣传画、黑板报、诗歌、快板、文艺表演等形式向根据地社会民众展现出来。在这样的社会大背景下,儿童自然而然地受到启发、引导,他们的民主进步意思开始萌发是不争的事实。所以我们可以发现晋察冀根据地少年儿童在参加村选民主运动里,他们特别积极地参加了这个伟大的运动,到处都可以听到他们歌唱着民主,歌唱着自由。① 饶阳××村小学,提倡节约运动,开会决定节约办法,师生共同遵守,有一个先生买了斤肉,学生马上提出批评,结果是先生承认错误,把肉退回去。② 少年儿童民主进步的意识尤为明显地表现在儿童们在学校的生活中,这是在根据地学校逐渐发展的过程中培养起来的。如学校伙食管理中有学生参加,生产中学生有生产委员,学习中有学习组、壁报组、课代表等,③甚至有的学生惊讶"今天的学校和过去的学校在本质上的不同,过去以学校为主,今天以学生为主,过去是学生无条件地服从

---

① 醒华:《苦斗五年的晋察冀小英雄》,《新华日报》,1943年8月22日,第2版。
②《冀中区两年来教育工作的总结》王谦主编:《晋察冀边区教育资料选编》初等教育分册,石家庄:河北教育出版社,1990年,第21页。
③《一课实际的教育——实验学校一个小组在选举学生会中的学习》,《抗战日报》,1944年11月8日,第4版。

学校,今天是要学生自己运用民主精神了"。① 学生们在经过反复的讨论,主人翁的精神在他们心中逐渐树立起来。学校计划的完成等许多事情是需要大家集体动手来完成的。

　　华北抗日根据地儿童的民主意识、国家意识是支撑他们日后成长为新中国建设者的基础。实现了近代国家意识、民族意识真正植根于每个个体的儿童,由于组织性的提高,接受民主进步思想,是否可以下定论就此说这些儿童长大后,在此时此刻完全完成了近代化的进程呢?当然不能。社会存在决定社会意识,而社会存在的最主要内容是社会经济活动。商品经济的发展、商品货币关系对传统社会关系的冲击造成了传统社会结构的变动,这是社会转型中最为根本的内容,也是社会问题增多加重的最重要的内因。为了生存、追求商品的价值,华北许多乡民已经逐步开始摆脱自然经济意识而树立起商品意识,在西方资本主义的侵略下,他们又产生了朴素的爱国意识、忧患意识甚至变革与革命意识。来自外界的近代文明开始影响华北社会,华北民众的社会心理环境也开始产生变化。而这一变化,最终导致华北民众的社会心理在政治、经济、日常意识等方面发生艰缓而沉重的蜕变。在传统基因中的单一呆板的沉重社会心理氛围中逐步产生、蜕变出反映时代变化的新观念、新意识,为华北乡村社会心理走向近代打开了一个缺口。近代华北乡民的社会心理也开始逐渐融汇到整个中国社会近代化的历史大潮中去了。但是,我们必须指出的是,一方面人的思想意识的近代化除了包括国家意识、民主意识还有科学观念、先进的文化思想意识。而抗日根据地儿童这些观念的树立是在抗战的

---

① 《一课实际的教育——实验学校一个小组在选举学生会中的学习》,《抗战日报》,1944年11月8日,第4版。

特殊环境下通过中共的宣传教育、社会动员而直接给予的,没有经历系统阐释和浸润吸收。另一方面根据地没有近代化大生产经营协作的经济基础,也没有近代经济运行的条件,因此抗日根据地儿童虽在知识分子和根据地政府宣传教育下建立了国家意识和民主民族意识,但无法建立整体近代思想体系。

第二节　少年儿童思想意识变迁之因素

一、根据地儿童思想意识近代化变迁的重要因素

第一个因素,儿童教育的发展与近代儿童观的影响。在中国传统社会中,儿童是家庭的附庸,是父母的私有财产,儿童在经济和思想上都因没有独立的地位而只能依附长辈。家长把儿童看成是可以灌注的容器,希望从各个方面影响儿童、塑造儿童,通过自己"言传身教"为孩子树立榜样,以"孟母三迁"为教育经典为标准,希望给儿童良好的生活教育环境,希望儿童能"近朱",因为"近朱者赤,近墨者黑"。从某种程度上说,传统社会成人对儿童的教育完全是一种灌输式的教育,儿童是一块白板,是一张白纸,是一个空的容器,成人给他什么,他就有什么,成人让他变成什么样子,他就会朝这个方向发展。如果儿童没有按家长的要求成长,家长就会苦恼自己教育失败。孩子不习伦常,不入教化,行为与世人所不同,是家族的耻辱,难以支撑门楣,光宗耀祖,这样的儿童通常被称为"败家子"。典型的如《红楼梦》里的贾宝玉和《儒林外史》里的杜少卿等形象,皆是不受教化而被乡里传为"子弟戒"的形象。正如周作人先生所说:"以前的人对于儿童不能正当理解,不是将他当作缩小的成人,拿'圣经贤传'尽量地灌下去,便将他看作不完全的

小人,说小孩懂得什么,一笔抹杀,不去理他。"①20世纪以后,中国的这种儿童观或者说儿童教育观出现蚁穴,随着对儿童研究工作的展开和发展,学者教师们初步懂得了教育应了解儿童具有的特性、了解儿童的发展潜能,儿童教育开始受到重视。五四时期的中国知识分子呼吁民主与自由,在引进德先生、赛先生的同时,强调解放人性,传统的儿童观也受到重新审视,杜威的"教育即生活,学校即社会"观点引入中国,他对传统教育脱离社会生活持否定态度,他强调社会生活实际对儿童教育的重要性。他的教育理论认为"教育即生活",人们在社会中的真实生活才是身心成长和改造经验的正当途径。教师应该把传统的传授知识的教学转变成一种快乐的儿童活动,让儿童主动地参与课堂活动,从而实现对儿童多方面的教育和改造。美国教育家杜威是西方现代教育理论的主要代表,他提出了新的儿童观,为西方现代儿童观的发展奠定了理论基础。杜威认为儿童是具有独特生理和心理结构的人,儿童的能力、兴趣和习惯都建立在他原始本能的基础上,儿童的心理活动就是他的本能发展的过程。如果没有促使儿童本能发展的潜在可能性,那么儿童就不可能生长和发展。人的本能冲动是潜藏在儿童身体内部的一种生来就有的能力。它"最初是自发的,而且是没有一定形式的;它是一种潜能,一种发展的能力。……它是一种独创的和创造性的东西,是在创造别种东西的过程中形成起来的东西"。"它是天然生来、不学而能的种种趋向、种种冲动。"②这些本能冲动就是儿童发展和教育的最根本的基础。在教育上,他倡导

---

① 周作人:《儿童的文学》,《新青年》,1920年第8卷第4期。
② 赵祥麟、王承绪编译:《杜威教育论著选》,上海:华东师范大学出版社,1981年,第295页。

"儿童中心论",宣扬以"儿童中心"取代"教师中心"和"教材中心",认为教师应该是儿童生活、生长和经验改造的启发者和诱导者,应彻底改变当时压制儿童自由和窒息儿童发展的传统教育当然,20世纪杜威这种教育理论的传播只存在于以胡适、陈鹤琴、陶行知等教育专家的手中,虽然1919年杜威应邀来中国访问教学时也曾踏足华北,他的观点在各大报纸上刊登,知识分子争相传阅。但是谁都不能否认的是,杜威这种反传统的先进教育理念、先进的儿童观并没有传入到偏僻的华北农村,更没有传入到更偏僻的华北各省交界的农村根据地。

陶行知先生引进和发展了杜威的学术思想,他将杜威的教育思想在中国实践并发展,及至抗战时期,陶行知的生活教育理论,包括"生活即教育""社会即学校""教学做合一"已有不小反响:费正清说:"杜威博士最有创造力的学生是陶行知先生。……陶行知是杜威的学生,但他正视中国的问题,则超越了杜威。"[1]抗战时期华北抗日根据地迎来了一批又一批从各大城市来的,具有革命理想的革命家、文学家,可是他们自己本身似乎还不具有这样先进的儿童教育理念,更没有可能将这种理念传播于华北农村根据地之中。师承杜威的陶行知的教育思想很符合中国抗日根据地的实际,根据地也曾介绍过相关的陶行知的思想。冀中行署1939年召开全区教育科长会议并提出废除训导制实行"训导合一",1942年陕甘宁边区发表专文介绍陶行知的教育思想,他们认为生活教育社所提倡的生活教育思想是实际的,同时又是革命的,因为生活教育是实际的,与生活打成一片的。虽然对好新喜异者看来,生活即

---

[1] [美]费正清:《陶行知与杜威》,周洪宇编:《陶行知研究在海外》,北京:人民教育出版社,1991年,第397页。

教育的理论和实际都值得推崇,可以说生活即教育是美国实利主义的教育是杜威的再版。这种估计离开中国的实际和离开边区的实际而泛论学理,或有片面真理,但是如果把生活的教育看作是对中国的病症下药,就是值得我们尊重实际精神和革命精神。对中国来说,国民党的复古教育离开生活太远,而我们的教条主义和党八股,其理论和原则既非从综合实际经验得来,即教育的目的也只是为教育而教育为学习而学习,没有针对我们的需要和可能的条件。即国民党的复古教育与我们的生活、工作无关,学非所用,而用非所学。无目的的学习,无计划的学习,过去存在,现在还存在……生活教育社是教学做合一。① 然而客观地说,陶行知先生并没有亲自到过中共革命根据地,现在也没有明显的证据表明根据地曾大张旗鼓地宣传陶的思想或者说在小学教育中明确主张就是要贯彻陶的教育思想。抗日根据地"教育即生活"的观点虽有陶行知教育理论的影子,但笔者认为此观点是由根据地的特殊环境决定的,是根据地政府和教师在工作中不断摸索总结的。"教育即生活"由实践经验而产生的因素大于承袭杜威、陶行知教育理论的因素。抗战时期中共将革命的种子带到农村,华北农村革命根据地发生翻天覆地的变化。在教育理念上,中共在农村推行学校教育和生产实践相结合,鼓励儿童参加生产。华北农村根据地,贫困农占大多数,儿童早早地便要承担家务,家长更是指望儿童可以为家庭创造经济利益,除了中农以上家庭经济稍宽裕的家庭,大部分的农村孩子是没有机会进入到学校的。中共在农村根据地希望可以团结一切能团结的力量参与抗战,更希望可以为中国培育有知识

---

① 王琳:《陶行知教育思想与解放区教育——生活教育史资料》,《陶行知纪念文集》,成都:四川人民出版社,1982年,第216页。

有文化的未来新主人，希望儿童可以理解什么是民族、民主，所以国民教育是十分必要的。为了达到这一目的，甚至在进入根据地之初，中共实行过强迫入学的政策，然而一味地政治强迫不能从根本上调动民众送儿童入学的积极性，还会经常发生儿童自己逃学的现象、女孩带弟妹上学的现象等。如何才能从根本上解决这样的问题呢？那就是要做到学习生产两不误，即上课学习的内容是与家庭生产相结合的，学校教的就是相关与农业生产的技巧、社会变革的知识，儿童认识的就是"碗""硝盐""地雷"等和社会密切联系的字词。儿童团、互助组、小先生等群体帮助那些实在难以入学的儿童劳动，实行半天制、夜校制、冬学等多种教学形式，经过如此变革，而学到了有用的知识，家长觉得学而有用，儿童入学率大大提高。

　　小学是华北根据地知识分子的所在地，是根据地民主自由思想的传播地，是根据地的"学府"。与先进教育理念相比，根据地建设小学的原则和宗旨与"教育即生活""以儿童为中心"的理念可谓是如出一辙。晋绥边区灵丘县1945年规定模范小学条件应包括：① 师生团结，与村关系优良；② 学校成为村文化核心能推动冬运；③ 时间抓得紧，生产与学习结合的好，并均有显著成绩；④ 儿童学习生活紧张活泼，纪律好。并规定模范小干部、模范小学生条件，如能积极主动则在旧历年底现进行评判，并以1万元奖金进行奖励。① 在绝大多数儿童都能接受教育的情况下，儿童接受了先进思想的教育，初步认识到阶级与变革、革命与民主、民族与侵略的概念，可能他们的认识不会太深刻，但是谁又能否认这是一个良好开端呢？晋察冀根据地的孩子们说自己都是晋察冀的新儿童，新生

---

① 《万元奖金奖励模范小学模范学生》，《教育阵地》，1945年5卷1期。

活把我们炼成钢,在中国看不到的地方,有这样生活的儿童,生活好,工作强,学习优良①。正是在这种懵懂的认识中,他们行动了,革命了,他们参与了抗战,他们是抗战的重要组成部分,有了这样伟大经历,他们就是不同于传统的儿童,他们是具有近代思想意识萌芽的儿童。

当然需要说明的是王阳明提出"知是行之始,行是知之成"的观点,中国伟大的教育家陶行知先生也曾将这种观点发扬光大。但是本文认为这种"知行观"和本文论述的中国土生土长的"教育即生活"的因果关系,或者说充分必要条件是不一样的。"知是行之始,行是知之成",强调要先有"知",在"知"的基础上行动,所谓"知是行之始",而"行是知之成",强调行为、行动是知识的结果,有了知识的人,可以规范他的行动,使之成为一个学有所成的人。而根据地土生土长的"教育即生活"首先强调的是教育要为生活服务,教育不能脱离生活,这样的观点与杜威的教育观是完全契合的。

我们应该看到,杜威的观点,是随着西方教育理念不断前进的产物,而华北抗战根据地的教育理念是抗战特殊时期而不得已为之的。正是因为它的不得已,所以这种教育被当成暂时的教育儿童方法。新中国成立后直至现在,小学教育、儿童教育逐步回归教室,重视文化理论,教育与生活实践也逐步脱离。

第二个因素,根据地小学教育管理方式转变。抗战时期,贫穷、战乱、杀戮、政党、忠诚、变节、专制、民主、民族等形形色色的东西每天都在上演,那是整个世界大变动的时代,生于斯长于斯的儿童可以说真的是"生不逢时",然而从另一个角度来说,此时的儿童

---

① 丹琳:《寻访儿童团战友》,北京:中国文联出版公司,2008年,第46页。

又是如此的"恰逢其时"。因为中国历史上,从来就没有哪个时候如此的重视儿童,动员儿童,承认儿童的独立地位。从发动儿童主动参与抗战这个角度上来说,抗战时期的华北抗日革命根据地确实是以"儿童为中心"的。

杜威以"儿童为中心"的本质是要发挥儿童的主动性。教师和儿童的关系不再是以前的教师是向导、是主体,而变成儿童是活动的主体,教师只是顾问。他提出"以儿童为中心"的口号,要发挥儿童主动性和积极性,只有把教材引入儿童的生活,让儿童直接去体验。他希望把儿童从教育的后台推向前台,让儿童真正成为教育的主体。华北抗日革命根据地虽然没有明确提出所谓的儿童观、教育观,但是根据地扎扎实实的行为却是在践行着这种观点。华北农村根据地成立儿童团,目的就是要充分通过儿童团充分调动、发挥儿童的积极主动性。在儿童团的带领下,教师、青委,只是儿童工作的指导顾问,儿童团的工作是在教师、青救会、儿童团长等人的思想、方针的指导下,由一个个的儿童团员自己去完成的。在抗日根据地的村选工作中,儿童团出力最大,担任了宣传、检查、帮助打扫的任务,工作中充分地表现与发挥了儿童的积极性、负责性。"不行不行,要重新打扫才行"。儿童团很多的团员都这样着急地来检查督促大家的清洁运动。他们担任检察官。①华北抗日根据地的一些重要工作是由儿童来完成的,儿童是这些工作的主导,站岗、放哨、查路条是儿童的常规任务,甚至若是遇上亲戚不带路条,他们也不会放行。根据地在对儿童进行革命的思想教育时,不是以教师为主体,不是通过教师在教室申明正义,慷慨陈词,而是以儿童为中心,让儿童亲身去体验、去认识根据地反侵略的重要和

---

① 周群:《在村选中的各救助组织》,《抗战日报》,1942年8月20日,第4版。

儿童工作的重要。

根据地"以儿童为中心"的教育旨在调动儿童的积极性参与抗日工作。但要说明的是根据地的儿童对抗日的参与基本上是为抗战服务的工作,以宣传思想、生产支援、清洁运动等服务性的工作为主。虽然根据地也对儿童进行军事教育,确实也有革命意识强烈的儿童上战场甚至牺牲生命,但这不是根据地"以儿童为中心"的目的,根据地儿童团不是抗日前线的革命军队。

华北根据地晋察冀边区提出培养与过去传统完全不一样的新儿童的理论,并对儿童新生活有具体的构思和行为指导规范。他们的儿童生活指导的目标是"培养新民主主义新中国的健全的新公民"①,所谓"健全的""新公民"是与传统儿童在生活习惯、民族观念、民主意识等方面有所不同,根据地小学生活指导的目标如下。

1. 培养整洁卫生的习惯,愉快活泼的精神。
(1) 指导儿童注意清洁卫生,防止发生疾病。
(2) 养成儿童爱好运动的习惯,以助长儿童的发育。
(3) 养成儿童按时作息,有规律的生活习惯。
(4) 指导儿童文化娱乐活动,发扬天真活泼的精神。
2. 培养正确的劳动观念,勤俭朴素的作风。
(1) 培养儿童重视劳动的观念,与尊重劳苦群众的习惯。
(2) 指导儿童参加生产,增进生产知能。
(3) 养成儿童爱惜物资,节俭朴实的作风。
(4) 发扬儿童刻苦耐劳,克服困难的精神。
3. 培养待人接物的优良习惯。

---

① 刘皑风:《关于小学生活指导问题的商榷》,王谦主编:《晋察冀边区教育资料选编》初等教育分册(上),石家庄:河北教育出版社,1990年,第227页。

(1) 养成儿童尊重长辈,有礼有节的习惯。

(2) 培养儿童正确的男女观念。

(3) 培养儿童和蔼大方的态度。

(4) 养成儿童对事认真负责,对人信实少欺的精神。

4. 培养科学的、求知进取的精神。

(1) 启发儿童自由思考问题,养成勤学好问的习惯。

(2) 启发儿童研究科学的兴趣,与创造发明的愿望。

(3) 培养儿童明辨是非,追求真理的精神。

(4) 指导儿童破除迷信,反对封建思想。

5. 培养民主生活的习惯与大众化的作用。

(1) 指导儿童团体活动,发展儿童自制力。

(2) 养成儿童服从组织纪律,亲密团结互助友爱的精神。

(3) 培养儿童大公无私,反抗压迫的精神。

(4) 培养儿童关心群众,勇于为大众服务的精神。

6. 培养正确的政治思想,加强民族意识。

(1) 坚定儿童爱国爱民族的意志,发扬坚决勇敢的精神。

(2) 指导儿童拥护团结抗战,团结建国,反对内战,反对投降。

(3) 增加儿童爱护抗日民主政府,爱护边区子弟兵的观念。

(4) 启发儿童的民族自尊心与自信心。

(5) 指示儿童为实现新民主主义新中国努力的方向。

资料来源:刘皑风:《关于小学生活指导问题的商榷》,王谦主编:《晋察冀边区教育资料选编》初等教育分册(上),石家庄:河北教育出版社,1990年。

此生活目标从儿童卫生、儿童劳动、儿童社会交往、科学求知、儿童团体组织、儿童政治思想六个方面，全面地培养儿童成为新中国建设的"新公民"。这些培养目标与当代培养少年儿童"德智体美劳"全面发展的目标可谓是丝毫不差，可见抗战时期，根据地的先进教育理念。华北根据地虽地处偏僻，但土生土长了国内外社会先进的儿童观。晋察冀根据地要求教师切实纠正传统的对待儿童的错误，如"忽视儿童人格""抹杀儿童主动性创造性""认为'不打不成材'"非严加管教不可的观点。并要求教师做到对待儿童不要装腔作势，唯我独尊，整天吓唬儿童们："你们不许怎样怎样"！教师应该从传统的不可违逆的高高在上的神坛上下来，和儿童们站在一起，将自己和儿童处于平等的地位进行交流，同他们说话时变化人称角度，多说"我们大家应该怎样怎样"而不是居高临下地说"你们应该怎样怎样"！教师不是儿童的管理者而是儿童的领头者，"不要像放羊的拿着鞭子，站在后面，打着儿童们走；自己要做个'羊头'，站在前面以身作则领导着儿童们前进。不要包办一切，自己说什么是什么，要虚心听取儿童们的意见，启发他们的主动性、积极性，指导他们自己管理自己。要求教师多研究积极的办法，认真负起指导儿童生活的责任来。"① "学校应是儿童的乐园，不是法庭、监狱。但现在检查起来，大人有时常把入学校的事情来吓孩子。'你不听话，明儿送你到学校去！'使孩子在未入校前，对学校就存有害怕的心理。儿童就是儿童，不是大人，我们不能以大人的尺度来要求儿童，更要紧的是要认识到儿童有独立人格。我们对儿童的尊重，要与一般对大人的尊重一样。现在我们有些教员对儿童的看法是不合理的，我们怎样认识儿童的顽皮？谁要是要

---

① 刘皑风：《关于小学生活指导问题的商榷》，王谦主编：《晋察冀边区教育资料选编》初等教育分册（上），石家庄：河北教育出版社，1990年，第228页。

求儿童和大人一样,谁就是主观的,因为儿童每时都要活动,我们对他的活动应看成是生活力的表现,这个活动的本身就是学习,从不会到会是要经过一定的过程的,所以对这个问题的解决,主要是积极地教育,使其活动得有道理,能够自觉起来。教师是儿童的导师,要放下教员的架子跳到儿童中去,不要做儿童的皇上,而要做儿童的朋友,最好的是要做模范儿童。如同领头羊一样亲身在前领着儿童走,这就是贯彻了民主的精神。"①"走群众路线,扶植儿童自治,使儿童自己管理自己,学校纪律要由学生自己讨论决定,培养儿童向真理低头习惯。"②晋察冀抗日根据地要求教师对儿童态度的转变,不仅是工作作风的转变,也是根据地儿童观的转变,是根据地小学教育向正规化发展的关键,实现"由民主的教育方式建立儿童自觉的纪律"③。校内儿童自治,学生自己管理自己,学校组织了学生会,儿童团员间相互学习、自觉学习,发扬自我批评的精神。④

　　第三个因素,是儿童自身心理创伤引发记忆所形成的集体意识因素。这是指在抗日战争中,由于大的战争环境的影响,儿童在应对战争所带来的各种残酷环境时,内心必然形成对战争各种事物的应激和创伤,这种应激和创伤随着儿童自身的成长会形成一

---

① 刘皑风:《从废除体罚到民主教育方式》,王谦主编:《晋察冀边区教育资料选编》初等教育分册(上),石家庄:河北教育出版社,1990年,第235页。
② 刘皑风:《从废除体罚到民主教育方式》,王谦主编:《晋察冀边区教育资料选编》初等教育分册(上),石家庄:河北教育出版社,1990年,第236页。
③ 刘皑风:《从废除体罚到民主教育方式》,王谦主编:《晋察冀边区教育资料选编》初等教育分册(上),石家庄:河北教育出版社,1990年,第235页。
④ 晋绥边区青联:《晋绥边区青年工作总结及今后的方针》(草案),共青团山西省委、山西省档案馆编:《山西青年运动历史资料 晋绥革命根据地分册》第3辑,1986年,第142页。

种受压抑、被记忆的心理内容集合场所,这种心理内容集合场所几乎存在于每一个经过抗战的儿童的心里,并普遍存在于每一个儿童身上,一个个儿童又组成了一个超个性的共同心理基础。这就为儿童接受以抗日动员为目的的儿歌、歌谣、故事等文艺作品和各类教育奠定了民主意识、民族意识、国家意识认知的基础,而这种集体意识就是根据地儿童近代化意识认知的本源。我们通过儿童在根据地建设中的表现可以得出民族意识已经融入儿童的血液与思维,变成了一种形式的集体意识。抗日根据地儿童之所以有那种独特而有共同的心理基础,就是因为他们都有独特而共同的集体意识。这种独特的集体意识使儿童产生独特而共同的道德、情感、意志活动和审美。在抗战的大背景下,华北抗日根据地的儿童之所以具有基本相同的知、情、意等心理反应,就是因为近代国家意识、民族意识、民主意识真正根植于每个儿童个体的具体实现形式。这与以往中国人的传统心态形成鲜明对比。在鸦片战争以后的历次反侵略斗争中,中国民众所表现出来的仅仅是冷漠、麻木不仁、对政治的毫不关心,中国社会仍然是一盘散沙而已。即便是正规的官方史籍中,记载的满满是发生时寂寞无语,战败后一片抱怨。

　　华北抗日根据地实现了民族意识、民主意识、国家意识、组织意识真正根植于儿童个体,新变化使得根据地的广大民众包括儿童在对自身存在的传统记忆积淀而形成的心理习惯发生冲击、震荡,并出现了蜕变、抛弃这些传统因素的情况。但是,这只是这一个事物的次要方面。仅凭这一系列变化是不能完全打破传统社会意识和思想束缚的。因为,根据地缺少近代化的一个最重要条件——近代化经济基础工业化大生产及其经济组织形态和相应的社会氛围。没有这个条件,以上所述的那些积极、亢奋而敏感而模糊的社会心理变动在华北乡村社会也顶多只能是一个过程,不可能彻底洗刷普遍落后的社会心理环境,体现传统社会因素的重要心理仍占据支配地位,制约和拖累着华北乡村走向近代的历史进程。

二、战争与华北根据地儿童近代化意识

华北地区根据地儿童在整个抗战期间的对日斗争中发挥了不可替代的作用。中共对华北根据地儿童的动员和教育也在客观上促使其近代意识的产生。与抗战大时代的冲击有着密切联系的是,日军侵略给中国人民带来巨大痛苦的同时,也促使国共合作、一致对外,国共建立抗日民族统一战线,华北民众在中共的领导下开辟抗日根据地。中国农村抗日根据地的儿童近代意识的启蒙不是随着社会经济、社会生产力的发展自然而然地产生的。根据地农村儿童近代意识的出现很大程度上是在中共进入农村开辟抗日根据地的时候,把民主革命、民族独立、自由平等这些近代化的思想带入时,宣讲给儿童的。儿童被中共建立的学校、儿童团组织教育而或初步地、浅显地、懵懂地,当然也有不少儿童较多地理解了这些思想意识。当然,中共在根据地的近代思想的传播所带来的一切影响包括对儿童的影响,在很大程度上是出于赢得战争的需要考虑。也就是说,赢得战争是中共开展一切工作的首选目标,对根据地近代思想传播的出发点和落脚点也是赢得战争,而根据地儿童近代思想的产生可以说是这种目标的客观结果。在根据地青少年运动中,十二三岁到十七八岁的少年最活跃,[①]历史事实也告

[①]《周颐、崔勇义、赵源等同志在青年工作座谈会上的发言》,共青团山西省委、山西省档案馆编:《山西青年运动历史资料 晋绥革命根据地分册》第3辑,1986年,第75页。

诉我们,中共对根据地的一系列政策包括对儿童的近代思想的传播,确实收到了很好的战争效果。中共之所以能在敌后根据地坚持抗战八年时间,这些政策的正确实施起到了关键作用。从这个角度讲的话,甚至可以说儿童近代革命思想意识的产生在一定程度上是由战争决定的。

需要强调的是由于儿童自身的特性,儿童不同于成人,少年儿童没有成人成熟的心智和完全的理解能力。儿童活泼好动、集中力差,在抗战时期,生活艰难、思维封闭的情况下,如果不是确实认同某种观点,那么这些东西是不可能在儿童身上留下烙印的。坚持抗战,打倒日本,就是能在他们身上留下烙印的外因。正如当时人所说,解放区的儿童像是民主乐园里的鲜花,在民主的土壤里生长,民主政府就好比春天里的太阳,抚爱教育他们,使他们能尽情地开放。①

土生土长的儿童教育观的实质就是中共对儿童教育的革命。华北地区根据地建立后,随着中共在根据地实行一系列的政策,大大促进了华北地区根据地的思想意识方面近代化的变迁。这些近代化意识中当然以反侵略为第一主题,反抗日伪对根据地的扫荡,鼓励青年参军抗日,鼓励儿童宣传抗日、征粮、村选、生产等都是以战胜日伪为目标的。所以,反抗外来侵略、争取民族独立的革命性体现得淋漓尽致。同时,这种革命性还体现在儿童自身的思想意识上。华北根据地的儿童作为这场战争的一部分参与者,经过在这场战争中知识传授、举例示范、实践历练,自身的近代化意识水平进一步提升,民主革命、民族独立、自由平等的意识使儿童获得

---

① 芸生:《儿童英雄任兔娃》,《青年团员刘勇前》,晋绥解放区晋绥出版社,1949年,第21页。

了前所未有的自由活动空间,发挥了中国几千年文明进化史上从未曾发挥过的作用,战争使儿童获得了解放。可以说,是战争给予了华北根据地的儿童这种特殊的教育机会,使得儿童自身体现出与以往截然不同的特点。对于广大华北根据地的儿童这个特殊群体而言,可以说这是一次质的变化。儿童自身的特性,儿童不同于成人,儿童没有成人成熟的心智和完全的理解能力。儿童活泼好动、集中力差,在抗战时期,生活艰难,思维封闭的情况下,这种思想意识上的变化,为中国社会近代化的变迁打下了坚实的基础。

革命促进社会改造,儿童在根据地近代意识产生这一变迁打着革命的烙印。这里革命指的是儿童在抗日根据地表现出来的反封建意识。儿童是独特的社会群体,同成人相比,他们儿童心智未成熟,认识力、理解力有限。因此,本文所说的儿童反封建性是儿童在抗战生活中点滴表现出来的,是一种潜意识。

在抗日战争进程中,华北地区根据地的一系列政策给儿童思想意识上带来了前所未有的变迁,也让华北根据地儿童的思想和生活发生了质的转变,使其自觉与不自觉地摒弃了以往传统因素的一些东西。在传统社会里,儿童是成人的附庸,家庭的附属地位,只能一味听从大人教诲,正所谓:"君为臣纲,父为子纲,夫为妻纲"。通过一系列政策的教育和引导,华北根据地的儿童逐渐对传统的观念发生变化,甚至直接接受了新的观念。全面抗战初期,根据地武安、涉县等地小学课本里发现了许多关于"传统思想"的含有毒素的诗句、成语等,仍然在我们进步的根据地流行着,许多教师就把诸如"知足者常乐,能忍者自安""守分安命,顺时应天""天子重英豪,文章教尔曹,万般皆下品,唯有读书高"等内容教给儿童,这些思想在中国人的思想意识中是十分牢固的,它已经成为几千年来统治阶级统治广大群众的"传统思想",因为中国是一个几千年封建统治的国家,历代的封建地主统治者用这些思想作为他们统治广大群众的思想牢笼,使广大群众俯首帖耳……它是反民主反大众反科学的特别是反抗日的思想,是含有严重毒素的思想……这些思想灌输到儿童脑筋里,在客观上就做了反动的宣传。有些教师给孩子讲"天子高来为臣低""文站东来武站西",无形地向纯洁的青年宣扬着封建统治,而敌人今天采取着"攻心为上"的毒辣办法,用"王道乐土"来欺骗中国的广大群众,我们的这些说教,正是给凶恶的日本军阀做了"清道夫",因为这种思想教育,是和敌人"王道乐土"的欺骗宣传,殊途同归,遥相呼应的。① 抗战的特殊环境中,根据地小学通过学校教材、动员宣传、儿童团、儿童剧团组织等方面培养儿童近代意识,向少年儿童宣传抗日救国思想,甚至督促、监督成人进行思想改造或批评教育落后群众。这对中国奉行"无不是的父母""子不可质父"的封建伦常是一种彻底的否定和革命。父母对子女不再是绝对的权威和不可侵犯,儿童可以针对父母发表不同的看法,就从家庭关系中解放了儿童,这是一种新型的家庭关系,一种近代的带有文明性质的、活跃的家庭成员关系。这种反封建性质的改变的前期是华北根据地的革命,而这可以说是一种历史的进步。

在华北地区根据地,用新型的教育观教育儿童,儿童学校生活、家庭生活皆有历史性的变迁,儿童通过儿童团有了初步的社会活动组织,有了他们的社会生活,这一变迁与传统儿童相较则是质的变化。抗战时期,根据地儿童的社会化也不同于我们一般所说的儿童因为家庭贫穷,早早地步入社会参加劳动所形成的社会化。

---

① 王世英:《关于群众与儿童思想教育——消灭含有毒素的"传统思想"》,《教育生活》,1942年第2卷第3期。

本文所阐述的社会化是一种通过政治手段促使儿童社会地位提高的社会化,而后者的社会化是一种自然过程,儿童的地位却不产生什么变化。然而,这个社会化的进步具有很大的局限性,儿童没有独立的经济能力,绝大多数都要依附于家庭而存在,经济关系决定了儿童不可能如同抗战时期妇女地位提高,因为儿童属于家庭,家长对儿童有着绝对的教育权和管制权。抗战时期,根据地儿童社会化是战争年代的产物,新中国成立后儿童生活的重心则重新归属于学校和家庭。

综上所述,华北地区抗日根据地的儿童在经历了特殊时期的经历后,他们的思想意识与以往相比产生了很大不同。在抗日根据地各类教育的影响下,他们的国家意识、民族意识有了很大的提升,他们的组织性有了明显的增强,民主进步思想意识进入他们的大脑,这些为中国的近代化打下坚实的基础。我们知道,领导和开展抗日根据地建设和斗争的人大多都是接受过近代教育的人,与旧式知识分子不同,他们是在用先进的理念、先进的方法来领导广大根据地民众开展抗日斗争,而这些理念和方法会以直接的方式作用于根据地民众之中,包括儿童。所以民主进步思想在儿童思想中传播也就不足为奇了。所以到解放战争时期,在新土地改革运动中,在实现农民几千年的迫切要求的同时,我们更清楚地认识到庞大青年儿童中占着基本群众的绝大部分,农民的翻身就是青年和儿童的解放,青年和儿童应该成为革命运动的主导。在老解放区青联教育地主富农封建家庭的青年儿童,动员家中答应农民要求,动员家中献地,广大青年儿童群众要发动教育积极参加这次土地运动。在新解放区,青联组织通过动员青年儿童中的基本群众参加斗争与动员家中人参加并在当中要起积极先锋作用,把青联更进一步地加强青年儿童发展,鼓励青年儿童与农民一块参加斗争。① 儿童是一个国家未来的希望。抗战时期,华北根据地少年儿童经历日军侵略,亲见刀光剑影,战火连天。他们感受了敌人的残虐,体验了中共在农村各项政策给少年儿童带来的解放与自由。此时农村少年儿童心态已不是受儒家经典和家族伦理束缚之心态,明白了家国之理,懂得了民族荣辱、民主自由的华北农村少年儿童,不仅为抗日战争、解放战争贡献力量,他们必将为将来新中国建设发挥巨大作用。

社会实践决定社会意识,社会意识反过来又影响社会实践。中共为巩固、发展抗日根据地,着手在抗日根据地开展了政治、经济、社会等各方面改革,这些改革对根据地产生了重大而深远的影响。对成人而言,这些改革逐步改变了过去华北乡村社会的许多与抗战不利的思想和行为,根据地的广大军民开始团结起来,共同开展与日军的斗争。时人评述儿童在根据地的生活时说,解放区的儿童像是民主乐园里的鲜花,在民主的土壤里生长,民主政府就好比春天里的太阳,抚爱教育他们,使他们能尽情地开放。② 根据地的儿童一方面受到根据地社会轰轰烈烈抗日思想的影响和热火朝天社会改革的熏陶,在情感上与这些爱国主义的氛围和民主进步的意识交织在一起。另一方面,中共针对根据地儿童的现实情况,通过积极开展各种形式的教育和大力组织加入儿童团,把抗日爱国的思想意识、民族意识、民主意识、集体意识传授给根据地的儿童,进一步提高儿童的组织性、自觉性和纪律性。从而使儿童作为华北抗日根据地抗击日军进攻的一支独立力量展现在世人面

---

① 冀晋青年联合会:《土地改革中的青年儿童工作》,档案号:108-1-96-3,河北省档案馆藏。
② 芸生:《儿童英雄任兔娃》,《青年团员刘勇前》,晋绥解放区晋绥出版社,1949年,第21页。

前。同时,在这种思想意识的引导下,华北抗日根据地的儿童积极参加各类抗日活动,并结合自身特点,主动参与根据地社会的各类活动,坚决打击日军对根据地的进攻,做出了自己独特的贡献。更重要的是,通过各类抗日活动和根据地社会动员活动,根据地的儿童对爱国主义、民族主义、集体主义有了进一步的认识,对中国社会和中国革命的认识进一步深化,以上这些为中共日后领导革命和中国革命日后的走向都产生了深远的影响。

第七章　儿童英雄与儿童对华北根据地建设的贡献

华北根据地少年儿童积极参与抗战，取得傲人的成绩，并且涌现出许多小英雄。有直面敌人、被砍掉手指也不出卖八路军的小英雄温三郁，有壮烈牺牲也不泄密、保护兵工厂坚壁物资的小英雄王朴，还有王二小、大兴小武、李爱民、海娃、雨来等，以及众多数不过来的儿童战斗英雄。根据地儿童劳动英雄有女劳动英雄王秋芬，儿童团长牛国才等，另外还有学习英雄、宣传动员能手等等，他们都是为抗战和根据地建设做出贡献的儿童英雄。

第一节　儿童英雄

华北根据地涌现出的儿童英雄很多，对这些儿童的英雄事迹的真实性有人持怀疑态度，他们或认为这些事迹是人们口耳相传，有传播失误的可能；或认为是报纸期刊夸大其词，故意为之。我们不能绝对肯定地说完全没有这样的情况，但绝大多数的儿童英雄事迹都是真实的，是报社等传媒机构认真把关，认真调查后才予以传播的。《新华日报》新闻通讯科曾在收到关于模范儿童张祥桂的两篇通讯后,认为稿件有失分寸而特意写信询问具体情况以保证真实性。① 及至确认,他们才正式刊登。自古英雄出少年,大量资料显示了华北地区根据地儿童英雄是根据地小学、儿童团等机构和团体对儿童动员和教育的结果,是因日伪残害被迫在烽火战争的催化下迅速成长的结果。

一、战斗英雄

中共领导的根据地重视儿童健康生活,因此少年儿童的工作在后方,是属于辅助性的。即使是参加八路军、民兵组织,政府也对少年儿童年龄有一定的限制。在晋绥边区少年儿童工作积极,他们积极要求参加民兵组织,但根据地拒绝接受十五六岁的少年民兵的要求,民兵的年龄大都在二十五六岁到十七八岁之间,然而儿童和民兵结合的十分紧密,连睡觉休息都在一起。② 儿童耳濡目染地从民兵、八路军等英勇身上学到了对敌斗争的经验和技巧,培养了保家卫国的精神。

(一)温三郁

温三郁1931年出生于河北武强县前西代村,他的父亲是小学教员,大哥是本村的小队事务长。在温三郁13岁时,他的父亲和大哥被日军抓住后被押往关东挖煤,后来不幸死在了关东煤矿。此后温三郁家中只有他母亲、二哥、弟弟和妹妹,全家靠种着十几亩地过活,日子很困难。

---

① 新华日报新闻通讯科:《关于模范儿童张桂祥报道给张荣安的信》,档案号:A52-1-42-3-9,山西省档案馆藏。
②《周颐、崔勇义、赵源等同志在青年工作座谈会上的发言》,共青团山西省委、山西省档案馆编:《山西青年运动历史资料 晋绥革命根据地分册》第3辑,1986年,第76—77页。

1943年,农历正月二十日,日伪半夜悄悄包围了三郁所生活的前西代村。村小队早晨去提水时被敌人发现,三郁父亲和村小队的一个班钻进了提前挖好的地洞。敌人在逐家搜查过程中包围了三郁家的院子,还逼问他的母亲,想要从他的母亲口中找到八路和家中地洞所在。他的母亲说了个"没有",敌人一刺刀就把她的脸挑破了,随后又被踢了几脚,母亲躺在地上,连疼带吓得晕过去了。三郁家里的弟妹被吓得啼哭不已,三郁也在一旁呆呆地立着。敌人把三郁拉到院子里,逼问他"家里住了八路没有""村长是谁""谁家住八路"。三郁当然不能出卖战士做那可耻的叛徒,他灵机一闪地回答道,自己一直都是在姥姥家住,不知道什么是八路,也不知道村里哪有八路,谁家住了八路。汉奸们气冲冲地恐吓他:"你净装混!眼巴巴看见了,你不说打死你!"敌人发现三郁家有地洞,断定他家一定与八路军有关系,便继续恐吓他"那有洞,不说非打死你不行!""说了不打死你""不说挑了你"。无论汉奸怎样吓唬,三郁的回答都是"不知道""没有""我净在洼里拾柴火,不知道什么是八路"。汉奸们觉得三郁坚决,难以从他嘴里问出实情了便要用刺刀挑死他。汉奸首先一刺刀扎在胳膊上,又照着他的胳膊刺了三下子,袖筒里哗哗地向外流血,又一枪把子打倒了他,三郁疼得滚来滚去,就晕过去了。汉奸正要杀害三郁时,敌人吹号了,汉奸和日军一无所获地走了。三郁苏醒后见到母亲,母亲又教育他"怎么打也别说"。不幸的是,眼看敌人就要走时又把村民武全经抓住了。没想到的是,40多岁的武全经在敌人打了几下后竟然就说出了洞口,汉奸几下就把洞口掀开了。汉奸折回三郁家,并在他家洞口用烟熏,一个鬼子和一个翻译官拉着小三郁去看洞口,扬言要挑死他。在距离洞口不过一丈远时,洞里窜出一个八路军把翻译官一枪打死。敌我双方立时就打起来了,敌人把三郁拉到院子里去要拿他出气。敌人先让三郁伸出胳膊来要剁掉他的手,他往回一抽敌人没有砍着。敌人又让他跪下要砍头,他又一闪敌人没砍着。敌人追着三郁跑到屋里去,举刀朝他的脊梁砍去,幸而他的衣服厚没有砍透,随后汉奸踩住三郁的肚子又朝他的头砍去,他本能地伸出手放在头上挡住敌人刺刀。此时他只觉得身上凉凉的就又晕过去了,三郁再醒来时见自己手指头掉在地上,满脑袋都是血,疼得不住地打战。①

在1945年晋察冀边区第二届群英会后,温三郁得到"气节模范第一名"的光荣称号、1500元边区票、一头牛和耙、镰各一件的奖励。② 英雄儿童温三郁的光荣事迹传播开后激励着根据地的少年儿童,他的事迹还被改编成快板编入根据地小学语文课本,"小三郁,才十三,民族气节好模范;五个指头被砍断,三郁还是不开言"。③

抗战英雄:温三郁

(二) 王朴

王朴,男,1929年生于河北省完县(今顺平县)野场村,儿童团团长。1943年他为保护晋察冀根据地兵工厂的坚壁物资而英勇牺牲,后被晋察冀边区授予"抗日民族小英雄"的称号。

1938年春天,野场村建立抗日民主政府时王朴的父母即加入了革命工作,他的父亲被选为村长,母亲也参加了妇救会。1939年,10岁的王朴就读于中共创办的根据地小学,1940年当选为儿

---

① 于辉:《儿童气节模范温三郁》,《教育阵地》,1945年第5卷第1期。
② 于辉:《儿童气节模范温三郁》,《教育阵地》,1945年第5卷第1期。
③ 丹琳:《寻访儿童团战友》,北京:中国文联出版公司,2008年,第70页。

童团团长。学校老师讲述的王二小"宁为抗战死,不做亡国奴"的故事深深地影响了他。王朴从早到晚都爱唱《狼牙山五壮士之歌》,他学习狼牙山五壮士并希望自己能够像五壮士那样跟汉奸日寇斗争,狼牙山五壮士的精神成为他心中的丰碑。① 王朴率领儿童团站岗放哨,带领儿童团员收集弹壳和碎铜烂铁送到兵工厂制造子弹、地雷和手榴弹等兵器。王朴还充当小先生教授儿童团员"五不誓约",教他们唱鼓舞士气的儿歌:"儿童团学政治、学军事、学文化,建设独立自主的新中华"。②

1943 年日军对野场村展开扫荡,野场村全村总动员坚壁枪支、军粮等重要的军用物资,百姓也都躲避到了山沟里。王朴带领儿童团员站岗放哨、观察情况、给八路军送信,并曾抓住被日军派来刺探情报的特务。一日,王朴放完哨回去时碰到了日军,他转身就跑,但还是被两个日本兵追上并被带回李家庄,和十几个老乡关押在了一起。王朴心里念着"五不誓约",誓死不说出八路军和百姓的藏身之地,汉奸恼羞成怒,用绳子勒住他的脖子,王朴憋得透不过气,可他宁死也不愿当汉奸,干脆就假死来蒙混敌人,后来他找机会逃跑了。后由于汉奸告密,日军找到了附近几个村子百姓藏身之处,逼问八路军军用物资的下落,日军通过惨无人道的杀戮逼吓百姓,大家均不屈服。鬼子拿着汉奸提供的名单叫村干部、干部家属和抗日军烈属站到前面,王朴和他的母亲把群众挤到后面,自己站到了人群的最前面。汉奸认出王朴是儿童团长,威逼他说出八路军军用物资的下落。王朴不怕敌人刀架脖子,反而举起拳头带领在场的儿童团员高呼:我们至死不要忘记《军民誓约》!我们

---

① 丹琳:《寻访儿童团战友》,北京:中国文联出版公司,2008 年,第 5 页。
② 丹琳:《寻访儿童团战友》,北京:中国文联出版公司,2008 年,第 12 页。

至死不当汉奸！顿时百姓都高呼"不当汉奸！"惊慌的日军害怕了，他们吼叫道：杀不完老百姓就杀不完八路军，统统枪毙。① 残暴的日军用机枪扫射，制造了令人震惊的野场村惨案。在这场惨案中包括王朴在内的118名群众壮烈牺牲。

为了纪念王朴和死难的烈士，晋察冀边区政府、晋察冀军区第三军分区政治部和完县县政府召开了追悼会，授予王朴"民族小英雄"的光荣称号，并在石匣岭上树立了英雄纪念碑。《晋察冀日报》还特别刊载了完县县政府令，向广大群众宣传王朴的抗日事迹，称张竹子（王朴的母亲）和王朴是"妇女和儿童界的模范"，要求人民军队和干部在经过他们坟前的时候，必须"止步致敬、以示敬仰"。②

（三）李克元

李克元，山西武乡朱德儿童团团员，12岁时当选为儿童团小队长。1940年10月李克元在身患疟疾的情况下还主动带领儿童团员割草给长途而来武乡参加百团大战的首长的军马。战备紧急时全村青壮年都上了前线，儿童团成为支援前线、维持治安的主力。李克元带领儿童团员冒雨去给前线的战士送干粮，他们自己吃苦菜，把粮食省下来留给前线抗战的战士。

1940年年底鬼子进行年关扫荡，李克元和民兵队长的任务是破坏公路，这是一条由县城进王家峪村的必经之路。黄土路被冻得如同石头一样，儿童团的孩子们力小，虎口被震得生疼。孩子们开动脑筋，紧靠崖壁开始刨，很快就刨出了两人高、两丈长的大坑，日军被阻断在进村的路上不能前进，吃了大亏，死伤百人以上，李克元带领的儿童团立了大功劳。1941年李克元和几个儿童团员在王家峪村南

---

① 丹琳：《寻访儿童团战友》，北京：中国文联出版公司，2008年，第24页。
②《晋察冀日报》，1943年5月27日，第3版。

的北岭一带打埋伏,他一枪打中鬼子头领的马匹并成功活捉了鬼子头领交给八路军。八路军称赞李克元是神枪手,还要奖励李克元10元钱,但李克元不要钱,要的是可以杀敌的子弹。李克元立功不受奖的事迹在王家峪广泛传播,儿童团孩子们都以李克元为学习榜样。

1941年,阴历九月十三,李克元站岗放哨时发现日军和伪军一条长蛇般地朝王家峪而来,他迅速推倒消息树并鸣枪三声示警,为群众转移争取了宝贵的时间。此次敌人疯狂扫荡中,李克元为掩护受伤的战士和八路军的军用物资,主动暴露自己引开敌人而不幸被捕。李克元誓死不当汉奸,敌人逼迫他竖起消息树,他却把消息树扔到悬崖下面;敌人把刀架在他脖子上逼问八路军所在,他机智地把日军引入八路军包围圈,敌人踩中了王家峪民兵埋的地雷,损伤惨重。敌人知道中了埋伏,举刀朝李克元头上砍去,年轻的李克元光荣牺牲了。当晚,王家峪军民在文昌塔下悼念牺牲的李克元,武乡县政府追认李克元为革命烈士,儿童团员们争相学习李克元不怕牺牲的革命精神。"可敬的李克元,抗日的小英雄,你是太行的骄傲,你是边区的光荣!……"歌中饱含了太行根据地儿童团员们对李克元的悼念和崇敬之情。①

(四)杜仓孩、朱其善

晋冀鲁豫根据地是华北地区根据地的重要组成部分,少年儿童抗战英烈的故事亦流传于百姓及其后代之中。杜仓孩是山西沁源白狐窑村一户贫寒的五口之家,其父在躲避日军时被俘后杳无音讯,仓孩同母亲一起孤苦相依。1939年刚刚12岁的杜仓孩参加了村儿童团,和其他儿童团员们一起做站岗放哨、查路条等工作。

---

① 团中央少先队工作委员会、中国少年先锋队工作协会编:《中国少年儿童运动史话》,北京:中国少年儿童出版社,1989年,第200—205页。

1942年秋日军大规模扫荡太岳腹地沁源县,妄图建立"山岳缴共试验区"。根据地政府决定组织主力部队和民兵游击队围困扫荡后留守于沁源城关、交口等地的日军,当时年仅15岁的杜仓孩主动报名参加了民兵武装组织,成为40多个民兵当中最小的一个。民兵组织的主要任务是保护已经从白狐窑转移到小青沟的老百姓,以防日军偷袭侵扰。1943年夏秋之交某天夜里正赶上杜仓孩放哨值夜,快到黎明时分,机警的杜仓孩似乎听到有人群行动的响声,他仔细观察后发现数十名日军正从不远处的圣佛岭窜下,意包围卫群众所在的小青沟。杜仓孩临机决断,他一方面打发同伴迅速返回通知隐藏在小青沟的尚在睡梦中的群众立刻转移,另一方面,他举枪向来犯的敌人开枪射击,枪声唤醒了睡梦中的群众,为群众争取了转移的时间,但同时也使得日军由偷袭转为公开的进攻。杜仓孩的子弹很快就用完了,他用一颗手榴弹炸死了冲上来的一名日军,在鬼子卧倒准备进攻之际,他想趁机逃跑,但刚刚跑出百余米便被敌人乱枪射中。大青沟的群众顺利的转移到了后山,然而年仅16岁的杜仓孩为保护群众转移壮烈牺牲了。① 1939年16岁的青救会儿童部部长朱其善来太岳沁源工作,1940年17岁的他在潜往敌占区工作时不幸被捕。朱其善虽然年纪小但十分刚烈,在被押解的路上被日军的枪托砸、皮靴蹬,被打得头破血流、皮开肉绽,后被押解到平遥警备司令部后连续5昼夜都水米未进且多番遭毒打,直被打得气息奄奄。敌人见从他身上压榨不出什么有用的东西,便残忍地在刑场先是放狗将他撕咬后又枪决。②

除了以上所述,华北地区根据地为抗战牺牲的或不受引诱坚

---

① 张成仁、赵庆和:《沁源抗战实录》五,北京:方志出版社,2005年,第111—112页。
② 张成仁、赵庆和:《沁源抗战实录》五,北京:方志出版社,2005年,第109—110页。

决保守秘密的儿童英雄还有很多,行唐上房村张六子,灵寿苏家庄谷福贵,唐县的张小二,都是保守秘密不受威逼的模范。五台田家村一个年仅十二三的小孩,被敌人冷水浇、皮鞭打,最后刺刀穿透手掌钉在门板上都没有吐露一点秘密。易县南岭村一个童子军被敌人从干草中搜出也拒不叛变被敌人杀害。① 1942年,敌人扫荡黎城,士绅王尚德14岁的儿子王龙章被敌人掳去,王尚德却和村民说:"宁舍爱子,亦不能身侍仇敌,做这种无脸事。"王龙章也不受日军引诱,糖果不能动摇,情愿吃淡饭也不因咸盐出卖,更不受武器威胁。② 在晋察冀边区,平山县儿童温新顺曾到炮楼上偷敌人的文件,儿童马耀山在堡垒里偷出敌人的子弹,1945年定唐儿童卜晏在一个月内拔了铁道上的钉子300斤。③ 根据定县第二十高小的统计,八年全面抗战中,青年男女学生,在敌伪的血爪下,曾营救了20多个被迫去受训的同学。为了抗日干部的安全,他们不顾自己牺牲流血。雁北繁峙县六区谢子坪的小学生三保子,在学校里刚讲过"五不誓约"之后,一天他和家人才送走了八路军,敌人就来了,问他八路军到哪里去了,他坚决回答不知道,最后敌人把他扔在很高的山崖下,也未问出一个字来。④敌人有一次在安国县一个村里抓了3个小学生,问村长的名字和住址,第一个不说被挑死了,第二个还是不说,又被挑死了,再问第3个,仍然不知道,三个孩子为了村长的安

---

① 王真:《活跃的北岳童子军》,王谦主编:《晋察冀边区教育资料选编》(初等教育分册 上),石家庄:河北教育出版社,1990年,第459页。
②《新华日报》华北版,1942年7月1日,第4版。
③ 杨克:《抗战中晋察冀儿童的对敌斗争》,王谦主编:《晋察冀边区教育资料选编》(初等教育分册 上),石家庄:河北教育出版社,1990年第475页。
④ 杨克:《抗战中晋察冀儿童的对敌斗争》,王谦主编:《晋察冀边区教育资料选编》初等教育分册,石家庄:河北教育出版社,1990年,第474页。

全,坚持民族气节牺牲了。①

华北地区根据地的儿童战斗英雄们,有的闭口坚守,有的机智勇敢,有的不受引诱,有的牺牲生命,他们为了保护根据地,为了打退侵略者,表现出中国人铮铮铁骨和宝贵的民族气节。河北平山游击区的儿童在敌人的残暴压榨下,仍然坚持斗争,他们冲破封锁参加了1945年的晋察冀边区"四四"儿童节大会,他们是反日抗日的小英雄。14岁的李四虎在轮到他去堡垒上当差的时候,他悄悄偷了一个日造的手榴弹和一排子弹,并把这些东西交给了当地的青救主任。他联合当地38个少年儿童配合八路民兵军队一起填沟、配合游击组埋地雷,他们有的干活劳动,有的警戒放哨。在遇到敌人清剿时,他们还主动保护在村里坚持工作的革命同志。不但把革命干部隐藏起来,还给他们送饭,为抗日贡献出了小小的力量。② 1945年,17岁的温新顺被日伪强迫到炮楼上做饭,他利用工作的便利,多次为平山区政府送去情报。一次他趁敌人不注意,偷了100发子弹、2瓶擦枪油,还有3个日本造的手榴弹送给了基干队。为了鼓励表彰孩子,区里奖给他10元钱和两个大西瓜。另一次他偷出鬼子3本书和7封信,还有一次偷了敌人70颗子弹,并常常在堡垒上听他们要干什么鬼事,得到重要情报后,就会找借口把信息传递给村里让其做好准备。③ 14岁的马耀山在平山区他们村子里站岗放哨,正好遇上伪军特务来村里抢东西,他手里拿着镰刀

---

① 杨克:《抗战中晋察冀儿童的对敌斗争》,王谦主编:《晋察冀边区教育资料选编》(初等教育分册 上),石家庄:河北教育出版社,1990年第475页。
② 《平山游击区的一群小英雄》,王谦主编:《晋察冀边区教育资料选编》(初等教育分册 上),石家庄:河北教育出版社,1990年第464页。
③ 《平山游击区的一群小英雄》,王谦主编:《晋察冀边区教育资料选编》(初等教育分册 上),石家庄:河北教育出版社,1990年第465页。

粪筐，装作要去割草拾粪，趁敌人不注意时绕了个弯儿就去报告给了村干部。他的报告不仅保护了村干部，还保护了正在村里做统累税的区干部。他多次机智地把武器偷运出去交给他们的中队部。还有一次，他看见日本小队长在打一个村干部，好几根木头棒子都打两截了。马耀山认为不应该不管抗日干部，于是便给村干部作证说，这个人是良民，是××村人，这才救下了这个革命干部。①

破坏敌人电线，给村干部、区政府送信等都是儿童们经常做的事情。这些孩子们大都是十几岁，现在可以叫上名字的还很多。盖新悟(12岁)、张喜福(13岁)、刘栓驴(14岁)、张萌堂、任庆柱、任珠珠、任爱东、孟来、任狗狗、高黑凹等孩子都是十来岁，他们不对敌人说一句实话，还千方百计偷出子弹等敌人的武器，掩护革命干部、填沟、毁坏敌人架起的电线、组织"堡垒喊话"，为此，他们大都挨过日伪的打，有的甚至光荣牺牲。这些孩子坚决实行"五不誓约"，他们是抗战时期的小战斗英雄。

二、王二小与儿童英雄

（一）人物形象——王二小

牛儿还在山坡吃草，放牛的却不知哪儿去了。不是他贪玩耍丢了牛，那放牛的孩子王二小。

九月十六那天早上，敌人向一条山沟扫荡，山沟里掩护着后方机关，掩护着几千老乡。

正在那十分危急的时候，敌人快要走到山口，昏头昏脑地

---

① 《平山游击区的一群小英雄》，王谦主编：《晋察冀边区教育资料选编》(初等教育分册上)，石家庄：河北教育出版社，1990年第465页。

迷失了方向,抓住了二小要他带路。

二小他顺从地走在前面,把敌人带进我们的埋伏圈,四下里乒乒乓乓响起了枪炮,敌人才知道受了骗。

敌人把二小挑在枪尖,摔死在大石头的上面,我们那十三岁的王二小,英勇地牺牲在山间。

干部和老乡得到了安全,他却睡在冰冷的山间,他的脸上含着微笑,他的血染红蓝蓝的天。

抗日英雄王二小

秋风吹遍了这个村庄,它把这动人的故事传扬,每一个老乡都含着眼泪,歌唱着二小放牛郎。

资料来源:方冰、劫夫:《歌唱二小放牛郎》,《人民歌声》,1949年第2期。

《歌唱二小放牛郎》这首歌曲可以说自诞生之日起,就在晋察冀抗日根据地迅速传唱,经过口口相传,传遍各个抗日根据地,甚至传遍全国,延续至今。该故事被选为小学必读课本,拍成电视剧、电影甚至编为连环画,成为脍炙人口、家喻户晓的感人故事。

《歌唱二小放牛郎》讲的是根据地一个叫王二小的13岁儿童的故事,他在一次放牛的时候,发现日军向本村扫荡,他为了掩护后方机关和老百姓,故意给日军带路,把日军引入了抗日武装的埋伏圈,日军发现受了王二小的欺骗后,把王二小用刺刀刺死。整个故事被由延安奔赴晋察冀边区平山县的西北战地服务团成员方冰、劫夫改编为《歌唱二小》,后改为《歌唱二小放牛郎》。这首歌以其悠扬的旋律、动人的故事迅速传遍华北抗日根据地,传遍大江南北。由于这首歌曲和故事广为传播,人们不禁要问到底谁是现实当中的王二小？在河北平山、顺平、行唐、涞源还有山西灵丘等地都实实在在地存在着"王二小"式的儿童英雄。

方冰、劫夫在平山县听到许多可歌可泣的英雄人物事迹，其中小英雄的事迹尤为引起他们的注意，随后方冰便写出《歌唱二小放牛郎》的歌词。歌曲中所唱王二小放牛郎的职业是方冰在创作歌曲时为塑造人物形象而特意安排的，王二小是以他在平山县听到的儿童英雄事迹而塑造出来的典型人物。方冰后来也曾回忆："在我的脑子中，当时并没有一个真名实姓叫'王二小'的孩子，而是有不少叫二小的。所谓'二小'就是指当地的那些孩子，至于为什么要写放牛的'二小'，是因为在反'扫荡'中冀中的老百姓为了对付敌人，保护自己，发明了一种消息树。如果消息树立在山头上，就说明没有敌人；如果消息树倒了，就说明有敌情，得赶快转移。而看护和掌管消息树的一般都由放牧的孩子来担任，这些'二小'一边看护牛羊，一边看守消息树。至于歌中的'二小'为什么姓王，那只是随便选的。王姓比较通俗、普遍！"[①]他说："王二小和刘胡兰、董存瑞、黄继光不一样，他是我创作出来的艺术形象，是无数少年英雄的化身。"[②]所以，王二小同《小兵张嘎》中的小英雄张嘎一样，都是儿童英雄形象。根据地有许多王二小式的英雄人物。方冰在另一篇回忆录中表达了同样的意思："《歌唱二小放牛郎》唱开以后，阜平县说二小是他们县的孩子，唐县说二小是他们的，平山县说是他们的。二小是个复合人物，是综合了许多可歌可泣的人物故事，创作出来的。"[③]分析到这里，王二小到底是谁、原型是谁，似乎有答案，似乎又

[①] 华东方：《方冰与王二小》，《党史纵横》，2005年第9期。
[②] 华东方：《方冰与王二小》，《党史纵横》，2005年第9期。
[③] 张风录、刘建堂：《关于王二小原型出处的调查报告》，2004年12月15日

没有答案,但是这一切都无法阻止一代又一代人对《歌唱二小放牛郎》的喜爱。新中国成立后,王二小的事迹成为小学课本必读课文。1960年电影《王二小》在全国放映;1997年,涞源县委、县政府在狼牙口村建起"抗日少年英雄王二小纪念碑",由原晋察冀军区副司令员萧克将军题写碑文。1998年,电视剧《少年英雄王二小》全国热播,2002年儿童文学纪实小说《少年英雄王二小》出版。①

(二)抗战英雄——王二小

虽然歌曲《歌唱二小放牛郎》中的王二小是艺术加工的人物形象,但华北地区根据地确实存在革命的"二小"。河北省涞源县上庄乡上庄村有"王二小故居""王二小纪念馆""王二小希望小学",而且晋察冀边区青救会儿童部部长徐光也确曾收到涞源放牛娃王二小主动把敌人引入八路军的包围圈,最后自己牺牲的事迹报告,这份报告就是由涞源县青救会儿童部部长张士奎亲自递交的。张士奎老人清楚地记得王二小牺牲的这一天是1941年的农历九月十六,王二小是狼牙口村附近的人。1997年老作家陈模和涞源县宣部领导再入狼牙口村,找到村主任高军,高军也回忆王二小牺牲在1941年农历九月十六。② 然而这个涞源王二小牺牲的这个时间节点一直是他是否为《歌唱二小放牛郎》人物原型的关键存疑所在。此歌曲歌词应是1941年方冰在平山县时创作,发表于1942年元旦,2004年12月23日,涞源县将王二小牺牲时间从1942年更改为1941年。

据高军回忆,1941年农历九月十六早晨,八路军转移时通知村民快跑,但是二小怕丢牛东家责怪没有跟着转移。他看见日军开

---

① 罗存康:《少年儿童与抗日战争》,北京:团结出版社,2015年,第265页。
② 王兴农:《寻找英雄王二小》,《福建党史月刊》,1998年第1期。

入涞源扫荡,便没有跑还赶着牛上山,可能是要去放倒消息树。他为了保护八路军及村里的百姓,把日军带进石湖旮旯八路军埋伏的地方,趁敌人未反应过来时飞快地跑向沟头。他没来得及攀上崖去,被敌人用刺刀挑起重重地摔在大青石上。二小左手紧紧地抓住敌人的刺刀,左手四个手指被斩断。高军的叔父高林山(抗战时期狼牙口村武委会主任)打扫战场时发现二小还有呼吸,带领民兵把他送回村子,但二小终因伤势过重医治无效而牺牲了。①

历经了八十多年的沉淀和流逝,王二小作为抗日小英雄的典型形象成为一代又一代人永远的记忆。至于谁才是真正的王二小,我们可能永远无法确切知道。但是王二小的事迹为什么至今感动着现在社会的每一个人?为什么《歌唱二小放牛郎》能为不同时期、不同阶段人们所喜爱?为何王二小这个典型人物形象被不同时期、不同阶段的人们所认可?在此笔者不做深层次的分析。但是,不管是河北平山、顺平、行唐、涞源以至山西,从华北抗日根据地一个又一个的王二小式的真人真事,我们可以看出,"王二小"代表了一个群体,一个与以往任何历史时期具有本质不同的儿童群体。在抗日根据地建立以前,中国的民众普遍信奉生存第一的法则,只要能生存,什么事情都无所谓。"好死不如赖活着""活一天赚一天""活小鸡比死老鹰强"等等是几千年中国农民的人生信条,这也是中国近代社会落后挨打的一个重要原因。全面抗战爆发后,中共在抗日根据地开展了一系列的动员政策和改革措施,使得根据地儿童的思想行为发生明显的变化。华北地区根据地把反奴化教育、儿童遵守"五不誓言"加入儿童日常思想教育当中去,对

---

① 王兴农:《寻找英雄王二小》,《福建党史月刊》,1998年第1期。

当地模范儿童的事迹,做广泛宣传,加强气节教育。① 因此在日军对抗日根据地进行疯狂扫荡的时候,少年儿童没有退缩,没有躲避,没有逃跑。他们抛弃个人生死,把自己当作诱饵或牺牲品,千方百计把日军消灭,这与民主主义的斗争精神、民族主义的不屈精神、爱国主义的奉献精神如出一辙。当然,我们不能从这些儿童的思想行为上就一定说华北根据地社会思想完全实现了近代化。但是我们可以说,在中共的动员和教育下,华北抗日根据地的儿童的思想行为实现了翻天覆地的变化。

华北抗日根据地以王二小为代表的英雄少年儿童,不仅仅对当时根据地抗击日军的进攻有着重要作用,更重要的意义在于,他们的影响一直延续到解放战争、延续到新中国成立后,甚至延续到今天的社会。这种变化一方面为以后中国共产党推进全国解放、推进社会主义建设,准备了充足的后备干部。抗日战争后的解放战争、新中国成立后的社会主义建设,都需要大量的后备干部来完成,经历了抗日战争洗礼的根据地少年儿童成为后备干部重要来源。另一方面,成为中华民族迈向现代化的宝贵精神财富。正如《歌唱二小放牛郎》一直传唱至今,就充分说明抗日根据地英雄少年儿童的精神对当今社会的影响。这种精神不仅影响了中国人的思想行为,更为当今中国的中小学生思政教育提供模板。

三、劳动英雄

华北地区根据地的儿童英雄除却直接参加战斗的战斗英雄,还有许多积极劳动支援根据地建设的劳动英雄。在华北地区根据

---

① 冀晋行署:《关于纪念"四四"儿童节的指示》,档案号:110-1-115-2,河北省档案馆藏。

地建设中,冀晋边区总结儿童生产和学习的经验,批评过去进行生产不管学习,与进行学习不管生产或只管校内不管校外儿童的现象,努力将校内外儿童统一起来,将根据地儿童的生产与学习紧密结合起来。根据地要求少年儿童学习不是脱离社会实践的单纯学习,①他们注重培养儿童劳动英雄,注重要儿童劳动英雄带动出新的儿童英雄。他们把旧有儿童劳动英雄继续培养成了青年劳动英雄,克服年岁大了就不管的现象,发现新的英雄进行培养。冀晋区还认为开展大生产运动表彰劳动英雄应该让儿童英雄也参加会议。他们在培养儿童英雄中注意培养各种生产中的英雄、男女英雄、生产与学习结合的模范等。② 华北地区根据地涌现出一大批劳动英雄,他们有男有女,有种地能手、纺织能手、拨工互助英雄等。

（一）王秋芬

王秋芬是晋察冀边区曲阳县人,12 岁时爹死娘嫁,她 13 岁时学会针线活儿,14 岁学会耪苗,15 岁跟着叔婶一起生活。但跟着叔叔受尽虐待,她决心不受气、不求人,独立成家自己生活。王秋芬偷偷地跑到边区政府,在区里的支持下她继承了父亲留下的一些财产,分得了 6 亩地、1 间房子、2 斗荞麦,她下决心好好过不让别人看笑话。从 4 月到秋收的几个月中,她除了 2 斗麦子外连一撮盐都没有,她只得摘些榆叶采些野菜充饥,生活得极苦。她每天一大早吃了饭就去地里开工,中午也不休息,晚上才回来,一天能比别人多耪八分地,1 个人只用 8 天时间就锄完了第一遍地。秋芬没有牲口,她积极响应上级号召参加拨工组,为秋收做准备。她靠一

---

① 太行第四专员公署、太行四分区青联会:《关于纪念四四儿童节的联合指示》,山西省档案馆藏,档案号:A68-3-8-20。
② 冀晋区青联会:《关于大生产中青年儿童工作的指示信》,档案号:A-42-7-3-11,山西省档案馆藏。

颗心和能干的小手,秋天打了三石五斗谷子,七斗绿豆,六斗高粱。有了这四石八斗粮食,她吃饱了肚子,还当上了村里的劳动英雄。王秋芬经常跟人说,都是共产党允许女子继承的政策好,叔叔虐待我却一巴掌打出个劳动英雄。王秋芬解决温饱问题后,开始学习做别的农活,并想办法搞起了副业。她加入互助组,白天帮别人干活,用两个人工换一个牲工,为了节省白天时间和节省灯油,她还发明了闭眼纺棉花的办法,同时还教会周围的妇女晚上纺花,不仅节省了灯油还空出白天时间增加了生产。为了学习文化,王秋芬积极上民校,为了节省时间,她把字写到纺车上,一边纺织一边认字,后来她还当了教妇女认字的小先生。王秋芬把自己的日子过得热闹红火,还主动帮助同村吃不饱肚子的人。她还很善于团结少年儿童,孩子们都喜欢跟她玩。① 王秋芬的英雄事迹在晋察冀边区广为流传,边区传唱着一首描述王秋芬先进事迹的歌曲《唱唱王秋芬》,她是少年儿童劳动学习的榜样!②

唱唱王秋芬

咱们曲阳县,英雄模范多,我来唱个英雄歌。

没有亲爹娘,叔婶欺侮她,不管饭吃干重活。

三四个月里,没有吃过盐,二斗荞麦吃三月。

成立变工队,秋芬干得欢,大伙互助庄稼好。

秋芬心眼灵,样样干得强,打的粮食吃不清。

唱个女英雄呀,她叫王秋芬。

她叔还打她呀,秋芬就分了家。

---

① 韩雪:《曲阳十六岁的女劳动英雄王秋芬》,《教育阵地》,1945年,第5卷第1期。
② 《唱唱王秋芬》,王瑞璞主编:《抗日战争歌曲集成》第2卷,北京:中国文联出版社,2005年,第163页。

紧勒裤腰带呀,咬牙把活干。

打了四石三呀,一年吃不完。

救济贫穷人哪,她是好榜样。

(二)米玉兰

米玉兰是抗战时期保定满城的女儿童劳动英雄。1943年晋察冀根据地"民办公助"的方针实行后,米玉兰在抗日学校学习,她学习积极性高,处处起模范作用。她每天早到校晚离校,若发现有旷课不来午校的,便马上去找,若是老师到校较迟,她还会先教妇女识字。① 米玉兰在学校学到了许多抗日救国的道理,在家还向父母宣传抗日方针。米玉兰抗日救国的思想受教于根据地的妇女干部,她自己也成了帮助妇女进步的模范儿童。她组织妇女成立午校学习识字和纺织技术,但她领导妇女成立午校之初,便遇到很多的阻力。午校刚开始组织时,有许多老太婆反对,她们担心在午校姑娘们和半壮子小伙子们在一块学习的时间长了发生意外情况,更怕他们在一块时间长了女孩就跟小伙子跑喽。② 虽然有这样那样的困难,米玉兰还是主动耐心地前往妇女家里动员说服,最初动员了7个妇女参加午校,后来发展到23人,她终于动员起了这些妇女开办了午校。米玉兰还组织了生产互助运动,她组织动员好吃懒做的妇女和十几个偷懒不干活的儿童组成磨面组,把女孩组织起来组成了织布纺线组,把几个妇女组织起来成立施肥组。米玉兰小小年纪带领妇女儿童生产支援根据地建设,是晋察冀边区的

---

① 《群众教育的民办公助》,孙晓忠、高明编:《延安乡村建设资料》3,上海:上海大学出版社,2012年,第441页。
② 《群众教育的民办公助》,孙晓忠、高明编:《延安乡村建设资料》3,上海:上海大学出版社,2012年,第441页。

"儿童劳动英雄"。

（三）牛国才

牛国才是行唐儿童劳动英雄,他11岁当儿童团长。1940年他领导儿童开荒,打谷子4斗,买了3块石板,5盒石笔,四打铅笔,他们把这些东西都帮助了贫苦儿童。1941年7月,行唐县区召开第一次英雄模范会议的时候,他当招待员,留心听了劳动英雄的拨工办法。回家后,他除了做好家里的活计外,还领导全村60个儿童组织了3个拨工组,在儿童中建立起制度公约,组织儿童生产。秋收时,在游击小队的掩护下他号召儿童收割离炮楼近的庄稼,起初一有枪声大家想跑,小牛喊住大家,指挥大家隐藏,枪声停后,他们再弯着腰收割,晚上大人们再和儿童一起干。半年当中,牛国才组织的拨工组共割谷子152亩,割豆蔓146亩,割玉茭12亩半,拾枣60担,种麦拨工翻粪一千石,拉砘子帮把拨工种麦25亩。秋天他和儿童们在黑夜用灯光捕捉一大篓的家雀,用酒迷醉捉捕鸽子、捕捉老鼠。他领导儿童学习《霸王鞭》《兄妹开荒》等剧到游击区村庄进行宣传。他曾带领儿童剧团走遍西半区十五六个村庄进行宣传。1941年到1943年区里"四四"儿童节检阅了三次,他村是一次第三,两次第一,1944年又领导儿童团争取了全县儿童生产的模范村。牛国才十一二岁就在县里群众大会上讲话,十三岁当选县抗联代表,独自穿越敌人封锁线,到县上选举抗联,1944年又到区县边区参加群英会。汉奸特务也听说了儿童团长牛国才,到处打听他的行踪并几次到家里捉他,他都机智地溜走了。①

（四）任兔娃

任兔娃是1928年出生的临县任家坪人,一提起任兔娃,晋绥

---

① 李竞忽:《行唐儿童劳动英雄牛国才》,《教育阵地》,1945年第5卷1期。

边区的孩子们都会感到亲切和光荣,因为他是晋绥边区第四届群英会上被选为全边区儿童英雄第一名。1944 年 4 月任兔娃受感召于晋绥边区轰轰烈烈的保家卫国和生产建设,便偷偷地参加了民兵。即使其父亲不同意,多次打骂他,他都没有任何退缩。一天晚上,群众因怕日军袭击,都在外面躲藏隐蔽起来了,任兔娃不随群众隐蔽,而是主动去学校安装炸药抵挡敌人。父亲吓唬他说:"刘德明当了民兵,让敌人捉住杀了,你要跟上刘德明去啊!"兔娃坦然地回答:"我跟刘德明也愿意"。什么也阻止不了任兔娃参加民兵的决心,后来因父亲打得太厉害,他就跑出去打了三天工。兔娃的父亲做打饼子买卖的营生,因每天都需要兔娃帮忙记账离不开孩子的帮忙,他便把兔娃接回,后再也没有打骂他。任兔娃参加民兵后,中队长觉得他太小和出于保护革命后代的愿望不让他站岗放哨,但是他觉得参加了民兵连站岗放哨都不做的话,对不起民兵队伍。所以在参加民兵后只要一有情报,兔娃就抢着送。有一次,民兵围困敌人位于三交的据点,兔娃悄悄地跟去想要弄一支枪回来。另外一次,他和吕求胜、任乃保到村外的庙上埋地雷时被敌人发现了,他故意欺骗日军还一颗也没有埋好,敌人信以为真,一脚踩上了就炸死了五个。①

　　任兔娃不仅机智勇敢而且是一个拥军英雄模范。他见八路军部队作战勇敢真心为民,常跟人说,我就是爱咱们的军队。他整天和民兵、八路军亲密往来,跟队伍在一块睡觉,为他们引路,找房子、借东西、送信送情报。兔娃还把自己的鞋送给通信员,把父亲的皮袄送给生病了的士兵,还让他的妈妈给队伍做钉鞋补衣的工

---

① 芸生:《儿童英雄任兔娃》,《青年团员刘勇前》,晋绥解放区晋绥出版社,1949 年,第 19—20 页。

作。兔娃因为积极拥军,还收到晋绥边区的奖励。兔娃学习大人变工合作的工作方式,组织少年儿童变工种地,刨山药时他发动儿童变工组和大人变工组一起慰劳抗属;在县里他听了劳动英雄改造二流子的报告后,就下决心要改造村子里的二流子。他鼓励懒惰的妇女多纺线,到处夸她们是未来的劳动英雄,响应政府号召,帮助移民难民安排住处。① 任兔娃从报纸上学习和了解到抗旱备荒的重要性,便迅速地制定计划,即联合各村子的尤其是变工组的小伙伴一起整修任家坪的泉水沟子。他联合了16岁的任猴奴、17岁的任蛮有等一起参加劳动,孩子们一个个的来了,一些七八岁的孩子也跟着跑来了。孩子们开始往深里挖坑,铲出来泥搬出来石头用铜瓢舀出水来。兔娃疥疮刚好的双脚在水里浸泡着,10岁的阎锁在水里搬石头,李记洋在泉水崖边用铁锹铲泥。② 兔娃除带领少年儿童防旱备荒外,还运用把硬纸剪成方块、在方块上写字的办法交孩子们认字。15岁的任兔娃在第四届群英会中作报告时,大家注视着他听他讲话,都惊讶和羡慕于他的先进和优秀,他也被选举为儿童英雄第一名。

华北根据地还涌现出许多的劳动英雄,儿童英雄刘进喜领导6个儿童一起变工生产,他们学习爆炸,每人都学会了三种埋雷方法,学会了制作炮发管;他们一起砍柴,最多时一天可以砍五六十斤的柴,不到1个月的时间里拾了25驮粪……③14岁的静宁儿童英雄劳模赵金梁把学习、生产、爆炸相结合,他充分利用课外时间

---

① 芸生:《儿童英雄任兔娃》,《青年团员刘勇前》,晋绥解放区晋绥出版社,1949年,第19—20页。
② 元青:《修泉水池子的任兔娃们》,《抗战日报》,1945年8月9日,第2版。
③ 《儿童英雄刘进喜领导儿童变工生产学习学爆炸》,《抗战日报》,1945年4月27日,第2版。

积极参加生产,各生产1石9斗粮食和几袋子山药蛋、萝卜,用这些东西自行解决了学习用具之资,并且用所余之资组织起儿童爆炸小组。①

第二节　少年儿童之于华北根据地的作用

儿童对社会发展有作用吗?有多大的作用呢?很多人在听到这样的问题之后会轻蔑地一笑或者摇摇头。儿童处于弱势,附属于家庭和社会,因此儿童之于社会发展的作用并不被社会所认可。然而在苏联大革命中的少年先锋队,他们尽是十四五岁的儿童,对于革命起到很大的作用,到了革命告成,开始建设的时期,他们便参加各种建设工作。② 抗战时期在华北根据地,儿童团的歌声鼓舞士气;儿童参战时救护,使战士更勇敢杀敌;儿童侦察敌情,除汉奸敌特,给八路军、抗日政府送信,打日本鬼子。儿童拥军优属,给抗日军烈属推碾子磨面、拾粪、拔草、秋收都抢着干,使老百姓支援前线更有劲,军民一条心。这是一首在山西沁源县流传的歌颂儿童团站岗放哨查路条工作的民歌,"儿童团来不简单,抗日工作担在肩,送情报来撒传单,动员群众来抗战。红缨枪来光闪闪,陪我一同把岗站,站岗放哨查路条,不让敌人来捣乱。儿童团来不简单,抗日工作担在肩,我们都是小八路,消灭鬼子保家园。"③所以我们在讨论儿童之于社会的作用,讨论抗战时儿童之于华北根据地的作用,讨论儿童能做什么工作以前,必须承认儿童是有能力做战时

---

① 《儿童英雄呱呱叫,学习生产爆炸结合》,《抗战日报》,1945年1月1日,第2版。
② 角麟:《速写陕北九十九》,上海:少年知识出版社,1937年,第100页。
③ 中国民间文学集成全国编辑委员会:《中国歌谣集成》山西卷,北京:中国ISBN中心,2009年,第172页。

工作的,是可以影响社会发展的。

一、安保工作

儿童团是领导儿童参加抗战的重要组织,儿童团的工作是领导儿童参加宣传、慰问、互助等工作。儿童拿着红缨枪、木头刀等象征性武器,他们承担的安保工作,主要任务即是在村子里站岗放哨、送信防奸、盘查过往之人。"少年与儿童普遍站岗放哨盘查行人,戒严、检查户口、缉私锄奸、看东西、防止小偷、维持社会治安"。①

少年儿童在儿童团的带领下最主要的任务之一站岗放哨、查路条等工作,是根据地安保工作的重要力量。他们保卫根据地安保作用体现在两个方面,一是通过站岗放哨提前预警报告日伪军扫荡的消息,保护根据地安全。二是在根据地村口、路口等重要地方查路条,预防排查奸细进入,从而保障根据地安全。在八年全面抗日战争中,冀晋区儿童团在站岗放哨、捉拿汉奸特务上曾起很大的作用,并有不少可歌可泣的英雄事迹。所以当边区岗哨松懈甚至出现停顿,岗哨检查方法出现问题,以致敌特在边区活动增强之时,边区检查原因后便马上发现是因为"锁道上对锄奸防特没有做应有的认识,对儿童在这一工作上的作用估计不足"②,为此冀晋青联特作以下指示:儿童岗哨应普遍建立,但又应有重点,在主要路口的岗哨应特别加强,应认真进行丝毫不能马虎,不但要检查工作员,并且要普遍检查一般群众,尤其应注意行踪可疑分子,岗哨检

---

① 晋绥边区青联:《晋绥边区青年工作总结及今后的方针》,共青团山西省委、山西省档案馆:《山西青年运动历史资料 晋绥革命根据地分册》第3辑,1986年,第139页。
② 《冀晋区青年联合会为加强儿童团岗哨的指示信》,A-42-7-3-8,山西省档案馆藏。

查技术及应注意事项不断提高,方能收效。配合人们武装,防奸锄特。①

为支持儿童团站岗放哨、查路条的工作,朱德亲自签发《制止行路抗拒盘查、打骂放哨人员》的布告,他批评那些外出不带路条的军民,非但抗拒盘查甚至还打骂站岗放哨查路条的人员,实属是不利于抗战工作的。因此布告强调儿童团在路口查路条之重要,要求"嗣后各部队军人出营采买、送信,或因公旅行,必须带有军人护照或路条,不得抗拒盘查,更不得辱骂殴打放哨人员,如有故违,得拘送各地政府或本公署依法查办,绝不宽贷"!② 儿童平时极为认真地站岗放哨、锄奸侦察,谁没有路条便休想通过他们的"封锁线",1941年定县某村集上,一个人的通行证戳记不对,小学生坚决不让他过去,恰好他的父亲走来,说这个人我认识,让他过去吧,但是小学生说:"现在是对军不对人,谁的通行证不清也不能过去。"③ 不仅是普通人,甚至连总司令朱德都因路条被儿童拦过。经过训练的儿童尤其是儿童团员,他们还可以保守根据地秘密,一个陌生人到村里想从儿童口里问出小学在哪里、先生是谁、村里的干部叫什么等等,是绝对不可能的。④

除却站岗放哨,儿童团还可为华北根据地防奸除恶起到作用。有的根据地行政村离敌人不远,经常有敌伪假扮成老百姓进村搞

---

① 《冀晋区青年联合会为加强儿童团岗哨的指示信》,A-42-7-3-8,山西省档案馆藏。
② 朱德:《制止行路抗拒盘查、打骂放哨人员》,《新华日报》(华北版),1939年11月21日,第1版。
③ 石伟:《冀中的小学教育》,王谦主编:《晋察冀边区教育资料选编》初等教育分册(上),石家庄:河北教育出版社,1990年,第49页。
④ 刘松涛:《晋察冀的反奴化教育的斗争》,王谦:《晋察冀边区教育资料选编》初等教育分册,石家庄:河北教育出版社,1990年,第258页。

破坏,因此学会辨别汉奸是儿童团工作的一大任务。1938年冀西根据地郝庄集市上,儿童团查出一个22岁自称是卖棉花的汉奸。儿童发现这个人一连两个集上都去卖棉花,然而在第三个集上儿童团又看到他时,他却不是在卖棉花,而是成为一个讨吃的乞丐了,所以儿童团断定这个人是有问题的。冀西根据地主要领导之一邓跃如同志安排儿童团和自卫队盘查与这个嫌犯左右在一起卖棉花的人,并由儿童团和自卫队担任对汉奸嫌犯的审判大会的秩序,冀西根据地集市地摊商位等秩序同样由儿童团和自卫队看管。① 为对付前来骚扰的敌伪,涞源某村1944年12月后半月还组织学生学习爆炸技术。② 特殊时期掌握特殊技能的少年儿童,在边区政府的支持下为边区安保做出了自己的贡献。1940年兴县捉烟犯68次。1941年上半年春耕时黎城捉住汉奸、逃兵、烟贩415名。东阳关儿童团查出40多斤烟土。③ 1941年5月,晋西根据地捉汉奸12名,逃兵61名。岚县道坡村儿童班长玉珍,甚至扣住从敌区来打探消息的他舅舅④。儿童智抓汉奸、锄奸有功,还会得到边区政府的表扬和奖励,得到表扬的孩子们越发踊跃地争当根据地的小卫士。1943年1月,汉奸从阳方口潜入,站岗放哨的儿童检查路条时发现,放哨儿童猛扑过去抱住汉奸,大声高呼叫来了村主任将其逮捕,县政府为褒奖孩子们机警英勇还颁发奖金300元,号召全

---

① 赵香令:《应记第一功》,《太行山抗日儿童团故事》,太原:山西人民出版社,1999年,第15页。
② 《五百多人参加民兵,男女老少都学习爆炸技术》,《新华日报》太岳版,1945年3月19日,第2版。
③ 《晋冀鲁豫太北区儿童工作》,共青团中央青运史工作指导委员会:《中国青年运动历史资料》第16集,北京:中国青年出版社,2002年,第46页。
④ 《晋西儿童在根据地建设上的贡献》,共青团中央青运史工作指导委员会:《中国青年运动历史资料》第16集,北京:中国青年出版社,2002年,第82页。

体人民向孩子们学习。① 1938年至1943年的5年时间中,北岳区完县、唐县以及曲阳三县,儿童团共捉90个汉奸,432个嫌疑犯。②

缉私防毒也是少年儿童们在根据地的重要任务。临县的儿童团长李乐则组织起全村的儿童展开缉私保卫根据地的工作。他把村里9岁到15岁的孩子编成3队每天坚持训练,并安排每天2人轮流放哨。1943年3月10日,李乐则发现三个奸商私运粮食到敌人据点,他迅速召集7名儿童团员把两大驮粮食扣住送到村公所。③ 敌人对根据地的破坏除了扫荡抢掠,还会对八路军军队所驻扎村庄投毒,华北根据地不少地方都发生过人和牲口中毒的事件。而很多混入根据地投毒的却是涉世未深的少年儿童,这是因敌人抓住了儿童涉世未深,容易轻信别人、易受敌人利用,因生活窘迫而恐惧贫穷可以用糖果零食哄骗的弱点。抗战时期,晋东南八路军总部附近,曾抓获过大批被日军收买并受过训练的乞丐小孩,这些小孩分散各处到根据地各部充当勤务员,他们利用工作之便向井中、食品中放毒。晋南干部学校就曾有两名儿童勤务员投毒于井中使全校附近居民受害,万幸的是他们的行为被发觉,没有造成巨大的损失。④ 太行一分区临城郝庄村就抓获一个15岁小汉奸,敌人以好吃好穿引诱他混入根据地打听抗日部队和政府动态,伺机投放毒药。跟他一起投毒的小孩,衣着整齐,随身带有铜钱3枚,洋纽扣2枚,用绿线缠在一起,作为联络记号。⑤ 投毒的小孩杂

---

① 《抗战日报》,1943年2月9日,第1版。
② 徐光、李浩:《晋察冀边区的抗日儿童团》,《晋察冀抗日根据地》史料丛书编审委员会:《晋察冀抗日根据地》第2册,北京:中共党史出版社,1991年,第99页。
③ 《抗战日报》,1943年3月10日第1版。
④ 《敌在晋东南训练大批小孩放毒》,《抗敌报》,1938年9月22日,第2版。
⑤ 《冀西敌收买妇女儿童进行特务活动》,《新华日报》华北版,1942年8月12日。

多而且分散,若要派出民兵、青壮年抓捕则费时费力耽误生产,所以保护水井保卫水源也成为儿童团安保工作的重要方面。太行根据地主要的井口都有儿童团看守,孩子们在井边认真坚守,没有替岗的到来就绝不随意离开,就如同站岗放哨一般。儿童团看井不仅只是预防汉奸特务投毒,还在井台边建立起宣传站,发挥小先生作用进行扫盲以及抗日宣传的工作。① 通过这样的办法,儿童团的孩子们成了根据地水源最有效的保护者,为根据地军民安全立了大功。因此对于根据地的安保工作来说,少年儿童并不是微不足道或可有可无的,而是有其不可替代的独特的作用的。

二、根据地建设工作

华北地区根据地教育少年儿童参加生产任务,包括敬爱师长,给教员抬水、打柴、帮助教员生产;可参加拨工互助组织,进行生产。儿童的生产任务主要是辅助农业如打柴、割草、锄苗等副业包括养鸡、植树、纺织,还有就是除害虫如打步曲、捕蝗蝻、捉害虫害鸟等。华北根据地儿童在开展卫生运动中起了极大的作用。

(一)卫生健康工作

儿童健康是民族健康、国家强盛的基石,然而中国儿童却是"种弱体衰",可以肯定的是儿童的健康状况不佳与公共卫生落后有着很大的关系。抗战前公共卫生与儿童健康得到有识之士的关注,但这关注绝大程度上只限于国家上层与社会精英,关注地区也多在经济较好的城市如北京、上海等,以及政府控制较好的乡村及社会精英的实验县域。中国社会"富国强种"的思潮和新型儿童观

---

① 赵香令:《看井、防奸》,赵健主编:《太行山抗日儿童团故事》,太原:山西人民出版社,1999年,第29页。

第七章 儿童英雄与儿童对华北根据地建设的贡献

自抗战开始,随着社会精英进入华北根据地,先进的儿童卫生观念也进入华北根据地社会。西医医院、卫生教育等在偏僻苦寒之华北根据地也逐步建立。各方面条件较差的华北农村抗敌根据地为保障伤员和百姓医疗的需要努力创办医院,开设卫生学校,培养卫生人才。抗日战争初期"晋西北根据地逐步建立了初具规模的医疗机构和卫生学校。吕梁各专区、县都有 50 人至 160 人的医院。各专区及县医院大都设有内科、外科、妇科、眼科、耳鼻喉科和化验室"。[①]

在华北根据地普遍建立现代西医医院是不现实的,因此保障根据地公共卫生进步就显得尤为重要。然而华北根据地开展卫生防疫运动,必须依靠群众的自愿意识,单纯的行政命令是不可能长久坚持的。通过宣传卫生防疫知识"发动群众自觉地反巫神迷信运动,与巫师坦白运动,但一般须依群众觉悟与自愿进行,以免与群众对立"[②]。少年儿童是华北根据地卫生建设的主力军,其中卫生宣传是他们的重要任务之一,通过小学、民校、黑板报、读书组、演剧、歌唱、图书、展览会、集市宣传等形式进行卫生宣传。为保障根据地环境卫生,儿童团、学校还会组织儿童对各家卫生进行检查,并帮助差的整改,儿童成了农村保持环境卫生的重要力量。

共产党领导的华北根据地农村经济落后,几乎所有人家土墙土炕,家里家外环境卫生较差,蚊蝇乱飞,便溺随地,极易引起疾病,威胁儿童健康。"苍蝇漫天飞,常伴农民们的饮食和睡眠"[③]。

[①] 山西省吕梁地区老区建设促进会编印:《吕梁革命老区 1919—1998》,山西省新闻出版局,内部图书,第268页。

[②] 健秋:《加强学生的卫生防疫教育,减少疾病死亡》,《教育阵地》,第 5 卷第 2 期,第 3 页。

[③] 《赵家川口调查资料:土地问题》(1942年)山西档案馆藏,档案号:A141-1-131-1。

根据地环境卫生落后还和日伪的烧杀迫害有关。敌人在进攻根据地时放火烧杀,把多年累积陈腐的东西烧毁化为灰尘,灰尘在根据地随风飞散,经久难以处理。另外,敌人还散播毒菌,造成不少村庄流行病盛行,大量人口死亡。山西交城某村,1941年全村户口600户,在几个月内便死了100多人。①

为了改变环境卫生情况,保证根据地人民健康,根据地既注重教育儿童自己讲究卫生,也注重发动学生积极保护卫生。华北根据地农村小学十分注重教育儿童讲究卫生,有的甚至把关于讲卫生的诗词带入小学语文课堂,河曲城塔小学教师张裕厚编写的三年级语文教材《讲卫生》在当地十分流行。创造健康的生活环境。发动学校儿童打扫卫生,是行之而有效的办法。为了改变这种情况,教师"就发动同学们来做这个工作,先从学校里做起,本来我们的课堂是一座很漂亮的房子,经同学们一打扫,更显得清洁可爱,学校里搞好了,就鼓励儿童们回了家打扫自己的家,又发动妇女和儿童自己扫街,十天一次,这样村里的卫生工作才推动起来。"②华北根据地政府做了较为广泛的发动,民教馆、儿童团都是卫生保障的重要力量。河曲民教馆的卫生组由一部分小学生与少先队组成,他们除打扫一部分街道外,每五天到城关学校住户院里去检查清洁一次,遇到不清洁的地方,他们便亲自动手给打扫,这样推动了城关卫生清洁。③这些儿童既是卫生保障的实施者,也是身体健康的受益者。

在华北根据地清洁运动中,儿童团起了很大的甚至是决定意

---

① 周群:《在村选中的各救助组织》,《抗战日报》,1941年8月20日,第4版。
② 张志平:《中庄小学是这样搞起来的》,《教育阵地》,1945年,第4卷第5期。
③ 《晋绥第二分区一九四四年文化教育工作总结报告》山西省档案馆藏,档案号:A-27-1-5-5。

义的作用。① 因为日寇全面侵华以来,实施残酷的"三光"政策,百姓都表现得有些疲乏了,对根据地的动员工作有些人就表现得消极。所以在华北地区根据地清洁运动儿童团出力最大,他们担任了宣传、检查、帮助打扫的任务,工作中充分地表现与发挥了儿童的积极性、负责性,他们担任检察官,对不合格的要求"重新打扫才行",儿童团很多的团员都这样负责地来检查督促大家的清洁运动。② 宣传卫生是儿童团的任务之一,为保障农村环境卫生,儿童团还会组织儿童对各家卫生进行检查,并帮助差的整改,儿童成了农村保持环境卫生的重要力量,儿童健康状况也有了一定的改善。促进根据地儿童卫生保障进步发展,卫生保障体系从婴幼卫生到学校卫生皆可见进步之处,但需要强调的是公共卫生和儿童健康保障体系从初创到发挥明显的效用需要一定的时间,不可能一蹴而就。

(二)帮助生产

华北地区根据地儿童家庭贫困,许多儿童因家贫或无力就学或必得在别人帮助下才能勉强入学,儿童特别是学龄儿童也是家庭的重要劳动力,几乎无人可以完全地脱离生产。可以说,对于农村家庭来说,家庭生产劳动关乎生计,是比上学更重要的事。只有保障能按时按量完成家庭生产,儿童才有可能得到家长的同意去学校读书。同时,儿童只有帮助家庭生产,才能保障家庭基本生活,才能活下去,家庭劳动是绝大多数农村儿童能自理后便附带着的重要任务。这样的现状逐渐为共产党领导的边区学校所了解,因此许多农村小学不仅教学内容和儿童家庭生产相结合,学校还

---

① 周群:《在村选中的各救助组织》,《抗战日报》,1941 年 8 月 20 日,第 4 版。
② 周群:《在村选中的各救助组织》,《抗战日报》,1942 年 8 月 20 日,第 4 版。

鼓励儿童参加生产劳动。儿童团的重要任务之一就是领导儿童学生产、学劳动。儿童团"要求儿童们和大人学习劳动知识,不做懒汉,不吃闲饭。对儿童的这种教育,深得社会的拥护,家长们的支持。同时,组织儿童捉懒汉,劝说懒汉和二流子参加生产"①。因此,华北农村,儿童担当了家庭生产的重任,是家庭离不开的重要劳力。

需要特别说明的是华北根据地儿童参加家庭生产不只是简单的为自家工作,还会通过儿童团、互助组、拨工组等组织将儿童聚集团结在一起,加强儿童学习、动员儿童帮助家庭生产为中心。这些儿童组织还会展开广泛的学习竞赛和选拔学习生产模范的运动。通过这样组织劳动,帮助解决贫苦儿童家庭困难,从而动员儿童促进儿童进步。唐县儿童自 1938 年到 1941 年 6 月,植树 193 800 株,开荒地 31 712 亩,担粪 247 800 斤,抓害鸟 64 090 只,抓老鼠 101 543 只,拾粮食 14 350 斤。行唐儿童 1941 年开荒 74 715 亩,编草帽 210 顶,代耕 15 721 亩,拾粪 143 654 担,拔草 3 037 亩,开山坡棉田 11 012 亩。② 北岳区的儿童,虽然因为营养较差的关系,身体的发育不如平原儿童,但他们有更早的参加生产劳动的习惯,生产能力不会低于平原儿童,1944 年春耕中建立儿童林 579 处,植树 357 956 株,建立儿童菜园 179 处,拾粪 488 000 斤。③

晋察冀边区青救会号召青年儿童开展生产,植树、种田、开荒等等,他们集体劳作共同生产,因此许多地方都设有"儿童林"、"儿

---

① 余光:《抗日战争时期太行区的儿童工作》,《太行革命根据地史料丛书:群众运动》,太原:山西人民出版社,第 401 页
② 醒华:《苦斗五年的晋察冀小英雄》,王谦主编:《晋察冀边区教育资料选编》初等教育分册上,石家庄:河北教育出版社,1990 年,第 455 页。
③ 刘皑风:《加强边区儿童的生产教育》,《教育阵地》,1943 年第 1 卷第 5 期。

童粪场"、青年儿童厕所等。① 在晋察冀边区小学,为鼓励儿童帮助家庭生产,1942年定县所有被灾区将小学都改成了半日制,小孩子上午读书,下午回家帮助生产。放学的时候,他们排着队在街上走,高声歌唱"懒老婆懒老汉,不干活,光吃饭,动员老汉参加生产"。每个小学都组织起劳动组,小组长检查学生是否在家帮助生产工作,女生参加纺线。定县第一完小,有纺车20辆,神北小学有20辆,唐县二区高小,60多个学生,天天下午纺线。下子完小学生每天上学,都背着粪筐在路上拾粪,小学生人人都想当劳动小英雄,谁也不愿和懒孩子做朋友,懒孩子都学好了。② 阜平也要求学生在课余参加生产。阜平第八完小的学生,对于生产劳动有极高的兴趣,两个月来,纺毛4斤,织腰带24根,毛袜3双,毛手套2双,纺棉2斤,织细带子24根,棉线袜子2双,编小篮5个,笊篱15把,养蚕400个,鸡20只,做粉笔100枝,制墨20锭,种菜地1块。在帮助家庭生产上,他们翻地28亩8分,送粪1 084筐,播种285亩,打柴8 274斤,采野菜2 070斤,拾粪269斤,栽树149棵,锄苗31亩。③

太行根据地除了组织儿童支持家庭生产还组织儿童参加集体生产,尤其是帮助学校生产。1943年潞城第一高小原有1 400担圈肥,这些肥料满够明年秋地用,11月18日又成立"积肥股",在将近12天扫肥780担,拾250斤骨头,烧200多担骨肥。左权第二高小11月25日大儿童上山砍柴,小儿童去地里打茬,有劲地切草、担土,弄了

---

① 《晋察冀边区的劳动互助》,魏宏运:《晋察冀边区财政经济史资料选编》(农业篇),天津:南开大学出版社,1984年,第609页。
② 《晋察冀小学生努力帮助家庭生产》,王谦主编:《晋察冀边区教育资料选编》初等教育分册上,石家庄:河北教育出版社,1990年,第395页。
③ 梅生、全仁等:《北岳区生产教育的活跃》,王谦主编:《晋察冀边区教育资料选编》初等教育分册上,石家庄:河北教育出版社,1990年,第398页。

400担肥,3 000斤烧火柴,准备烧骨肥。黎城县南委泉村搞小粪场,扫树叶、垃圾,拾粪比谁的堆大,4天积肥7 000斤,两个月积肥18 000斤。平顺西沟小学15个学生编成三个小组,刨15亩地谷茬,修了6个粪坑,造200担肥。左权县西瑶村有个"小受家"王天喜,在上学的路上半月拾粪20担,平顺王国文9岁,每天拾40斤粪。①

儿童是根据地生产的重要力量,我们应轻视儿童,儿童团结起来的集体力量是伟大的。同时在根据地建设中,边区政府不断积累经验教训,将青联与初小教员密切联系,进行儿童的生产领导。及时布置儿童生产,检查总结并进行反映指导,以便鼓励、交流经验等。② 儿童是国家民族的未来,儿童参加生产应注意情况和儿童的疲劳,个人的计划要和家庭总的计划一致。③ 这样华北根据地将生产与健康、生产与学习有机结合,儿童成为根据地建设的重要力量。

(三)思想文化宣传

在根据地让人感动的还有儿童的宣传工作,因为政府的每一个中心工作中,站在浪潮的最前面的总有少年儿童的身影。"你看到儿童胸前飘动着的布条换了字样,就可知道他们是在为什么而努力着,过去的春耕、护麦、选举、破路、公粮、扩兵、统累税和目前又来到的春耕运动,都掀动着他们的小嘴唇,大家去街道、去田野

---

① 《教育同生产劳动相结合》,赵健主编:《太行山抗日儿童团故事》,太原:山西人民出版社,1999年,第226页。
② 冀晋区青联会:《关于大生产中青年儿童工作的指示信》,档案号:A-42-7-3-11,山西省档案馆藏。
③ 冀晋行署:《关于纪念"四四"儿童节的指示》,档案号:110-1-115-2,河北省档案馆藏。

用种种方式活动,许多落后的家庭,为他们说服了。"①

少年儿童以小先生的身份进行思想文化选产,小先生即是通过儿童担任小教师的办法来使民众脱盲。儿童不仅自己学习,而且还回家教父母、兄长姐姐识字,并动员兄长姐姐参加冬学和识字班,在"扫盲"运动中开展"小先生"的活动。农村儿童当小先生几乎做到了时时教,有时间就教。"工上完小制一种流动识字牌,它是一个一寸宽三寸长的小木牌,带在身上很是方便,全校学生每人一块,上面写上字,教那些在路上,或在其他地方所碰见的人们。木牌的内容是(1)家具的名字,锄、镰等,(2)附近的村名,(3)家畜的名字,牛、骡、驴等,(4)通用的名词,开会、报告、通知等,每人每天换一次。"②根据地儿童人人可当小先生在家向父母兄弟宣讲政策,授课习字,在外在道路旁、水井旁等人口聚集的地方树立识字牌授课教姓习字。河曲县设立在道旁的识字牌有15面,由小先生教字宣传。设县巡镇小学儿童团的识字牌,平时小先生1人,逢集5人,把赶集的聚集上课(1941年前统计)。宝德三区桥头有识字牌,白家庄儿童二先子,天天到桥头驮炭,到此既有小先生迎住,看路条、教字、识字很多。③

小先生运动解决了落后的广大农村缺乏文教干部的困难,小先生从小学发展到群众中间,已成为一个群众性的运动,这个办法自然而然的和家庭、生产紧密相结合,这是适用于分散的农村和游

---

① 石伟:《冀中的小学教育》,王谦主编:《晋察冀边区教育资料选编》初等教育分册上,石家庄:河北教育出版社,1990年,第49页。
② 吴英杰:《身上带着识字牌,见人就教》,《教育阵地》,1945年,第4卷第4期,第38页,山西省档案馆藏:G3-005。
③ 《晋西儿童在根据地建设上的贡献》,共青团中央青运史工作指导委员会:《中国青年运动历史资料》第16集,北京:中国青年出版社,2002年,第82页。

击战争的环境,因为在紧张的生产战斗的农村,对广大群众实行经常的集中的教育是困难的,因此,小先生的办法受群众的欢迎。①

抗战时期根据地政府关注农村贫苦儿童的学习,通过小先生制的教学,儿童教育从学校走到家里、走到山上,小先生走进山庄,教授不能到校的贫困农村儿童,使得农村儿童失学率不断下降,小先生制对农村儿童教育来说可谓功不可没。不仅如此,中国共产党领导的小学教育十分注重培养儿童的基本生活和生产技能。中共几经摸索认识到,民众送子弟上学,最基本的目的就是识下字,不再做睁眼瞎,不再被地主、奸商的阴阳合同欺骗。从某种意义上看,根据地小学是中共教育史上办的年龄层次最低的职业教育。都说穷人的孩子早当家,而农村根据地儿童是接受学校系统职业教育掌握职业技能的,他们有主动分担家庭重担的当家意识和心态。

三、战时的救护、慰劳工作

中共在华北根据地阵前对抗日伪,敌后边区民众组织了众多有效的劳军活动,根据地儿童也是战时救护和慰劳工作的有效力量。

(一) 战时救护工作

救国至上是战争的目标,八路军、民兵等上战场杀敌,妇女儿童便成了战场救护工作的主力。儿童体力虽然不及成年人,所以扛抬伤兵等重工作还无法胜任,但是儿童在医院可以担任看护的工作,可以送茶送饭给伤兵吃,可以替伤兵换布上药,可以做送便盆和洗涤水等工作。一个十四五岁的孩子,不论男女,只要稍加训

---

① 《〈抗战日报〉小评论:推动小先生运动》,1945年5月24日,第2版。

练,便是一个很好的护士。其次便是上战地去搜寻伤兵,儿童也可以做的。在战场上比较轻巧的急救工作,如伤口的包扎、消毒等,儿童都可以做得到。①

(二) 慰劳革命战士

儿童们对晋察冀边区的子弟兵,对于他们武装起来的弟兄们,更有着高度的热爱。完县儿童在1938年到1941年5月,给他们写慰问信2397封,并募捐了大批的慰劳品。在战地的士兵,看到一个慰劳者,真好比吃一剂兴奋剂。做慰劳工作是没有直接参加战争的人民的责任,人人都应该做。儿童去做慰劳工作,比一般人做,在士兵的心目中确实有几分不同。②"为了慰劳战士,特别是光荣负伤的战士,儿童们募集慰劳品送到部队或帮助大人们往火线上送饭,有力地支援了抗战。一提起儿童团,边区军民无不交口称赞,都说:'儿童团人小志气大,帮助政府做了许多大事情。'"③儿童们还会亲自上前线给战士送粮送饭,抬负伤战士休息。1940年静乐县六区车豆于3个儿童抬伤兵10里④。欢迎新战士、鼓励新战士也是华北根据地少年儿童的任务。岚县儿童发动群众请战士吃饭,兴县三区儿童发起2毛钱的慰劳运动。给战士征粮也是儿童慰劳工作的重要任务,兴县4个宣传队挨户宣传,河曲县有14个儿童宣传队,内三区郝家坞一队在征粮会上斗争虚假报告的并欢呼

---

① 张宗麟:《儿童可以做些什么工作》,《战时的儿童工作》,上海:黑白丛书社,1938年,第40页。
② 张宗麟:《儿童可以做些什么工作》,《战时的儿童工作》,上海:黑白丛书社,1938年,第40页。
③ 徐光、李浩:《晋察冀边区的抗日儿童团》,《晋察冀抗日根据地》第2册,北京:中共党史资料出版社,1991年,第99页。
④ 《晋西儿童在根据地建设上的贡献》,共青团中央青运史工作指导委员会:《中国青年运动历史资料》第16集,北京:中国青年出版社,2002年,第82页。

多征粮的队伍,离石1合米运动集中了32石8斗,南临县3个区儿童干部献粮10石8斗,做群众模范,宣传反扫荡。①

(三) 慰劳抗属

除了战场慰劳,华北根据地少年儿童在慰劳抗属上有着更大的成绩,孩子们年节时给抗属拜年、打扫院子、担水、慰问,并且给抗属募捐慰劳品。华北抗日根据地各边区都曾号召儿童举行优抗周,帮助抗属。在优抗周内每个儿童都要给抗属担水,女儿童要给抗属洗衣服和抱孩子。他们对儿童团员还有更多的要求,除了担水、送蔬菜等基本要求外,还要求每位儿童团员见了抗属要敬礼,参加给抗属的大扫除,给优抗募捐的时候一定少推诿。② 为了配合儿童团优抗周的活动,儿童团还专门编写了优抗团歌。"儿童团儿童团,大家举行优抗周,前方将士在打仗,后方咱们大家一齐来帮忙。"③

曲阳县的儿童,从1938年4月到1941年5月,募到胡萝卜约40 406斤,干粮3 592斤,钱62 912元。平北第四区×驼学校,26名儿童拾柴136斤,南耽车学校6名儿童拾柴61斤担水4担,榔封园学校26名儿童拾柴80斤,担水6担,阳高学校32人拾柴102斤,担水5担。④ 1940年冀中区大水灾之后,冀中平原上都是麦田。为了配合保护麦收工作,实行快打快收快藏,冀中各县小学组织儿童在麦假前普遍地举行了宣传周,在十天麦假时间又举行了护麦工作周,全体师生都参加了这个工作。少年儿童实行半日制

---

① 《晋西儿童在根据地建设上的贡献》,共青团中央青运史工作指导委员会:《中国青年运动历史资料》第16集,北京:中国青年出版社,2002年,第82页。
② 《边区青救会号召全区儿童举行优抗周》,《抗敌报》1939年7月2日,第4版。
③ 《边区青救会号召全区儿童举行优抗周》,《抗敌报》1939年7月2日,第4版。
④ 《平北第四区儿童优抗表》,档案号:A68-6-25-7,山西省档案馆藏。

上学,拿出半日参加集体劳动,帮助抗属中贫困无劳动力者工作,半日回家帮助自己的家长工作。他们按学生的年龄体力,分别组织成代收队、运输队、服务队、拾麦队,还组织了岗哨队,代替男女自卫站岗放哨。麦收过后,报告统计数字的13个县。参加集体工作的共计初高级小学男女学生162 130人,共拔麦割麦91 886.08亩,铡麦167 649个,打场4 402次,送水饭4 351次。这些工作若交给青壮年去做,约需3 400人做十天才能做完。此外岗哨队共12 553人,代替了许多男女青壮年去参加麦收工作。拾麦队共拾小麦349石,除了一部分购置奖品外,其余都救济了贫苦抗属。假定他们在家的工作与集体工作相等的话,单只收割等工作,在十天的麦收过程中,他们做了7 000个壮丁的工作,也就是7 000个工的工作。① 1940年秋收时离石儿童组织秋收队67队,共563人,替抗属收粮300多石,代耕地6亩。临县8个村联合种树409株,长9里,参加种树的139人。兴县冯家沟李家湾各建儿童林1处。离石女童养蚕1 200条,羊5只,猪3头。②

  儿童是一个在历史和现实中经常被忽略的群体。在华北抗日根据地的教育和动员下,这些儿童展现了与以往任何历史时期的儿童完全不同的形象和作用。以上列举的儿童抗日小英雄,不是几个人的特例,而是一批人甚至一代人的代表。这些抗日小英雄的形象,让根据地的其他人更能认可儿童在抗战中的作用,更加重视儿童工作的重要性。一方面通过这些儿童抗日小英雄的榜样,

---

① 刘皓风:《加强边区儿童的生产教育》,《教育阵地》,1943年第1卷第5期。
②《晋西儿童在根据地建设上的贡献》,共青团中央青运史工作指导委员会:《中国青年运动历史资料》第16集,北京:中国青年出版社,2002年,第82页。

引导和教育根据地的儿童向这些儿童抗日小英雄学习,继续发挥自己独特的作用,反击日军对根据地的进攻。更重要的是,通过儿童抗日小英雄的形象,更能与根据地普通民众形成鲜明对比,鼓舞和鞭策根据地的成人继续为抗日根据地的建设、巩固、发展贡献自己的力量。另一方面,让根据地其他人看到了儿童的作用和儿童的力量之后,使得儿童这一群体作为一个独立、平等的社会群体,在根据地的抗日大潮中发挥自己独特的作用,进而为儿童这个独立的群体赢得根据地其他人的尊重。历史上的儿童都被成人看作是附庸,被人们认为没有任何实在的作用。这些抗日小英雄向人们表达了儿童的愿望,证明了儿童的价值,这为儿童社会地位的提升,做了最好的呐喊与诠释。

参考文献

一、档案资料

《初小各科教学法》,档案号 G3-287 山西省档案馆藏。

第二专署:《冬学政治补充教材》(第一、二册)1943.12.1,档案号:G-3-184,山西省档案馆藏。

第二专署民教科:《复式教学法》,档案号:G-3-291,山西省档案馆藏。

《儿童杂志》,档案号 G1-0188,山西省档案馆藏。

《华北文化》,档案号 G1-0471 到 0474,山西省档案馆藏。

华北社会教育协进会《华北社会教育概况》,档案号 T-412,山西省档案馆藏。

《教育丛书》,档案号 G1-7,山西省档案馆藏。

《教育生活》,档案号 G3-217,山西省档案馆藏。

教育厅编印:《山西省公署教育厅工作报告》,档案号 T-380,山西省档案馆藏。

教育厅编印:《山西省公署教育厅工作报告》,档案号 T-381,山西省档案馆藏。

教育厅编印:《教育法令辑要》,档案号 T-382,山西省档案馆藏。

晋察冀边区教育阵地社编:《教育阵地》,档案号 G-3-002-G-3-019,

山西省档案馆藏。

冀晋行署教育科:《教育通讯》,档案号:G-3-020-G-3-023,山西省档案馆藏。

晋冀鲁豫边区政府:《冬学政治教材》,档案号 G-3-029,山西省档案馆藏。

晋冀鲁豫边区政府教育生活:《教育生活》,档案号 G-3-030,山西省档案馆藏。

晋中教联分会:《冬学拥军政补教材》,档案号:G-3-186,山西省档案馆藏。

晋察冀边区教育阵地社:《抗战时期边区教育建设》(上),档案号:G-3-020,山西省档案馆藏。

晋察冀边区北岳区学习委员会:《学习》,档案号:G-3-025,山西省档案馆藏。

晋北行政公署:《晋西北中学学校教育决定和文献》,档案号:G-3-242,山西省档案馆藏。

晋太联办:《社教工作总结》,档案号:G-3-244,山西省档案馆藏。

《晋绥第二分区1944年文化教育工作总结报告》,档案号:A-27-1-5-5,山西省档案馆藏。

《晋绥第二分区1944年总结报告》,档案号:A-27-1-5-5,山西省档案馆藏。

《晋西北两年半的文化教育建设报告》,档案号:A-88-4-7-1,山西省档案馆藏。

晋察冀边区行政委员会编:《初小常识课本》,档案号:G3-311,山西省档案馆藏。

晋察冀边区行政委员会编:《初小国语课本》,档案号:G3-309,山西省档案馆藏。

军政训练委员会行政训练部《小学教育及社会教育现行法令摘要》1937.07,档案号:L-04,山西省档案馆藏。

抗战复兴出版社:《教育现行法令汇编》第三册,档案号:L-01,山西省档案馆藏。

《抗战生活》,档案号:G1-0347,山西省档案馆藏。

《抗战时期边区教育建设》,档案号:G1-0020,山西省档案馆藏。

潞城县政府编:《关于代购小学课本的请示》,档案号:68-3-10-7,山西省档案馆藏。

李凤珠:《关于鹞子坡村学校教员教育工作的报告》,档案号:68-6-14-5,山西省档案馆藏。

《辽县宣教工作情况报告》,档案号:A166-1-29-3,山西省档案馆藏。

《辽西县冬春小学报告》,档案号:A166-34-1,山西省档案馆藏。

《辽县实验学校两个月的总结》,档案号:A166-1-29-1,山西省档案馆藏。

《民族革命少年队》,档案号:L-041,山西省档案馆藏。

《山西省第二游击区:中等教育单行法规》,档案号:G-3-239,山西省档案馆藏。

《省立新民教育馆临时刊物》,档案号:T-394,山西省档案馆藏。

《省立新民教育馆成立一周年纪念临时特刊》,档案号:T-395,山西省档案馆藏。

山西省教育会编:《教育季刊》,档案号:T-383,山西省档案馆藏。

山西省公署秘书处编:《苏省长对山西第三届小学日语教员讲习会讲话录》,档案号:T-387,山西省档案馆藏。

《山西省第一届中等学校教员讲习会工作报告》,档案号:T-388,山西省档案馆藏。

《山西省新民教育馆概况》,档案号:T-392,山西省档案馆藏。

山西省立新民教育馆出版社编:《山西省立新民教育馆三十年度年刊》,档案号:T-393,山西省档案馆藏。

山西省公署教育厅编:《山西省临时政府筹备委员会教育厅工作报告》,档案号:T-378,山西省档案馆藏。

山西省公署教育厅编:《山西省公署教育厅工作报告》,档案号:T-379,山西省档案馆藏。

山西省政府教育厅编印:《教学进步会议记录》,档案号:L-017,山西省档案馆藏。

山西省教育会编印:《教育季刊稿第十二十三期合刊》,档案号:L-038,山西省档案馆藏。

山西省政府教育厅编印:《建教月刊第四卷第二期》,档案号:L-092,山西省档案馆藏。

山西省政府教育厅:《战教月刊》,档案号:I-601,山西省档案馆藏。

山西省教育厅编辑处:《战教月刊》,档案号:I-602,山西省档案馆藏。

少年队工作委员会:《少年队课本》,档案号:L-040,山西省档案馆藏。

苏贯之:《儿童生活指导纲要》,档案号:G-3-250,山西省档案馆藏。

太岳行署:《小学建设汇刊》,档案号:G-3-273,山西省档案馆藏。

太行行署编印:《太行区一九四五年教育工作概述》,档案号:G3-41,山西省档案馆藏。

《太行区教育概况》,档案号:G3-40,山西省档案馆藏。

《太行二专区关于解决冬学教材》,档案号:A66-4-2-1,山西省档案馆藏。

《西北儿童》,档案号:G1-0233,山西省档案馆藏。

《新教育丛书》,档案号:G3-122,山西省档案馆藏。

《治强运动宣传小册》,档案号:T-396,山西省档案馆藏。

中国解放区临时救济委员会:《八年来日本法西斯摧毁太行区人民的概述》,档案号:G-3-053,山西省档案馆藏。

中国解放区临时救济委员会:《八年抗战中边区人民损失状况及救济工作上的两个重要文件》,档案号:C-5-034,山西省档案馆藏。

中共中央西北局调查研究室:《边区的移民工作》,档案号:C-5-021,山西省档案馆藏。

《左权县第二两级小学》,档案号:A-166-1-3山西省档案馆藏。

《晋察冀日报》1941.01—1945.08,档案号:L‐137‐L‐141,山西省档案馆藏。

《晋西大众报》1940.10—1945.12,档案号:L‐218‐L‐222,山西省档案馆藏。

《晋绥日报》1940.09—1945.10,档案号:L‐272‐L‐287,山西省档案馆藏。

《解放日报》合订本 1941—1947,档案号:L‐465‐L476,山西省档案馆藏。

《抗敌报》1938.01—1940.12,档案号:L‐334‐L‐338,山西省档案馆藏。

《太岳日报》1940.09—1945.11,档案号:L‐165‐L‐169,山西省档案馆藏。

《新华日报》(华北版)1939.01—1943.09,档案号:L‐024‐L‐036,山西省档案馆藏。

二、学术著作

蔡勤禹:《国家、社会与弱势群体:民国时期的社会救济 1927—1949》,天津:天津人民出版社,2003 年。

陈达:《我国抗日战争时期市镇工人生活》,北京:中国劳动出版社,1993 年。

陈成文:《社会弱者论》,北京:时事出版社,2000 年。

陈连山:《游戏》,北京:中央民族大学出版社,2000 年。

池子华:《中国近代流民》,杭州:浙江人民出版社,1996 年。

郭贵儒、张同乐、封汉章:《华北伪政权史稿——从"临时政府"到"华北政务委员会"》,北京:社会科学文献出版社,2007 年。

郭夏云:《教育的革命与革命的教育》,太原:山西人民出版社,2009 年。

汉中史志办公室编:《抗战后方重镇汉中》,西安:西北大学出版社,1995 年。

柯象峰:《中国贫穷问题》,正中书局,1947 年。

李伯棠:《小学语文教材简史》,济南:山东教育出版社,1985年。

李公朴:《华北敌后——晋察冀》,北京:生活·读书·新知三联书店,1979年。

李玉文:《山西近现代人口统计与研究》,北京:中国经济出版社,1992年。

李田定主编:《太岳革命根据地教育简史》,太原:山西经济出版社,2002年。

李中清、王丰著,陈卫、姚远译:《人类的四分之一马尔萨斯的神话与中国的现实1700—2000》,北京:生活·读书·新知三联书店,2000年。

林文宝:《试论我国近代童话观念的演变:兼论丰子恺的童话》,台北:万卷楼图书有限公司,2000年。

罗存康:《少年儿童与抗日战争》,北京:团结出版社,2015年。

路遇、腾泽之:《中国人口通史》,济南:山东人民出版社,2000年。

牛崇辉:《晋绥革命根据地研究》,北京:中国广播电视出版社,1994年。

乔志强主编:《近代华北农村社会变迁》,北京:人民出版社,1998年。

少年儿童出版社编:《革命红旗满山岗 老根据地儿童歌谣选集》,上海:少年儿童出版社,1964年。

少儿出版社编:《1913—1949儿童文学论文选集》,上海:少年儿童出版社,1962年。

山西省教育史志编写领导组、山西省教育史志编写委员会:《太行革命根据地教育简史》,1989年。

山西省史志研究院、中共内蒙古自治区委党史研究室编:《晋绥革命根据地史》,太原:山西古籍出版社,1999年。

施义慧:《童年的转型——19世纪英国下层儿童生活史》,南京:南京大学出版社,2012年。

孙丽萍、雒春普等:《1937—1945山西民众的生存状态》,太原:山西人民出版社,2008年。

孙艳魁:《苦难的人流——抗战时期的难民》,桂林:广西师范大学出版社,1994年。

太行革命根据地史总编委会编:《太行革命根据地史稿(1937—1949)》,太原:山西人民出版社,1987年。

王全根、赵静:《儿童文学与中小学语文教学》,广州:广东教育出版社,2006年。

王士花:《日伪统治时期的华北农村》,北京:社会科学文献出版社,2008年。

王先明、郭为民主编:《乡村社会文化与权力结构的变迁》,北京:人民出版社,2002年。

王小英:《儿童游戏的意义》,长春:东北师范大学出版社,2006年。

王艳、陈争艳:《儿童抗战》,北京:中国民主法制出版社,2015年。

王照骞、郝雪廷:《武乡,敌后文化的中心》,太原,山西人民出版社,2011年。

乌丙安:《中国民俗学》,沈阳:辽宁大学出版社,1985年。

武昌祺、张文斌等主编:《山西粮食史话》,太原:山西人民出版社,1988年。

熊秉真:《童年忆往》,台北:麦田出版社,2000年。

谢忠厚、肖银成主编:《晋察冀抗日根据地史》,北京:改革出版社,1992年。

言心哲:《农村社会学概论》,上海:中华书局,1934年。

言心哲:《中国乡村人口问题之分析》,上海:商务印书馆,1935年。

于珍:《近代上海同乡组织与移民教育》,北京:社会科学文献出版社,2009年。

岳谦厚、张玮:《黄土、革命与日本入侵》,太原:书海出版社,2005年。

赵健主编:《太行山抗日儿童团故事》,太原:山西人民出版社,1999年。

张国祥:《山西抗日战争史》,太原:山西人民出版社1992年。

张成德、孔丽萍主编:《山西抗战口述史》第1部,太原:山西人民出版社,2005年。

中国青少年研究中心主编:《百年中国儿童》,广州:新世纪出版社,

2000年。

朱汉国:《中国社会通史》(民国卷),太原:山西教育出版社,1996年。

丹琳:《寻访儿童团战友》,北京:中国文联出版公司,2008年。

叶伟才等编:《抗日小勇士的足迹:抗日战争中著名抗日儿童团体的故事》,北京:中国少年儿童出版社,2002年。

[美]贝尔登著,邱应觉译:《中国震撼世界》,北京:北京出版社,1980年。

[美]杜赞奇著,王福明译:《文化、权力与国家:1900—1942年的华北农村》,南京:江苏人民出版社,1996年。

[美]E. A. 罗斯著,张皓等译:《变化中的中国人》,北京:时事出版社,1998年。

[法]菲利普·阿利埃斯著,沈坚、朱晓罕译:《儿童的世纪——旧制度下的儿童和家庭生活》,北京:北京大学出版社,2013年。

[美]费正清著,杨品泉等译:《剑桥中华民国史》,北京:中国社会科学出版社,1993年。

[美]费正清、赖肖尔著,陈仲丹译:《中国:传统与变革》,南京:江苏人民出版社,1996年。

[美]何德兰、[英]布朗士著,魏长保等译:《孩提时代:两个传教士眼中的中国儿童生活》,北京:金城出版社,2011年。

[美]黄宗智:《华北的小农经济与社会变迁》,北京:中华书局,2000年。

[美]尼尔·波兹曼著,吴燕莛译:《童年的消逝》,桂林:广西师范大学出版社,2004年。

[日]内田知行著,田西如译:《山西抗日民族统一战线和民族动员》,北京:中共党史出版社,1992年。

[日]石岛纪之著,郑玉纯、纪宏译:《中国抗日战争史》,长春:吉林教育出版社,1990年。

[日]实藤惠秀,谭汝谦、林启彦译:《中国人留学日本史》,北京:北京大学出版社,2012年。

[美]唐纳德·G. 季林著,牛长岁等译:《阎锡山研究——一个美国人笔下的

阎锡山》,哈尔滨:黑龙江教育出版社,1990年。

三、期刊论文

崔锐:《20世纪20—40年代中国农村女性的婚姻问题》,《陕西教育学院学报》,2007年第6期。

董根明:《抗战时期国民政府的儿童福利政策述评》,《抗日战争研究》,2006年第4期。

党洁:《中华全国基督教协进会与抗战时期难童救济》,《安庆师范学院学报》,2008年第5期。

丁戎:《国内抗战时期难童救助研究综述》,《抗日战争研究》,2011年第2期。

冯敏:《抗战时期难童救济教养工作概述》,《民国档案》,1995年第3期。

郭秀仪:《中国战时儿童保育会忆旧》,《前进论坛》,1998年1期。

郝锦花:《20世纪前期基层新学教育面临的一个困境》,《社会科学战线》,2010年第4期。

贺渊:《1912—1927年阎锡山治晋思想初探》,《近代史研究》,1998年第1期。

居阅时:《论社会心态对北洋历史进程的影响》,《史学月刊》,2002年第4期。

匡宁:《抗日战争时期中共报刊宣传工作的特点》,《重庆科技学院学报》,2011年7月。

刘炳星:《我在陕甘宁边区第一保育院》,《文史月刊》,2002年第2期。

刘方清:《我的母亲刘清阳》,《炎黄春秋》,2005年第1期。

刘是今:《论民国时期农村家庭制度的变迁》,《青海社会科学》,2003年第4期。

刘正伟:《近代山西村政建设和义务教育的崛起》,《教育理论与实践》,2003年第3期。

李红梅:《论抗战初期的"新运妇指会"》,《西南大学学报》,2007年第

2 期。

李金铮:《土地改革中的农民心态:以 1937—1949 年华北乡村为中心》,《近代史研究》,2006 年 4 期。

林庭芳:《中共南方局妇委与战时儿保、儿教工作》,《西南师范大学学报》,1995 年第 3 期。

鼓泽平、吴洪成:《论日本在侵华期间对华沦陷区的奴化教育》,《求索》,1999 年第 6 期。

戎子和:《晋冀鲁豫边区财政工作的片断回忆》,《财政》,1984 年第 3 期。

申国昌:《民国时期山西省初等教育实施效果与对外影响》,《教育理论与实践》,2008 年第 12 期。

苏华:《抗战时期难童的异常心理问题》,《民国档案》,1995 年第 3 期。

孙慧光:《赵君陶在合川》,《红岩春秋》,2003 年第 1 期。

孙艳魁:《战时儿童保育会与难童救济》,《民国春秋》,1996 年第 2 期。

苏全友:《没有儿童的儿童史》,《河南理工大学学报》,2013 年第 2 期。

苏新有:《抗战时期国民政府难童救济述论》,《贵州社会科学》,2007 年第 7 期。

苏泽龙:《1941—1949 年的山西冬学与乡村社会》,《社会科学战线》,2008 年第 2 期。

田明、岳谦厚:《中国近代高等教育与中国近代化道路问题》,《山西大学学报》,2009 年第 3 期。

田霞:《20 世纪上半期农村家庭亲子关系》,《西南民族大学学报》,2002 年第 9 期。

田中初:《黑板报:革命环境中的儿童与媒体实践》,《浙江师范大学学报》,2011 年第 3 期。

王春英:《抗战时期难民收容所的设立及其特点》,《抗日战争研究》,2004 年第 3 期。

王明友:《流亡儿童的慈母赵君陶》,《四川党史》1997 年第 2 期。

王奇生:《沦陷区伪政权下的留日教育》,《抗日战争研究》,1997 年第

2 期。

王泉根:《儿童观的转变与 20 世纪中国儿童文学的三次转型》,《娄底师专学报》,2003 年第 1 期。

王士花:《华北沦陷区教育概述》,《抗日战争研究》,2004 年 3 期。

谢嘉:《日本侵略者在华北沦陷区的奴化教育罪行》,《档案天地》,2003 年增刊。

许雪莲:《抗战时期国民政府难童救济教养工作述论》,《中州学刊》,2009 年第 3 期。

杨奎松:《阎锡山与共产党在山西农村的较力》,《抗日战争研究》,2015 年第 1 期。

喻永庆:《近代教育期刊与中国近代教育史研究》,《河北师范大学学报》,2010 年第 9 期。

《战时儿童保育会史料一组》,《民国档案》,1996 年第 2 期。

周俊萍:《抗战时期的儿童团》,《军事史林》,2011 年第 6 期。

四、史料汇编

冯毅主编:《太岳革命根据地教育文献选编》(初稿),山西省教育志编审委员会,1986 年。

冯毅主编:《太岳革命根据地教育资料选编》,山西省教育志编审委员会,1987 年。

冯毅主编:《太岳革命根据地教育大事记述》,山西省教育志编审委员会,1987 年。

河北省社会科学院历史研究所、河北省档案馆等编:《晋察冀抗日根据地史料选编》,石家庄:河北人民出版社,1983 年。

晋察冀日报史研究会编:《晋察冀日报社论选(1937—1948)》,石家庄:河北人民出版社,1997 年。

《晋察冀抗日根据地》史料丛书编审委员会:《晋察冀抗日根据地》,北京:中共党史资料出版社,1991 年。

李思远主编:《临汾地区老解放区教育资料选编》,临汾:临汾地区教育史志编辑室编印,1986年。

秦孝仪主编:《革命文献》,第96—100辑,台北:文物供应社,1984年。

秦孝仪主编:《中华民国重要史料初编——对日抗战时期》,台北:国民党中央委员会党史委员会编印,1981年。

山西省教育史晋绥边区编写组内蒙古自治区教育史志办公室编:《晋绥革命根据地教育史料选编》,1987年。

山西文学艺术工作者联合会:《山西文艺史料》,太原:山西人民出版社,1959年。

太行革命根据地史总编委会:《太行革命根据地史料丛书:群众运动》,太原:山西人民出版社,1989年。

盂县人民政治协商会议山西省盂县委员会文史资料研究委员会编:《盂县文史资料》第五辑,1986年。

王谦主编:《晋察冀边区教育资料选编》,石家庄:河北教育出版社,1990年。

王用斌、刘茗等编:《晋察冀边区教育资料选编》(续编),北京:北京师范大学出版社,1991年。

中共吕梁地委党史资料征集办公室:《晋绥根据地资料选编》,1984年。

孙晓忠、高明编:《延安乡村建设资料》,上海:上海大学出版社,2012年。

五、地方志书

《保德州志》,1932年铅印本。

郭六喜主编:《汾西县志》,北京:方志出版社,1997年。

吉县志编撰委员会编:《吉县志》,北京:中国科学技术出版社,1992年。

贾佩珍主编:《兴县教育志》,太原,山西人民出版社,1991年。

刘锡仁、王希良主编:《汾阳县志》,北京:海潮出版社,1998年。

刘勇主编:《永和县志》,北京:学苑出版社,1999年。

刘文炳:《徐沟县志》,太原:山西人民出版社,1992年。

齐岫昆等编:《清徐县教育志》,太原,山西省太原市清徐县教育志编纂组,1989年。

山西省地方志编撰委员会编:《山西外贸志》,1984年。

山西省地方志编撰委员会编:《山西通志·农业志》,北京:中华书局,1994年。

山西省地方志编撰委员会编:《山西通志·粮食志》,北京:中华书局,1996年。

山西省史志研究院编:《山西通志·教育志》,北京:中华书局,1999年。

王业:《河曲县教育志》,山西省新闻出版局,1992年。

《新修曲沃县志》第30卷,1928年铅印本。

乡宁县志编撰委员会:《乡宁县志》,北京:新华出版社,1992年。

张世贤主编:《蒲县志》,北京:中国科学技术出版社,1992年。

张战生主编:《原平教育志》,太原:山西人民出版社,1995年。

索　引

A

安保　360,362,364

B

半日制　77,80,81,369,374

半自耕农　55,61

保育员　182,184,188—190

变工　77,79,94,120,130,136,138,354,358

C

查路条　31,89,299,324,343,359—362

D

佃农　55,66,91

动员　19,22,31,41—44,66—70,78,79,81,83,85,86,90,93,95,106,113,119,121,122,129,132,134—137,172,177,179,216,231,236—238,242,244—246,248,250,254,259,260,273,281,288,289,298,302—304,306—308,311—315,318,324,329,330,333,334,336—338,341,351,352,355,359,367—369,371,375

读报组　88,101,102,136

E

儿童观　20,24—26,31,106,141,254,318—320,324,327,328,364

儿童健康　118,141,145,147—151,153,154,156,161,162,171,173,174,177,178,181,190,191,195,197,198,200,227,231,263,292,

338,364,365,367

儿童剧团 104,119—122,246,256,333,356

儿童人口 9—11,17,29,32,44—49,52—54,63,166,222

儿童史 16—18,20,21,24,28,32,151

儿童团 19,20,28—32,41,43,44,90,91,102,103,106,118,122—124,134,136,138,173,179,214,224,225,230,232—259,262,270,272,273,280,283,286,288,299—301,303,314,315,322—326,328,330,333,335,337,338,340—343,356,359—368,370,371,373,374

儿童英雄 121,303,331,335,337,338,345,347,349,352,353,357—359

G

根据地 6—10,12,13,15,18,19,23,26—32,36,40—43,47,48,51,56,57,63—70,72—109,111—122,125—141,156—158,162,164,170,171,173—180,182—190,192,193,196,198—200,202,203,207—209,213—217,222,224,225,228,230—232,235—242,244—251,253—258,260—263,269—274,276,277,279—282,286,288—318,320—325,327—338,340,343,344,346,348—353,355,358—376

公费 66,67,70,72,73,84,131

公共卫生 141—143,145—156,173,174,197—199,254,364,365,367

国民教育 11—13,29,42,63,66,71,74,78,88,90,96,101,114,116,125,137,322

H

互助 72,75,77,87,117,138,244,260,322,326,353—355,360,364,368

活教材 27,28,30,89,97,101,102,109—111,115—117,119,121,125—127,129,132,134,139,140

J

家庭劳动 77,78,80,108,131,177,196,223,231,367

家庭生产 29,30,65,86,88,94,126,250,259—261,283,287,322,

367—369

近代化　1—8,31,32,55,96,97,108,109,141,251,252,271,281,283—286,290,305—307,311,312,317,318,329—332,334,352

晋察冀　12,13,20,23,27,36,37,40—42,47,56,66,68,69,71,72,81,90,92,99,100,103,104,114,116,119,122,125,134,137,164,177,178,182—184,188—190,203,208,209,213,215—217,235,239,240,244,245,255—263,270,273,288,289,295,299—301,303,308,309,316,322,325—328,340,342,345—348,350,353—355,361,363,368—370,373

晋冀鲁豫　56,64,65,67,68,74,76,78,111,120—122,174—176,180,184,191,208,213,245,276,343,362

晋绥　12,14,27,40,47,49,56,66,68,72,73,79,81,83—86,89,93,95,99,101,103,105,108,112—117,120,121,125,126,128—131,133—137,139,156,164,175,177,192,194,196,199,202,215,224,228,235,240,242,245,272,309,313—315,322,328,330,331,335,338,356—358,360,366

军事训练　177,246,247,258,262,263

K

抗战游戏　32,269,273,276,279,280,300

恐惧　29,162,225,291—294,296,298,299,301,363

L

劳动英雄　139,303,337,352—356,358

M

民族主义　282,298,306,336,352

N

溺女　201—207,219,231

P

贫童　13—15,26,27,29,32,60—66,70—85,90—92,96,107,140,248

Q

强迫入学　61,66—69,322

索 引

趋同　282,302,303,306

R

入学率　11—13,58,59,63,66,69,73,82,84—86,92,93,139,259,288,322

响班　81

S

少年儿童　10,16,19,20,29,30,41—43,46,47,58,90,91,97,100,101,110,114—116,119,122,132—135,137—139,155,158,162,164,169—171,173,175—177,187,196,215,216,232—236,238,239,241,245,249,250,252—258,260,262—264,270—272,280,281,290—292,297,299,305,307—310,313,316,318,327,331,333,335,337,338,340,343,346,350,352—354,358—360,362—365,370,371,373,374

失学　13,42,61,65—68,73,74,77,78,80,82,85,95,108,119,230,244,271,372

T

童婚　11,18,29,32,209—223,225,227—231,255

童养媳　17,18,43,206,208,211,213—217,220,221,224—226,228,244

童子军　19,178,179,232,233,240,256—263,345

投壶　266,267

突击入学　66,67,69

W

完小　75,89,94,131,369,371

王二小　337,341,347—352

王朴　137,337,340—342

温三郁　337,338,340

X

小英雄　19,121,137,256,259,261,316,337,340,342,343,346,347,349,351,368,369,375,376

心态　19,28—30,32,43,281—283,286,290—294,296,298—300,302—304,329,335,372

行署　40,67,72—74,76,78,84,86,114,119,161,183—185,191,303,320,351,370

Y

夜班　81

优抗 19,244,374

Z

早班 81

战斗英雄 272,337,338,346,347,352

站岗放哨 29,31,89,115,123,124,127,232,233,235,244,246,248,254,272,283,299,303,341,343,346,357,359—362,364,375

自耕农 55,61

附　录

抗战八年晋察冀边区小学教育发展概况（节选）

一、小学恢复及初步改造期。小学的恢复与再建，在思想上工作上遇到的障碍很多：如"在战争环境中不需要也不可能办教育"、"兵荒马乱还念什么书？等太平了再说"的教育取消论，"为教育而教育"的教育清高论与"教育的效果永远在明天"的教育预备论。教师单纯为解决个人吃饭问题而工作的雇佣意识和消极敷衍的工作态度，同时由于村政权尚未经过改造旧干部和群众怕麻烦、怕花钱、怕惹祸、多一事不如少一事的观点出发，……为奖励儿童入学，减少贫困儿童入学的困难，实行了入学年龄不严加限制，特别对女童入学更加从宽，打破封建思想对女子入学的束缚，随时动员随时入学的办法，实行了免费的教育政策，小学一律免收学费。在冀中区课本教材也由政府供给，部分县市实行了教育经费由县统筹统支，解决贫困小村办学的困难。

经过一年多的努力，至1938年底，据冀中深县定南等26个县的统计，就开办了高小76处，初级小学3 445处，共计3 521处。入学儿童男生147 950人，共计170 360人，其中个别县份学校学生数都较事变前增加了许多。如深县初级小学增加144处，男生增加

1 973人,女生增加670人,武强初级小学增加85处,男生增加3 435人。饶阳初级小学增加42处,男生增加2 170人,女生增加1 833人。1938年北岳区唐县阜平等16县统计,建立高小15处,初小2 045处,学生69 459人,女儿童入学也增加,北岳区女生总数占学生总数的23%。

二、普及发展期。1941年北岳区高小114处,分校28处。冀中区28县共有高小290处,初小3 897处,共计4 187处,高小入学儿童36 060人,初小417 993人,男生256 896人,女生197 157人,共计454 053人。巩固区儿童入学达到90%到95%左右。

三、整理小学与坚持开展游击区教育。1940年后敌人扫荡空前残酷,疯狂封锁华北根据地,巩固区缩小,游击区扩大,华北根据地坚持开展教育工作。五台、定县等18个县游击区抗日小学统计如下:五台,隐蔽小学182两面小学98;孟平,隐蔽小学68两面小学43;定襄,隐蔽小学21两面小学8,代县,隐蔽小学53两面小学76,崞县,两面小学60;山阴,隐蔽小学27两面小学31;忻县,两面小学24;寿阳,两面小学40;孟寿,两面小学39;繁峙,隐蔽小学26两面小学10;满城,两面小学131;徐定,隐蔽小学6两面小学8;龙华,隐蔽小学6两面小学14;定唐,隐蔽小学24两面小学71;曲阳,隐蔽小学78两面小学1;定,隐蔽小学37两面小学25;总计,隐蔽小学571两面小学719。

四、反旧正规化、开展民办公助。1943年整理小学之后,华北地区根据地开始推行新型正规小学的方针,但因受旧的教育传统的影响,以过去旧的正规化的尺度来要求边区小学,学制课程和编制脱离群众的缺点较多。1944年晋察冀边区召开教育会议,检查这一时期领导工作上的问题,提出了小学试行"民办公助"的方针,发动群众根据本身的需要自己动手办学。边区小学不仅有比较正规的整日制小学,还更大量地出现了半日制、半日二部制小学、巡回小学及一揽子小学。至1944年底,晋察冀边区33个县统计,共有高小115处,初小3 253处,高小学生5 291人,初小学生130 427人,合计135 718人。较1943年高小增加了49处,初小增加了588处。

五、抗战胜利迎接和平的新局面。1945年后,八路军向敌占区城镇和交通线积极反攻,日军投降。老解放区,小学教师开始整顿工作,边区政府改变了抗战时期的小学教材。在新解放区接收长期受奴化教育的小学生,开始新的小学教育的再建工作。动员原有学生入学,改变教导方法,活跃儿童生活,用民主主义方式团结儿童,在失学儿童较多的地区发动群众创办新小学,给贫苦儿童入学的便利。1946年晋察冀边区共有高小或完小1 250处,初级小学22 097处,共计23 347处,共有高小学生115 072人,初小生1 245 372人,初高小合计104 340人,总计146 4784人。

陕甘宁根据地和华北根据地儿童重大事件年表

1937年

8月,《抗日救国教育政策》:"改变教育的旧制度旧课程,实行以抗日救国为目标的新制度新课程","实施普及的义务的免费的教育方案,提高人民民族觉悟的程度","实行全国学生的武装训练"。

8月,战地动员委员会领导成立妇儿工作团。

10月16日,刘少奇发表《抗日游击战争中各种基本问题》,其中针对抗日政府的教育政策中提出广泛发展免费的小学教育。

11月25日,太原成成中学校长刘子崇带领师生组成抗日义勇队,赴晋西北根据地参加游击战争。

1938 年

1月,晋察冀边区通过《文化教育决议案》,提出恢复乡镇初级小学和高级小学,编订教材、检定老师。

2月,晋西儿童营成立。二战区青年组织政治保卫队将13岁到15岁的儿童编为儿童营。

2月,晋察冀边区边委颁布《晋察冀边区小学校教学科目及每周教学时间表》。

2月14日,晋察冀边委颁发八条小学开学办法。

3月13日,第二战区战地总动员委员会《抗日儿童团组织大纲》。

5月,陕甘宁边区机关托儿所发布《托儿所章程》,托儿所以保护边区各机关、学校脱离生产或尚在学习的女干部的男女小孩为宗旨。

5月,王家峪儿童团成立。

6月16日,《边区儿童》创刊。

6月,陕甘宁边区创办《边区儿童报》,毛泽东为其题词:"儿童们起来,学习做一个自由解放的中国国民,学习从日本帝国主义压迫下争取自由解放的方法,把自己变成新时代的主人翁。"

6月,晋察冀边区召开第1次青年代表大会,边区成立青年抗日救国会。

6月26日,毛泽东为《边区儿童》题词:"儿童们起来,学习做一个自由解放的中国国民,学习从日本帝国主义压迫下争取自由解放的方法,把自己变成新时代的主人翁。"

7月,陕甘宁边区编审第一套小学课本。

8月,陕甘宁边区颁布《陕甘宁边区小学法》和《陕甘宁边区建立模范小学暂行条例》。

9月,晋察冀边区颁布《抗属及贫苦子弟等入学优待暂行办法》。

10月,太行文化教育出版社成立,编撰出版小学使用教材。

10月,西北青救会第2次代表大会召开,通过《儿童团章程》,章程规定儿童要联合小兄弟、小姐妹,共同工作、学习,参加抗日救国工作。

11月,吕梁抗战剧团成立,后改名吕梁剧社。

11月,陕甘宁边区教育厅通过《关于扩大与改进小学教育的决定》,决定要求注意小学发展的数量和质量的问题。儿童的校外活动包括站岗放哨、宣传抗战、有待抗属等方面。

12月,晋南青年救国总会在翼城县曹公村举行成立大会。

春夏期间,太岳区原有初小改名"民族革命初级小学",高小改名"民族革命高级小学"。

1939年

1月,陕甘宁边区通过《陕甘宁边区政府抗战时期施政纲领》纲领规定,边区实行普及免费的儿童教育,以民族精神和生活知识教育儿童,培养中华民族优秀的后代;保育儿童,禁止虐待儿童。

4月1日,《新华日报》(华北版)社论《彻底禁毒》:"在儿童中,发动他们侦察毒品,把抓毒工作作为各地儿童团的一个主要工作"。

4月,晋西儿童营响应中国儿童号飞机献金运动,两个月捐献两千余元。

4月,战区妇女儿童考察团到晋察冀边区考察。

5月21日,陕甘宁边区少年先锋队第1次代表大会在安塞县马家沟举行,成立边区少年先锋队,选举毛泽东为名誉主席。

7月10—17日,晋察冀边区青救会领导儿童举行"优抗周"

活动。

10月,冀中行署召开第1次教育科长会议,要求普遍动员儿童入学,普及义务教育,有计划成立高级小学,统一教材,改进教学方法,使儿童学习与实践密切联系起来。

11月19日,晋察冀边委《关于小学增设儿童义务随习班的办法》,入随习班儿童免收一切费用。

11月,朱德签发《制止行路抗拒盘查、大骂放哨人员》,鼓励儿童严格站岗放哨,保卫抗日根据地。

11月,鄂豫边区编写抗日小学课本,课本加进了一定的抗日民主教育的思想政治内容。

11月,《青年与儿童》创刊。

12月,陕甘宁边区编定《实施强迫教育暂行条例》,规定应入学而不入学的儿童,先向家长进行说服教育,说服教育无效后,应开群众大会批斗,如果斗争无效,群众大会提出适当的处分办法。

1940年

春,朱德给王家峪儿童团题词:"斗争与学习缺一不可"。

2月,孩子剧团成立。

2月,太行区教育会议提出"教育正规化"的方针,实行强迫的免费义务教育,建立整顿小学教育,恢复四二制小学。

2月,西北青年救国联合会作出《纪念"四四"儿童节与开展儿童工作决议》,"帮助已有的儿童团体,普遍建立抗日儿童团"。

3月,中央青委作出《关于儿童工作的决议》。

3月21日,晋察冀边区青救会颁发纪念四四儿童节宣传大纲。

3月29日,陕甘宁边区颁布《陕甘宁边区实施普及教育暂行条例》,规定7到13岁未入学的学龄儿童一律入学,若家长不让应入学的儿童入学,经说服教育无效,则由当地政府强制执行。

3月到5月,晋西区党委青委要求争取1/2村青救与儿童团建立。

4月,毛泽东为"四四儿童节"题词"天天向上"。

4月20日,中共北方局《关于国民教育的指示》指出大力动员学龄儿童入学,随后晋察冀边区颁布《普及国民教育的指示》《晋察冀边区小学暂行办法》《小学校贫寒儿童随学办法》等。

5月15日,太岳抗日根据地在全区建立文化交通网,小学生分班组成文化宣传员,传递运输文化宣传品。

6月1日,陕甘宁边区政府公布《干部子女入保育院小学暂行办法》,规定根据地入院入学的儿童范围。

6月22日,山东《大众日报》社论《加紧进行国民教育》,指出国民教育的基本内容是新民主主义的教育,他的对象是全体儿童及全体劳动大众。学生免费入学,帮助出生贫苦家庭的儿童解决书籍等学杂费用。

6月,晋察冀边区召开文化教育会议,发布《边区文化教育工作应努力的方向及当前的几个具体问题》。

6月22日,《新华日报》(华北版)发表《创立正规的教育制度》的社论,在各抗日根据地建立正规的教育系统和制度,在各村建立初级小学,各区建立完全小学。

6月25日,宋劭文在晋察冀边区召开的文化教育会议上发表《边区文化教育工作应努力的方向及当前的几个问题》,提出多项关于小学教育经费和提高小学教育质量、儿童失学的问题。

7月,晋察冀边区青年代表大会制定儿童团团章、团规和工作纲领。

7月17日,杜润生《一年来太北区的教育工作》认为根据地小学向正规化方向发展,小学数量恢复到战前水平,入学儿童数量比战前增加。

7月18日,晋西区党委要求加强儿童工作,13岁以下的儿童都要编入儿童团。青救会在各级学校组建少年队、儿童团,并负责动员儿童入学,普遍的组织识字班、读报小组及巡回教育团。

8月13日,晋西青年代表大会通过《晋西抗日儿童团组织简章》。

8月13日,晋察冀边区颁布《关于晋察冀边区目前施政纲领》(双十纲领),规定实行普及的义务的免费的教育。

8月20日,中共中央书记处颁布《中央关于保育工作的通知》。

8月25日,《抗敌报》发表《论晋察冀边区的文化教育运动》认为小学数量大大超过战前数量,今后应继续发展初小教育,大量开办高小,建立健全学制,提高小学教育质量。

8月29日,《山东青年救国会工作纲领》规定青年的重要工作之一为"组织儿童、教育儿童、领导儿童,发动儿童参战,生产改善儿童生活,培养训练儿童干部"。

9月,中共中央青委《关于开展国民教育工作的决定》,要求青救会、儿童团员都应无条件的参加小学、冬学、识字班的积极分子。

9月,鲁西行政公署召开文教科长联席会议并通过《决议案》,《决议案》规定鲁西区各小学暂用"三一制"即初小三年,高小一年的学制。

农历九月十三,儿童团长李克元牺牲。

10月,《晋西大众报》成立,《晋西大众报》是华北根据地少年儿童学习的有力补充教材。

10月26日,兴县模范儿童主动献粮。

11月15日,中共中央宣传部《关于各抗日根据地内小学教育的指示》,新民主主义小学教育应是各级政党团体工作的重心之一,小学教育应包括广大贫苦的失学儿童,小学采用三二制和四二制,要提倡儿童的创造性,严禁体罚儿童等。

11月,陕甘宁边区陇东地区建立"小朋友函读社"。

12月,岚县青年队、儿童团踊跃打先锋献公粮,临县87个儿童自动献粮,大大激发了群众献粮热情。

1941年

春,冀中区小学学生编级考试。

1月1日,晋察冀边区成立儿童保育会。

1月12日,陕甘宁边区召开保育工作会议通过关于《关于保育儿童的决定》。

1月,晋察冀边委印发《关于普及国民教育动员儿童入学》电报,要求广泛开展动员儿童入学工作。

1月,晋冀鲁豫边区颁布《强迫儿童入学暂行办法》。

2月1日,陕甘宁边区小学教育厅颁布《陕甘宁边区小学教育实施纲要》、《陕甘宁边区小学规程》,《实施纲要》规定"小学教育应以新民主主义教育方针促进儿童民族觉悟,养成儿童民主作风,启发儿童科学思想,发展儿童审美观念,提高儿童的劳动兴趣,锻炼儿童的健壮体格,增进儿童生活所必需的知识,培养儿童为大众服务的精神。"

2月10日,晋察冀边区行政委员会颁布《贫寒儿童随学办法》,要求边区各地接收半工半读的学生解决家庭贫寒儿童入学问题。

2月18日,晋察冀边区规定学龄儿童年龄,要求动员儿童入学以宣传教育为主,必要时采取强制手段。为实现国民教育,配合边区儿童家庭生产和学习,学校可实行半日制,建立巡回小学。

4月,中共中央北方局要求建立健全正规学校。

4月10日,晋察冀边委颁布边区小学校暂行办法,以普及义务教育、培养抗战建国的健全公民为目的。

4月13日,毛泽东为纪念第10届儿童节大会题词"好生保育儿童"。

4月25到30日,晋西行署及青联举行晋西儿童观摩会。

4月30日,晋察冀边区5专属颁布《儿童入学惩罚办法》,以家庭经济统一累进税免税点为节点规定入学原则。

5月1日,晋西北行署颁布《小学法》《小学规程》《模范小学暂行条例》,规定学龄儿童的年龄为7到15岁。

5月10日,晋西北行署颁布《免费公费生条例》,晋西北边区公立学校免受学杂费,抗属子女及贫寒儿童、孤儿难童等享受公费待遇,小学高年级补助相应的膳食费和课本费。

6月30日,晋察冀边区成立儿童保育工作研究会。

7月9日,晋察冀边区通过《北岳区童子军章程》。

7月9日,晋察冀为奖励贫苦学生入学,边委会公布选取高小公费生的办法,决定晋察冀每区高小设公费生2人。

7月,晋察冀边委会颁布《关于保护政民妇女干部及其婴儿之决定》。

7月,太岳边区制定建立正规小学的初步计划。

8月25日,陕甘宁边区民政厅举办保育训练班,训练班训练保育儿童技能,减少儿童死亡和保护儿童健康。

11月13日,陕甘宁边区颁布了救济贫苦高级小学学生和流浪难童的条例,对家境贫寒的难童补助伙食,对外来流浪的难童补助衣服、伙食、文具等。

12月5日,晋西北行署要求全区7—15岁的儿童一律入学,没有小学的,设立冬季小学后入冬学。

12月,《儿童生活》创刊。

冬,冀中区小学学生编级考试。

1942 年

1月1日,《晋察冀日报》"老百姓"副刊,刊登了方冰作词、李劫夫作曲的《歌唱二小放牛郎》。

1月9日,晋察冀边委会各县高级初级小学改秋季招生为春季招生。

1月12日,晋冀鲁豫边区颁布《强迫儿童入学暂行办法》,此办法规定小学前4年为义务教育,若家长经多方劝告仍然不让子女入学,便处以3元到5元的罚金。

1月,太行行署发布《一九四二年学校教育工作计划》,严格执行强迫儿童入学办法,实施义务教育。

2月,晋西学生届参议员选举委员会成立。

2月9日,陕甘宁边区民政厅制定《关于保育儿童、保育产妇待遇的法令》,法令较为详细地规定了婴幼儿和产妇应有的营养和费用等。

2月10日,晋绥边区农村青年儿童召开反法西斯大会,青抗先组织小学儿童学唱革命歌曲。

2月20日,晋西区农村青年反法西斯大会上,儿童团敲锣打鼓助长会场的热烈情绪,与会的有二百余人包括6个自然村的少先队、自卫队和3处冬学的学生。

3月4日,晋冀鲁豫边区教育厅颁布《晋冀鲁豫边区村立与私立小学暂行办法》。

3月,晋冀鲁豫边区《村立与私立小学暂行办法》,要求各村积极创办村立小学鼓励发展私立小学。

3月14日,晋察冀边委会发布《关于纪念"四四"儿童节的指示》。

3月22日，晋察冀边区政府和北岳区青联指示各地纪念儿童节，并号召沦陷区的儿童开展"五不运动"。

4月3日，宋劭文签发《关于初步整理北岳区小学的决定》，规定小学整理期为4到6月共3个月。

4月4日，毛泽东为儿童节题词：儿童们团结起来，学习做新中国的新主人。

4月4日，《抗战日报》社论《今年的"四四"儿童节》，社论鼓励儿童积极入学，积极参与春耕宣传和进行春耕。

4月17日，中共中央北方分局指示青年工作，《中共中央北方分局关青年工作的指示》，青年组织上取消少先队和少童团，把13岁以上17岁以下男女儿童和初中、高小学生组成幼童军。

5月4日，北岳区童子军成立。

5月21日，太岳行署制定初级小学标准。学龄儿童30人以上的、入学儿童70%的村子设立公立小学，人数不够的地方可设立巡回小学。

5月，李克元、李二丑牺牲。

5月，孩子剧团改名为大众剧团。

7月，北岳区童子军建立，颁布《北岳区中国童子军章程》。

8月，陕甘宁边区卫生处保健科进行儿童健康调查和保育实验工作。

8月，晋西北行署制定《今年办冬学的办法》，要求儿童和妇女、成年分班参加冬学教育。

9月3日，《解放日报》社论《小学教育中的巩固学生问题》，强调教育学生更多的切合实际的自然知识和社会知识，使群众认识到"读书明理"以巩固学生。

9月4日，董纯才《论国民教育的改造》，改造国民教育要把教育和社会斗争结合起来,要把教育和生产斗争结合起来,实现学用相结合。

9月18日,晋察冀边区颁发《关于优待高小贫寒优秀学生的决定》,决定规定成绩优良的、家庭累进税1分以下初小毕业生,可成为完全公费生。累进税1.5分以下者,可称为半公费生,累进税2分以下者,可成为1/4公费生。

10月1日,晋冀鲁豫边区教育厅颁布《晋冀鲁豫边区小学暂行条例》规定小学实行"四二"制,初小实行4年制强迫入学。小学儿童在生活指导上,采用说服、鼓励和制定公约的办法,禁止体罚和有碍儿童身心健康的惩罚。

1942年10月,刘胡兰担任儿童团团长。

秋,游击剧团(由战斗儿童演出队和战斗剧社抽出11人组成)深入根据地边沿地区演出。演出剧目有《参加八路军》(崔嵬作)《陈平山回家》(王震之作),并编著《八路军告敌占区同胞书》油印小报。

11月4日,中共中央北方局发出优待妇女干部及儿童保育工作的通知。

12月23日,中共中央北方局《关于华北敌后抗日根据地一九四三年工作方针的指示》。

1943年

1月,临县政府奖励抓住汉奸的放哨儿童。

1月20日,晋察冀边区《晋察冀边区目前施政纲领》,要求在提高民族觉悟的目标下,全区实行普及的免费的义务教育,每个行政村设立1所小学,建立健全小学学制教育。

正月二十,儿童气节模范温三郁被敌人砍掉手指,宁死不出卖八路。

2月,陕甘宁边区将国民教育主要力量放在完小建设上,变过去强迫动员入学的方式改为劝告动员。

2月,晋西北行署颁布《中心小学暂行办法》,其中要求展开儿童生活指导、儿童自治等教育。

3月,晋察冀边区文化教育要求加强儿童的思想教育,注重气节教育。

3月10日,儿童团长李乐则带领儿童缉私,抓住偷运粮食的奸商。

3月25日,北方局给太行分局国民教育提出参考意见。

4月2日,为纪念儿童节,晋察冀边委会号召各界爱护儿童。晋察冀边委会暨群众团体号召保护民族后代,加强儿童教育,注意儿童体育卫生,救济灾区儿童,培养新中国未来的主人。

4月4日,晋察冀边区萧克明向儿童提出"三大号召和五不运动"。

4月4日,董纯才《儿童节随笔》、柳湜《儿童节特别注意我们的后代》。

4月10日,晋察冀边区行政委员会《关于整理小学、加强儿童生产教育的指示》,要求争取更多的学龄儿童入学,加强儿童的生产教育。

4月23日,《晋察冀日报》:"在冀中大平原上,纵横交叉的交通沟,这个为了坚持平原游击战的伟大建设,那上面滴着千万个儿童的汗水"。

5月6日,晋察冀边区教育处刘皑风发表《加强边区儿童的生产教育》。

5月7日,王朴牺牲,后晋察冀边区授予王朴"民族小英雄"的光荣称号。

5月11日,晋察冀边委会制发《实验中心小学区实施方案》。

7月25日,晋察冀边委会颁发《小学民校课本领发使用保管方法》,规定政府免费发给所有小学课本,加强对学生爱护课本的教育。

8月10日,峃二区中心小朋友写信慰问边区的小朋友,号召全区小朋友团结起来反对内战、坚决自卫,保卫陕甘宁边区。

8月,北岳区小学展开课余生产教育,阜平、易县、平山各地完小小学生通过开荒、割草等工作,解决学杂费问题。

9月15日,晋察冀边委《关于改进教学工作提高教学效果的指示》,强调教学结合实际,健全学制。

9月,刘皑风《关于小学生指导问题的商榷》发表。

10月6日,儿童团长李爱民牺牲。

1944年

1月,晋察冀边区抗联将1月到4月的三个月作为活跃少年儿童工作的时期,以开展学习和推动生产为基本内容。

1月,张爱萍《答谢小朋友的慰问信》,鼓励小朋友学习打敌人、学生产的本领,做未来新中国的主人。

2月,北岳区童子军开展"五不运动"。

2月,山东行政委员会要求对少年儿童加强劳动教育。

3月9日,晋察冀边区行政委员会要求小学教育应与生产劳动相结合,儿童应以帮助家庭生产为主,同时要参加校内集体生产。

4月,晋绥边区各校组织生产与教学相结合。

4月4日,王家峪儿童团改名为朱德儿童团。

4月7日,《解放日报》社论《根据地普通教育的改革问题》。

7月,晋绥边区新民主主义实验学校成立实验合作社。

8月,岚县各村放牛娃实行变工,轮流放牛轮流读书。

8月,兴县、神府、岚县各地的小学生积极进行生产防奸。

9月,兴县碧村民众小学兴办儿童生产合作社,从6月初到7月底,儿童共赚600多元,除为自己购买学习用品外还提高家长送儿童入学的积极性。

9月,晋察冀边区要求国民教育同大生产运动结合起来。

9月到11月,临县兔坂小学训练儿童编演儿童剧,配合冬学宣传,获得群众称赞。

10月,晋察冀边区颁发《关于研究与试行"民办公助"小学的指示》,以推进小学教育发展。

10月,晋察冀边区颁布《关于研究与试行"民办公助"小学的指示》。

10月,冀鲁豫分局《关于普通教育改革的指示》,强调以文化教育为主,政治教育为辅的方针。

12月,晋绥边区第4届群英大会赵金梁、任兔娃两位儿童发言。

12月,温三郁参加晋察冀边区召开的第二届群英大会发言。

1945年

1月,离石刘家山小学儿童成立纺织生产合作社以及消费合作社。

3月,晋察冀边区行政委员会、晋察冀边区抗联《关于儿童工作的联合指示》,要求组织儿童学习生活、加强儿童卫生保健,将儿童培养成为能写会算、身体健康、具有先进革命思想的新公民。

4月4日,晋察冀边区提出儿童工作五大任务。

4月,儿童英雄刘进喜领导儿童变工生产。

5月,兴县蔡家崖的各行政村组建少年队和儿童队,展开生产与学习热潮。

5月,临县第一完小成功自造油墨。

5月,晋察冀边区要求各小学设置卫生科,以开展民众医疗卫生工作。

5月,太行区左权县发起"红星小学"运动,全县共选出19各红星小学,推动文教发展。

6月7日,太岳区召开教育工作座谈会。

6月,延安第二保育院成立。

7月24日,冀晋行署制定《关于完小改造问题的指示》。

后 记

本书系教育部人文社会科学研究青年基金项目"华北根据地社会动员视野下的少年儿童生活研究"(19YJC770048)的研究成果。读博以前,我一直从事古代文学的研究和教学,接触到近现代史的学术研究后,在查阅大量的史料和多年翻阅前人研究论文的基础上,王李金老师建议我以少年儿童为主要研究对象。从此十多年的时间中,我将科研重心放在了根据地的少年儿童身上。由于我收集查找的资料主要集中在华北地区的抗日根据地范围之内,因此本书最终定名为《华北根据地少年儿童生活变迁研究》。

时光飞逝,我博士毕业已经五年了,在文稿终于有机会付梓之际,多年学术研究的点滴不断涌上心头。因为根据地的少年儿童生活研究是一个新的研究对象,再加上过去少有人关注抗战时期少年儿童生活,因此资料查找是本人首先要做的事情,也是较为困难的事情。我在国家图书馆、山西省档案馆、河北省档案馆等多省市县档案馆和各地图书馆找到许多有价值的文献资料。华北根据地少年儿童文献资料相对集中在中小学学校教育、儿童团活动等方面中,但缺乏少年儿童家庭生活如少年儿童劳动的数据、少年儿童健康情况等方面的资料,还有根据地少年儿童心态和思想意识变迁等细节资料。所幸我通过采访山西河北等地革命老区健在的当年的儿童团员、民兵、群众等获得口述资料,在一定程度上弥补了本书文献资料的不足的问题。

对少年儿童的社会动员是抗战动员不可或缺的一部分,中共以根据地小学为大本营,以儿童团为组织,领导少年儿童读书识字、学习与生产劳动有关的活知识,用先进的思想理论培育少年儿童,启蒙少年儿童之民族爱国意识。在抗战中,少年儿童站岗放哨、送鸡毛信、军操训练、帮助生产、慰劳救护、优抗助贫、宣传村选、打扫卫生,儿童的组织性和纪律性大大提高,从少年儿童中走出了温三郁、王朴等战斗英雄,牛国才、任兔娃等劳动英雄。在先进思想的影响下他们萌生出国家民族意识、民主进步意识,他们态度坚决、意志坚定地战斗、学习,成长为让日军害怕的"那无数充满抗日思想的儿童"。他们的成长为后来的解放战争和新中国的建设提供了丰富的人力资源。

书稿虽已完成,但我深感当下中共党史、抗日根据地史、中华民国史等领域研究成果中,有关少年儿童的研究仍然有很大空间,尤其抗战时期少年儿童生活还有继续深入探究的价值和意义,如抗战时期不同阶段根据地少年儿童学习与劳动结合情况、儿童学习与军事训练的结合情况,根据地少年儿童健康问题研究,根据地少年儿童心态与意识变迁研究,抗战时期少年先锋队中人员构成、少年儿童数量和发展情况等问题,皆可进一步探索。

本书有幸获选南京大学张宪文教授、朱庆葆教授主编的"抗日战争专题研究"丛书,十分感谢山东大学徐畅教授为本书做的指导和修改,使书稿从粗糙的初稿得以形塑,感谢南京大学岳谦厚教授的推荐,感谢南京大学姜良琴教授对书稿的指正和修改,感谢上海师范大学洪小夏教授的帮助和指导,感谢山西档案馆、河北档案馆等地方档案部门同志们的支持和帮助。

　　人们常将妇女与儿童或青年与儿童并列研究,其实关于少年儿童的资料相较于妇女和青年要少很多。而且现有的资料,绝大多数是由成年人转述的,纯粹客观的儿童资料相对很少。因此,如何准确把握代儿童著书和不代儿童立说之间的度,成了我写作时的难点。成人的思维与儿童的思维有着很大的不同,为能进一步加强研究,尽可能把握当时华北各抗日根据地儿童的心理活动规律,我参考和借鉴了一些儿童心理学方面的研究成果。由于水平和能力所限,书稿存在对资料把握和运用粗糙不当的地方,敬请见谅。

王星慧
2022 年 2 月